刘统 著

北上

党中央与张国焘斗争始末

生活·讀書·新知三联书店

Copyright © 2016 by SDX Joint Publishing Company.
All Rights Reserved.

本作品版权由生活・读书・新知三联书店所有。
未经许可,不得翻印。

图书在版编目(CIP)数据

北上:党中央与张国焘斗争始末/刘统著.—北京:
生活・读书・新知三联书店,2016.9 (2025.8 重印)
ISBN 978 – 7 – 108 – 05795 – 2

Ⅰ.①北… Ⅱ.①刘… Ⅲ.①张国焘(1897–1979)– 人物研究
Ⅳ.① K827=7

中国版本图书馆 CIP 数据核字(2016)第 191830 号

责任编辑	曾　诚
装帧设计	蔡立国
责任校对	曹忠苓
责任印制	卢　岳
出版发行	生活・讀書・新知 三联书店
	(北京市东城区美术馆东街 22 号 100010)
网　　址	www.sdxjpc.com
经　　销	新华书店
制　　作	北京金舵手世纪图文设计有限公司
印　　刷	北京隆昌伟业印刷有限公司
版　　次	2016 年 9 月北京第 1 版
	2025 年 8 月北京第 16 次印刷
开　　本	635 毫米 × 965 毫米　1/16　印张 33
字　　数	395 千字　图 71 幅
印　　数	125,001 – 130,000 册
定　　价	59.00 元

(印装查询:01064002715;邮购查询:01084010542)

献 给

参加长征的红军先辈们

目　次

引子 ··· 1

第1章　懋功会师 ··· 5

李先念、韩东山在懋功等待中央红军到来——中央红军前卫团在夹金山下与四方面军会师——中央与红四方面军川西会师的计划——四渡赤水摆脱国民党军堵截——会理会议——中央红军的困难局面——鼓舞人心的红四方面军来电——张国焘、徐向前筹备迎接中央红军——毛泽东初会李先念——一、四方面军大联欢

第2章　初会两河口 ··· 21

红军向何处去——中央与张国焘提出了不同的方针——两河口会师——热烈中隐含的不愉快——张国焘与朱德长谈——中央政治局两河口会议——北上进行松潘战役的决议——张国焘与毛泽东的争吵

第3章　冲突已见端倪 ··· 33

"五四"时期的张国焘与毛泽东——革命的两大山头：井冈山与大别山——张国焘对中央的态度发生变化——"联邦"问题的争论——张国焘与共产国际的积怨——张国焘在四方面军中的肃反和专制

第4章　陷入困境 ··· 49

红军北上实施松潘战役计划——藏族上层贵族煽动反对红军——筹粮困难——红军四出寻找粮食——藏民与红军的冲突——后卫部队遭到藏民和国民党军的夹击——松潘战役进展不利——红军在川西北陷入困境

第5章　矛盾与争论 ··· 65

一、四方面军的亲密情谊——张国焘改变了态度——矛盾的萌芽——"统一组织"的压力——毛泽东"宁可让出总政委，不能让出总书记"的策略——芦花会议调整组织——张国焘还要解决"路线问题"——第二次芦花会议——通南巴问题的由来——反六路围攻——张国焘在通南巴继续肃反——统一战线方面的失策——

红四方面军被迫退出通南巴

第6章 沙窝会议前后 ································ 91

红军毛儿盖筹粮——一、四方面军解决粮食纠纷——一方面军干部警惕张国焘的拉拢——夏洮战役计划的制订——沙窝会议——决议强调团结——政治路线之争——张国焘向中央摊牌——中央政治局和红军总部的人事调整——红军分为左、右两路北上——毛泽东的担忧

第7章 过草地 ································ 113

红军兵分两路北上——曾中生之死——毛儿盖会议确定行动方针——右路军过草地——艰苦的行军——包座之战打开北上通道

第8章 红一方面军单独北上 ································ 137

右路军准备北上——左路军噶曲河受阻——张国焘改变主意——徐、陈劝说张国焘北上——张国焘下达南下命令——中央据理力争——陈昌浩转向——彭德怀担心毛泽东的安全——"密电"之谜——毛泽东决定单独北上——叶剑英夜里脱身——"哪有红军打红军的道理"——李特追赶中央——一、四方面军分离——毛泽东心情况重

第9章 俄界会议 ································ 163

张国焘指责中央北上——中央举行俄界会议——毛泽东陈述北上方针——《关于张国焘同志错误的决定》——中央红军缩编为陕甘支队——中央再次争取张国焘——右路军南下

第10章 在陕北站住脚 ································ 177

突破天险腊子口——到哈达铺——中央从报纸上发现陕北红军的消息——翻越六盘山——陕北根据地的发展——陕北"肃反"的阴云——艰难的行军——徐海东会见毛泽东——党中央挽救刘志丹——红军的困难局面——毛泽东指挥东征——在陕北站住脚

第11章 张国焘另立"中央" ································ 203

陈伯钧等人的厄运——反中央的阿坝会议——朱德、刘伯承反对分裂——胡底遇害——朱德顾大局避免冲突——陈昌浩率右路军南下——卓木碉会议另立"中央"——刘伯承烧掉密码——张国焘率部南下

第12章 南下失利 ································ 223

南下打川军——红军势如破竹——张国焘向中央报捷——刘湘孤注一掷——血战百丈关——红军转入防御——薛岳老谋深算——国民党中央军与川军解雅安之围——红军再过夹金山——毛泽东的预言得到证实

第13章 神秘的国际来客 ········· 239
陕北中央与张国焘联系——张国焘态度傲慢——林育英到达陕北——张国焘告状——中央要林育英以"国际代表"身份调解——朱德冲破阻挠与中央联系——中央政治局通过关于张国焘错误的决定——四方面军干部拥护中央——张国焘"急谋党内统一"——中央提出新方针——四方面军决定北上

第14章 在道孚、炉霍、甘孜的日子 ········· 257
再翻雪山到甘孜——刘伯承批判余天云——整顿干部思想——张国焘为南下辩解——红四方面军干部的怀疑——争取藏族上层人士——民族关系的改善——红军中的爱情

第15章 甘孜会师 ········· 277
红六军团西征——二、六军团湘西会师——一个传教士在红军中的经历——红军的女儿——二方面军与红军总部接通联络——进入贵州、云南——红军北渡金沙江——严重地减员和损失——过雪山——二、四方面军甘孜会师

第16章 再次北上 ········· 299
朱德、刘伯承向二方面军领导通报情况——二方面军领导与张国焘作斗争——张国焘被迫取消自己的"中央"——四方面军干部思想的转变——任弼时促进党内团结——廖承志获救——二、四方面军再次北上过草地

第17章 会宁会师前后 ········· 315
国民党军包围陕北——中央筹划战略转移——岷州会议的争论——张国焘准备向西进——朱德的抗争——中央命令四方面军北上会合——四方面军渡洮不成转而北上——红二方面军抢渡渭河——红军三大主力会宁会师

第18章 大军西去 ········· 337
四方面军为何西渡黄河——蒋介石指挥国民党军围剿陕北根据地——中共中央开展统战工作——宁夏战役计划——四方面军强渡黄河——毛泽东命令阻击南线敌军——张国焘总部未能渡河——四方面军打算西进开辟新根据地——宁夏战役无法进行——山城堡战斗——朱德、张国焘到达保安与中央会合

第19章 血战河西走廊 ········· 357
中央指示徐、陈西进——《作战新计划》的制订——西路军组成——一条山战斗——青海二马调集兵力与红军决战——古浪之战9军受损——"远方接济"的幻想——徐向前与陈昌浩的争论——中央要西路军在河西走廊建立根据地——连续的消耗战

第20章 西安事变——意外的转折 · 379

封锁下的陕北苏区面临巨大困难——蒋介石拒绝与红军谈判——张学良对红军的帮助——蒋介石到西安督促围剿——张学良、杨虎城发动西安事变——周恩来到达西安——中央提出和平解决的主张——共产国际的指示——蒋介石同意联合抗日——西安事变和平解决——张学良被扣留——国共合作抗战的新局

第21章 兵败祁连山 · 401

西路军在河西走廊陷入困境——西进与东返之争——中央希望西路军在河西占有根据地——张国焘要西路军服从中央决定——青海二马围攻西路军——甘浚堡突围——高台战斗董振堂牺牲——血战倪家营子——徐、陈激烈争论——中央组织援西军——西路军失败——石窝会议——西路军分散突围

第22章 历尽磨难与艰辛 · 429

徐向前历尽艰辛返回延安——陈昌浩走了弯路——孙玉清不屈就义——"补充团"的非人折磨——红军女战士的悲惨遭遇——中央积极营救——西路军余部向新疆前进——陈云在星星峡迎接西路军

第23章 批判张国焘 · 447

张国焘的初步检讨——凯丰发表批判长文——罗瑞卿考察四方面军部队——中央政治局扩大会议批判张国焘——关于张国焘错误的决议——斗争扩大化——延安红大"暴动"事件——毛泽东为许世友等人平反——陈昌浩检讨西路军失败的原因——徐向前的反思——八路军奔赴抗日前线

第24章 张国焘出走 · 469

张国焘家人团聚——陈云组织西路军干部学习军事技术——邓发在新疆主持批判张国焘路线——李特、黄超之死——张国焘出走——周恩来等对张国焘进行最后挽救——张国焘叛变——中央宣布开除张国焘党籍

第25章 光明与阴暗 · 487

毛泽东总结对张国焘斗争的经验教训——中央指示正确对待原四方面军干部——毛泽东论团结使用干部——张国焘沦为国民党特务——新中国成立前夕张国焘被国民党抛弃——张国焘撰写回忆录——张国焘之死

尾声 揭开历史的面纱 · 507

参考引用书目 · 511

新版后记 · 517

引 子

1960年10月,北京。

毛泽东在中南海住宅的书房里,会见一位来自西方的老朋友——美国作家埃德加·斯诺。

在毛泽东为数不多的外国友人中,斯诺无疑是与其友谊最深的一位朋友。毛泽东不会忘记,1936年他率领中国工农红军第一方面军刚刚结束二万五千里长征,历尽千辛万苦到达陕北,又面临蒋介石的军事包围。在那个艰难时刻,年轻的美国记者斯诺却冒着生命危险,毅然来到延安,对他和红军战士进行采访。在昏暗的窑洞里,在微弱的烛光下,毛泽东与斯诺彻夜畅谈。毛泽东传奇般的经历,红军英勇战斗的故事,使这位好奇的美国人听得如痴如醉。斯诺如实记下了在红区的所见所闻,写成《红星照耀中国》一书。从此,毛泽东的大名传遍全世界,红军的长征像一首英雄的史诗为后人深深地崇拜着。

二十四年后的重逢使他们激动不已,毛泽东与斯诺连续谈了几天,时间长达九个小时。"我们谈到了这些年来发生的事,也谈到了还没有发生的一些事。"斯诺回忆道,毛显得"从容不迫,动作稳

毛泽东在北京会见斯诺

重,能迅速领会别人话中的细微含义,眼神虽然不能完全说是闪烁发光,但是却带有一种嘲弄的微笑。他的笑声很有感染力,非常喜欢机智的谈话"。

谈话的气氛是友好和愉快的,斯诺却以他职业的敏感,察觉毛泽东内心深处的某些隐忧。"当时中国正处在经济困难之中,那是由中国的天灾和人祸的残酷结合造成的。苏联专家突然被撤走,工业机械的供应被中断。三百多个重点工程的合同突然被撕毁。农业连续第二年遭到水旱灾,几乎有一半农作物遭到部分或全部的毁坏。只是由于实施了严格的定量配给,才避免了大规模的饥荒。"[1] 于是,斯诺向毛泽东提了一个问题,一个只有斯诺才敢问的问题:

"你一生中最黑暗的时刻是什么时候?"

出乎意料,毛泽东回答说,那是在1935年的长征途中,在草地

---

[1] 斯诺:《漫长的革命》,上海人民出版社1975年版,第192页。

与张国焘之间的斗争。"当时党面临着分裂,甚至有可能发生前途未卜的内战。"[1]

此时,在香港拥挤的贫民住宅区的一间小屋里,一位贫困潦倒的老人,正在一字一句地撰写他的长篇回忆录——《我的回忆》。这位在中国革命史上显赫一时的人,就是曾任中国共产党第一次全国代表大会代表,中共中央第六届政治局委员、常委,中共鄂豫皖中央分局书记兼革命军事委员会主席,中华苏维埃共和国副主席,中国工农红军总政委的张国焘。长征途中在草地与毛泽东的斗争,竟成了他政治生涯的转折,从十万红军的领袖变成了被中国革命抛弃的叛徒。他辛酸地回忆着往事,在草地这一章的标题沉重地写下两个大字——"分裂"。

长征已经过去了八十年,在中国共产党的历史书中,张国焘被冠以"右倾机会主义路线"的帽子定下结论。然而,历史并非如此简单。究竟是什么原因和矛盾,使这些曾为中国革命的胜利并肩战斗的同志反目为仇,在长征最艰苦的时候,在一、四方面军两大主力会师不久,就发生了如此令人痛心的分裂?可以肯定,其中必定有许多原因,许多隐藏起来不为人知的内幕。今天,经历那场斗争的当事人大多都已作古,但是他们留下的历史档案和回忆录仍然完整地保存着,作为真实的见证。让我们从那些珍贵的文献中,来探索和还原当年的历史吧。尽管它是一段令人伤感的历史,一段饱含鲜血和泪水的历史。

---

[1] 斯诺:《红星照耀中国》修订版第5章注释。河北人民出版社1992年版,第373页。

第1章
懋功会师

李先念、韩东山在懋功等待中央红军到来——中央红军前卫团在夹金山下与四方面军会师——中央与红四方面军川西会师的计划——四渡赤水摆脱国民党军堵截——会理会议——中央红军的困难局面——鼓舞人心的红四方面军来电——张国焘、徐向前筹备迎接中央红军——毛泽东初会李先念——一、四方面军大联欢

1935年6月12日,夹金山脚下的懋功(今四川小金县达维镇)一位年轻的红军指挥员——红四方面军9军25师师长韩东山,带着他的战士已经在这里等了五天。

十天前,韩东山被紧急召到理番(今理县)的方面军总指挥部。一进门,身材消瘦的总指挥徐向前神采奕奕地对他说:"韩师长,我们马上就要同中央红军会合了!"

"真的?"韩东山喜出望外,简直不敢相信。

"真的。"徐向前严肃地开始向他下达指示,"中央红军占领了泸定桥,现在经天全、芦山向宝兴急进,拟定在懋功与我们会师。你们马上做好战斗准备,为中央红军进入懋功打开通道。会师后,向中央首长汇报我们的情况,并掩护中央红军安全通过夹金山。以后具体行动,由30军政委李先念同志指挥。"最后,徐向前又特别嘱咐道:"中央红军行军快一年了,部队很苦。要虚心向一方面军同志学习,注意搞好团结。"

韩东山兴冲冲地回到部队,在李先念的指挥下,25师作为先头部队,由汶川向懋功迅速前进。一路打跑了四川军阀邓锡侯的少数残兵,于6月7日占领达维镇。李先念在懋功县城设立了指挥部。他们都急切地盼望着中央红军的到来。[1]

6月12日清晨,夹金山下浓雾弥漫。红一方面军第一军团2师4团团长王开湘和政委杨成武带领这支先头部队,刚刚翻过大雪山。疲

---

[1] 韩东山:《朝霞映照达维镇》,载《回顾长征》,人民出版社1985年版,第309页。

夹金山

乏不堪的队伍正沿着小路前进，想找个休息的地方。突然前面响起了枪声，战士们立刻警惕地握紧武器，准备向前冲杀。

杨成武回忆当时的情况说："团长和我跑向前卫班，观察前面的情况。从望远镜中看见山下不远是一个颇大的村庄，在村子周围的树林中，影影绰绰地有不少人来回走动，他们身上背着枪，头上戴军帽，显然是一支军队。是自己人？我们是前卫团，前面再没有自己的部队了。这一情况着实使我们纳闷。团长和我研究后，立即派出三个侦察员去探明情况，并试着叫司号员用号音同他们联络。他们回答了。但从号音中也判断不出是敌是我。我们只得以战斗姿态向前推进，忽然，山风送来了一阵很微弱的呼声，于是我们加快速度前进。渐渐地这声音越来越大了，仿佛听见是'我们是红军'！"[1]

原25师战士宗国治回忆说，当时"大雾很浓，四外什么也看不到。我们正说笑地走着，猛然听见前面枪声响起来了，大家的精神都紧张起来。雾渐渐地小了，模糊地能看出四外的东西了，这时我们将

---

[1] 杨成武：《翻过夹金山，意外会亲人》，载《回顾长征》，人民出版社1985年版，第307页。

冲锋用的军旗展开,插在阵地上。可是我们看见对方也插起了和我们同样的军旗,旗上同样绘着镰刀斧头,这时我们开始意识到是误会了。经过双方的询问,的确真的误会了,原来是毛主席带领的中央红军向我们这来会合"。[1]

杨成武派出的侦察员飞奔回来,边跑边喊:"是红四方面军的同志呀!"顿时,山谷中响起了一片欢呼,两支红军蜂拥而下,汇集在一起,紧紧握手,热泪夺眶而出,长时间地沉醉在欢乐中。

长征途中这次具有历史意义的会师,究竟是偶然的巧合,还是双方有计划、有组织的行动?学者们为此争论不休。美国作家索尔兹伯里在《长征——前所未闻的故事》中写道:"很明显,双方都不知道另一方在哪里。约在六月初,双方都大概估计了另一方所在的位置。"他认为,毛泽东决定翻越夹金山是一次冒险,"他对越过这座大山后能否与张国焘会合毫无把握"。[2]

其实,为了这次会师,中共中央和张国焘已经等待了很长时间。

1934年12月中央红军长征进入贵州时,中革军委19日致电正在川陕革命根据地通(江)、南(江)、巴(中)地区与四川军阀激战的红四方面军领导人,要他们"重新准备进攻,以便当野战军继续向西北前进时,四方面军能钳制四川全部的军队"。1935年1月22日党中央遵义会议结束后,中央军委又致电红四方面军总部,通报了遵义会议情况,对下一步的行动方针作了指示。

张国焘回忆:"1935年1月中旬,我们在宁羌地区接到中共中央来电,告诉我们遵义会议决议的大要。其内容是确认中共中央苏维埃运动的政治路线是正确的,但军事路线却犯了严重的错误,主要是中央红军在江西苏区,误用保卫苏区的口号,采取了保守性的军事防御策略,放弃了游击战争的优良传统,因而招致了军事上的失败。此外,

---

[1] 中国人民解放军原199师后勤处处长宗国治1950年的谈话,军事科学院图书馆藏资料。
[2] 索尔兹伯里:《长征——前所未闻的故事》,解放军出版社1986年版,第271页。

这个电报还告诉我们,中央政治局增选毛泽东为委员。"[1]（应为政治局常委。——作者注）

中革军委给红四方面军的电报中说:"为选择优良条件,争取更大发展前途计,决定我野战军（指中央红军）转入川西,拟从泸州上游渡江。若无障碍,约2月中旬即可渡江北上。……为使四方面军与野战军乘蒋敌尚未完全入川实施'围剿'以前,密切的协同作战,先击破川敌起见,我们建议:你们应以群众武装与独立师团向东线积极活动钳制刘（湘）敌,而集中红军全力向西线进攻。故你们宜迅速集结部队完成进攻准备,于最近时期,实行向嘉陵江以西进攻。"

接到中央电报后,红四方面军总部立刻开会研究。三位决策人——西北革命军事委员会主席张国焘,红四方面军总指挥徐向前,政治委员陈昌浩都认为:如果不是中央红军的处境相当艰难,中央不会做出这样的决定。因而西进策应中央红军作战是头等紧要的事。大家一致决定,放弃在陕南地区与胡宗南、杨虎城作战的计划,西渡嘉陵江,到川西北去,与中央红军会合。为了实现会师,红四方面军放弃了刚刚建立不久的川陕苏区,集中八万大军,突破了蒋介石和四川军阀的层层封锁,于1935年5月中旬到达四川西北的松（潘）、理（县）、茂（县）地区,在那里休整,等待中央红军的到来。

这时,红一方面军正由会理、冕宁一线北上。消息传来,红四方面军总部在茂县开会,研究如何迎接中央红军的到来。首先确定由30军政委李先念率部队前往懋功一带,扫清敌人,迎接中央红军。其次是要求部队做好两大主力红军会师的思想准备和物质准备。这个崇山峻岭、地广人稀的偏僻地区,顿时出现了前所未有的热闹景象。

徐向前元帅回忆:当时红四方面军上上下下都在大力筹集为中央

---

[1] 张国焘:《我的回忆》第17篇第4章,东方出版社1991年版,第3册204页。

红军准备的各种物品。"西北高原气候变化多端，昼暖夜寒，要多筹集些羊毛羊皮，制作毛衣、毛袜、皮背心。根据我军西征转战的经验，炊具容易丢，伙夫不够用，部队经常开不上饭，直接影响行军和作战。估计转战中的一方面军也会遇到同样的困难，所以我提议从各部队抽一批炊事员，带上粮食、盐巴、炊具，跟八十八师行动，会师后立即补充到一方面军，先解决吃饭问题。……一些重要地点，总经理部分别设立了粮站，专门积蓄粮食，有的粮站积存达二百万斤以上。盐巴极缺，各部队都组织了些人到山里选石头，熬盐巴（那一带有种白石头可以熬盐）。指战员普遍会打草鞋，又学会了剪皮衣服，撕毛线，捻羊毛，制毛衣、毛背心、毛袜子。从前方到后方，从总部机关到连队，从地方政府到人民群众，处处在为迎接中央红军忙碌，气氛热烈而紧张，十分感人。"[1]

在大雪山的那边，毛泽东正率领中央红军在崎岖荒凉的深山峡谷中，艰难地向北行进着。

此时，毛泽东的心情，并非像长征结束后宣告"长征是宣言书，长征是宣传队，长征是播种机"那么豪迈潇洒。自从年初的遵义会议恢复了他在党内的领导地位以来，挽救中央红军的重担就压在了他的肩上。他心里非常清楚，离开江西苏区根据地的八个月来，中央红军的命运时刻处在危险之中。去年湘江战役后，中央红军由出发时的十万人锐减到不满三万。长时间的行军，没有根据地，得不到休整，每天在国民党军队的围追堵截和飞机轰炸下疲于奔命，部队的情绪相当低落。掉队和逃跑造成的减员远远超过战斗伤亡，如何收拾博古、李德留下的烂摊子，恢复红军的士气和战斗力，从国民党军队和地方军阀的包围中突出去，是毛泽东要解决的当务之急。

"左"倾冒险主义领导人的瞎指挥，使中央红军内部的状况十分混乱。从遵义会议后总政治部主任王稼蔷（祥）、副主任李富春下达的

---

[1] 徐向前：《历史的回顾》第12章。解放军出版社1985年版，第415页。

一系列整顿部队的命令中可窥一斑。1935年2月18日《由川南回师东向对政治工作的指示》中说:"自遵义出发后,由于疲劳、给养之不足,特别是政治工作的不深入,除个别部队外,部队中散漫疲劳现象是在增长,军纪风纪相当松懈。阶级路线与群众路线不能严格遵守,干部中责任心的懈怠与军阀残余的增长,阶级警觉性的减低,更可能便利个别分子不满情绪的增长与反革命分子的活动,减员较一月前增长,损坏与遗失武器加多。这些现象是与部队的巩固、纪律的保持,尤其是战斗情绪的发扬,水火不相容的。"

2月19日《关于收容工作的训令》指出:"最近各部队有些掉队落伍的分子,经常的每日的甚至故意掉队,他们不愿被人收容,不肯归队。或归队编队后,立即又重新掉队。这些人一般的情绪低落,不愿到前线打仗,不愿在部队担任勤务。"总政治部严肃命令:在做好政治思想工作和收容安置工作的同时,"对专门掉队,侵犯群众利益,顽强不愿归队的分子,要选择标本例子,在部队中开展广泛的斗争,给以应有的处罚,严重的直到枪毙"。

蒋介石获悉红军占领遵义后,立即调整部署,拉开了四面包围的大网。命令何键的第一路军在湘西围剿贺龙、萧克领导的红二、六军团,阻止二、六军团与中央红军在湘黔边界会师;以薛岳、周浑元、吴奇伟三个中央军纵队十二个师的兵力,围追堵截中央红军;滇军的龙云、黔军的王家烈等地方军阀部队策应协同,企图将中央红军消灭在长江以南、横江以东、叙永以西地区。面对强大敌军的包围,毛泽东只有两个选择:要么与敌人硬拼,打个你死我活;要么迈开大步跑路,争取摆脱围剿,另寻一条生路。

毛泽东是游击战的大师,在敌强我弱的时候,他绝不会去与国民党军硬拼,而宁愿选择运动战的办法,打得赢就打,打不赢就走。在遵义会议上,他就提出了"从阵地战战术(短促突击)到运动战战术的坚决的迅速的转变"的方针。虽然中央红军目前疲劳不堪,情绪低落,但为了生存,还是要走路。

于是,离开遵义后,毛泽东开始了他指挥红军的第一个大动作——四渡赤水。在两个月中,红军几乎天天走路。德国人李德回忆:"为了尽可能地避开战斗,红军在一条弯弯曲曲的路线上行进。道路漫长,没有尽头,队伍时而并行,时而前进和后退,时而迂回和佯攻,有时甚至在兜圈子。每天行走四五十里的强行军是家常便饭,有一次,通常比战斗部队少走一些弯路的中央纵队,一下子就走了70公里。行军大多是在夜间,因为白天天气好时,国民党的飞机几乎整天不间断地飞行、轰炸和扫射。……疲劳现象在队伍中急剧增加,我想说一说自己的经历。如果我们在白天行军,总是以小部队为单位,相互之间保持一定的距离,用树枝和野草伪装起来。如果敌机飞到头顶,我们就在路旁卧倒,不像以前那样去寻找掩体。如果我们白天在一个村子或场院里睡觉,附近落下炸弹,我也根本不会醒来,即使炮弹在旁边爆炸,我也只是翻身再睡。"

李德接着写道:"由此可以想象,部队的情况如何了。病号和累垮的人多于死伤者,损失与日俱增。虽然,自年初以来,我军在贵州招募了几千名志愿兵,但许多师团还是明显地缩减了。我想在这里特别强调一下,值得赞叹的是,尽管如此,部队的纪律和斗志依然没有受到挫伤。"

今天的历史学家费了很大精力,才将"四渡赤水"的行军路线在地图上还原出来。那如同一团乱麻似的线路,记录了毛泽东与国民党中央军和川、黔军阀周旋的过程。一条赤水河就是四川和贵州两省的分界,红军在川军与黔军的包围中穿梭往返。你摆好阵势等我,我偏不来;你想跟我打仗,我虚晃一枪就走。那些背着步枪和烟枪的"双枪兵"也不傻,他们只要把红军赶出自己的地界,就不多等。特别是卅九团最为严重。在此情况下,我们本来要求休息一天或半天,整顿集结一下再前进。但敌情紧张,我们仍于是日随友军到龙八布。"[1]

革命犹如大浪淘沙,在通过泸定桥,进入村落相望的汉族居民区后,一些意志薄弱分子、投机分子又开始陆续逃跑。总政治部6月13日下达的《关于克服落伍现象的指示》中说:"在最近半月间,各军团的掉队落伍现象非常严重,并有时发生三五成群故意隐藏居民家中。"落伍的人一部分是逃兵(大多数是新兵,在长征途中扩红招募的农民。他们没受过革命教育,一段行军后就吃不得苦,跑回老家去了),一部分是因伤病掉队的战士。(在紧张的行军战斗中,伤兵是最悲惨的。一般战士受伤后,只要能走动,都是咬牙坚持行军。实在跟不上,有的被安置在农民家里,有的掉队后就下落不明了。——作者注)为此,总政治部指示各部队:搞好卫生和收容工作,减少疾病流行。对有病的战士要发扬阶级友爱,关心帮助他们,减轻他们的痛苦。另一方面,"要立即在部队中抓住故意掉队的标准的分子,广泛地进行残酷的斗争,要使反对故意掉队落伍的可耻现象成为群众运动,造成反故意掉队落伍的舆论,在必要时甚至进行公审,枪毙领导掉队及掉队专家的坏分子。"[2]

到1935年5月底,中央红军经过十个月的万里长途行军作战,用他们自己的话说,真是"拖的只剩下了一副骨头架子"。在剩下的两万多红军中,绝大多数人是从江西苏区出来的老战士。他们身经百战,政治觉悟高,早已把自己的命运与革命拴在了一起。他们是革命的火种,是最珍贵的财富。

"山重水复疑无路,柳暗花明又一村"。6月2日,中央红军的先头部队突然收到了来自雪山那边的红四方面军的电报:

---

[1]《陈伯钧日记》,上海人民出版社1987年版,第403页。
[2] 军事科学院编:《中国人民解放军第二次国内革命战争史料选编》第7辑第3册。

懋功会师桥

中央：

红军西路军先头部队指挥员望转呈朱德、毛泽东、恩来诸同志：

一、我们已派一小队向西南进占懋功与你们取联系。你之先头部队确取联系后，请即飞示以后行动总方针。我方情况请问我先遣之指挥员同志，即可得知大概也。

二、川西一带情况有利于我们消灭敌人作战巩固之后方根据地，确是兵心分□把握的。

国焘、昌浩、向前[1]

---

[1]《中国工农红军第四方面军战史资料选编——长征时期》，解放军出版社1992年版，第43页。

这封来电如同一阵春风,很快传遍了中央红军各部队,引起一片欢呼。陈伯钧所在的五军团当时担任后卫,也于6月5日知道了这个消息。他兴奋地在日记中写道:"现四方面军正重整旌旗于茂州,我则据师于天全、芦山与懋功之线,遥相呼应,配合反攻。我中华苏维埃之革命运动又将奠基于川西北。"

红一、四方面军之间的联络畅通之后,张国焘立刻给中央发去了热情洋溢的电报:

朱、周、毛:

我们先头团已于八号占懋功,大部正向懋功进,先头部队向达维进。对灌(县)筑工事(警)戒,掩护你们汇合。……请立发整个战略便致作战今后两军行动大计,请即告知。如有必要请指定会面地点。数月来我方战略另与西(征)军配合行动,今日汇合士气大为振奋。西征军艰苦卓绝之奋斗,极为此间指战员所欣服。诸同志意见:目前西征军须稍为休息,可立将我军包抄打主要方向:南打薛岳、刘湘或北打胡宗南。向前在理番,昌浩在北川,弟在茂县。

国焘 十二日 [1]

当天,徐向前接到张国焘指示,要他代表四方面军领导人写一份报告,火速派人去懋功,转送中央。徐向前连夜起草了一份《关于川西北敌我情况给中央的报告》,连同两幅地图,第二天一大早,就派人送走了。

在报告中,徐向前详细地介绍了敌方的部署、兵力、调动情况,汇报了红四方面军所属各部队的部署情况和战斗任务。然后,徐向前写道:

---

[1]《中国工农红军第四方面军战史资料选编——长征时期》,解放军出版社1992年版,第50页。

弟等意见：西征军万里长征，屡克名城，迭摧强敌，然长途跋涉，不无疲劳，休息补充亦属必要，最好西征军暂位后方固阵休息补充，把四方面军放在前面消灭敌人。究以先打胡先打刘何者为好，请兄方按实况商决示知为盼。

30军政委李先念同志已来懋功，并带电台一架。在懋功之部队目前应如何配合兄方行动，请直接示知之。

以后关于党政军应如何组织行动，总方针应如何决定，兄等抽人来懋或我方抽人前来，请立即告知，电码密本亦编好告知，以便灵通消息。最后红四方面军及川西北数千万工农群众，正准备十二万分的热忱欢迎我百战百胜的中央西征军。[1]

6月14日，毛泽东、朱德率领军委纵队翻过夹金山，到达山脚下的达维镇。韩东山带领红四方面军部队的指战员，列队等候迎接中央首长。按照张国焘的指示，"要拿出全套派头来，不要丢了自己的脸"。四方面军的战士们一个个军容整齐，精神抖擞，热烈地欢迎中央红军兄弟。毛泽东见到韩东山，第一句话就问："张主席（国焘）还好吧？"[2]达维小镇沉浸在一片欢乐的气氛中，红四方面军的干部战士与中央红军的同志们互相亲切问候，看到中央红军的同志衣衫破烂，四方面军的同志立刻把自己较好的衣服拿出来送给他们。有的还送水和干粮，晚上宁可自己露营，也把房子让给中央红军的同志们住。中央红军的队伍过了七天，这样的团结友爱、情同手足的动人场面随时可见。

6月16日，毛泽东到达懋功后，会见了在那里迎接他的红30军政委李先念。这位26岁的军政委第一次见到毛泽东，显得十分激动。毛泽东亲切地问他多大岁数，30军有多少人。李先念一一做了回答，并汇报了红四方面军的情况，还说因为时间短，迎接中央的准备工作

---

[1]《中国工农红军第四方面军战史资料选编——长征时期》，解放军出版社1992年版，第52页。
[2] 韩东山：《朝霞映照达维镇》，载《回顾长征》，人民出版社1985年版，第313页。

做得不够，请中央谅解。五十年后，身为国家主席的李先念对索尔兹伯里回忆当年的情形说："我们到后他们跟着就到了，没想到他们来得这么快。我们作了最大努力，甚至补充给他们一千来人。一、四方面军之间根本没有任何可争吵的。"[1]李先念诚恳谦虚的态度，给毛泽东留下了良好的印象。

当晚，一、四方面军的同志们举行盛大的联欢会，庆祝会师。那几天李伯钊（三军团政委杨尚昆的夫人）和她率领的文工团成了大忙人，所到之处都要进行慰问演出。今晚她又亲自登台，表演了拿手的苏联水兵舞，引起台下一片叫好和欢呼。在场的童小鹏（红一军团干部）把这些都写在日记里："6月16日，到懋功城。晚与四方面军之一部开联欢会，每个人都兴高采烈的。四方面军的同志对待我军非常之和蔼和敬慕，且军风纪、纪律等均表现比我军好，的确可学习！"[2]

同日，中央也给张国焘发去一封热情的复电：

张主席、徐总指挥、陈政委并转红四方面军全体红色指战员
亲爱的兄弟们：

  来电欣悉。中国苏维埃运动二大主力的会合，创造中国革命史上的新纪录，展开中国革命新的阶段，使我们的敌人帝国主义国民党惊惶失措。我们久已耳闻你们的光荣战绩，每次得到你们的捷电，就非常欣喜。此次会合使我们更加兴奋。今后我们将与你们手携着手，打大胜仗，消灭刘湘、胡宗南、邓锡侯等军阀，赤化川西北。我们八个月的长途行军，是为苏维埃而奋斗。我们誓与你们一起，为苏维埃奋斗到底，特此电复。

       朱、毛、周及中央野战军全体指战员[3]

---

[1] 索尔兹伯里：《长征——前所未闻的故事》，解放军出版社1986年版，第279页。
[2] 《童小鹏军中日记》，解放军出版社1986年版，第138页。
[3] 《中国工农红军第四方面军战史资料选编——长征时期》，解放军出版社1992年版，第57页。

会师的喜悦，使红军上上下下都沉浸在欢乐和兴奋之中。对经过长途跋涉和艰难作战的两大主力红军看来，会师是一个历史性的转折。革命形势必然会大踏步地向前发展。当时有谁能预料到，中央与红四方面军的领导者张国焘之间会发生一场严重的斗争。

第2章
初会两河口

红军向何处去——中央与张国焘提出了不同的方针——两河口会师——热烈中隐含的不愉快——张国焘与朱德长谈——中央政治局两河口会议——北上进行松潘战役的决议——张国焘与毛泽东的争吵

中央机关刚刚在懋功住下,还没与张国焘会面,双方即频繁地往来电报,就红军前途和下一步的战略方针交换意见。

何以如此匆忙呢?双方领导人的头脑是清醒的。虽然两大主力红军已经会师,但他们仍然处在蒋介石和四川军阀的重重围困和封锁之下。川西北这个地广人稀的少数民族区,显然不是十万红军的安身之地。红军向何处去?中国革命向何处去?是双方领导人必须尽快做出决断的头等大事。

徐向前元帅回忆说:"对于战略发展方向问题,方面军总部那时没有讨论过。当然,领导层里并不是毫无考虑。我军刚进入川西北地区,张国焘就宣布成立苏维埃西北联邦政府,出布告,写条例,发指示,建立各级地方人民政府,忙得不亦乐乎。表面看来,似乎要铺开摊子,在这带立脚生根。其实不然,大家都在考虑下一步向哪个方向发展。因为谁都清楚,川西北山大地广,人稀粮少,不适合大部队久驻。又是少数民族地区,历史上形成的民族隔阂不易消除,红军要建立革命根据地,谈何容易呀!我和李先念同志交换过意见,认为还是原来的川陕甘计划比较好。如果中央红军上来,北上消灭胡宗南一部分主力,争取在川陕甘边创造革命根据地,与通南巴的游击区打通联系,再图发展,似为上策。而张国焘、陈昌浩呢?据我观察,是个举棋不定的态度。有时说北取陕、甘,有时说南下川西南边,拿不出个成熟的方案来。当时,迎接中央红军是当务之急,战略发展方向问题亦需两军会合后才能决定。"[1] 现在把中央盼来了,张国焘当然急于听听中央的意见。

---

[1] 徐向前:《历史的回顾》第 12 章,解放军出版社 1985 年版,第 422 页。

第2章 初会两河口

从中央了解的情况和徐向前提供的敌情报告可以看出，虽然红军进入了川西北少数民族区，得到暂时休息的机会，但敌情仍然是很严重的。在蒋介石的部署下，孙震、邓锡侯等五路大军，分别由江油、绵竹、灌县、汶川等地向红军占领的北川、茂县等地逼近。四川军阀杨森、刘文辉的军队集结于芦山、丹巴、康定一线，堵住红军南下成都平原的道路。蒋介石的精锐部队胡宗南部占据平武、松潘一线，防止红军向北发展。围困红军的敌人总计有二百多个团。蒋介石的目的，就是要把红军困死在这个荒凉的少数民族地区。

6月16日，中央在给四方面军总部发贺电的同时，还发去一封长电，谈了对下一步战略方针的初步意见。电报中说："为着把苏维埃运动之发展放在更巩固、更有力的基础之上，今后我一、四方面军总的方针应是占领川陕甘三省，建立三省苏维埃政权，并于适当时期以一部组织远征军占领新疆。"对于目前形势，中央认为"以懋功为中心之地区纵横千余里，均深山穷谷，人口稀少，给养困难。大渡河两岸直至峨眉山附近情形略同。至于西康情形更差。敌如封锁岷江上游（敌正进行此计划），则北出机动极感困难。因此邛崃山脉区域只能使用小部队活动，主力出此似非良策。"

张国焘、陈昌浩第二天复电，表示不愿意向北发展。电报中说："北川一带地形给养均不利大部队行动；再者水深流急，敌已有准备，不易沿岷江北打松潘，地形粮食绝无。"建议"同时向川、陕、甘发展，组织远征军占领青海、新疆，首先集主力打"。具体部署是李先念向夹金山进发，红一方面军进占阿坝，红四方面军另一部北打松潘，寻求向陕、甘发展的可能。[1]

首次交换意见就僵住了。毛泽东他们初来乍到，而四方面军已经在这里住了一个月。双方又来往了几次电报，还是说不清楚。毛泽东他们有点急了，6月20日给张国焘发了一封急电，催他快来。

---

[1]《中国工农红军第四方面军战史资料选编——长征时期》，解放军出版社1992年版，第59页。

小金红军会师处

接到电报,张国焘立即动身。他回忆:"1935年6月间,我以兴奋的心情,由茂县赶往懋功与久别的毛泽东等同志会晤。茂县方面则由徐向前、陈昌浩等留守。我和黄超及十余骑兵卫士,翻越一座座的高山,穿过茂密的原始森林,跋涉一些杂木丛生的乱石坡。这样,走了三天多的时间,快要到达懋功北面约九十里的抚边,这里便是毛泽东、朱德等暂时驻扎之所。"[1]

为了迎接张国焘的到来,中央已经在两河口(今小金县北)布置了欢迎会场。这是一片山间坡地,从西北的梦笔山和东北的邛崃山流过来两条溪流,到这里汇合,所以取名为两河口。邓发和罗瑞卿两位

---

[1] 张国焘:《我的回忆》第18篇第2章,东方出版社1991年版,第3册217页。

保卫局长选中了这个地方,调来工兵干了三个小时,伐木铲土抛石头,把一片荒坡开辟成会场。上边就着自然的坡度削成了小小的方台,就是主席台。下边用沙土铺平地面,代替欢迎贵宾的红地毯。没有房屋和墙壁,欢迎的标语就挂在树枝上。会场是如此的简陋,却又是如此的庄严。

6月25日早晨,天就下起了雨,既像是好事多磨,又像是不祥之兆。毛泽东专门派出了电话兵,爬到五里以外的山上观望,等待张国焘一行的到来。上千红军战士集合列队,在风雨中焦急地等待着。人们被风雨和寒冷的山风击打着,然而热切的心和兴奋的情绪,早已忘却了潮湿和寒冷。下午,大家预感到激动人心的时刻快要来到了,队伍中唱起了陆定一同志前一天新编的《两大主力红军会师歌》:

> 两大主力军邛崃山脉胜利会合了,
> 欢迎红四方面军,百战百胜英勇弟兄。
> 团结中国革命运动中心的力量,
> 嗨!
> 团结中国革命运动中心的力量,
> 坚决争取大胜利。
>
> 万余里长征经历八省险阻与山河,
> 铁的意志血的牺牲,换得伟大的会合。
> 为着奠定中国革命巩固的基础,
> 嗨!
> 为着奠定中国革命伟大的基础,
> 高举红旗向前进![1]

(这首歌后来被改了词,成为人们熟悉的《三大主力红军

---

[1] 收录于《红军长征记》,载中共中央宣传部编《党史资料》,1954年第3期第96页。

会师歌》。两河口会师与那原始的歌词都被人遗忘了。——作者注）

突然大雨袭来了，粗大的雨点打在人们身上，雨布也失去了作用。山水从树林中急促地流淌，冲走泥沙和树叶。持续20分钟的暴雨把每个人身上都淋得透湿，但没有一个人离开会场。他们依然等待着。大约到了下午5时，只见毛泽东等中央领导人从毛毡帐篷中走出来，向前面的树林走去，队伍中立刻严肃起来。随着一声口令，大家收起雨具，把队伍排列整齐，千百双眼睛一齐盯着东方。

只见东方山脚树林中，隐约地露出几个马头。张国焘骑着一匹白色骏马，在十来名骑兵的护卫下，沿着小路向欢迎的人群走来。这是一个激动人心的场面。张国焘到达时，看见"毛泽东率领着中共中央政治局委员们和一些高级军政干部四五十人，立在路旁迎接我们"。（其中有五位中共中央政治局委员：中华苏维埃政府主席毛泽东，中国工农红军总司令朱德，中央革命军事委员会副主席周恩来，中央书记张闻天和在遵义会议上受到批判、被免去领导职位的博古。红军总政治部主任王稼祥因伤未到。还有红军总参谋长刘伯承，中央政治保卫局局长邓发等。）中央领导人们虽然衣服都被雨水淋得湿透，却都满面笑容地向他挥手致意。朱总司令第一个迎上前去，向张国焘打招呼。张国焘立即下马，跑过去和他们拥抱握手。久经患难，至此重逢，情绪之欢欣是难以形容的。大家围上前去，一双双手紧握着，更多的手挥舞着。口号像暴雷般地轰响着，似乎要冲破低压的乌云。

又是一阵大雨袭来，但是谁也不在乎了。雨声、口号声、军乐声交织成激昂的交响曲，在欢乐的气氛中，中央领导人和张国焘一起走上了小小的主席台。朱德总司令首先致欢迎词，他热情洋溢地说："同志们！两大主力红军的会合，欢迎快乐的不只是我们自己，全中国的人民,全世界上被压迫者,都在那里欢呼庆祝!这是全中国人民抗日土地革命的胜利,是党的列宁战略的胜利!"

接着,张国焘致答词说:"同志们!这里有八年前我们在一起斗争过的(指南昌起义——作者注),更多的是从未见过面的同志。多年来我们虽是分隔在几个地方斗争奋斗,但都是存着一个目标——为着中国的人民解放,为着党的策略路线的胜利!这里有着广大的弱小民族,有着优越的地势,我们有着创造川康新局面的更好条件。"张国焘高呼:"红军万岁!朱总司令万岁!共产党万岁!"[1]

在热烈的口号中,红军队伍让出了一条人巷,在两旁红军战士的欢呼声中,张国焘与朱德、毛泽东等中央领导人一起有说有笑地向小镇上走去。军乐声、口号声和唱歌声与暴雨声在他们的身后混合成一片。

张国焘完全没有意识到,从他到达的那时起,中央领导人对他就产生了一些微妙的变化。在他们感觉,张国焘不像是一个朝拜者,而像是一个对穷亲戚炫耀财富的老爷。索尔兹伯里写道:"从两位领导人身上也可看出明显的差别,张的脸面丰满红润,虽不肥胖,但身上肉滚滚的,脸上毫无饥苦之色。毛呢?很瘦,面色憔悴,皱纹很深,举止十分拘谨。张的灰色军装十分合身,而毛仍穿着他长征时的老军服,又破又旧,缀满了补丁。"这种鲜明的对比使毛的心中产生不快。当看到旁边的一个战士夸奖张国焘卫队的高头大马时,毛泽东训斥他说:"别羡慕那些马!"[2]

这种情绪,连李德这位德国人都看出来了。他后来回忆道:"6月中旬,中央纵队到达两河口。张国焘,一个高大的,仪表堂堂的,四十岁左右的人,像主人对客人一样接待了我们。他显得很自负,看来已充分意识到了他在军事上的优势和行政上的权力。这些情况,使毛泽东和政治局不得不仰仗于张,不仅如此,张的整个品格以及他在

---

[1] 莫休:《大雨滂沱中》,见《红军长征记》,中共中央宣传部编《党史资料》,1954年第3期第8页。
[2] 索尔兹伯里:《长征——前所未闻的故事》,解放军出版社1986年版,第282页。

共产党和红军中的崇高威望,也使人不得不依从。"

博古的心情又与毛、张不同,遵义会议对他的批判,受冷落的处境,使博古产生强烈的失落感。只有李德理解他的内心。对于一、四方面军的会师,博古的心情是复杂的。"一方面,他欢迎即将到来的红军主力会师;另一方面,他又担心毛泽东会把张国焘的、在很大程度上与毛以前的思路相吻合的政策变成他自己的政策,强迫政治局接受下来。"[1]

欢迎张国焘的第二个程序是晚上的聚餐。表面的气氛是轻松愉快的。大家坐在一起天南海北地闲聊,张国焘却颇感沉闷。因为在座的诸位既"不谈长征和遵义会议的经过,甚至也没有兴趣听取我关于红四方面军情况的叙述"。而是听毛泽东大发其吃辣椒者即是革命的高论(这是毛泽东在饭桌上常见的话题)。博古这位不吃辣椒的江苏人则予以反驳(显然是话中有话)。张国焘隐约地感觉到中央领导层内的不和。

夜里,张国焘邀朱德在一起长谈。从1927年南昌起义失败后分手,他们各自都经历了艰苦卓绝的斗争。回想往事,两人都有说不完的话。朱德待人坦诚,一派忠厚长者风度,在红军中享有崇高的威望,张国焘对他也十分敬服。朱德坦率地向他介绍了中央红军长征以来的经历和遭受的损失,但是并不颓丧。中央红军的干部大部分保存下来了,有了这些骨干,朱德坚信革命形势还会发展壮大起来。他对红四方面军力量的强大和饱满的精神状态感到欢欣鼓舞,他还向张透露:政治局委员们都希望从速北进,不愿在这个少数民族区久留,他本人也觉得北进意见是对的。张国焘对此没有表态,但朱德的诚恳态度使他很受感动。就这样,他们一直谈到东方既白。[2](张国焘回忆录关于这段叙述,因为是多年后的追述,有些内容可能不准确,并含有感情色彩。其中有可供参考之处,但并不完全可信。——作者注)

---

[1] 奥托·布劳恩:《中国纪事》第3章,现代史料编刊社1980年版,第168页。
[2] 张国焘:《我的回忆》第18篇第2章,东方出版社1991年版,第3册225页。

张国焘收获很大,了解到不少中央红军的底细。但是在另一座房子里,毛泽东睡着了吗?

第二天(6月26日)上午,在两河口村的一座关帝庙里,召开中共中央政治局会议。讨论战略方针问题。参加者有:

中央政治局委员毛泽东、朱德、周恩来、张闻天(洛甫)、博古(秦邦宪)、王稼祥、张国焘。政治局候补委员刘少奇、邓发、凯丰(何克全)

列席者有:

刘伯承、林彪、彭德怀、聂荣臻、林伯渠、李富春

会议先由红军总政委周恩来做报告。他简单回顾了红军长征和遵义会议的经过,主要谈目前的行动方针。他说:现在一、四方面军都离开了苏区,都要在新的地区创造根据地。应在什么地方创造新苏区?第一是便利我们作战的地方。现在一、四方面军会合了,力量大了。松潘、理番、懋功地区地域虽大,但多是狭路,敌人容易封锁我们,而我不易反攻。第二是群众条件,红军走过的一些人口较多的地方,能大批扩大红军。松、理、懋地区总共只有二十万人口,少数民族占多数。这地方不可能成为我们的根据地,红军发展还是要在汉人多的地方。第三是经济条件,这里粮食缺少,有些地方粮食还不能自给,牛羊有限,布匹也不易解决,军事上补充更难。因此,在岷江西岸的松、理、懋地区是不利于建立根据地的。我们如陷在这里就没有前途。我们新的战略方针是向北进攻,在川、陕、甘建立根据地。

关于战略行动问题,周恩来指出:目前一、四方面军的战略行动,向南不可能;向东过岷江对我不利;向西北是广大草原。现只有转向甘肃,向岷山山脉以北,争取这一地域。这地区道路较多,人口多,山少。我们可用运动战消灭敌人。我们要勇猛果敢、巧妙机动、毫不迟疑地打击敌人。红军战略转移的具体要求是:第一,向松潘与

胡宗南作战。第二，高度机动，不要被敌牵制。第三，坚决统一意志。两个方面军部队大，要特别坚决地统一指挥。这三条是最高原则，必须实现。

关于一些具体问题，周恩来说：将红军分为左、中、右三个纵队，右纵队进攻松潘。利用夏季迅速北上通过草地。万一过不去，就向西，也许困难更多，但这条退路要保存。后方补充问题，会合后力量大了，但需要补充。一方面军质量强，但数量需要补充（具体的另谈）。粮食问题也要专门讨论计划。

周恩来的报告最后强调，战争指挥的最高原则是：第一，应集中统一，指挥权集中于军委。第二，为使作战更有力量，改组为三个纵队。第三，加强政治思想工作，克服粮食、寒冷、过草地和少数民族等困难。[1]

周恩来报告以后，张国焘发言。他首先谈了红四方面军离开川陕根据地以来的作战情况和与红一方面军会师的过程，他说：我们到理番后，知悉你们到了天全。当时我们计划在天全与你们会合，再打雅州。如能在天全、雅州会合，占领芦山，以松、理、懋为后方发展基地。一、四方面军主力会合了，现在应怎样打？现在接近我们的是胡宗南与刘湘，如果我们的战略是向南，向成都打，这些敌人是不成问题的。向东打，为地势所限制。向西要过草地，冬天经过，没有帐篷，冷得很。夏天雨季，长途行军会有大的减员，柴火也没有。松潘以北的情况还没有调查确实，发展条件是甘南对我有利。所以，要向甘南发展，要以消灭胡敌为重点。政治局应决定在甘南建立根据地，至于怎样打，军委应作具体计划。

毛泽东在发言中同意周恩来的意见。他说，关于根据地的问题，现在要用全力放在川、陕、甘这一地区。这样可以把苏区放在更加巩固的基础上。四方面军要做好解释工作，因为他们的计划是打成都的。

---

[1]《周恩来年谱》，人民出版社1989年版，第283页。

他指出：我们的战争性质不是决战防御，不是跑，而是进攻。根据地是依靠进攻去创建的。他主张集中主力打松潘。他说，现在就是要迅速地打破胡敌向前，今天决定，明天即须行动。因为等到冷了，解决皮衣很困难。应力争在6月突破，虽然那里要经过草地。这里地区条件太坏，后退不利，现在就是要力争经松潘到决定的地区去。最后他强调："统一指挥的问题，责成常委、军委解决。"[1]

周、张、毛三人作了主要发言后，其他与会者都发表了意见。大家一致同意周恩来的报告中提出的北上方针，认为当前最关键的是从松潘打出去。讨论结束后，周恩来作了结论。最后，全体通过了中央提出的北上战略方针，并责成张闻天起草决议。两河口会议在平静的气氛中结束了。

6月28日，根据两河口会议精神，中共中央政治局发布《关于一、四方面军会师后战略方针的决定》。在宣布了夺取松潘，创造川陕甘苏区的战略方针后，还做出下列决定：

> 必须派出一个支队向洮河、夏河活动，控制这一地带，使我们能够背靠甘青新宁四省的广大地区有利的向东发展。
>
> 大小金川流域在军事政治经济条件上均不利于大红军的活动与发展。但必须留下小部分力量，发展游击战争，使这一地区变为川陕甘苏区之一部。
>
> 为了实现这一战略方针，必须坚决反对避免战争退却逃跑，以及保守偷安停止不动的倾向，这些右倾机会主义动摇是目前创造新苏区的斗争中的主要危险。[2]

决议中的最后一段话是耐人寻味的。既然一、四方面军会师后革命气势空前高涨，两河口会议又取得了一致意见，那么"右倾机

---

[1] 《毛泽东年谱》，人民出版社1993年版，上册第460页。

[2] 《中国工农红军第四方面军战史资料选编——长征时期》，解放军出版社1992年版，第74页。

会主义"的大帽子要给谁戴？"退却逃跑"又是指谁？写到中央的决议里，总不会无的放矢吧。在这份决议中，隐约闻到了一股党内斗争的火药味。

6月29日，中共中央政治局常委再次举行会议。毛泽东、周恩来、张闻天、张国焘、博古、王稼祥出席。会议决定增选张国焘为中央革命军事委员会副主席，徐向前、陈昌浩为军委委员，统一组织的问题似乎也解决了。同日，中央发布了《松潘战役计划》，派刘伯承、李富春率中央慰问团随张国焘去红四方面军总部慰问。一切似乎都很顺利，然而张国焘却不知哪里来的无名火。第二天早晨刘伯承准备和张国焘一起出发时，却看见他正和毛争吵。张国焘大声说："我们跑来还听你毛泽东的指挥呀！"[1]

会师的喜悦还不到半个月，张国焘与中央领导成员之间的矛盾就显露出来，一场错综复杂的党内斗争拉开了序幕。

---

[1] 刘伯承：1961年1月26日的谈话。

第3章
冲突已见端倪

"五四"时期的张国焘与毛泽东——革命的两大山头：井冈山与大别山——张国焘对中央的态度发生变化——"联邦"问题的争论——张国焘与共产国际的积怨——张国焘在四方面军中的肃反和专制

张国焘与毛泽东的关系，可以追溯到"五四"运动时期。

民国初年的北京城，是一个光怪陆离的世界。紫禁城、中南海金碧辉煌的巍峨宫殿，显示出当年的皇家气派。虽然清朝朝廷已经被辛亥革命的大炮轰垮了，但是每月初一、十五云集神武门前，穿着朝服戴着红顶子朝拜逊位的宣统皇帝的前清遗老，背后拖着一条条长辫子，表现着顽固的守旧。紫禁城南面的东交民巷，又是洋人的天下。扛着洋枪的外国士兵，在中国人面前显得骄横不可一世。挂着民国招牌的总统府、国务院、国会等各部门，虽然出入的人员或西装革履，或长袍马褂，却依然保留着清朝的衙门习气。旧中国半封建半殖民地的特色，在北京到处都可以看到它的缩影。

相比之下，位于沙滩的北京大学却显示出一股青春的活力。自从蔡元培先生就任校长以来，他以兼容并包、学术自由的方针，招聘来一批最优秀的学者。李大钊、陈独秀倡导社会主义学说，并与鲁迅、胡适、钱玄同等共同倡导的新文化运动，使北大名扬四海，吸引着全国的进步青年。张国焘和毛泽东都从遥远的南方慕名而来。

张国焘出身于江西萍乡的一个世宦之家。祖上几代都是读书人，通过科举走上仕途。丰厚的田租收入，给他以优裕的生活和读书的机会。在中学里，张国焘与多数同学一样，在时代潮流的冲击下产生了强烈的爱国心。一次到上海的机会，他结识了一位革命党人，听他讲述辛亥革命的传奇故事，不由大为动心，萌发了投身革命的念头。为了实现他的抱负，张国焘考上了北大理工预科班，于1916年秋天来到北京。

张国焘

进入北大后,张国焘很快就成了一个活跃分子。文科学长陈独秀和图书馆主任李大钊是他最崇拜的师长。受他们的影响,张国焘接受了社会主义理论。尽管当时还很幼稚,张国焘却以救国和革命为己任。他先与许德珩等组织国民杂志社,又与罗章龙、邓中夏等组织了平民教育会。繁忙的社会活动使张国焘从课堂转移到图书馆,在那里他有时向李大钊先生请教,有时与同学高谈阔论。可能他没有意识到,在屋子角落的图书管理员办公桌旁,一位身材颀长的湖南青年在饶有兴趣地听他们讲话,这位青年就是毛泽东。

毛泽东是从另一条道路走到北大来的。他出身于一个普通的农民家庭,由于家乡的闭塞,他最初的生活是在私塾和农田中度过的。直到 18 岁才有机会进入正规小学,接受新式教育。毛泽东如饥似渴地从新知识中汲取营养,由湘潭到长沙,毕业于湖南第一师范学校。在恩师杨昌济的指点下,他与蔡和森、何叔衡等组织新民学会,探索真理,寻求发展机会。1918 年 8 月,他与蔡和森、萧子升等二十多个湖南同学来到北京，办理赴法国勤工俭学。因为没有钱，毛泽东与朋友们在北京过着清苦的生活。八个人挤一个大通铺，吃最便宜的饭，但是北京的开销使毛泽东手头日渐拮据。肚皮填不饱，求学亦不可能，好在杨昌济先生此时在北大任教，把毛泽东介绍给李大钊，在北大图书馆当了一名助理员。

这份工作虽然使毛泽东有机会接触更多的书和人，但毕竟太委屈他了。他的月薪只有8元，不抵胡适、陈独秀等大教授的二十分之一。薪水也是地位的象征，毛泽东在北大师生眼中，不过是个小职员。除了李大钊有时和他谈谈话，很少有人理会他。这使毛泽东的自尊心极受打击。直到他成为中国共产党的领袖，他还用一种凄凉的口气对斯诺讲述他在北大的经历："我职位低微，无人理我。我的一项任务是登记来读报纸的人的姓名，但对他们大部分人来说，我这个大活人是不存在的。从这些来阅读的人中，我认出了启蒙运动的著名领袖的名字，如傅斯年、罗家伦等等，我对他们怀着浓厚的兴趣。我试图与他们就政治和文化的问题开始交谈，但他们都是大忙人，无暇去听一个图书管理员说南方话。"[1] 毛泽东对斯诺说：他认得张国焘，张当时是一个很激进的青年学生。而张对毛却没有留下任何印象。正是由于这种失落感，不到半年，毛泽东便辞去北大的工作，离开北京，回湖南家乡去了。

1921年7月中国共产党第一次全国代表大会在上海举行。北京代表张国焘、湖南代表毛泽东等出席了这次具有伟大历史意义的会议。由于陈独秀、李大钊的缺席，张国焘受他们的委托，成了这次会议的主持人。当时他对毛的印象是"他是一位比较活跃的白面书生，穿着一件布长衫。他的常识相当丰富，但对于马克思主义的了解并不比王尽美、邓恩铭等高明多少。他在大会前和大会中，都没有提出过具体主张；可是他健谈好辩，在与人闲谈的时候常爱设计陷阱，如果

---

[1] 斯诺：《红星照耀中国》，河北人民出版社1992年版，第112页。

对方不留神而堕如（入）其中，发生了自我矛盾的窘迫，他便得意地笑了起来"。[1] 从建党之初，张国焘就没把毛泽东放在眼里。

中国共产党成立后，张国焘一直处于最高领导层。他起初分管工人运动。曾领导过京汉铁路"二七"大罢工和上海"五卅"运动。大革命时期，他多次作为陈独秀的代表，周旋于国共两党的上层。他代表中共出席过远东各国共产党及民族革命团体代表大会，见过列宁。但是他也屡犯错误。在周恩来等筹划南昌起义前夕，他以中央代表名义去传达国际的指示，阻止暴动。在周恩来、恽代英的强烈抗争下，他才被迫服从大家的决定。为此，他在莫斯科召开的中共第六次代表大会上，受到严厉批评。

而毛泽东却没有这般的风光，他一直扎根在中国的土地上，扎根在中国的最底层——广大的农村之中。从井冈山开始，依靠自己的努力，打出一个中央苏区来。但他却一直受到那些留苏派的讥笑，被认为是"山沟里出不了马列主义"。自从上海中央迁到中央苏区后，毛泽东便屡受排斥和打击，终于在1932年10月的宁都会议上被苏区中央局的负责人赶下了台。直到遵义会议前的两年多，毛泽东都是在郁闷孤独的痛苦中度过的。他曾流着眼泪对来访的老部下龚楚说："现在我们井冈山的同志吃不开了，只好慢慢忍耐了。"[2] 在遵义会议上，博古等留苏派领导人已经受到大多数红军将领的批判，毛泽东重新掌权已成定局时，凯丰还轻蔑地对毛说："你懂什么马列主义？你顶多是看了些《孙子兵法》。"所以，毛泽东对那些只懂得夸夸其谈马列教条，动辄挥舞棍子打人的"左倾"教条主义者是深恶痛绝的。

张国焘自1931年到鄂豫皖苏区任中央分局书记，在红四方面军徐向前等将领的鼎力相助下，革命形势发展很快。有人形象地比喻说：当时中国革命的中心就是两个山头：一个是井冈山，一个是大别山。前者的领导者是毛泽东，后者就是张国焘。张国焘虽然到鄂

---

[1] 张国焘：《我的回忆》第2篇第6章，东方出版社1991年版，第1册135页。
[2] 《龚楚将军回忆录》，香港明报月刊社1978年版，下册第502页。

豫皖苏区时间不长，但他资格老、口才好，有组织能力。这两大苏区都曾发展到十万红军。无论是在鄂豫皖，还是在通南巴，张国焘都是说一不二。他已经习惯于发号施令，不习惯屈居他人之下。现在与中央会合了，党内论资历没有一个人比得上他张国焘。在两河口他与毛泽东会面，虽然相敬如宾，却没有什么心里话好谈。为了摸中央的底，他特地问周恩来：中央红军有多少人？周恩来故意往多里说：有三万（实际不足两万）。张国焘脸上显露出得意的神态，说：我们有八万。从这时起，张国焘的热情，就已经大大降了温。

两河口会议结束后，张国焘与中央慰问团一行返回红四方面军总部。到达杂谷脑镇（今理县城关），张国焘找了个借口，把刘伯承、李富春等都留在那里（当地是张创建的"西北联邦政府"驻地），自己则快马加鞭地赶回茂县红四方面军总部，同徐向前、陈昌浩商量。

此时，留在总部的徐、陈二人正满怀希望地盼着张国焘回来。听听中央对下一步战略行动的指示精神。徐向前回忆说："张国焘从两河口返回茂县途中，经下东门见到了我。他对会见中央领导及两河口会议的情况，不愿多谈。只是说中央红军一路很辛苦，减员很大，和我们刚到通南巴时的情况差不多。我最关心的是下一步向哪个方向打？他说：中央的意见，要北出平武、松潘，扣住甘南，徐图发展。我看还是先取川西南比较好，否则两河口会议结束后，粮食给养都不好办。"徐向前当即向张分析了南下与北上的利弊得失，委婉地劝说张国焘还是北上为好。"张国焘沉思良久，最后表示同意先打松潘，但仍坚持南取邛崃山脉地区的意见。"[1]

陈昌浩回忆："张国焘在前面开了两河口会议，打回来个电报，内容大意是情况不妙，可能是说中央红军留下不多了，埋藏好久的篡党思想可以公开了。会后中央派刘伯承和张国焘回来传达，但张国焘在路上把刘伯承留下了，只是他一个人回来，完全用他自己的观点来

---

[1] 徐向前：《历史的回顾》第12章，解放军出版社1985年版，第426页。

解释，好多都是他臆造的。张国焘走之前我内心对毛主席还是钦佩的，感到中央红军发展很大。但张国焘回来后谈的一切都是为了攻击党中央以毛主席为首的领导，曲解遵义会议，好像中央都不对，遵义会议前是错了，遵义会议后也不行，唯一的证明是部队垮了，只剩下几千人。并以此为其脱离通南巴苏区做辩护（当时有些干部对离开有意见）。证明他的领导正确，保存了力量，成了红军的主力，一方面军是不行了。中央好的东西一点也没谈，谈的都是攻击中央特别是攻击毛主席的东西，把遵义会议之前的错误领导和遵义会议之后毛主席的正确领导混为一谈。我的思想除右倾有共同点外，他回来的宣传使我成为了他的俘虏。对中央领导发生怀疑，拿军事上暂时的挫折来证明领导有问题，以红军的多少来决定领导是否正确。"

　　短短的几天会议，张国焘的思想为何发生这么大的变化？一、四方面军之间人数和实力的差距确是张国焘野心膨胀的一个原因，但如果简单地把长征中的这场大破裂归咎于此，未免把错综复杂的党内矛盾和斗争看得过于简单化了。必须指出，在一、四方面军会师之前，张国焘和四方面军的指挥员们，都真诚地盼望中央红军的到来，能扭转不利局面，使革命摆脱困境。陈昌浩回忆："大概在（1934年）8、9月里，当时领导上知道敌人已在进攻中央苏区。我到后方以后，和张国焘、向前同志常谈这件事，天天晚上注意收听中央的消息，注意打到了哪里，以决定自己的行动。确实心里有些不安，沉不住气了。那时中央红军有十三万人，搞了那么多年，结果还是离开了。我们怎样办？这个思想一直没有说明过。商量的结果，大家认为不能死守川陕（通南巴）苏区。与其等敌人压过来被迫退出，不如主动退出。找一个有利地区保存实力，等待时机。"[1] 所以当一方面军接近懋功，与四方面军即将会师的消息传来，大家都极其兴奋。陈昌浩亲自在墙上写大标语，"庆祝三十万红军大会师"。徐向前在旁边冷笑，说："哪有

---

[1] 陈昌浩：1961年5月10日的谈话。

这么多红军？你这样宣传还兑现不兑现？"[1] 当张国焘在两河口见到一支疲惫不堪、装备破烂的中央红军时，原来的希望几乎破灭了。其言谈口气也从一个朝拜者转为收容中央的东道主。

两河口会议刚刚结束，张国焘本打算和中央负责人谈谈话再回茂县总部。这天中午，秘书黄超——一个二十来岁的年轻人，把一份刚出版的中共中央机关报《前进》第2期递给张国焘。黄超原来在上海读书，从事地下学生运动。30年代初被上海中央派往鄂豫皖苏区。当时他只是一个毛头小伙子，中共中央却举荐他可以担任要职。黄超在四方面军总部做了张的秘书。1933年1月，鄂豫皖苏区进行大规模肃反，黄超被沈泽民（川陕省委书记，著名作家茅盾的弟弟）等领导人怀疑为"第三党"和"取消派"，揭发他有小组织活动。在那个"左"倾的时代，戴上这些帽子足够杀头了。但张国焘并未怀疑黄超，仍然信任他、保护他。黄超对张国焘当然感激涕零，誓死效忠。这份《前进》是黄超通过关系从一方面军干部手中偷偷要来的，他告诉张国焘：这是一方面军内部传阅的，规定不得让四方面军知道。

张国焘翻开一看，上面刊登了中共中央宣传部长凯丰（何克全）的一篇长文——《番民工作中的几个问题》。张国焘对此人颇为熟悉。他是江西萍乡人，与张国焘同是江西老乡。凯丰原来在党内默默无闻，自从去了莫斯科，回国后便青云直上。1934年中央在江西瑞金召开六届五中全会，靠博古等留苏派的提携，凯丰一跃而成中共中央政治局候补委员、中央宣传部长。张国焘耐着性子往下看，凯丰的这篇文章先是引了一大堆列宁斯大林的民族自决理论，而后话题一转说："在目前我们所经过的松、理、茂一带的地区内，常是少数民族占多数。在这些区域内的政权形式，不是一开始就组织苏维埃。为着能够包括更广大的群众，我们可以组织一种临时革命委员会。而且从革命委员会转变到苏维埃的政权的时期，可以比在一般的区域内长一些。"

---

[1] 廖盖隆：《徐向前元帅生前的肺腑之言》，《炎黄春秋》1993年第1期。

凯丰

文章后面还附了一份《中国共产党中央委员会告康藏西番民众书》。其中有号召康藏民族自决建立人民革命政权，有信仰宗教自由等内容。最后特别注明："这一纲领还是草案。"

张国焘看完凯丰的文章，心中大怒。一、四方面军刚刚会合，中央刊物上发表这篇文章，显然是在批评他搞的西北联邦政府。"西北联邦政府"是1935年5月底张国焘到理番后不久建立的。虽然张国焘按照川陕苏维埃政府的模式，在西北联邦政府中设置了几个部门、法院和基层区、乡人民革命政府，搞得麻雀虽小，五脏俱全。仿佛要在这个少数民族地区扎根创建根据地。但是四方面军的人自己都明白，西北联邦政府只不过是张国焘搞的一个形式，一个空架子。政府中的成员都是红四方面军的干部，既没有当地党组织的人，更没有少数民族代表参加。但是张国焘把声势造得很大，在《中华苏维埃共和国西北联邦临时政府布告》第1号中声称："本政府自成立日起，坚决率领红四方面军三十万健儿，陕甘红26军、陕南红25军、川南红93军，并团结领导西北一万万五千万民众配合中央红军六十万西征大军,以钢铁力量贯彻下列主张。"这显然把徐海东、刘志丹等陕北红军力量并入他的势力范围。在《西北特区委员会庆祝西北联邦政府成立祝辞》中,口气更大:"这一旗帜的树起,统一了西北各民族解放战争的领导,奠定了中国革命西北后方的大本营,西可收复西藏、西康;北可抵至新疆、青海;南可进取云南、贵州,以与陕甘川黔苏区打成一片。围绕这一旗帜的周围,有中央六十万西征大军,有陕南红25军,陕北红26军,有萧、贺红二、六军团,有古宋、叙永的川南红93军,有无数的陕甘回民暴动,有邛大赤区,有安绵的农民斗争,有广安革命兵变区域,有黑水、芦花、理番的番民暴动。"[1]按照这个说法,中央也成了西北联邦的一部分了。

中央领导人在会师后看到这些文件,反感和不满的心情可以想见。张国焘不请示中央,擅自成立政府,已经是目无组织纪律。更刺眼的是那个"联邦",和谁联?和中央联吗?当时毛泽东与张国焘谈起西北联邦,毛故意问:"我归你吧?"张国焘也半开玩笑半当真地说:"你归我呀。"[2]这句话深深刺激了毛泽东和其他中央领导人,他们对张国焘的傲慢和野心已经有所警觉。

张国焘立即做出了反应。张闻天来找他商量事情,张国焘愤愤地把凯丰的文章拿给他看,质问他这篇文章是不是根据中央的决定写的。为何不进行讨论就在中央机关报上对一位政治局委员随意公开批评?张闻天没想到会出这种事,一时无法作答。只好安慰张国焘,说当前一、四方面军急需一致行动,不宜讨论这些有争议的问题。

一波未平,一波又起。第二天,博古来找张国焘谈军队政治思想工作的一些问题,两人又争论起来。张国焘已经了解到遵义会议的情况,根本没把博古放在眼里。他后来回忆当时的情景说:"他(博古)虽然做过三年多中央的书记,也遭受过遵义会议的贬斥,看

---

[1]《中国工农红军第四方面军战史资料选编——长征时期》,解放军出版社1992年版,第28、31页。
[2] 刘伯承:1961年1月26日的谈话。

来历练似仍不多,说话直率倒是他的可爱之处。他是中共中央的一个小伙子,喜欢玩弄小聪明,仍不改当年在莫斯科中山大学那种神气。他说起话来,满口这个同志那个同志,充分流露出莫斯科的气味。"他对张国焘称兄道弟的口头语感到很不习惯,认为这是国民党军阀习气,与中共的布尔什维克化极不相称。博古又谈到几天来他观察到的一些现象,认为红四方面军中有严重的等级观念和打骂现象,这些都是军阀残余的表现。张国焘虽然对此进行了解释,但口气强硬地拒绝了博古的批评。[1]

张国焘与博古的积怨,需要追溯到张国焘与共产国际的关系。1928年6月,张国焘和中共中央的主要负责人都被召到莫斯科,出席中国共产党第六次全国代表大会。这是一次完全由共产国际操纵的会议,更确切地说,是由共产国际中国部部长米夫操纵的会议。会议主要总结大革命失败的教训,追究有关领导人的责任。瞿秋白和张国焘是被批判对象,他两人分别被扣上"盲动主义"和"机会主义"的帽子,被迫做深刻检查。张国焘心里不服,但却不敢反抗。他说:"我们服从共产国际的指示,认为是下级服从上级的应有义务。我们信仰共产国际,认为共产国际的老革命家比我们见多识广。每当我们的看法与共产国际的指示发生参差的时候,我们总以为自己不过是一些学生,对于自己的见解,不敢自信,而认为共产国际的指示必然深谋远虑。因此,也就牺牲自己的主张,来迁就共产国际的指示。甚至对于共产国际代表的任何指示,也奉若神明,无不言听计从。这种情形,简直已经到了迷信共产国际的程度,这就是事态的真相。"

中共六大结束后,周恩来、向忠发回国主持领导工作,张国焘与瞿秋白、邓中夏等作为中共常驻共产国际的代表留在莫斯科。实际上,张和瞿是徒有虚名,在别人眼中,他们是犯有错误的人,处于受冷落的地位。那时中国共产党的太上皇是米夫,在他兼任校长

---

[1] 张国焘:《我的回忆》第18篇第2章,东方出版社1991年版,第3册237页。

的莫斯科中山大学里，宗派活动极为严重。米夫任人唯亲，顺我者昌，逆我者亡，引起了广大留苏中共党员的不满。紧跟米夫的王明（陈绍禹）、博古（秦邦宪）等人是极少数。他们在米夫的庇护下，以极左的面目出现，动辄整人。不断在中山大学挑起事端。1928年11月，中大学生与王明、博古等人发生纠纷，张国焘前往调解。他在讲话时认为这些问题都可通过内部协商妥善解决，不赞成米夫等人把革命同志一棍子打死那套做法。博古跳出来用俄语讲话，痛骂张国焘是机会主义者，攻击他的机会主义立场妨碍了在中大开展的阶级斗争。张国焘是党内元老，却受到这么一个小青年的辱骂，不禁大怒。[1] 现在博古、凯丰等仍在中央掌权，张国焘自然不会与他们亲近。

更令张国焘不能容忍的是，中央政治保卫局局长邓发找他商量在四方面军中建立保卫局工作系统的事，要求张国焘介绍保卫局的干部到四方面军中去，建立独立的政治保卫局工作系统，并调四方面军中的警卫员交他培训，然后再回到原职。张国焘大为反感，这岂不是要对他和四方面军的高级干部进行监视吗！他一口拒绝了邓发的意见，等于告诉中央：四方面军的内部事务，中央不得干涉。[2]

实际上，四方面军中不但有严密完整的政治保卫局系统，而且是张国焘亲自控制的。张国焘在鄂豫皖苏区担任领导期间，为了建立他的个人权威，不惜用残酷无情的镇压手段清除与自己意见不同的人或他认为可能对自己构成威胁的同志。红四方面军内部的肃反与滥杀，达到非常严重的地步。1931年4月张国焘、陈昌浩来到鄂豫皖苏区后不久，为了配合中央苏区的反"围剿"斗争，红4军领导人决定南下进攻蕲春、黄梅等地区。在红4军军长徐向前、政委曾中生的指挥下，红4军勇猛进攻，一连打了好几个大胜仗，攻克英山、蕲水、罗田、广济四个县城。开辟了以英山为中心的大片红色区域。这时，张

---

[1] 张国焘：《我的回忆》第14篇第2章，东方出版社1991年版，第2册399页。
[2] 张国焘：《我的回忆》第18篇第2章，东方出版社1991年版，第3册243页。

陈昌浩

国焘硬要红军去攻打长江沿岸的潜山、太湖、安庆等城市。将鄂豫皖苏区与中央苏区连成一片。曾中生考虑攻打安庆要经过宽阔的白区，红4军虽然打了一些胜仗，但还不具备向国民党统治的中心地区发动大规模进攻的能力。如果冒险进攻，有可能把红军的力量消耗殆尽。他与徐向前、许继慎、周维炯等人经过慎重的考虑与商讨，决定不执行张国焘的命令，带领红4军仍在蕲水、黄冈、广济地区作战。并写了一封信给张国焘，说明情况。

张国焘在后方得知曾中生没按他的命令去打安庆，勃然大怒。这是鄂豫皖的干部没把他这个中央派来的大员放在眼里，这样下去，张国焘在红军中还有什么威信？他立即以苏区中央分局的名义给曾中生等写信，指责他们"公开抗拒分局命令"，严令部队"立即北返，不得丝毫停留"。曾中生是一个原则性很强的人，不服张国焘家长式的统治，在率领部队返回途中，召开干部会议。大家对张国焘的命令表示强烈不满，曾中生起草了一封给中央的申诉信，派人送往上海。这一

白雀园

下更被张国焘抓住把柄,他认定红 4 军中有"反革命分子",立即下令免去曾中生的职务,派陈昌浩接任红 4 军政委,开展肃反。陈昌浩不等部队回到苏区,便开始了大规模的逮捕,先后把许继慎、周维炯两个师长抓了起来。9 月底部队到达白雀园,张国焘亲自主持肃反。肃反的对象主要是三种人:一是白军过来的,无论是起义、投诚还是俘虏来的一律审查;二是地主富农出身的;三是知识分子和青年学生。一时期恐怖之风大盛,在张国焘指挥下,陈昌浩和保卫局长周纯全带领保卫局的人天天抓人审讯。为了抓出"AB 团"和"改组派",对革命同志严刑逼供。被捕和被杀的人越来越多,形成肃反扩大化。王建安上将回忆说:"肃反时,杀了不少人。留分头的、戴眼镜的、AB 团、第三党,还有吃喝委员会的都要杀掉。那时说知识分子不可靠,地方干部也杀了不少,军队中爱提意见的都杀掉了,最后在部队中找个当文书的都找不到了。"[1] 总指挥徐向前在前方打仗,妻子程训宣却被保卫局抓起来严刑逼供,在没有任何罪名的情况下被杀。徐向前都不能过问,一直到了延安,徐向前才悲愤地质问周纯全:"为什么把我老婆

[1] 王建安:1979 年 5 月 21 日的谈话。

抓去杀了？她究竟有什么罪？"周回答："她没有什么罪，当时抓她就是为了搞你的材料。"[1] 据当年的知情人说，保卫局把程训宣同志抓去拷问，是想把徐向前整垮。没想到程训宣被打得体无完肤，却坚决不肯说一句诬陷丈夫的话。保卫局的人眼看无法交代，怕徐总打完仗回来追查，干脆把程训宣杀了。[2]

白雀园肃反，张国焘使用铁腕和屠杀建立起自己在红四方面军中至高无上的地位。但是红军和革命根据地却受了致命的内伤。一大批忠诚的共产党人，具有较高军事和文化素质的红军指挥员被杀害了。活着的人也胆战心惊，今天不知明天的命运。大家宁可牺牲在战场上，也不愿背着"反革命"的罪名被自己的同志砍头。连许世友这样出身贫苦、作战勇猛的战将都心里发虚。他回忆道："那时一说反党就不得了，杀人不敢作声。他以中央名义杀人，谁敢作声？谁作声，马上就被杀掉了。"[3]

肃反造成的恐怖和人心的恐慌，大大削弱了红军的凝聚力和战斗力。不久，当国民党军队对鄂豫皖苏区进行第四次"围剿"，红军终于顶不住了。被迫离开了鄂豫皖苏区，向川陕边区千里转移。在转移中，红军干部中对张国焘的怀疑和不满终于爆发了。12月初，部队翻越秦岭后，曾中生、旷继勋、余笃三、张琴秋等高级干部就酝酿与张国焘的错误路线进行斗争。12月7日，在小河口召开了师以上干部会议，曾中生向张国焘递交了一份书面意见。大家也都建议停止转移，争取迅速创建新的根据地。面对大家的意见，张国焘表示接受，并委任曾中生为西北革命军事委员会参谋长，张琴秋为方面军总政治部主任。大家出于善良的愿望，张国焘是中央代表，只要他承认错误，大家仍然拥护他的领导。后来的事实证明他们太天真了，当张国焘在川北通南巴地区站稳了脚，便又大开杀戒了。

---

[1] 徐向前：《历史的回顾》第5章，解放军出版社1985年版，第163页。
[2] 《徐向前传》第6章，当代中国出版社1991年版，第113页。
[3] 许世友：1980年11月9日的谈话。

1933年6月间,他再次主持肃反,秘密逮捕处死了旷继勋、余笃三、舒玉章等高级指挥员,逮捕了朱光、王振华,斗争了张琴秋。红四方面军成了张国焘个人统治的天下。

当然,肃反不是张国焘个人的行为,是和当时统治中央的王明"左倾"机会主义路线密切相关的。张国焘通过在四方面军中的肃反,确立了自己巩固的地位。以张国焘在党内的资历,加上红四方面军强大的实力,党中央也不被他放在眼里。从他个人的性格来说,也不甘屈居别人之下。现在,毛泽东和张国焘这两位党内最强有力的政治领导人走到一起来了。他们能够同心协力吗?两河口初次会见,已经留下了争斗的阴影。张国焘的心中已经开始盘算:现在应该由他来执掌党和红军的最高权力了。

第4章
陷入困境

红军北上实施松潘战役计划——藏族上层贵族煽动反对红军——筹粮困难——红军四出寻找粮食——藏民与红军的冲突——后卫部队遭到藏民和国民党军的夹击——松潘战役进展不利——红军在川西北陷入困境

两河口会议结束后，根据中央决议，朱德、周恩来、张国焘、王稼祥在一起迅速拟定了《松潘战役计划》，于 1935 年 6 月 29 日下达到一、四方面军各部队。

战役部署是：红军主力兵分三路，林彪、彭德怀率红一方面军十六个团为左路军；徐向前率红四方面军十个团为中路军；陈昌浩率八个团为右路军；三军分路并进，准备集中优势兵力，夺取川西北军事重镇松潘，控制通向甘南的道路。红四方面军副总指挥王树声和红9 军军长何畏分别率岷江支队、懋功支队掩护红军后方的安全。红四方面军总政治部主任周纯全率各警备部队负责中央和方面军总部机关驻地卓克基、阿坝等地的保卫工作。

红军刚刚开始行动，一些意想不到的困难和厄运就降临了。它们不是来自国民党和四川军阀，而是来自川西北高原的自然地理环境和藏族土著居民。

川西北地区的自然地貌十分复杂，松、理、茂地区岷山、邛崃山、大雪山高耸入云，原始森林密布，河谷水深流急。今天这里美丽的自然风景吸引着众多的旅游者，在当时却给长征的红军带来了极大的困难。山高路险，部队行进十分艰难。由于地处海拔 3500—4000 米的高寒地区，人烟稀少，粮食作物只有大麦和青稞，产量很低。这个荒凉地区现在一下来了十万红军，他们吃什么，到哪里去找寻足够的粮食和给养，立刻成了严重的问题。

这一地区世世代代居住着藏族人。他们的历史可以追溯到公元 7

番民屋（黄镇画）

世纪的唐朝。当时，他们的祖先吐蕃人从青藏高原迁徙到这里，为了争夺成都平原的财富与唐朝军队进行多次交锋。唐朝宰相李德裕修筑的姜维城遗址，至今还雄踞在茂汶境内的半山腰上。民国以来，四川军阀对川西藏民横征暴敛，滥施淫威。激起了藏民对汉人的仇恨心理。封闭和愚昧使土司和活佛成为贫苦藏民至高无上的主宰，这里的社会还处在奴隶制和封建制的时代。红军突然来到这里，打破了山间的沉寂。但他们给藏民带来的不是惊喜，而是恐惧。

红四方面军刚到这里不久，徐向前就敏锐地感觉到："这里的条件远不及通南巴，发动群众的工作困难重重。一是语言不通，障碍甚大。二是历史上形成的民族隔阂很深，短期内不易消除。三是地广人稀，走上百多里山路，往往见不到一个寨子。四是少数上层反动的土司、喇嘛，利用他们的统治势力和影响，暗地进行破坏活动，甚至公开组织反革命武装。"[1]

反对共产党和红军的行动，是当地藏族土司和宗教上层人士共同策划的。红军进入川西北地区后，国民党军队因崇山峻岭、交通及后勤补给等方面的困难，无力派大军追剿。于是便利用藏族宗教界上层人士和地方土司，向藏族群众作反动宣传。当时青海、川西的宗教领袖和土司虽然与国民党军阀也有矛盾，但在反对共产党和红军方面，立场是一致的。1935年6月9日，蒋介石在成都召见流亡的昌都诺那活佛，封他为"西康宣慰使"。此举被当地记者讥为"闲时不烧香，急来抱佛脚"。而诺那本人却感激不尽，愿效犬马之劳。6月22日，诺那发表《告康藏民众文》，咒骂共产党"杀人放火，劫掠奸淫，对于一切宗教，无不毁灭净尽"。要藏族僧众"俱宜一心一德，以与残匪作殊死战，无论如何，不令越康境一步"。[2] 这些宣传对于那些信奉喇嘛教的藏族民众，无疑有着很大的欺骗性和号召力。

红一、四方面军会师后，四方面军一部在傅钟带领下向卓克基东北的马塘、康猫寺地区进发，在康猫寺与日头喇嘛率领的僧众骑兵遭遇，双方激烈交火。傅钟抓来两个俘虏审问，了解情况后，立即给张国焘写了书面报告。报告中说："日头喇嘛现率反动多人，已经跑往草地去了。现只留少数匪迹康猫寺左山老林中，企图继续扰乱。……据捉获反动所供，他们是听说黑水蛮子来了，如有不跑者，即被杀戮，所以他们才跑的。这完全是反动借群众口气，掩盖自己的一种说话。否则他们不会严阵以待，公然开枪与我打仗。总之，前日杂谷脑事件，完全是该地喇嘛寺早与芦花、黑水反动及叩山沟之番族土官头人均有整个密谋勾结者。故前日我们政治部同独立二师一路去大小沟、木村沟打反动时，曾捕获三个番人，是从杂谷脑

---

[1] 徐向前：《历史的回顾》第12章，解放军出版社1985年版，第418页。
[2] 中共四川省党史工作委员会编：《红军长征在四川》，第8章第1节，四川社会科学院出版社1986年版，第255页。

第 4 章 陷入困境

卓克基土司宫

送信到黑水和左耳沟的反动回来的。"[1] 傅钟向总部发出信息：藏族宗教上层和土司策划的有组织的反对红军的活动已经开始了。

红军原来的打算是：按照苏区打土豪分田地的老办法，取得藏族民众的拥护。然后筹粮筹款，准备北上的物资。然而现实的一切却令红军战士迷惑不解，所到之处藏民都逃的不知去向，家里的粮食、物品都藏匿一空。没跑的则集中在喇嘛寺中，持枪严阵以待，不许红军靠近。这使红军以往的政策办法全都失灵。但是，粮食必须筹集，这是关系到每个红军战士生死存亡的头等大事。

红军总政治部 6 月 25 日在两河口发布《关于收集粮食的通知》，政策界限还是很严格的。其中规定："甲、在收买粮食时，必须很好地向群众做宣传，使群众自愿将自己所有的粮食拿一部分出来卖给红军，并帮助红军去收集粮食。乙、收买粮食时一定要给足价钱。丙、群众

---

[1]《中国工农红军第四方面军战史资料选编——长征时期》，解放军出版社 1992 年版，第 69 页。

仅存很少的自己吃的粮食，不得他本人的同意不应强迫购买。……戊、群众逃跑不在家时，购买他的粮食一定要找得邻近的群众同去，并将价付给邻近的群众，留信给逃跑的群众。"一个星期过后，总政治部发现原订的政策根本行不通。藏民不但全部逃跑，而且坚壁清野。如果还按老政策办，红军很快就会绝粮，乃至饿死。严重的情况来得如此之快，迫使总政治部在7月3日下达严厉的训令。指出："目前我们正处在夺取松潘赤化川陕甘的战斗关头，为着实现这个历史任务，克服目前放在我们面前的粮食困难，是具有严重的战略意义的任务。估计到前进路上粮食更形困难，和胡敌在松潘附近已经把粮食完全收集，和番人的坚壁清野，更必须决心用大力来克服粮食困难。各部队政治部必须发动连队用一切办法，如没收、搜山、收买等收集粮食。"[1]

在这片广阔荒凉的土地上，一场为粮食、为生存而战的斗争开始了。

红军在藏区搜集粮食的具体过程，一、四方面军都没有留下完整的记载。红二方面军长征结束后，方面军政治部主任甘泗淇同志给中央写了一个详细的《二、六军团长征的政治工作总结报告》。谈到在藏区筹粮时的情况和对策，他说：

> 在番区解决给养，我们感觉番区粮食的缺乏，和群众的藏匿粮食，以及群众的逃匿山中，使我们在给养上感觉很大的威胁。搜索粮食我们所采取的办法如下：
> ——搜山：群众和土司头人喇嘛的粮食，大部早已匿藏山上，牛羊亦早已迁避。我们为着解决给养问题，不能不实行搜山。自然我们在搜山原则上是要调查土司头人的粮食或牛场，而征发其一部分，尽量不侵犯群众的利益。但实际上在山上是万难见到群众，无从调查与分别清楚，有时番民武装掩护这些粮食或

---

[1] 参见军事科学院编：《中国工农红军第四方面军战史资料选编》。

牛场，经我们射击，即已逃散一空，也弄不清是谁的，所以实际上在搜山时是侵犯了群众利益的。

——挖窖：番区粮食有许多是埋在房子里、土里、夹墙中与偏僻的地方，我们因粮食困难，一到宿营地即实行挖窖，搜得了不少粮食。

——借贷券：我们在搜山、挖窖所得的粮食是完全不知是谁人的，给钱无法交给谁手。我们才入番区时，如群众未在家吃了他的粮食，有的将钱放在经堂内，写一个条子给该主人，有的交给当地某一喇嘛。结果部队先行后进，有的番民乘前梯队走后，即乘机乱搜。事实上这些钱不知落在该家主人没有，因此我们由供给部印发一种借贷券（内容是：因取粮食时主人已逃，钱不便交与谁人，特按所吃粮食定出价格，说明以后如遇任何红军，即可持此券去接钱），在搜山与挖窖获得粮食如无主人时留下此券。

——购买：如群众或喇嘛在家，我们对他们的粮食一般的是用钱购买的。我们在噶多寺首先得守家喇嘛的许可，在寺内进行清查，并召集喇嘛开会，经过通事说明向他们购买的理由，取得其同意，动员他们帮助集中，按价给钱。

——乐捐：经过通事向喇嘛寺鼓动，结果喇嘛寺有自动乐捐的（如中甸、白玉、噶多寺）。

——赔偿价格：收集粮食后有些群众，有自动回来的，有因宣传回来的。群众回来后即召集茶话会，经通事向之宣传鼓动，并赔偿其一部分钱，这样群众是欢喜的（如在党村、中咱）。

——要求赔偿：我们在仁波寺时该寺喇嘛的顽强抵抗，我们死伤数人要求其赔偿（多少粮食），结果他送来了一些。[1]

应该指出，红二方面军是最后经过藏区的，此时藏民通过一段时

[1]《中国工农红军第二方面军战史资料选编》（四），解放军出版社1996年版，第174页。

间的了解，对红军的态度已经有所缓和。在此之前一、四方面军在藏区筹粮时，采取的方式与二方面军大体相似。但是他们与藏民的冲突却要激烈得多。从当年各方面的记录和回忆中，我们可以了解到一、四方面军在那里的遭遇。

林伯渠，当时的红军总供给部长，负责着全军的粮食征集、发放工作。1935年6月18日到达懋功后，立即领导开展筹粮。第一天，6月19日筹集17000斤。第二天筹到41000斤。好景犹如昙花一现，这一带有限的存粮很快被收光。6月24日林老的账上仅收麦30斤、猪1只；25日收粮280斤，大米8斤。此后整整一个月，林老的日记上居然没有粮食的入账！（有可能是各部队都在自行筹粮）在7月31日的日记上，林老焦虑地写道："筹粮与分粮，到极紧张时。"[1]

粮食筹不够，但人是要天天吃饭的。十万红军面临严重的饥饿威胁。谁也不愿坐以待毙，各部队都行动起来，投入搜索粮食的战斗。

林彪、聂荣臻指挥的红一军团是先头部队，萧锋是军团直属队的党总支书记，6月26日他们刚开始北进，部队就缺粮了。"战士、干部都吃不饱，腿没有劲。"6月29日，部队行军到了梭磨。"这里的村子较大，有二百多户居民，青稞麦的长势较好。部队原地休息、筹粮。"但是"藏民躲的躲，逃的逃，把粮食都藏起来了。为此，大家积极动脑筋想办法搞粮食。炮兵连司务长率战士挖到一个地窖，找到了上百斤腊肉和许多粮食。主人不在，留了借条。"消息传开，各连队纷纷仿效。7月2日到康猫寺宿营后，"各单位分头筹粮。工兵连挖地窖，搞到一千多斤粮食。"

村庄里的粮食很快被搜罗一尽，红军战士又分头四下活动，寻找藏匿在野外的藏民和粮食。在波罗子，一天，萧锋带着警卫连到几十里外的青山找粮。"途中，在半山坡，忽然看到山洞里跑出四个大人、一个小孩，黑乎乎的拼命往山下跑。我们走到洞里一看，留下四袋青

---

[1] 中央档案馆藏：《林伯渠同志长征日记》。

稞麦。我们打了张借条:你藏的四袋青稞麦,红军借用一下,等革命胜利后,加倍偿还。借走了人民的粮食,心里真难过,可是又没有别的法子。"[1]

彭德怀指挥的红三军团在亦念住了十几天,藏民都跑光了。地里的青稞很有限,不够红军几天吃的。当时任 11 团团长的王平回忆:"部队没有吃的,不得不宰杀藏民留下的猪狗牛羊。彭(德怀)军团长说:'一听到这些牲畜的叫声,我的心就跳。不宰吧,部队又没有吃的,实在是叫人为难。'藏民有时晚上跑下山来,在驻地外边喊:'红军,你们什么时候走啊!你们再不走,把粮食吃光了,我们就得饿死!'听着这些喊叫声,更是叫人揪心。但在万般无奈的情况下,也不得不违心地这样做。"[2]

德国顾问李德当时随红一方面军行动。他在回忆录中描述道:"至于我们和当地民众的关系,比起从泸定到懋功的行军途中还要恶劣。严格地说,几乎没有什么关系。如果说我们在懋功以南还偶尔能遇到一些居民,虽然几乎都是川西人,那么在懋功北面就根本不见人迹了。村落和院宅被遗弃了,贮存的粮食被收藏和搬走了,牲口也被赶走了,周围根本没有可以买到或者可以从地主那里没收到的东西。不论人家愿意与否,我们不得不拿走所搜出的一切,甚至最后一粒粮食,并且不得不接二连三地派征粮队进山,去逐猎散游的牲畜。我们越往北走,给养情况就越发严重。"[3]

红四方面军战士们的眼睛盯着藏族土司的碉楼和喇嘛庙,这些金碧辉煌的巨大建筑物与荒野中贫民的破烂小房形成了巨大的反差。在藏民眼里,土司宫和喇嘛庙是神圣不可侵犯的象征。而在红军战士看来,那里的财富都是剥削来的,都属于该打的土豪。一路上,这些土司宫和喇嘛庙给红军带来了两大好处:一是房子大,可以给几千红军

---

[1] 萧锋:《长征日记》,上海人民出版社 1979 年版,第 102 页。
[2] 《王平回忆录》,解放军出版社 1992 年版,第 109 页。
[3] 奥托·布劳恩:《中国纪事》第 3 章,现代史料编刊社 1980 年版,第 172 页。

当宿营地；二是粮食财产多，可以补充给养。

萧永正，当年的红30军供给部粮秣科长，曾有过一次传奇经历。部队快要到达毛儿盖时，总供给部长林伯渠开了一张60万斤的领粮条，让他带一个运输队去某地领粮。他带着各师的运粮队共2000人马，兴冲冲地到了指定地点，没想到粮食已经被先头部队领完了。萧永正顿时着急上火，这关系到一个军的生存，责任重大啊。他们被一方面军的同志领到一座巨大的土司住宅里休息，这座依山建造的高大石楼，足够容纳几千人。萧永正还在为粮食发愁，突然，奇迹出现了。他回忆："正当我上楼的时候，给我管马的小鬼急急忙忙从楼下跑上来对我说：'楼下发现了一个洞，黑乎乎的，一眼望不到底，好像是个无底洞。'我跟小鬼下楼一看，原来是石头砌的墙壁和石板地之间塌了一个口，一眼看去，漆黑一片，深不见底。我点着火把，踩着梯子朝下走，走下去几丈深的地方，我很敏感地嗅到谷物气味。心里猜想，这里准是个很大的粮窖。倒是小鬼眼尖，看清了里边的东西，他惊呼起来：'粮食！粮食！这么多粮食！'我们将火把举起一照，果然是金黄一片，都是上好的青稞麦。小鬼高兴地在'麦海'上翻身打滚。穿过'麦海'又出现了一间地窖，里面整整齐齐地码着整只整只的腊猪、腊羊及整块整块的腌猪肉和牛油，而且还有不少布匹。"[1] 当时大家激动的心情，如同阿里巴巴发现了四十大盗的宝藏。于是，土司的全部储藏，统统被红军搬了个干净。

在川西北这片广阔荒凉的藏民区，粮食就是生命。埃德加·斯诺描写道：在当时的环境下，"除了靠枪才能得到食物，红军被迫为几头牲畜而打仗。毛泽东告诉我当时有这样的说法：'买一头羊要搭上一条人命。'他们从藏人的地里割青稞、收甜菜、萝卜等蔬菜。他们就是在这样极其缺乏给养的情况下过了大草地。'这是我们欠下的唯一外债，'毛泽东幽默地说，'有朝一日我们一定要向藏民偿还我们不得不从他们

---

[1] 萧永正：《一次意外的发现》，《星火燎原丛书》之二，解放军出版社1986年版，第341页。

那里拿走的那些东西。'"[1]

红军筹粮的行动,使本来就很紧张的民族关系急剧恶化,冲突和矛盾上升为武装的对抗和战争。在诺那活佛和土司头人的鼓动和指挥下,藏民采取各种方式进攻、袭击红军。有的组成骑兵队伍,在草原上流动作战;有的隐匿山林,向红军打冷枪;有的专门捕捉杀害红军的伤员和掉队者。

7月2日,童小鹏跟随红一军团从卓克基向松潘进发。行军首先要找向导,但所到之处,村庄空无一人。只好沿着先头部队的脚印往前走。忽然,"见大片雪山拥于眼前。至见先头部队从雪中踏过时,大家都奇怪地说:为什么以前爬小雪山都很早知道,今天爬大雪山都不晓得?原来是因为这一带藏民都逃避一空,无从调查路线。"艰难地翻过雪山,原定到一个叫岔嘎的村庄宿营。"因前面桥梁为藏民破坏,中途遇先头师折回绕路,我们也折回上山,在仓德宿营。"(当地的河都不宽,但水流湍急冰冷,徒涉很快就会冻僵被水冲走,所以没有桥就无法过。——作者注)这一天只走了30里。

7月3日,他们从毛儿盖向波罗子前进。"出发还未走十里,藏人在途中捣乱了,只得停止对付他,约战一时余,才将其击退,被其击伤几人,马两匹。前面部队还没到波罗子,因波罗子附近之桥被藏人拆断,正在搭桥,只好在途中宿营起来。渴望着的波罗子又未到。"[2]这样的行军真够让人恼火的。

萧锋所在部队6月30日从梭磨出发,"这一带山路两旁都是原始森林,看不到藏民,只听到森林里'呀罗,呀罗!'(杀汉人的意思)的叫喊声。通讯连一个班长和两个战士外出架线时,被藏族头人的反动武装杀害"。"沿途土司头人的反动武装,经常躲在树林里打冷枪、袭击、捕捉我们掉队和执行任务的零星人员。据统计,仅直属队就有二十几人被捕杀。"藏民武装袭击的规模越搞越大,8月3日在

---

[1] 斯诺:《红星照耀中国》,河北人民出版社1992年版,第159页。
[2] 《童小鹏军中日记》,解放军出版社1986年版,第142页。

毛儿盖地区，一军团3团7连"在上打古山峡放连哨，被地方反动武装偷袭，除一通讯员逃出外，其余65名同志都被杀害了"。从遵义走到这里，一方面军还很少吃过这么大的亏。萧锋自己也经历了一次危险，8月5日，"午睡时起床到屋后解手，突然有三个藏民打扮的人从小树林里拼命跑来抓我，我急得提着裤子就跑。我的老天，差一点被他们杀了"。[1]

在红军与藏民的对抗中，还出现了一些戏剧性的场面。一天，王平率11团进至一处藏民院子，"房子里的年青人全跑了，只剩下一个七八十岁的老人看院子。围墙和门都很厚实，谁靠近院子，他就在围墙上打石头。他不懂汉语，我们喊话也没有用。部队再也找不到别的房子，都很着急"。王平对彭德怀说："给他一枪算了。"彭德怀不让打。王平用手枪开了一枪，想吓唬吓唬，老头动也不动。邓团长用步枪一枪打中了老头，没想到"这位老人从墙上爬下来，把门打开了。还竖着大拇指，意思是称赞团长枪打得准，他佩服"。大家这才明白，藏民"喜欢强悍，鄙视懦弱；只有你武艺比他高，本领比他强，他才服你，听你的"。[2]

最困难的是陈伯钧所在的红五军团，他们与四方面军的九军共同担任后卫，驻守懋功，掩护红军总部的安全。在藏族骑兵的袭扰下，几乎无日不战。与藏军相持数日，到7月11日，懋功城内部队的粮食只够七天之用。再等下去就要挨饿。陈伯钧命令部队四出搜索粮食，打击顽抗之敌。18日，一支采粮队在部队掩护下前往三岔沟，在丹巴路上遭藏民武装袭击。部队负责人未能组织有效抵抗，大受损失。陈伯钧闻讯，"当即命39团首长率2营前往增援。事后检查，失掉长短枪近40支，伤亡40人"。

几天后，五军团和九军移驻抚边。军委电令他们坚守抚边、八角一线，保障红军后方的安全。但是藏族武装紧跟在后，让人不得安

---

[1] 萧锋：《长征日记》，上海人民出版社1979年版，第102页。
[2] 《王平回忆录》，解放军出版社1992年版，第110页。

宁。7月29日早晨,陈伯钧派两个连兵力去石观音一带筹粮,"归来时只弄到少许菜蔬,并失人枪各一"。晚间传来消息,9军"79团受夷匪及少数白军袭击,于夜21时失去八角阵地,退至木坡"。第二天查明情况后,陈伯钧命令79团派主力收复八角。但该团指挥员顾虑畏缩,迟迟不动。第二天才派出部队去八角。结果因指挥不当,八角得而复失。79团又败了回来。红军连续失利,说明藏族武装确实剽悍善战。后查明,进攻抚边的是藏族头人金刚钻的部落。

8月8日,敌情更加严重。四川军阀部队也从懋功过来了。抚边周围的木坡、石观音、潘家山一线发生激烈战斗。尽管红军反复冲锋,终因兵力太少,寡不敌众,被迫放弃抚边,撤退到两河口。[1]

就在红军后卫部队屡受藏民武装和国民党军袭击骚扰,且战且走的同时,在前面执行进攻松潘计划的先头部队,进展也不顺利。6月29日,指挥左路军的红一军团军团长林彪下达前进命令,以陈赓、朱瑞率红1师的5团、6团为先头部队,由康猫寺向壤口(今红原县境内)进发,准备迂回到松潘。当部队到达中壤口时,与麦桑土官杨俊扎西率领的千余藏族骑兵遭遇,展开了激烈拼杀。这一带地势开阔,藏族骑兵往来冲杀,红军缺乏与骑兵作战的经验,损失较大,作战失利,被迫退回康猫寺。事后,陈赓、朱瑞致电朱德、林彪,检讨失败的原因说:"此战斗原因是首长指挥失当,敌之力量优势我一倍以上,加之指挥战斗员三日游击,饥饿疲劳及未与骑兵作过战,情绪受很大威胁,不能够应战。"电报最后说:"根据地形、敌情、道路、群众、粮食等条件,依我现在兵力,由此道迂回松潘及松潘以北是不可能的。"[2]

林彪接到报告,迅速修改了计划,放弃由壤口迂回松潘的决定,命令部队改由黑水、芦花一线向毛儿盖进军。7月9日,红一军团和四方面军的30军88师主力到达毛儿盖。这里是攻打松潘和北出甘

---

[1]《陈伯钧日记》,上海人民出版社1987年版,第431—437页。
[2] 军事科学院编:《中国人民解放军第二次国内革命战争史料选编》第7辑第3册。

松潘古城

南的必经之地,有国民党军胡宗南部的一个营把守。他们占据一座喇嘛庙,企图顽抗。红军扫清外围,包围了喇嘛庙。守敌营长李日基被红军打得没办法,请胡宗南增援。胡宗南回电命令:"电到后该营即刻撤回,并将电台砸毁。回来士兵一人赏洋10元,带回武器一支赏洋20元。"李日基慌乱之下,电报刚译出"将电台砸毁"就没再往下译,砸了电台,趁夜深雾浓单身逃跑。毛儿盖守敌全部被歼。李日基逃回松潘,副官处叫他领赏,他还不知领什么赏。[1]

红军占领毛儿盖,即向松潘前进。松潘自清朝以来,就是川西北高原的军事重镇。控扼通向陕西甘肃的主要通道。松潘城小而坚,城内多是汉人。城外有山可做制高点,易守难攻。红军到来之前,胡宗南部奉命进驻松潘,堵截红军北上。阿坝的藏族土司对胡宗南的联络人员说:"从阿坝上下包座以北,尽是荒无人烟的沼泽草地,就是鸟儿也飞不过去。保险可以堵住共军。"于是胡宗南在红军来到后,迅速收

---

[1] 李炳藻:《在川西北截击红军的经过》,《围追堵截红军长征亲历记》上册,中国文史出版社1990年版,第389页。

缩兵力集中在松潘城内外，决心死守松潘。

此时，徐向前率领红军的中路军，正艰难地向松潘前进。他回忆说："由茂、理到松潘，山高林深路险。又因地震关系，山石不断塌方，极难通行。部队一边排除塌方，一边行进，每天只能通过一个团。31军有个班，行进途中遇上塌方，全部牺牲。我军刚到川西北时，计划占领松潘，但因行进困难，才被胡宗南部抢先一步控扼，打了一下，攻不动，退到镇江关一带。这次调兵上去，准备再打松潘，是硬着头皮干的。"[1]战事的发展证实，徐向前的担忧不是没道理的。

7月下旬，红一军团和四方面军的4军、30军从几个方向对松潘外围守敌发起进攻，打算一鼓作气拿下松潘。但是胡宗南部队顽强抵抗，在松潘以西的羊角塘，红一军团与胡宗南的廖昂旅激战一天，敌军凭借碉堡工事和优势的火力，使红军难以前进，只好撤回卡龙。许世友、王建安率领的4军猛冲猛打，给胡宗南的丁德隆旅以沉重的打击，推进到离松潘城十几里的牦牛沟。胡宗南毕竟是蒋介石的嫡系，硬着头皮顶住不逃跑。他把指挥部移到前线山上，亲自坐镇。招呼后续部队，迅速向松潘靠拢。

红军攻打了十天，没取得多大进展。一些阵地来回拉锯，得而复失。由于缺粮，战斗部队每日一干一稀两顿饭。肚子填不饱，冲锋没力气。一边作战还要一边筹粮，这还怎么打仗呢？再有，红军长征以来，重武器都丢光了。只有步枪和很少的机枪，在碉堡面前就无计可施。强行攻坚只能白白牺牲战士的生命。权衡利弊，红军总部下令停止进攻松潘，将部队撤回毛儿盖。原订的松潘作战计划实际上不再实施了。

其实，胡宗南的日子也并不比红军好过。他的部队到松潘后，多数人水土不服，吃青稞就泻肚。只好从四百里外的江油雇挑夫向松潘运粮。道路艰险，要越过海拔5568米的雪宝顶。今天这里是风景如画

---

[1] 徐向前：《历史的回顾》第12章，解放军出版社1985年版，第425页。

的黄龙旅游胜地,当时对挑夫来说却是死亡之路,单身爬山尚且吃力,何况背负百斤呢?靠人力运到松潘的粮食相当有限,根本填不满这支大军的肚皮。胡宗南下命令说:"国难当头,一切要节约。上自司令官下至士兵,每天只吃一餐,放午炮吃饭。"于是全军勒紧裤腰带。(当然,胡宗南不会真的挨饿,他有饼干罐头吃。)当红军到来时,究竟能否守住松潘,胡宗南也是心惊胆战,没有把握。想不到抵抗了几天,红军居然主动撤离了。胡部上下自然是庆幸万分,松了一口大气。[1]

　　松潘战役停止后,红军的形势更为严峻:北上的大路被胡宗南挡住,西边的阿坝草原是一片荒无人烟的旷野,南边的退路又被四川军阀阻塞。看来只剩一条路——去走那荒凉神秘的松潘草地。在面临困境的局面下,红军中大多数人都盼望尽快离开,选择一条适合生存和发展的新路。是北上还是南下,毛泽东与张国焘就要摊牌了。

---

[1] 李炳藻:《在川西北截击红军的经过》,《围追堵截红军长征亲历记》上册,中国文史出版社1990年版,第388页。

第 5 章
矛盾与争论

一、四方面军的亲密情谊——张国焘改变了态度——矛盾的萌芽——"统一组织"的压力——毛泽东"宁可让出总政委,不能让出总书记"的策略——芦花会议调整组织——张国焘还要解决"路线问题"——第二次芦花会议——通南巴问题的由来——反六路围攻——张国焘在通南巴继续肃反——统一战线方面的失策——红四方面军被迫退出通南巴

两河口会议之后,红一、四方面军开始联合行动。从表面看,会师后的蜜月还在继续,但在双方的领导层内,一些莫名其妙的猜疑和误解在暗中发展着。并且越来越表面化,令广大红军战士和基层指挥员迷惑不解。

矛盾是从哪里开始产生的,谁也说不清楚。一方面军和四方面军会合后,广大指战员们亲密无间,和睦相处。好比两个久别的兄弟重逢,高兴都来不及,怎么可能一见面就互相算计呢?

当时任红五军团保卫局长的欧阳毅回忆会师后的那段日子说:"我们红五军团与9军的驻地紧挨着。两支部队经常在一起组织联欢,参观访问,交流战斗经验,互相检查对方执行群众纪律的情况,开展体育活动等友谊竞赛。9军的同志们见我们穿的比较破烂,物资十分缺乏,便主动给我们送来了酥油、炒面,还有几百套灰布军衣。我们也回赠了一些枪支弹药。那种亲密无间的战友情谊,既感动人,又鼓舞人,使大家心里都热烘烘的。"

当时任中共中央秘书长的邓小平也亲身感受到四方面军战友的情谊。过雪山的时候,他的马死了。邓小平只好像普通战士一样,靠自己的两条腿一步步翻过大雪山。与四方面军会师后,他见到了留法勤工俭学时的老战友、红四方面军政治部主任傅钟。傅钟看到邓小平连一匹马都没有,非常同情,便慷慨地送给邓小平一匹马,还有衣服食

傅钟（左一）和邓小平（左二）

品。这些东西不多，但对邓小平来说却是雪中送炭。邓小平深受感动，几十年后还念念不忘，对子女说："过了雪山后，傅钟送了我三件宝：一匹马、一件皮大衣、一包牛肉干。这三样东西可真是顶了大事呀！"[1]

四方面军的干部战士绝大多数是淳朴的农民，他们热情、直爽，打起仗来十分勇猛。但是文化水平低，头脑比较简单，有时常常干出一些幼稚可笑的事情，在政治上不如一方面军的同志成熟。四方面军的人从心里是把一方面军当大哥看待的，虚心向他们学习。原红4军的侦察参谋许昌同志回忆："四方面军向一方面军学了不少东西。如保密，原来四方面军下至连上至军都有大旗，驻到哪里，大旗门口一插，一行动前面扛起来走。人家不要问就知道哪一军哪一师，以至哪一连。再如号谱，通讯联络，原来四方面军使用的与国民党的一样。会合后，这些都改进了。"

会合以后，双方指挥员都有一个共同的愿望：现在两大主力会师了，就应该迅速地联合起来，形成统一的力量，而不应该各行其是。

---

[1] 毛毛：《我的父亲邓小平》，中央文献出版社1993年版，第357页。

懋功会师后，徐向前就建议一、四方面军的部队和干部相互调剂补充。刘瑞龙回忆："会师后，徐向前同志看到一方面军减员太大，亟须补充，又考虑向一方面军学习，主动向中央建议，请一方面军调几位得力干部到四方面军各军任参谋长，四方面军抽调建制部队补充一方面军。张国焘开始不同意，经徐向前同志做工作，并经中央批准，这一建议才得以实现。一方面军派来担任各军参谋长的有陈伯钧、张宗逊、李聚奎、郭天民等同志，对四方面军部队建设，起了积极作用。四方面军抽调给三军团的部队是 90 师的 270 团和 89 师直属队共 2600 余人；抽调给一军团的部队是 98 师的 294 团共 2000 余人和 11 师 32 团 1200 余人。后来，这些编入一方面军的部队在战斗中都发挥了他们的重大作用。"[1]

四方面军在会师初期，给一方面军的支援和帮助是真诚的，实实在在的。他们对一方面军是尊重的。但是张国焘认为中央犯了路线错误，所以打了败仗，丢掉了苏区，一路逃到这里。如果不是他的接济，很快就会被消灭。所以，中央现在应该听他的，让他来领导。部分红四方面军的干部对一方面军尊敬好奇的心理，在会合后不久便渐渐淡化了。在他们看来，一方面军也没有想象的那么不得了。这支长途跋涉的队伍，衣衫褴褛，军容不整。对比之下，四方面军的精神面貌要强得多。在会合之后，四方面军的干部很少向一方面军讲张国焘的坏话。相反，令聂荣臻极为不快的是，"在两个方面军会合以后，一方面军中也确有人从一种不正确的动机出发，歪曲地把一方面军的情况和遵义会议的情况，偷偷地告诉了张国焘。也使张国焘起了歹心，认为中央红军不团结，他有机可乘"。[2] 当时中央的一些举动，也激化了一、四方面军之间的矛盾。30 军领导向张国焘报告："中央曾派遣一些调查人员到 30 军中去调查实况。这些调查者往往夸大第四方面军的缺点，特别是找到几个军官骂士兵的例子，就泛指第四方面军中有浓

---

[1] 刘瑞龙：《难忘的征程》，见《回顾长征》，人民出版社 1985 年版，第 617 页。
[2] 《聂荣臻回忆录》第 8 章第 8 节，解放军出版社 1986 年版，第 278 页。

厚的军阀习气。那些调查者往往利用四方面军一般干部只知道毛泽东、朱德等人的名字,而不知所有政治局委员的名字这一事实,硬说第四方面军不尊重中央。"30军政治部把中央调查人员与他们的谈话都记录下来,交给张国焘。一方面军的各种文件,也通过各种渠道送到了张国焘的手里。[1]所以,张国焘与中央的关系迅速恶化,想当领袖的欲望急剧膨胀,绝非偶然,而当时发生的一些事情和政治气候,确实产生了对他有利的因素。

徐向前回忆说:"从这以后,我们耳闻目睹的一些不利于两军团结的现象,就日见增多起来。有些话很难听。张国焘对下面散布:'中央政治路线有问题','中央红军的损失应由中央负责','军事指挥不统一',据说还派人找一方面军的同志了解会理会议、遵义会议的情况等,实际上是进行反中央的活动。在此同时,凯丰、博古他们则指责四方面军撤离鄂豫皖和退出通南巴是'逃跑主义',还有什么'军阀主义'啦,'土匪作风'啦,'政治落后'啦,甚至公开写文章抨击。他们这种'左'的做法,与当初刚到中央苏区时,对待毛主席和一、三军团差不多。只能激起四方面军干部的反感。许多指战员想不通,憋着一肚子气。这也给了张国焘以挑拨的借口。……再往后,教条主义者对红四方面军的那些指责就听得多了,不少干部向我反映。我虽然教育干部不要向底下散布这些东西,但说老实话,心里是不痛快的。四方面军这支部队,是从鄂豫皖的一支三百来人的游击队发展起来的,打了那么多硬仗、恶仗,是党领导的队伍,发展到八万多人,很不容易。尽管部队存在这样或那样的缺点,但本质是好的,是坚决打蒋介石的。是实行土地革命的,是拥护第三国际的,是听党的话的,是和人民群众血肉相连的,是竭诚拥护同中央红军会合的。怎么又是军阀,又是土匪,又是落后,又是逃跑的?!不看主流,把四方面军说的漆黑一团,对两军团结对敌,没有任何好处,我确实想不通。"[2]事隔多

---

[1] 张国焘:《我的回忆》第18篇第2章,东方出版社1991年版,第3册244页。
[2] 徐向前:《历史的回顾》第12章,解放军出版社1985年版,第427页。

年之后，徐帅回忆起来还这样恼火，可见当时四方面军的干部对中央的一些"左倾"机会主义领导人的反感和气愤。

张国焘回到理县红四方面军总部，连续召开会议和与干部谈话，把大家的火都激起来了。于是他开始鼓动上上下下向中央伸手要权，理由是要"统一指挥"。7月1日，张国焘在致中央的电报中谈毛儿盖战役实施的部队调遣和部署时，强调指出"我军宜速解决统一指挥的组织问题，反对右倾"。暗示如果不这样做，就会引起部队调动的混乱，给敌军以可乘之机。几天后，张国焘向中央慰问团的成员、红一方面军总政治部副主任李富春提出改组充实总司令部的建议，推荐徐向前担任红军副总司令，陈昌浩任总政委。李富春感到事关重大，便给中革军委领导人朱德、周恩来、王稼祥、毛泽东发了一封电报：

朱、周、王、毛：

张国焘来此见徐、陈，大家意见均以总指挥迅速行动，坚决打胡（宗南）为急图，尤关心于统一组织问题，商说明白具体意见，则为建议充实总司令部，徐、陈参加总司令部工作，以徐为副总司令，陈为总政委。军委设常委，决定战略问题。我以此事重大，先望考虑。立复。

富春

7月6日1时 [1]

中革军委对此保持沉默，没有答复。几天后，四方面军的电报纷纷传来，口气也越来越不客气。毛泽东后来愤怒地说："各种燕雀们都打电报来了。"就是指这些事。[2]

7月9日，在张国焘授意下，中共川陕省委领导成员联名致电党中央："依据目前情况，省委有下列建议：为统一指挥，迅速行动，

---

[1]《中国工农红军第四方面军战史资料选编——长征时期》，解放军出版社1992年版，第83页。
[2] 1937年3月30日延安中共中央政治局扩大会议，毛泽东的发言。

进攻敌人起见，必须加强总司令部。向前同志任副总司令，昌浩同志任总政委，恩来同志任参谋长。军委设主席一人，仍由朱德同志兼任，下设常委，决定军事策略问题。请中央政治局速决速行。并希立复。"[1] 一个川陕省委居然对中央说三道四，插手最高领导层的人事安排，显然是张国焘在当后台老板。中央依然没有反应。

7月16日，陈昌浩出面了。他没有那样直截了当，而是委婉地致电中革军委朱德、张国焘、周恩来、徐向前："阿坝应速取。浩甚望指挥统一，大振士气，提高军纪、党纪，坚决反右、肃反，争此大胜。一切可见代呈。惟浩只在中央及军委领导下坚决工作，但决不敢问，且无能另当大任也。如何？盼复。"

7月18日，陈昌浩在致张国焘、徐向前转朱德的电报中再次恳求："全局应速决，勿待职到。职坚决主张集中军事领导，不然无法顺利灭敌。职意仍请焘任军委主席，朱德任前敌总指挥，周副主席兼参谋长，中政局决大方针后，给军委独断决行。……浩连日不得指示，现在决亲来面报。"[2]

在红四方面军领导人的再三催促下，中央无法保持沉默。形势很明显：红四方面军人多势众，没有他们的配合，一方面军孤掌难鸣。中央急于北上，摆脱在藏区缺衣少食和到处挨打的被动局面。但是张国焘按兵不动，非要先解决权力分配的问题才肯行动，看来不让步是不行了。于是，毛泽东和张闻天认真地商量这个重大问题。张闻天的夫人刘英回忆：

> 毛泽东、张闻天等同志一直商量怎样使一、四方面军团结一致，统一行动，认为关键就在张国焘。恩来同志发高烧，病中仍为此事烦心。我听到毛主席和闻天反复商量，谈得很具体。毛主席说："张国焘是个实力派，他有野心，我看不给他一个相当

---
[1]《中国工农红军第四方面军战史资料选编——长征时期》，解放军出版社1992年版，第85页。
[2] 同上书，第88页。

的职位，一、四方面军很难合成一股绳。"毛主席分析，张国焘想当军委主席，这个职务现在由朱总司令担任，他没法取代。但只当副主席，同恩来、稼祥平起平坐，他不甘心。闻天跟毛主席说："我这个总书记的位子让给他好了。"毛主席："不行，他要抓军权，你给他做总书记，他说不定还不满意。但真让他坐上这个宝座，可又麻烦了。"考虑来考虑去，毛主席说："让他当总政委吧。"毛主席的意思是尽量考虑他的要求，但军权又不能让他全抓去，同担任总政委的恩来商量，恩来一点也不计较个人地位，表示赞同。[1]

当时彭德怀等人都不明白毛泽东"宁可让出总政委，不能让出总书记"策略的奥秘，后来形势的变化，彭德怀对毛泽东的远见佩服不已："如果当时让掉总书记，他以总书记名义召集会议，成立以后的伪中央，就是合法的了。这是原则问题。"[2]

7月18日，中共中央在黑水县的芦花召开政治局常委会议。出席会议的有中共中央政治局委员朱德、洛甫（张闻天）、张国焘、周恩来、毛泽东、博古、王稼祥、凯丰、邓发共九人。会议只有一项议题：研究解决统一指挥和组织领导问题。

张闻天首先发言，他提出：中革军委设总司令，由朱德兼任。张国焘任红军总政委，是军委的总负责者。军委下设小军委（军委常委），过去是四人，现增为五人，陈昌浩同志参加进来，主要负责人还是张国焘。周恩来调到中央常委工作，在国焘尚未熟悉前，恩来暂帮助工作。这是军委的分工。关于总政治部，本是王稼祥任主任，因病实际是博古。现决定博古任主任，设副主任两个：富春和四方面军一个。昌浩、向前两同志仍任原职，更扩大权力，前面部队都要他们指挥。

---

[1]《在历史的激流中——刘英回忆录》，中共党史出版社1992年版，第79页。
[2]《彭德怀自述》，人民出版社1981年版，第204页。

第 5 章 矛盾与争论 73

芦花会议旧址

张闻天讲完后，张国焘、毛泽东等相继发言。张国焘提出要向中央委员会增补人员。毛泽东说："提拔干部是需要的，但不需要这么多人集中在中央，下面也需要人。"婉转地拒绝了张国焘的要求。与会人员一致表示同意张闻天的意见。最后张闻天说："大家一致意见，很好，张国焘任总政委，徐向前、陈昌浩任前敌部队指挥，博古任总政治部主任。"[1]权力分配的第一次会议就这样结束了。

根据会议的决议，当天军委向各部队发出通知：

各兵团首长：

奉苏维埃中央政府命令：一、四方面军会合后，一切军队均由中国工农红军总司令、总政委直接统率指挥。仍以中革军委主席朱德同志兼总司令，并任张国焘同志任总政治委员，特电全体知照。

---

[1] 程中原：《张闻天传》，当代中国出版社1993年版，第241页。

7月21日，中央军委发布命令，对一、四方面军组织番号和干部任免做相应的调整。命令如下：

各军首长：

我一、四方面军会合后，各军组织番号及其首长均有变更，军委现决定：组织前敌总指挥部，即以四方面军首长徐向前兼总指挥，陈昌浩兼政委，叶剑英任参谋长。

原一军团改为一军。军长林彪，政委聂荣臻，参谋长左权。

三军团改为三军。军长彭德怀，政委杨尚昆，参谋长萧劲光。

五军团为五军。军长董振堂，代政委曾日三，参谋长曹里怀（代）。

九军团改为三十二军。军长罗炳辉，政委何长工，参谋长郭天民。

原第四、第九、三十、三十一、三十三等五个军番号仍旧。

四军以许世友为军长，王建安为政委，张宗逊为参谋长。

九军以孙玉清为军长，陈海松为政委，陈伯钧为参谋长。

三十军以程世才为军长，李先念为政委，李天佑为参谋长。

三十一军以余天云为军长，詹才芳为政委，李聚奎为参谋长。

三十三军以罗南辉为军长，张广才为政委，李荣为参谋长。

特电知照。

朱张周王 [1]

同日，军委还发布《关于松潘战役军队部署的决定》，宣布："任徐向前为前敌总指挥，陈昌浩为政委，前方一切作战部队均归其统率指挥。并即以四方面军总指挥部兼前敌总指挥部。"[2]

---

[1] 《中国工农红军第四方面军战史资料选编——长征时期》，解放军出版社1992年版，第90页。

[2] 军事科学院军事历史研究部编著：《中国人民解放军战史》第1卷，军事科学出版社1987年版，第270页。

这一场大幅度的调整,张国焘得到了红军的指挥大权。前方作战也由红四方面军负责指挥,红一方面军退居次要地位。中央作了很大让步,尤其是周恩来,为顾全大局,把红军总政委的位子让给张国焘,自己只剩下一个军委副主席的名义。张国焘占了上风,应该满意了。但是张国焘不算完,他还要和中央算政治路线账。在张国焘授意下,以凯丰批评"西北联邦政府"的文章为突破口,7月8日,中共川陕省委致电中央,对凯丰的文章进行反击。

党中央:

(甲)中华苏维埃共和国西北联邦政府。是在两大主力未会合以前,适应客观环境的需要成立起来的。在理论上,在组织上都是正确的。事实上现在已团结了广大的群众在联邦政府的旗帜下而斗争。最近看到前进报上凯丰同志对联邦政府的批评,据云并未经过组织局正式计划。这一批评,我们认为是不正确的。在目前,苏区必须建立政权,才便利于实际领导群众。仍用西北联邦政府名义或改名,究用何名义及如何组织,请指示。

(乙)自两大主力会合后,整个革命形势有新的发展与推动。要求中央作一决议,估计目前的形势,并指示各级党部的工作。同时建议在全党要大大发展反倾向斗争,反对对创造苏区失掉前途的情绪,对会合意义的估计不足,失败情绪,夸大敌人的力量,集中火力反对这种失败的情绪。同时要反对自寻的主观主义,不实际进行战斗动员的"左"倾,对红军中的反革命活动要发动斗争,来巩固红军工作情绪。有书面报告中央。

川陕省委
7月8日 [1]

---

[1]《中国工农红军第四方面军战史资料选编——长征时期》,解放军出版社1992年版,第84页。

这真是"即以其人之道，还治其人之身"。遵义会议虽然解决了军事路线问题，但毛泽东为了顾全大局，挽救中央红军，暂时搁置了政治路线问题，没有批判王明、博古的"左倾"机会主义路线。如今红四方面军川陕省委的电报反而给凯丰扣上一大堆"右倾"、"失败"、"主观"的帽子，要对他进行斗争。面对人多势众的四方面军干部，凯丰第一次沉默了。其实，张国焘是要中央承认自己的路线完全错了，只有张国焘才是唯一正确的。

中央眼看给张国焘让位和调整红军领导机构都没使他满意，他又要解决政治路线问题。7月21日和22日又在芦花召集中央政治局扩大会议，讨论红四方面军的工作，对前一段的斗争做出评价。出席会议的有：张国焘、徐向前、陈昌浩、周恩来、朱德、张闻天、毛泽东、王稼祥、博古、邓发、凯丰、李富春、刘伯承。

21日的会议是由红四方面军负责人做汇报。张国焘、徐向前、陈昌浩相继发言，报告了红四方面军自鄂豫皖苏区第四次反"围剿"以来的军事、政治工作情况。他们充分肯定了红四方面军在创建鄂豫皖和通南巴苏区进行的英勇斗争，也谈到了退出这些苏区的原因和教训。徐向前指出：红四方面军的优点是工农干部多，对党忠诚。服从命令听指挥，纪律较好；作战勇敢，打起仗来各级干部层层下放，指挥靠前，兵力运动迅速敏捷，长于夜战。平时注意军事训练，战后注意总结经验。缺点是文化程度低，军事理论水平及战略战术的素养不够，参谋业务薄弱。陈昌浩汇报了四方面军政治工作的情况。汇报之后，徐、陈二人回前线指挥战斗，未出席第二天的会议。

22日进行讨论。朱德发言肯定了张国焘到鄂豫皖后，"发动了广大群众，扩大了十倍以上的红军，都是对的"。缺点是战役计划有不对的地方，打了许多仗，但未很好地武装群众，牵制敌人。用全力注意发展红军是对的，对地方工作不够。他说：红四方面军要变成钢铁红军是有基础的，把战术素养加强，交通联络搞好，是有把握的。

凯丰发言批评说：四方面军不应退出通南巴苏区，中央苏区是不得已才退出，通南巴是打了胜仗，顺利条件下退出的。任意放弃苏区是应考虑的。

周恩来的发言比较了中央苏区与鄂豫皖苏区的情况。他说，中央苏区由于战略战术错误退出，鄂豫皖是完全不同的，不是像中央苏区采取完全防御战造成的。退出鄂豫皖预先没有很好准备，对发动群众动员不够，有些忽视敌人。并不能得出这样的结论：说哪一次反"围剿"一定不能胜利，一定要退出苏区。到通南巴，克服了疲劳，建立了根据地，这是对的。一方面军长途行军，有些表现右倾，在遵义会议后改变了军事领导，已有纠正，但是还须注意。周对四方面军的政权建设提出批评说：建立的联邦政府，并没有多少少数民族，联邦没有东西联。关于宣传鼓动，周恩来认为有些超过事实。如对敌人力量的估计，说敌人是"残余"。有些口号提法有问题，如"打下松潘，直下成都坝子"。又如说十万中央红军，说得过火，使人失望。在组织工作上，周建议应科学化，有条理，有计划，这更有利上下级关系。

毛泽东在发言中说：从鄂豫皖起，国焘领导下总的是没有问题的。过去与中央不很密切时，有自称中央代表在那里批评，因此有同志认为或许路线有问题。今天看，认为路线是正确的。红军的扩大巩固，两个苏区的发展巩固，与中央苏区的配合，无数次击破敌人，都证明路线是正确的。对红四方面军的工作，毛的结论是：总的路线正确，其他个别问题不正确。

张闻天说：关于通南巴问题，使它成了苏区，总的路线是正确的。放弃通南巴，这是个严重的错误，找不出理由为何要放弃。在鄂豫皖苏区几次没有打下敌人，因没有准备打，又打得不好，那时退出是正确的。但通南巴是打退了刘湘，胜利后放弃苏区，是不对的。关于民族问题，张说：凯丰上次草案（指批判西北联邦政府文章后附的民族政策草案），我是不大同意的。提出的基本问题是同意的。联邦政府在组织上、程序上是错误的，我们应着重自决方面，联邦是要自由结合的，为什么要采取联邦？不能承认川陕省委所说联邦在组织上、理论上正确，这样说不对。

最后，张闻天强调了根据地问题。他说：通南巴地区有相当多的群众，地方相当大，但现在放弃了。并不是被敌迫出，而是胜利局面下放弃。如果说中央有电报要放弃，可以不放弃，我们不会因电报放弃苏区。原因是没有深入工作，加强党和地方武装，深入的土地革命，全靠红军支持。通南巴的教训，使我们对建立新的根据地，要有决心派好的干部去建立政权，彻底解决土地问题。建立和巩固革命根据地，对革命发展有很大意义。

会议结束前，张国焘作了补充发言，代替会议的结论。他承认鄂豫皖苏区第四次反"围剿"的失败是因为对蒋介石军队的力量估计不足，打得不够坚决。当时考虑保存红军是主要的，对游击队的作用重视不够。张国焘讲完，就散会了。两天的会议没有形成文字的决议。

这次会议是一次非正式的交锋。中央领导人发言的调子并不一致。朱德、毛泽东、周恩来、邓发都以肯定为主，善意地提些意见。凯丰则是措辞严厉，大有批判的味道。

凯丰的批判是否有道理？红四方面军退出通南巴苏区究竟是怎样一回事？这里面有各种复杂的原因，需要回顾一下红四方面军的战斗历史。

通江、南江、巴中地处大巴山、米仓山南麓，山川纵横，险峰林立，只有崎岖的小路蜿蜒穿行于茂密的原始森林之中。这里人口稀少，封闭落后，属于穷乡僻壤，与四川盆地的富饶形成强烈的反差。但是这里与井冈山、大别山有相似之处：地处偏远，军阀的统治比较薄弱；山高路险，易守难攻，适合红军的休养生息；经济落后，人民贫苦，适宜发动群众革命，建立根据地。红四方面军从鄂豫皖西行千里，能在这里落脚生根，与上述条件有直接关系。

　　1933年红四方面军到达通江后，徐向前把总部建在县城里。他描述当地的情况说："通江县城不大，约千余户人家。三面临山，一面傍水，四周环有相当坚固的城墙。主街道两旁有些店铺，经营日用百杂、山货土产、饭菜小吃之类。白木耳甚多，一块光洋能买一大堆。部队不知道那是高级营养品，买回来成锅煮，当稀饭吃。而盐巴、布匹、医药，则极为短缺。民房一般为木质结构，大都年久失修，破旧不堪。最令人瞩目的建筑，要算一座宽敞的孔庙和一座坚固的天主教堂了。方面军总部和西北军委机关，临时设在这两座建筑里。"他看到这里的老百姓"贫困到令人吃惊的地步。不论县城或乡村，我们见到的多是些'打精巴子'的男女老少，衣不蔽体，面黄肌瘦，佝偻着身子缩成

通江红四方面军总部旧址

一团。十七八岁的大姑娘没有裤子穿,围着块棕片遮身。而且这里鸦片肆虐,男人多是大烟鬼,骨瘦如柴,不成人样"。[1]

红四方面军初到通南巴,干得轰轰烈烈。打土豪、分田地,扩大红军。不但男青年争先恐后,女青年也积极参加红军。当时的实际情况是,当地男人烟鬼太多,招到部队来要先集中戒掉大烟瘾,实在是一件很艰难的工作。当地的妇女倒是身强力壮,吃苦耐劳,无论田头家里,都是主力军。于是红军招了不少女青年,组成妇女团。战地勤务、后方工作杂务由她们主要承担,发挥了很大作用。

在通南巴站住了脚,红军首先打退了四川军阀田颂尧的围攻。尔后,红四方面军开始向外出击,扩大川陕根据地。先后打败杨森、刘存厚的川军部队,把根据地由三个县发展到八个县,活动范围扩大到二十二个县,红军发展到八万多人,红旗漫卷大巴山。红军的胜利使得四川军阀胆战心惊,他们终于联起手来,为了自身的地盘和利益,与红军决一死战。

1933年10月,四川军阀首领刘湘纠集各路军阀势力,组织一百二十个团,二十多万兵力,对川陕苏区发动六路围攻。这场较量长达十个月,是红四方面军有史以来规模最大、最残酷的战役。1934年7月,川军八十个团分路进攻川北重镇万源,企图切断川陕交通线,把红军挤出川北。这是一场生死攸关的战斗,红四方面军的4军、9军在许世友、陈海松的指挥下,开始了惊心动魄的万源保卫战。徐向前到前线视察时看到:"部队真是杀红了眼,每天要对付敌人五六次以上的冲锋。从天亮打到天黑,大刀砍卷了,刺刀捅弯了,阵前敌人尸首一堆一堆的,臭不可闻。这是关系川陕革命根据地生死存亡的一场血战,不拼命不行啊!"徐向前激动地称赞红军战士说:"部队真顽强,一不怕苦,二不怕死。不仅要战胜优势敌人的进攻,还要经受其他困难的考验:白天,烈日、硝烟、战火,把阵地烤得像蒸笼似的。

---

[1] 徐向前:《历史的回顾》第8章,解放军出版社1985年版,第252页。

夜晚是蚊虫、小咬的天下，成群成群地围着堑壕、工事飞舞，咬得人们满脸满身的疙瘩，痛痒难忍。暴雨天，泥水灌满堑壕，指战员泡在齐腰深的水里坚守阵地。烂脚病像瘟疫一样地蔓延，许多人的腿脚溃烂红肿，行动艰难，又缺乏药物治疗，照样坚持战斗，不下火线。敌人的尸体横七竖八，密密层层地堆在阵地前沿，来不及处理，两三天就发腐发臭，熏得人恶心呕吐。粮食供应不上，指战员靠挖洋芋野菜充饥。所有这一切，都吓不倒我们的钢铁战士。"[1]

多年以后，许世友上将回忆起万源保卫战，还是感慨不已。他说："保卫万源这个战争打得是很大的，打得很恶劣，打的时间很久，整整四个半月。这一带老百姓是很可怜的，死的太多了。三十里路以内的老百姓都得瘟疫死掉了。我以后去看了，都躺在床上死掉了。大人小孩都完了。死尸味比什么都臭，老百姓中了毒，得了瘟疫。时间久，残酷，死人多。我们也伤亡不小，我们师伤亡也是七八千。每次攻击，敌人丢尸七八千。我们的伤亡一般是二比一；死一个，伤两个，那是轻的，有时伤亡还要多。"[2]

刘湘等四川军阀的"六路围攻"终于被红军粉碎了。但是此后不久，红四方面军却退出了川陕根据地，向嘉陵江以西转移。打了胜仗为什么还要走呢？当然是有原因的。徐向前说："十个月的反六路围攻，固然以我军的胜利和敌人的失败而告终，但川陕根据地的元气，却受到了严重损伤。我们的面前，废墟一片，困难重重。战争结束后，我从前线回到后方。沿途所见，皆为战争破坏带来的灾难景象。良田久荒，十室半毁，新冢满目，哀鸿遍野。令人惊心惨目！红军士兵的来源到了山穷水尽的地步。物质短缺，补给困难。南部和通江的盐井，被敌破坏殆尽，短期难以恢复。敌人的经济封锁日甚一日。根据地急需的食盐、粮食、衣被、药物等无法解决。随着饥饿现象的日趋严重，伤寒、痢疾等传染病猖狂蔓延，夺去了不少人的生命。根据地的秩序

---

[1] 徐向前：《历史的回顾》第10章，解放军出版社1985年版，第360页。
[2] 许世友：1980年11月9日的谈话。

大不如前，逃难的、抢东西的、当土匪的屡有发生。"加上春荒的到来，红四方面军这样一支大军想再坚持下去几乎是不可能的了。[1]

战争不仅是战场上的军事斗争，而且要有雄厚的人力、财力做后盾。没有人就无法补充部队，没有饭吃就无法打仗，这是基本常识。通南巴地区的深山老林，在军事上适合红军据险而守。一旦受到经济封锁，它就显现出脆弱的一面。然而，通南巴苏区的放弃，敌人的"围剿"是外因。张国焘的"左"的政策，则是根据地垮台的内因。

张国焘在通南巴苏区仍然继续他那一套"左"的方针政策。大搞肃反，顺我者昌，逆我者亡。滥杀无辜。他重新清算小河口会议的老账，软禁曾中生，杀害红4军军长旷继勋和师、团级干部余笃三、舒玉章等同志。又掀起一场肃反的浪潮。

徐以新回忆在川陕苏区被逮捕的经历说："1933年的'八一'，我就被抓了。'八一'这一天后方检阅，前方开来两个师，我还是检阅总指挥。张国焘、陈昌浩在后方，徐向前同志没有在。他们检阅了部队，阅兵完后我就休息，夜里派人来说总政治委员有请，结果一请就请到保卫局去了。陈昌浩在那里一本正经地说：你知道自己犯了错误吗？另外，今天还请了曾中生和张琴秋，但你们不能见面。不过张琴秋的错误比你们轻，没有抓她，她已经承认了错误。你们三个人反对张国焘是最主要的，但是现在还不晚，只要你承认错误，我可以担保马上放你出去。后来我哭了一番，发了脾气，质问陈昌浩说：岂有此理，为什么把我送到保卫局？保卫局是对待反革命的。陈昌浩说：不一定都是反革命，犯了错误也可以蹲。又说：你的错误不简单哪，你是严重的右倾机会主义呀！半夜，把我送到一个单人房间，一出来四个人跟着。过几天后，曾传六（保卫局局长）叫我写材料，我就写了对张国焘有什么意见，至于右倾，我也不知道右在哪里。后来就分配我在保卫局讲课，问案子。结果在问犯人中，

---

[1] 徐向前：《历史的回顾》第11章，解放军出版社1985年版，第380页。

发觉好多都是自己的同志。人家有根有据，有名有姓，有关系的，都是陕南和四川省委派来的。还有一部分是四川农民，公报私仇的，不是反革命都抓来了。当时审案子是逼供信。我看了这个情况，曾建议要把情况调查清楚，但无结果。以后，我鼓足了勇气，写了一封信给张国焘，说肃反不能这样肃，这样下去将来要造成农民暴动。从保卫局的情况看，地方乱肃反，乱杀人，军队里面有许多不该肃的被肃了。'条陈'上去不到三天，张国焘来了，训我一个钟头，拍桌子说：你和曾中生等在四方面军对我不满意，反对我，谁不知道的？我对你们宽大，张琴秋悔过，对她就更宽大。我叫陈昌浩跟你谈话，希望你在保卫局很好表现，好好检查错误。分配了你工作，叫你讲课、问犯人。你在问犯人里面不相信工农干部，擅自做主，跟反革命打成一片。你在保卫局还不转变，还在顽固抵抗，你这个人已经到了不可挽救的地步！此后，就把我送到朱光、李成林集体住的地方罚苦工。在那个地方我们刻石印、写东西，直搞了两年，到二、四方面军会合北上，才把我放出来。"[1]

徐以新还算是幸运的，当时红 4 军 12 师是肃反的重点，从师长旷继勋起，实行层层清洗。当年在保卫局工作的张仁初中将回忆说："在川陕时 12 师最严重，从旷继勋起被捉了不少。韩继祖是 12 师政治部主任（理发的出身），杀的干部也不少。12 师团以上的干部就是 34 团团长许世友、36 团团长余天云和 35 团团长没捉起来。旷是最先捉的，从通江送往 10 师所在地，那时听说是张国焘让他到 4 军当军长，实际是用这个办法将他杀了。杀得很机密，原因不知道，估计一定是他反对张国焘。"[2]

张国焘在通南巴地区把肃反范围扩大，直到地方党组织和普通群众。徐以新回忆："我们的方针是打土豪，分田地，分衣物，对地主是'左'的，差不多都是扫地出门。后来富农也是扫地出门，中农

---

[1] 徐以新：1961 年 4 月 28 日的谈话。
[2] 张仁初：1961 年 5 月 25 日的谈话。

也连带着,这是'左'的政策。这些跟肃反结合起来,搞得中农也不满意,说几句怪话,就抓起来当反革命。所以通南巴肃反继承了鄂豫皖肃反的'左'的政策,在部队里、干部中,只要对张国焘有意见,就抓起来。在地方也是这样,除地、富外,有些干部也抓起来当反革命肃了。后来在苏区蹲不下去,恐怕就是这样。我当时在保卫局看到一份报告,大概是县保卫局送来的报告,一个县一杀就是几千,没有口供,只是很简单的名单,说杀多少,一个个圈起来,送上来叫保卫局审查。一个县就有杀人的权力,有的乡开公审大会就杀了。所以乱杀人、乱抓人、乱用刑,造成了人民的不满。"[1]

徐向前元帅也证实:"张国焘在川陕根据地,推行的还是王明那一套,许多东西是'左'的。如对地方政策,只要当过保长的,多要杀掉。认定是地主、富农的,也要杀掉。其实,有些保长是穷人,大家推举他出来干这份差事的。有些地主、富农虽有剥削,但民愤不大,可以改造,不同于罪大恶极的土豪劣绅。不问青红皂白,把他们通通杀掉。只能扩大敌对势力,吓跑中立者,孤立自己。土地改革、经济政策也'左',地主不分田,富农分坏田;侵犯中农利益,甚至将一些中农划成地富成分,无条件地剥夺,使他们失去了生产积极性;把小经纪人当资本家打倒,搞得根据地商业凋敝,连日用生活物资都很难买到。俘虏政策上,要兵不要官,放兵不放官,尤其是对营以上被俘军官,杀掉不少,增强了敌军的对抗、报复心理。这些'左'的政策和在鄂豫皖时期差不多。"[2]

据当年老红军回忆,"左"的政策到了荒唐可笑的地步。打土豪拿来的法币、茶叶都当成反动的东西烧掉了。后来到了松理茂地区,许多战士不服水土,拉肚子,才后悔不该烧茶叶。"左"的政策把川陕根据地搞得民穷财尽,要粮没粮,要衣没衣。农村开个会,参加者主要是妇女,男的都当红军去了。当时扩大红军,贫下中农出身的年轻

---

[1] 徐以新:1961年4月28日的谈话。
[2] 徐向前:《历史的回顾》第11章,解放军出版社1985年版,第407页。

人都参加了红军。如果你看到年轻人没当红军的，那就是地主富农出身的。这样的结果就是待不下去，只好放弃川陕根据地，再次转移。

张国焘的"左"还表现在他对川陕地方党组织和游击队的打击迫害。张国焘生性多疑，对川陕党的同志根本不相信。当时活跃在川东地区的是王维舟同志领导的川东游击军，1933年10月，王维舟率领部队与红四方面军会合，奉命改编为红33军。以王维舟为军长，原达县中心县委书记杨克明为政委，四方面军来的罗南辉为副军长。但是会合的欢庆刚过去不久，张国焘就以其当地人多，社会关系复杂为借口，在33军内部大搞肃反和清洗。王维舟回忆说："最不幸和最令我痛心疾首的，是经过党多年培养出来的三百余青年革命干部，遭受了无辜的杀害。这些同志几年来在地下艰苦的环境中，与敌人进行了殊死的斗争，未遭反动派杀害，却在自己内部，在叛徒张国焘'左'倾路线的毒手下牺牲了。游击军和红四方面军刚会合，张国焘派人在宣汉双河场以开会名义杀害了地下党的干部百余名。在巴中县，张国焘把我们33军的两个师长（98师、99师）蒋群林、冉南轩从前线调去，也被暗中杀害。又在宣汉属之清溪乡三弯崖，于点验时杀了三个团的团级干部（其罪状是他们过去当过保甲长）。又在黄中铺前线正当同敌人在激烈战斗中（当时我在虹口养病），把正在火线上指挥作战的军政委杨克明同志撤职调离前方，又将排级干部以上五十余人都调到后方，大部分被杀害了。未被害的只有少数几个人。"[1]

张国焘对川东地方革命同志的屠杀和连根拔的政策，被人们称之为"拔萝卜"，引起了党内强烈的义愤。在后来延安批判张国焘错误的政治局扩大会议上，朱德痛心地说："对于肃反，错误是很严重的。四川同志谈：红军不来，我们还发展了一些党员；红军来了，把我们杀光了。同志们带武装来，不慢待罢了，我们总不该要他们的命！把这些革命同志当反革命，是罪恶。有些地方把整个地方肃光了。"[2]

---

[1] 王维舟：《我的回忆》，参见冰昆编著：《王维舟传》，中国展望出版社1984年版，第177页。
[2] 1937年3月27日延安政治局扩大会议，朱德的发言。

廖承志

张国焘把川陕根据地当做他的独立王国,不仅对地方同志不信任,甚至对中央派来的干部也随便怀疑打击。党中央把廖承志同志从上海调到川陕根据地参加领导工作,任省总工会秘书长和红四方面军政治部秘书长。1934年10月廖承志参加川陕根据地第四次党代表大会时,张国焘借口有人提出廖承志的父亲廖仲恺是国民党中央执行委员,母亲何香凝是国民党中央妇女部长,就把廖承志关起来审查。老共产党员谁不知道廖仲恺、何香凝是孙中山先生的亲密战友,中国共产党人尊敬的朋友。这居然成为关押廖承志同志的理由,还有比这更荒唐的事情吗?廖承志因为能写会画,宣传工作上有一技之长,才没被杀掉,以犯人的身份参加了长征。与廖承志命运相同的还有中央派来的朱光、四川省委书记罗世文等同志。

在对敌斗争上,张国焘更是以极左的面目处理战略和政策等问题。在他眼里,敌人就是敌人,没有任何区别。他不会利用军阀阵营的内部矛盾来分化瓦解、各个击破敌人,更不知统一战线为何物。其实，当时无论是国民党军队各派系还是四川军阀内部，都存在大大小小的矛盾和利益冲突，他们一开始也并未想要和红军死拼。1933年红四方面军离开鄂豫皖向川陕地区转移时，陕西的西北军杨虎城、孙蔚如与蒋介石有矛盾，在西北军内的地下党员劝杨、孙与共产党合作，共同对付蒋介石。于是孙蔚如派人来联系谈判。红军派徐以新前往汉中，孙热情款待，与红军约定：以巴山为界。你不过来，我不过去。大家一起对付胡宗南。协议达成后，孙蔚如很高兴。给红军提供了不少方便。例如给红军送去无线电通讯器材、四川省地图，为红军在汉中建立交通站运送物资。孙蔚如的合作，使红军免除了后顾之忧，可以集中兵力对付四川军阀的进攻。但是1935年2月，红四方面军准备西渡嘉陵江，与中央红军会合时，为了出其不意，红军突然攻击陕南的宁强、阳平关。尽管徐向前说这次战役是有节制的，"不过是虚晃一枪罢了"。但是红军战士们打起来却是真刀真枪，一家伙干掉孙蔚如六个团，叫孙吃了大亏。直到解放后，做了民主人士的孙蔚如还对此耿耿于怀，向周恩来总理告状。说张国焘不守信用，打了他。周总理说：张国焘的事，当时我们也管不了。陈昌浩回忆此事，也承认陕南这一仗从军事上说是达到了迷惑敌人的目的，在政治上的影响是好是坏，值得研究。

　　四川军阀更非铁板一块，他们之间的矛盾错综复杂。军阀信奉的第一原则是：只要你不侵犯他的地盘，一切都好商量。对蒋介石，他们是不相信的，很怕蒋把他们一个个收拾掉。因此，红军入川后，杨森、刘存厚、刘湘都派人来联系过，希望与红军和睦相处。陈昌浩回忆，1933年9月，张国焘对他说杨森派人来谈判，叫他去一趟。张对陈说：杨森要保存实力打刘湘，他想利用我们。我们也要利用他打刘湘，利用矛盾是第一。这时，张国焘的头脑倒是很清醒的。

　　陈昌浩奉命来到巴中县境内的一个小村镇，这里是红军与杨森的川军对阵的地方。黄昏时，杨森的代表夏炯应约来到。他们谈了一夜。夏炯三杯酒下肚，就骂起了老蒋。他说：蒋把你们（红军）整走，还不是要整我们。他还提出要和红军平分四川，成都、重庆等好地方归他们；川北归红军。陈昌浩乘夏炯谈的兴起，便向他了解了许多刘存厚、刘湘方面的军事情报，夏炯有问必答，毫无保留。

陈昌浩说："正谈的高兴时，夏的一个团长派人送来一份电报，字不多纸不大。夏炯把电报还拿给我看，这份电报是用夏给我们的密码本译出的。一般说在敌我谈判中，这样的电报是应对对方保守秘密的，他给我看是有一定诚意的。到天将破晓，会谈才圆满结束。当天我就赶到巴中，我回来后和张研究，张国焘一下就变了，态度很冷。感到我的估计太乐观了，他要趁我们和杨森正在谈判期间不及防备的情况下打杨森，来一个声东击西。我提出这样做会树敌过多，在统一战线上失策，使各小军阀不相信我们。这也会影响到和孙蔚如的关系，应该利用敌人的矛盾中立某些敌人等道理和张国焘争。张说，军事上的胜利是主要的胜利，我们胜利了他们就相信我们了。我执行了他的决定。后来我们打下了营山，杨森还不相信他前方部队的电报，及至弄清了我们确实向他进攻了之后，非常气愤（解放后陈锡联同志当重庆市长时，邓锡侯还向他谈过这个问题，邓也有意见）。后经证明，杨森供给我们的情报大多是真实的。后来打刘湘前或是打刘湘时，杨森还派人来过。我们打得很苦的时候，杨始终没有打我巴州。"[1]

无论出于何种动机，杨森当时对红军是有过帮助的。他把川军通讯密码交给了红军，使刘湘军队的一举一动都为红军总部所掌握。在反六路围攻战斗中发挥了重大作用。底下的红军战士当然不了解其中奥秘，他们把张主席当成活神仙，张说敌人几时到哪里，果然敌人到那时就来了。但是张国焘用政客手段对待杨森，究竟是聪明还是愚蠢？从四川军阀后来齐心协力进攻川陕苏区，与红军死拼，就足以说

---

[1] 陈昌浩：1961年5月10日的谈话。

明问题了。

　　陈昌浩当时是忠实追随张国焘的,明知不对也坚决执行。但是红军中有头脑清醒的干部,例如总部的参谋主任舒玉章同志就反对张国焘的错误政策。徐向前回忆:"打完杨森,发生过一场争论。我们的参谋主任舒玉章,与陈昌浩吵起来了。舒玉章不同意打杨森,认为红军和人家的代表谈判过,无论如何不该进攻人家。争来争去,陈昌浩的意思无非是说,我们消灭了杨森那么多部队,缴了那么多枪,取得了那么大的胜利,不对吗?舒玉章说,不管你们怎么说,我们和人家代表说的是互不侵犯,你们打杨森,犯了错误,是'立三路线',官司打到中央去,我也保留意见。这下陈昌浩可炸了,拍着桌子说,你是个'日本特务',在这里搞煽动,反政治委员!下令:'马上给我把他捆起来!'结果硬是把舒玉章关进了班房。政治委员决定一切,能随便抓人、杀人,搬的是苏联那一套,害死人哪!后来听说是以'反革命'的罪名,把舒玉章杀掉了。这是个好同志,死得冤枉,令人惋惜。"[1]

　　张国焘在通南巴苏区,对内对外都是在执行王明的"左倾"机会主义路线,不过两三年时间,把苏区搞的民穷财尽,又受到四川军阀的多方围攻。尽管取得了一些胜利,也无力再坚持下去了。当红四方面军向嘉陵江以西转移时,收到中央来电。张国焘决定放弃通南巴苏区,到川西北去。这时,他的"左倾"达到了偏执狂的地步。他下令"坚壁清野",所过之处无论村庄城镇,房子统统烧光。当时的红4军政委王建安回忆:"突围时我在后边掩护,烧了不少房子。因张国焘说一方面军有三十万人,与一方面军会合就是胜利,要把房子都烧掉。敌人来了让他们没地方住,睡不好,赶不上我们。我担任后卫,烧了一些,不忍心,又留了一些。"[2]

　　张国焘的这种野蛮行为,是完全的损害人民群众的利益,不要苏区,断绝后路的行为。广大红军战士对烧老百姓的房子是极不赞

---

[1] 徐向前:《历史的回顾》第9章,解放军出版社1985年版,第329页。
[2] 王建安:1979年5月21日的谈话。

成的,这样做的结果不仅失掉了民心,也伤了红军战士的心。原四方面军干部柯常青悔恨地说:"过岷江我负责烧的茂州,过江后把桥撤掉,红军家属、孩子、地方干部都隔在江对岸,我的爱人也在那次被扔掉了。"[1]

由此可见,红四方面军退出通南巴苏区,虽然是为了与中央红军会合而进行的转移。但张国焘在政治上残酷斗争,无情打击自己的干部;在军事上搞阵地防御,与敌人拼消耗;其结果是早晚要被迫退出苏区根据地。而张国焘认为:四方面军是为了与中央会合才放弃通南巴的,责任在中央。芦花会议在没有决议的情况下结束了,中央领导人与张国焘之间不但没有统一认识、统一思想,反而矛盾更加激化。张国焘依仗人多枪多,向中央争夺权力的行动日趋升级。

---

[1] 柯常青:1961年5月31日的谈话。

第6章
沙窝会议前后

红军毛儿盖筹粮——一、四方面军解决粮食纠纷——一方面军干部警惕张国焘的拉拢——夏洮战役计划的制订——沙窝会议——决议强调团结——政治路线之争——张国焘向中央摊牌——中央政治局和红军总部的人事调整——红军分为左、右两路北上——毛泽东的担忧

1935年7月，除了前方的红一军团和后卫的五军团有些战事，红军大部分处于休息状态。据童小鹏日记的统计，本月行军9天，休息了22天。对一支连续行军一万多里疲劳不堪的大军来说，确是难得的喘息机会。

休整期间的主要任务是筹粮。田野里的青稞已到收获季节，7月18日，红军总政治部下令收割藏民田里的麦子。并作下列规定：

（一）各部队只有在用其他办法不能得到粮食的时候，才许派人到番人田中去收割已熟的麦子。

（二）收割麦子时，首先收割土司头人，只有在迫不得已时，才去收割普通番人的麦子。

（三）收割普通番人的麦子，必须将所收数量，为什么收割麦子的原因等（照总政所发条子）用墨笔写在木牌上，插在田中。番人回来可拿这木牌向红军部队领回价钱。

（四）只割已成熟的麦子及其粮食，严格禁止去收割未成熟的麦子及洋芋等。[1]

命令一下，各部队纷纷行动起来。田野里一片繁忙景象。由于上级规定每人要完成三十斤的任务，也就顾不得是谁家的麦子，麦子成熟与否，只管先收了再说。为此林伯渠部长特别规定："湿麦三斤抵一斤。"第一阶段筹粮（7月5日—8月15日），收麦连同搜索，共得73

---

[1] 军事科学院编：《中国人民解放军第二次国内革命战争史料选编》第7辑第3册。

万斤。[1] 这已是尽力而为，但对十万大军来说，仍是杯水车薪，不够几天吃的。

聂荣臻元帅回忆说："在饥饿中，能吃到一点正经粮食就不错了。蔬菜简直谈不上，能吃到一点豌豆苗那就美极了。我还记得有这么一件事，警卫员弄来一些从一面破鼓上剪下来的牛皮煮着吃，还开玩笑说，颇有点像海参的味道哩！部队到了毛儿盖，粮食情况才比较缓和了。因为毛儿盖周围是个农牧区，土地肥沃，青稞比较多，蚕豆长得很高，藏民养的牛羊也不少。当然，对当时那么多部队来说，仍然只能救一时之急。"[2]

原红四方面军战士宗国治回忆："毛儿盖本来是一个很小的番区，数百人家，地方很小，拥挤了无数的部队，当时准备干粮是我们全军的中心紧急工作。但该地粮食缺少的很，又值春禾未熟之期，任务是这样的艰巨迫切，怎么办呢？后来就决定采集未熟的青稞麦穗，每天早上8点钟部队全体出动，到麦地里采集麦穗。我们没有任何工具，只得用手指甲将麦穗掐下来，用火将麦芒烧掉，用手搓出少得可怜的麦粒来，再用锅炒干，作行军的唯一食粮。采来的麦穗是作为行军用的，所以我们当时不敢吃，只有采能吃的野菜充饥。记得我连在马塘山担任警戒时，打了一只野牛。全连每人都分了几两牛肉，我们班分了有一方尺大小，大家围了一堆火烤着吃。我那时13岁，未吃到牛肉，和班长争闹起来（在采集干粮时这样的纠纷很多）。后经指导员把班长和我都叫去，解释了一下，问题解决了。"[3]

部队闲的时间久了，难免要生出些是非来。一、四方面军之间为粮食问题发生争执，成为当时的主要矛盾。例如7月18日，红一军团因驻地转移，1师在毛儿盖存的一批粮食由30军88师接管。后来一军团政治部主任刘晓去要粮食，遭到拒绝。一军团政委聂荣臻立即发

---

[1] 中央档案馆藏：《林伯渠同志长征日记》。
[2] 《聂荣臻回忆录》第8章第8节，解放军出版社1986年版，第281页。
[3] 宗国治：1950年3月的谈话。

磨青稞（黄镇画）

电报向总部反映：

> 林转先念同志并报朱、张：
> 　　在毛儿盖附近所收集之粮食，截至15日止，除各部队带足十日外，得储约在十万斤以上。最多为1师驻地。当1师出发时，仅一部成仓。88师政治部及直属队驻在该地区，并要其看守该地区粮食。我于昨日派地方工作部长前去88师政治部，要其协同办理该地粮食，以便报告军委，但被其拒绝。并之此地粮食均应供给前线。今日没去信，去人说明统筹分配，仍要清理亦被拒绝，并给刘晓同志以难堪。我以其组织上不清楚，与之解释亦不了解，故将刘晓同志撤回，勿与争执。现已清理存储约五万斤左右，连日前线运去粮食不少，请先念同志查明。30军各团现有粮食若干，照规定现差若干，如已进足，望通知88师政治部主

任将驻地之粮食清理成仓。以便计划继续供给前线和后续部队。并须尊重军委统筹分配原则。否则各自为政,先部队觅食易,后续部队则困难。[1]

朱德、张国焘接到电报,非常重视。第二天立即致电30军政委李先念,要他处理此事。电报指示:"望先念令88师政治部依照军委筹粮与分配的电令执行,在毛儿盖暂由一军团政治部统筹检查分配,其他不应拒绝。"发报时间是19日14时。但在此之前,李先念已于早晨8时致电聂荣臻,解释了误会。说明因30军各团仅有两三日粮,所以与一军团同志发生争执。他已对部下进行批评。一场风波就这样解决了。

上述事情说明,红四方面军的领导人是顾大局、识大体的。但是一方面军的领导人对张国焘和四方面军的人,却保持着相当的警觉。

当时彭德怀带领三军团驻在黑水境内的亦念。他回忆:"张国焘派秘书黄超来亦念,住在我处。说此地给养件艰难,特来慰劳。送来几斤牛肉干和几升大米,还送来二三百元银洋。我想这是干吗?黄往下就问会理会议情形。我说,仗没打好,有点右倾情绪,这也没有什么。他们为什么知道会理会议?是不是中央同他们谈的呢?如果是中央谈的,又问我干什么?他又说,张主席(国焘)很知道你。我说,没见过面。他又说到当前的战略方针,什么'欲北征必先南征'。我说,那是孔明巩固蜀国后方。他又说西北马家骑兵如何厉害。把上面这些综合起来,知来意非善,黄是来当说客的。不同意中央北上的方针,挑拨一方面军内部关系,阴谋破坏党内团结。把全国形势看成黑漆一团,这是明显的。把王明路线造成的恶果,同客观形势新的发展混为一谈,否认遵义会议纠正王明路线的伟大胜利。送了一点点吃的这倒不稀奇,送二三百元银洋引起我很高警

---

[1] 军事科学院编:《中国人民解放军第二次国内革命战争史料选编》第7辑第3册。

惕。完全是旧军阀卑鄙的手法。"[1]

聂荣臻对陈昌浩也很警惕。他回忆："有一天，我和林彪在右路军总指挥部开过会留下来吃晚饭，吃了很多蚕豆。右路军的政治委员是陈昌浩，他是代表张国焘的。吃完了晚饭还没有天黑，陈昌浩说：'林彪同志你可以先走，荣臻同志你留下来，我们还要谈一谈。'留下后，他问我，你对遵义会议态度怎样？你对会理会议态度怎样？我说，遵义会议我已经有了态度，会理会议我也早已有了态度，这两个会议我都赞成，我都拥护。看来，他们认为，林彪已经不成问题了，要做我的工作，要动员我出来反对毛泽东同志。谈话时徐向前同志也在场，但他在一边，在地图上画标号，正在计划作战方面的事，他没有作声，就是陈昌浩一个人在那里高谈阔论。谈到晚上10点钟了，我说：昌浩同志，我要回去了，明天还要行军。他才说：好吧，你走吧。我就带了两个警卫员，牵着一匹骡子，离开了。骡子我也不敢骑，让一个警卫员牵着走在前面，我走中间，一个警卫员殿后。我过去在不作战时，从来没有将手枪里顶上子弹的，这次我将手枪子弹上了膛，也叫警卫员将枪里顶上子弹。老实说，我是怕陈昌浩整我，也怕遇上藏在藏民中的坏分子打我的冷枪。我走了半夜多，才摸回一军团军团部。"[2]

红军休息了近一个月，但局势却不容乐观。进攻松潘失利后，红军想由大路去陕甘的计划无法实现。敌人估计到了红军的动向，采取了北堵南压的部署。7月下旬，国民党中央军的薛岳、吴奇伟纵队到达江油、平武一带，接替胡宗南部的防务。胡宗南专管松潘和上、下包座的防御，完成了筑垒和简易机场的修建。王均、毛炳文部进驻甘肃的临洮、天水和静宁、会宁一线，构成两道封锁线。川军从南面步步进逼，缩小对红军的包围。李家玉部占领威州，王瓒绪部占领茂县，杨森部占领懋功。他们企图把红军围困和消灭在岷江以西、懋功以北的地区。

---

[1]《彭德怀自述》，人民出版社1981年版，第201页。
[2]《聂荣臻回忆录》第8章第8节，解放军出版社1986年版，第283页。

面对日益严重的局势,中央领导人十分焦急。松潘计划不成功,必须尽快寻求新的出路。毛泽东恨不得迅速北上,离开这个地方。8月3日,中革军委在朱德主持下,又拟订了《夏洮战役计划》。其要点是:"我松潘战役由于预先估计不周,番反阻碍及粮食困难,颇失时机。现特改为攻占阿坝,迅速北进夏河流域,突击敌包围线之右侧背,向东压迫敌人,以期于洮河流域消灭遭遇之蒋敌主力,形成在甘南广大区域发展之局势。"其军事部署是:以红一方面军的一军团、三军团和红四方面军的4军、30军组成右路军,由中央直接领导,以毛儿盖为中心集结,向班佑、巴西地区开进;以红一方面军五军团、32军(原九军团)和红四方面军的9军、31军、33军组成左路军,由朱德总司令和张国焘总政委率领,以马塘、卓克基为中心集结,向阿坝地区开进。[1]

新的计划拟订后,本应迅速执行。但是张国焘不着急,他还要与中央把政治路线问题搞清楚。他在回忆录中写道:"中央机构和军事首脑部门旋即北移毛儿盖,但北进的路线仍未查明,还须等待一些时间。我于是主张利用毛儿盖停留的几天来澄清党内的歧见。我所建议的要点是:召集中央政治局会议,检讨党的全盘工作和当前军事问题。由政治局召集两军高级干部会议,统一意志并遴选一些新人参加中央政治局会议和中央工作。政治局果然不得不定期举行会议。这是我们会师后中央政治局唯一的一次正式会议,后来中共称之为毛儿盖会议。"[2]

时隔多年之后,张国焘的回忆显然不准确了。两河口、芦花会议都是政治局会议。他之所以对这次会议特别强调,是因为他准备同中央摊牌——让四方面军领导干部进中央政治局,和现在的中央分享权力。

---

[1] 军事科学院军事历史研究部编著:《中国人民解放军战史》第1卷,军事科学出版社1987年版,第270页。
[2] 张国焘:《我的回忆》第18篇第3章,东方出版社1991年版,第3册255页。

获悉张国焘的建议后,中央没有丝毫迟疑,立即发出开会的通知:

国焘、昌浩、向前:
　　请准于明日四小时到达沙窝开政治局会议。并请通知傅钟、博古、邓发、凯丰、富春赶来到会。

闻天
8 月 3 日 21 时 [1]

8月4日至6日,中央政治局在毛儿盖南的沙窝寨子召开会议,历史称这次会议为"沙窝会议"。出席会议的有张闻天、毛泽东、朱德、周恩来、张国焘、陈昌浩、刘伯承、傅钟、凯丰、邓发、博古。会议有两项议程:讨论一、四方面军会合后的形势与任务的决议案;解决组织问题。

会议还未开始,就显露出一种紧张的气氛。沙窝是红四方面军12师陈锡联的防区,张国焘回忆:"这里四面皆山,山上树林茂密,山沟中有一个藏人的小村庄,自成天地。"当张闻天迎接张国焘进村开会时,张国焘发觉他们"沿途通过好几道岗哨,哨兵使用特殊口令,显得戒备森严。当时中央机关另设了一个中央纵队司令部,负责保卫中央机关的安全。当晚全村周围警卫密布,如临大敌。"[2] 中央防谁呢?防的就是张国焘。因为中央已经知道张国焘开会的目的是要权,用毛泽东的话,张国焘要开"督军团会议",仗着人多枪多来压迫中央。张国焘心里也明白,这是一轮新的较量。

会议开始后,张闻天拿出事先准备好的决议草案报告第一个问题。主要内容是一、四方面军会合后的政治形势与任务,强调创造陕甘根据地和加强一、四方面军之间的团结。报告后,大家进行讨论。

---

[1]《中国工农红军第四方面军战史资料选编——长征时期》,解放军出版社1992年版,第84页。
[2] 张国焘:《我的回忆》第18篇第3章,东方出版社1991年版,第3册256页。

第 6 章 沙窝会议前后   99

沙窝会议旧址

毛泽东首先发言。关于在陕甘创造根据地的问题,他说:西北是统治阶级最薄弱的一环,是帝国主义势力最弱的地方,是少数民族集中的地方。因靠近苏联,政治上、物质上能得到帮助。我们应做好准备,特别是到了甘肃、青海、宁夏,派一个支队去新疆。我们基本上是靠自己,得到国际的帮助。我们的困难是这里人口稀少,物质条件缺乏,气候差,但均能克服。因此要用全力实现在西北首先是甘肃建立根据地的战略方针。有了总的方向,我们会合后,要在这里领导全国革命,把党中央放在这里。

毛泽东还谈到一、四方面军的关系。他说:我们的第一个任务是要使一、四方面军和兄弟一样。有些不好的现象难免,过去我与朱德在井冈山会合时,也闹了不少乱子,这些经验今天还有用。两个部队一下合起来,是要经过一个时期耐心的工作,差异能克服的。两个方面军要互相了解,以诚相待。[1]

朱德发言说:两个红军主力会合后力量增强了,创造川陕甘苏区是有把握的。要提高自信心,克服各种困难去战胜敌人。对一、四方面军不能轻率地说谁好谁坏,存在的缺点是可以改进的。[2]

张国焘发言说:一方面军应检查自己的缺点错误,四方面军也是

---

[1]《毛泽东年谱》,人民出版社 1993 年版,上册第 467 页。
[2]《朱德传》,人民出版社 1993 年版,第 352 页。

如此，这才是布尔什维克的态度，各种问题才能解决。这方面据我看没什么了不得的问题，但从自我批评来讲，有些问题未注意到。一方面军有过光荣的历史，退出中央革命根据地后，是打掩护战，受了很多损失。这教训是值得研究的。四方面军一路打了很多胜仗，开展苏区，英勇善战。四方面军西征是运动战，怎么说成是逃跑？退出通南巴是否轻视根据地？这些提法都是不对的。到了少数民族区域一定要组织政府，不管叫不叫联邦。西北特委所领导的少数民族工作原则上是正确的。

张国焘口气强硬地说：不管哪个部队，一定有失败情绪、疲劳现象、纪律松懈，如果政治部把这些看轻了，就会影响整顿。要抓紧整顿，不是要向负责人来解释的问题。四方面军不能估计它落后，它是工农领导的布尔什维克军队。纪律问题，党与军队的纪律有什么分别？我们并不赞成肉刑，就是有打骂，性质一定要弄清，不然会放松纪律。政治局的同志对一方面军了解清楚些，同四方面军会合有些地方或许不融洽，但不能说四方面军干部是反党。这些同志是党的柱石，应当吸收到中央工作。

陈昌浩配合张国焘的发言说：大家都是站在党的立场上，关于党的领导问题，不应当说哪个反党，使下面怀疑不好工作。四方面军并没有人说党的路线不正确，只有我个人与泽东谈过话，说遵义会议前是单纯防御，遵义会议后又是决战防御，我以为只有进攻才是对的。后来经过与同志们谈话，我现在没有怀疑了。下面的干部有的凭本身经验来估价一方面军，但我可以担保他们没有反党思想，只是对一方面军有些批评（如说纪律松）。估计一方面军，好的应指出。主要的危险是右倾，干部不负责任。应专门进行整顿。四方面军到通南巴，张主席就说要建立根据地，坚决打敌人。出通南巴是由于战略决定向西发展，与敌情有关，与中央军委指示有关。我们主观上没有想要放弃通南巴，退出通南巴没有错。

周恩来说：当前敌我力量的变化，我们的力量增强了。我们可以依靠这个力量来消灭敌人，建立苏区。要相信自己的力量。关于路线问题，我们的整个路线是正确的。我们在政治上是进攻的，在战略上有时是防御，现在则是进入反攻了。对四方面军的估价，我想我们都看得清楚。对鄂豫皖已有估价，对通南巴还未有结论。对一方面军，虽然国焘、昌浩的估计过火一些，出发点是要整顿我们的部队，但应注意对下面的影响。国焘讲，一切问题要在原则上来解决，这是对的。现在我们的最高原则是作战胜利，只有这样我们才能保持一致。

在会议上发言的还有刘伯承、傅钟、博古、凯丰、邓发。会议由张闻天做了结论，大家原则上通过了决议草案。第一项议程结束了。

今天重读沙窝会议的记录，我们不难体会到当年与会者微妙复杂的心情。双方都知道，他们之间有巨大的分歧与隔阂，但谁都不愿，也不敢把它摆到桌面上来辩出个是非曲直。而是谨慎地字斟句酌，说些对方能够接受的不刺激人的话，半吞半吐，闪烁其词。

张闻天起草的沙窝会议决议《中央关于一、四方面军会合后的政治形势与任务的决议》洋洋万言。我们仔细地研究一下决议的文字，可以看出中央与四方面军领导人的分歧所在和双方表达的基本立场观点。

决议指出：一、四方面军会合后的基本任务是"创造川陕甘的苏区根据地。""彻底地击破蒋介石国民党的包围与封锁，大量地消灭敌人的有生力量，是创造这个根据地的先决条件。"为此，必须加强党在红军中的领导，维护党中央的威信。在一、四方面军会合后，红军中个别的同志因为看到"中央苏区的变为游击区，看到一方面军的减员，看到党在某些工作中的错误与弱点，而认为党中央政治路线的不正确，这种意见是完全错误的。……遵义政治局扩

张闻天

大会议纠正了党中央在军事上所犯的错误,此后在军事领导上无疑义地是完全正确的,因此一方面军在遵义会议后得到了许多伟大胜利,完成了中央预定的战略方针。"针对张国焘对中央路线的指责,决议解释说:"把党的部分的错误,误解为全部的错误,把党在实际工作中的某些弱点误解为路线的错误而对于党所成就的空前的伟大的事业不给应有的估计是不正确的。因此对于这种误解,党必须给以及时的解释与纠正,使全体党员与红色指战员像一个人一样团结在党中央的周围,这是以后胜利的保障。"

决议强调加强一、四方面军的团结:"目前在一、四方面军内部产生的某些个别问题主要的是由于相互了解的不够,缺乏对于一、四方面军的正确的估计。"决议肯定"四方面军的党的领导在基本路线上是正确的,是执行了四中全会后国际与中央的路线的。正因为如此所以创造了壮大的与坚强的红四方面军,取得了许多次战争的伟大胜利,创造了鄂豫皖与通南巴赤区。四方面军英勇善战,不怕困难,刻苦耐劳,服从命令,遵守纪律等许多特长,特别是部队中旺盛的攻击精神与战斗情绪,是现在一方面军应该学习的。但四方面军绝不应以此自满而应更加发扬自己的特长，应该吸收一方面军在战略战术方面与红军建设方面所有丰富的经验，以求得自己更大的进步，成为铁的工农红军"。"必须使一、四方面军的每一个同志了解一、四方面军都是中国工农红军的一部分，都是中国共产党中央所领导的。在我们中间只有阶级的友爱与互助而没有分歧和对立。只有这样，一、四方面军的团结一致才是坚固的与永久的。才能融成一片地去消灭阶级敌人。"[1]

在这个决议中，中央领导人对张国焘做了很大的让步。说了很多赞扬四方面军的话，原来指责四方面军放弃通南巴的话都收回了，并且承认了一方面军的失败和挫折，进行了有限的自我批评。但是在重大原则问题上，双方的差距和分歧并未消除。

首先，中央的政治路线究竟是正确的还是错误的？《决议》肯定中央的政治路线是正确的，认为错误只是局部的、个别的。而张国焘认为中央的路线是错误的。他在回忆录中说："我也许不宜贸然肯定中央的政治路线是正确的或是错误的，但苏维埃运动不是胜利了，而是失败了，却是显而易见的事实。现在所有的苏区都丧失了，红军遭受重大的损失，我们退到了藏族地区，这些失败的事实是无法否定的。至于苏维埃运动遭受挫折的原因，既不能说成是敌人飞机大炮的厉害，也不能当作只是我们军事上的失算，我认为，主要还是这一运动不合时宜，没有为广大群众所接受。遵义会议肯定中央政治路线正确，却说军事路线错了，这似乎有些倒果为因。"[2]

对于张国焘的见解，张闻天、博古、凯丰等人是坚决反对的。但毛泽东的心情却是复杂的。毛泽东对王明、博古的"左倾"机会主义路线和领导是深恶痛绝的，但是遵义会议前中央红军面临生死存亡的重大关头，毛泽东的策略是首先把领导权从博古手中夺过来，挽救中央红军。形势的危急和战事的紧迫使大家没时间详细讨论政治路线问题，而是首先解决军事问题，解决领导权的问题。后来周恩来在党内

---

[1] 中央档案馆编：《中共中央文件选集》第10卷，中共中央党校出版社1992年版，第526页。
[2] 张国焘：《我的回忆》第18篇第3章，东方出版社1991年版，第3册258页。

的一次会议讲话，解释了遵义会议的内幕：

"毛主席的办法是采取逐步的改正，先从军事路线解决，批判了反五次'围剿'以来的作战的错误：开始是冒险主义，然后是保守主义，然后是逃跑主义。这样就容易说服人。其他问题暂时不争论。比如'左倾'的土地政策和经济政策，肃反扩大化，攻打大城市。那些都不说，先解决军事路线，这就容易通，很多人一下子就接受了。如果当时说整个都是路线问题，有很多人暂时会要保留，反而阻碍党的进步。这就是毛主席的辩证唯物主义，解决矛盾首先解决主要的矛盾，其次的放后一点嘛。

"实际上次要矛盾跟着解决了，组织路线也是勉强解决了。当时博古再继续领导是困难的，再领导没有人服了。本来理所当然归毛主席领导，没有问题。洛甫（张闻天）那个时候提出要变换领导，他说博古不行。我记得很清楚，毛主席把我找去说，洛甫现在要变换领导。我们当时说，当然是毛主席，听毛主席的话。毛主席说：不对，应该让洛甫做一个时期。毛主席硬是让洛甫做一做看。人总要帮嘛。说服了大家，当时就让洛甫做了。……主席总是采取这样的办法来教育人，使大家逐步地觉悟起来。所以，组织路线并没有完全解决。但是，这样比较自然，便于集中力量取得胜利，减少阻力。至于政治路线，当时不提。"[1]

张闻天在延安整风时谈到了遵义会议："遵义会议在我党历史上有决定转变的意义。没有遵义会议，红军在李德、博古领导下会被打散，党中央的领导及大批干部会遭受严重的损失。遵义会议在紧急关头挽救了党，挽救了红军，这是一。第二，遵义会议改变了领导，实际上开始了以毛泽东同志为领导中心的中央的建立。第三，遵义会议克服了'左倾'机会主义，首先在革命战争的领导上。第四，教条宗派开始了政治上、组织上的分裂。这个会议的功绩，当然属于毛泽东

---

[1] 周恩来：《对我们党在新民主主义革命阶段六次路线斗争的个人认识》，1972年6月10日的讲话。

同志，我个人不过是一个配角而已。

"但因遵义会议没有提出过去中央政治上的路线错误，而且反而肯定了它的正确，使我当时对于我自己过去的一套错误，还很少反省。这在毛泽东同志当时只能如此做，不然我们的联合会成为不可能，因而遵义会议不能取得胜利。为了党与革命的利益，而这个利益是高于一切的。毛泽东同志当时做了原则上的让步，承认一个不正确的路线为正确，这在当时是完全必要，完全正确的。这个例子，可以作为党内斗争的一个示范来看。"[1]

周恩来和张闻天的讲话都承认遵义会议只是部分地解决了"左倾"机会主义的错误。在这次会议上，毛泽东虽然在中央最高领导层占据了一席之地，但"左倾"路线还有相当的势力，他们受到远在莫斯科的王明和共产国际的支持。直到1943年延安整风，毛泽东才使全党的思想统一到正确的路线上来。

其次，革命形势究竟是高潮还是低潮？是在胜利进攻还是在退却？《决议》反复强调，一、四方面军会合后，革命的力量大大增强了。敌人的力量则是"绝对的削弱"，"国民党的统治是在削弱和崩溃中"。张国焘认为这是吹牛。在与中央分裂后，他在红四方面军的一次讲话中批判张闻天、博古等："他们惯吹牛皮，口口声声说敌人失败了，敌人削弱了，甚至在离开中央苏区后还不断说我们胜利了，丝毫也不加以科学的马克思主义的分析，这不是自欺欺人是什么呢？可是列宁曾告诉我们，这种政治家是没有用的，当他们应该利用时机休息整理的时候，反失却战胜敌人的信心，而继续逃跑。"张国焘轻蔑地说："我们和机会主义者有所不同的地方，就在于我们准备在最艰苦困难的环境中进行革命战争，争取革命的胜利。而不仅在有篮球打，有馆子进，有香烟抽的时候才来革命。"[2]

---

[1] 张闻天：1943年12月16日在延安整风时的发言。
[2] 张国焘：1936年4月1日的报告：《中国苏维埃运动发展的前途和我们当前任务》，盛仁学编：《张国焘问题研究资料》，四川人民出版社1982年版，第539页。

张国焘认为：当时的革命形势毫无疑问是处于低潮。他后来在四方面军中的一次讲话中阐述了他的观点。他说："中国苏维埃运动与民族革命新高潮的联系究竟是怎样呢？没有粉碎五次'围剿'对于中国苏维埃运动有什么影响呢？在我们可以肯定地说，五次战役是敌人的主力与我们的主力红军残酷决战的一幕。结果主力红军退出了中央苏区。当时左翼的红四方面军，右翼的二、六军虽然不断地取得了胜利，但不能决定一切，不能补偿于主力红军的损失，结果主力红军不能不退出了中央苏区。这是划时期的一个关键，我们没有粉碎五次'围剿'，在相当意义上说苏维埃运动是遭受了一些挫折，苏维埃运动从胜利的向上发展而转为相当的停滞与降低。

"主力红军退出中央苏区后，经过八个月的长途行军，经过一、四方面军的会合，一直到现在民族革命新的高潮的来临。这一时期我们是否可以说中国苏维埃运动已经得到极大的发展？同志们，如果我们用冷静的头脑来结合用科学的马克思主义来分析，那么，在今天我们还不能有这种过分的估计。我们要正确的认识，我们得到了一些发展，然而还不是一些具有决定意义的发展；我们取得了一些发展，还不能使我们有能力去和敌人进行决定胜负的决战。

"另一方面，我们能否说中国苏维埃运动还是继续低落下去，没有前途呢？不！绝不能如此说。事实上也不是如此，相反地，是要得到了一些发展，而且苏维埃运动是在与新的民族革命高潮结合的过程中。五次战役中苏维埃运动受到一些打击，比较低落了一些，但现在是处在两个高潮的中间，新的苏维埃运动的高潮不可避免地快要到来。"[1]

对张国焘的这些论断，毛泽东是半赞成，半反对。长征是中国革命处于低潮的表现，这是毫无疑义的。但是这种退却不应看成是绝对的，否则就会对革命的前途丧失信心。长征是战略转移，转移到一个

---

[1] 张国焘：1936年3月15日的报告，《关于中国苏维埃运动发展前途的报告》，盛仁学编：《张国焘问题研究资料》，四川人民出版社1982年版，第523页。

合适的新地区再图发展。在 1937 年 3 月延安政治局会议上，毛泽东批判了张国焘"两个高潮之间"的理论，指出这是张国焘向少数民族偏僻地区退却逃跑的指导思想，是把四方面军引向失败的错误路线。但是张国焘叛逃之后，在 1943 年延安整风时，毛泽东对沙窝决议和张国焘的观点又重新作了评价："估计苏维埃运动是退却，今天来看过去形势、当时形势的确是敌人迫使我退却，不过形势是转移。实质上也可说是地区的退却，退到新的阵地来创造新的苏区，组织新的力量来支持革命，迎接新的革命斗争形势，当然不是说全局都是退却，因为全局也不是普遍发展着进攻。假如认为是全局低落及退却，那就会取消自己的存在。这不符合现实，也不了解中国革命斗争的特点。"[1]

在张国焘与张闻天、博古等人的矛盾冲突中，我们既不能肯定哪一方是完全正确的，也不能说哪一方是完全错误的。毛泽东的看法与他们又有差异。这就形成了中共中央政治局内错综复杂的局面。凯丰、博古等人把失败硬说成是胜利，把退却说成进攻，当然不能令人信服。但是张国焘对革命前途作了悲观的估计，也不能提高红军的士气，把革命引向胜利。毛泽东是很实际的，他知道以红军目前的实力，不能与国民党硬拼。再沿着"左"的一套走下去，会把红军彻底断送。但是革命必须继续下去，听从张国焘的意见，在这荒凉的少数民族地区长住下去，也是没有前途的。因此他在决议和两次发言中，都坚定地表示一定要北上去开辟西北的陕甘根据地，并派一支部队去新疆或宁夏打通国际路线，背靠苏联坚持革命。毛泽东在会后修改决议草案时，曾对总参谋长刘伯承说："我总想，这个根据地要在黄河以东，不能在黄河以西，这样才好和群众结合。"这是一个卓越的预见，几十年后，刘伯承元帅回忆说：

> 实践是检验真理的标准，毛主席说：唯物主义彻头彻尾，彻

---

[1] 李井泉：《延安时期笔记》。

里彻外,彻始彻终,就是领导群众斗争。他说:"我提出一个问题:中国共产党有存在之必要,你不给群众办好事,不领导群众斗争,就没有存在的必要了嘛。"根据地放在河东,以后抗日东进,就看出主席这个思想来了。[1]

中央领导人都明白:张国焘之所以反复纠缠政治路线问题,是要在党内树立他的权威。特别是他目前处于人多枪多的优势地位,使中央更为担心。虽然双方在决议中都高唱加强一、四方面军兄弟般的团结,但隔阂和矛盾却越来越深,成为两大山头的对立。当沙窝会议讨论第二项议题——组织问题时,一场权力分配的较量就无法回避了。

主持会议的人拿出一个事先准备好的方案,宣布这次会议要吸收四方面军干部参加中央工作。由政治局提议:

补选三个中央委员:徐向前、陈昌浩、周纯全

补选三个中央候补委员:何畏、李先念、傅钟

中央政治局补选二人:陈昌浩为政治局委员,周纯全为政治局候补委员(以后中共中央的正式历史记载中,都没有承认这次补选。——作者注)

张国焘立即说:"在坚决提拔工农干部上可以多提几个人。"

毛泽东说:"四方面军的干部有很多好的干部,而我们只提出这几个同志,是很慎重的。本来政治局不能决定中央委员,现在是在特别情形下这样做。其他干部更可以吸收到各军事政治领导机关工作。"

张国焘态度强硬地说:"本来要提出(四方面军)九个同志都到政治局,以便提拔工农干部和学习领导工作。"

毛泽东委婉地拒绝他的要求,说:"国焘同志的意见是很好的,

---

[1] 刘伯承:1961年1月26日的谈话。

将来可以多吸收到中央机关及其他部门来。"

张国焘不好再闹,中央对方案又作了调整,陈昌浩和周纯全均为中央政治局委员。[1]

毛泽东又提议:恢复红一方面军司令部,由周恩来同志负责(因为周将红军总政委让给了张国焘)。四方面军不变,红军仍然分成两个方面军。对红军指挥机关又做了若干调整,经大家一致通过,红军指挥机构和负责人的情况如下:

中国工农红军革命军事委员会:
主　席　　　　　　朱　德
副主席　　　　　　张国焘　周恩来　王稼祥

中国工农红军总司令部:
总司令　　　　　　朱　德
总政治委员　　　　张国焘
总参谋长　　　　　刘伯承
总政治部主任　　　陈昌浩
　　副主任　　　　杨尚昆　周纯全

红军前敌总指挥部
总指挥　　　　　　徐向前
政治委员　　　　　陈昌浩
参谋长　　　　　　叶剑英
副参谋长　　　　　李　特
政治部主任　　　　陈昌浩(兼)
　　副主任　　　　傅　钟

---

[1] 程中原:《张闻天传》,当代中国出版社1993年版,第246页。

工农红军一方面军
司令员兼政委　　　　周恩来
参谋长　　　　　　　周　昆
政治部主任　　　　　朱　瑞
　副主任　　　　　　罗荣桓

工农红军第四方面军
总指挥　　　　　　　徐向前
副总指挥　　　　　　王树声
政治委员　　　　　　陈昌浩
参谋长　　　　　　　倪志亮
副参谋长　　　　　　王宏坤
政治部主任　　　　　李卓然
　副主任　　　　　　傅　钟　曾传六

张国焘终于摊牌了。他要求将四方面军中九名干部提拔为政治局委员，当时连他本人在内，中央政治局共有八名政治局委员，两名政治局候补委员。如果按张国焘的意志办，四方面军一下有了十名政治局委员，在中央政治局自然形成多数，中共中央就是张国焘的天下了。面对张国焘咄咄逼人的进攻，毛泽东等委婉而坚决地拒绝了他的要求，作了部分的妥协。在中央政治局内，张国焘的人虽然还是少数，但在红军指挥机构里四方面军占了明显优势。总政治委员是张国焘的，红军作战指挥，他有决定之权。前敌指挥部是徐、陈的，打仗要靠他们。总之，中共中央已经对张国焘作了最大限度的让步，就是为了团结他。因为眼下中央要靠红四方面军强大的力量打开北上之路。周恩来在会上对张国焘半开玩笑半认真地说："一方面军从江西拖出来，确实拖瘦了;像王稼祥同志一样,骨瘦如柴。你(张国焘)胖胖的,还要你帮助帮助,这是兄弟之情。"

好累人的沙窝会议终于结束了,张国焘怒气未消地和陈昌浩一路走一路说。陈昌浩激动地问张国焘:"为什么中央这样顽强地抹煞四方面军一般同志的意见?如果你进一步明确宣布中央政治路线完全错误,中央领导破产,将会发生什么后果?如果这样做,是不是会逼使中央让步?"[1]张国焘还下不了这样的决心,和中央决裂,毕竟不是随便干得的事。

在四方面军总部,徐向前正焦急地等着他们回来。他看到"张国焘满肚子不高兴,脸色阴沉,不愿说话。陈昌浩向我发牢骚,说中央听不进国焘的意见,会上吵得很凶。我对张国焘、陈昌浩说:"现在不是吵架的时候,这里没有吃的,得赶紧走。我们在前面打仗,找块有粮食吃的地方,你们再吵好不好呀!当时的确到了闹粮荒的地步,我心里急得很。部队天天吃野菜、黄麻,把嘴都吃肿了。供应中央领导机关的粮食,眼看快要吃完。周恩来同志患疟疾,病得起不了床,我去看望他时,带去几斤牛肉,算是头等补养品。我想,这么困难的情况下,要命第一。我一再催促张国焘、陈昌浩早走,原因就在这里。"[2]

在徐向前等人的催促下,张国焘总算答应走了。他也认为毛儿盖地域狭小,不宜久留。但他打算和中央分开,免得在一起吵个没完。毛泽东等也十分赞同。按照夏洮战役计划,红军部署又作了一些调整。8月12日,在中央和前敌总指挥部的领导下,右路军的红一、三军团,4军、30军,军委纵队、红军大学陆续开始行动,向班佑、巴西地区进发。

左路军在红军总司令部率领下,红五军团,9、31、32(原红九军团)、33军及军委纵队一部,本应在卓克基一带集结,向阿坝地区前

---

[1] 张国焘:《我的回忆》第18篇第3章,东方出版社1991年版,第3册262页。
[2] 徐向前:《历史的回顾》第12章,解放军出版社1985年版,第438页。

进。可是张国焘迟迟未动。据他说是因为地形道路不熟，总参谋部刘伯承派出侦察部队，费了几天力气才画出比较准确的行军路线图。出发前，张国焘又担心后方安全，打算分兵回击抚边之敌。8月15日，中央急电张国焘："不论从地形、气候、敌情、粮食任何方面计算，均须即以主力从班佑向夏河急进，左路军及一方面军全部应即日开始行动。……一、四方面军主力均宜走右路，左路阿坝只出一部，掩护后方前进，5军、32军速开毛（儿盖）。目前应专力北向，万不宜抽兵回击抚边、理番之敌。"[1]

8月19日，张国焘、朱德率左路军开始行动。董振堂的五军团为先头部队，由查理寺探路向班佑前进。大部队和红军总部依次向阿坝进发，没有一支部队来向右路军靠拢。张国焘致电徐向前、陈昌浩："阿坝仍须取得，一是财粮策源，必要时可助右路；二是可多辟北进路；三是后方根据。……大金川、大藏寺有三四条平行路向阿坝北进，人粮甚多，比芦花、毛儿盖好多了。"[2]

毛泽东看了张国焘的来电，心里突然闪过一阵忧虑：他的五、九军团都跟张国焘走了，还能再回来吗？早知要分开，当时为什么不叫五、九军团迅速向毛儿盖集中，共同北上呢？

---

[1]《中国工农红军第四方面军战史资料选编——长征时期》，解放军出版社1992年版，第123页。
[2]《中国工农红军第四方面军战史资料选编——长征时期》，解放军出版社1992年版，第125页。

第 7 章
过 草 地

红军兵分两路北上——曾中生之死——毛儿盖会议确定行动方针——右路军过草地——艰苦的行军——包座之战打开北上通道

根据沙窝会议决议和夏洮战役计划，从 1935 年 8 月 13 日起，红军兵分两路开始行动。左路军向阿坝，右路军向班佑。

从分开的那天起，左路军的命运就显得多灾多难。青海军阀马步芳害怕红军由阿坝进军青海，委任阿坝土官杨俊扎西为西北"剿匪"第一路第五纵队麦桑支队司令，命令他组织部落藏民，自备马匹武器，在阿坝地区阻击红军。杨俊扎西已经与红军多次交战，阿坝是他的老巢，自然要拼死抵抗。

8 月中旬，左路军先头部队 31 军 93 师由康猫寺经龙日坝向阿坝进发。当 93 师到达党格哈里玛山西南 30 里地方，同杨俊扎西率领的 2000 藏族骑兵相遇。红军初战不利，被迫后撤。待后续部队赶到，火力密集展开，猛打一通，才将藏骑击退。但是红军也没去追击，转移到四寨宿营。这时，另一路的 9 军 25 师和 5 军从马尔康、大藏寺出发，翻过安得山。山高路险，9 军行军中摔死了 30 多匹马，损失了许多物资。他们在四寨与 93 师会合后继续前进。8 月 19 日，25 师击溃藏族土兵，占领查理寺。同日，5 军军长董振堂率部由查理寺向班佑探路前进。

马步芳获悉杨俊扎西败讯，深为不安，命令他的主力马彪骑兵旅火速增援。但是杨俊扎西屡遭红军打击，无心恋战。不等马家军到来，就收拾金银细软，带着家人和部分兵丁，焚毁官寨逃往青海果洛。红军于 8 月 21 日占领阿坝。

阿坝是川西北藏民比较集中的地方。上阿坝、中阿坝、下阿坝三个镇子沿若河、阿河一线分布，附近还有一些小小的村庄聚落。在荒凉的川西北就算繁华地区了。一个镇上不过千户居民，最壮观的建筑是喇嘛寺。张国焘来到阿坝,感觉良好。他回忆说:"这里是这一带藏族的中心,西部草原南边的一个名城,有'藏族成都'之称。阿坝的大喇嘛庙建筑雄伟精致,极为壮观。这个大喇嘛庙的两侧,还有几个较小的喇嘛庙,四周有千数的喇嘛住宅和上百户的店铺,结成一个长方形的城市,大小等于内地的一个普通县城。这里附近是一片平坦地,平静的大金川穿流其间,河边有大片的青稞地,周围有更广阔的美丽草原。我们到达这里时,喇嘛大多已逃亡了,留下的粮食却能供我军几个月之用。"[1]

总参谋长刘伯承心情可没那么好,他不愿意离开中央到阿坝这里来。当张国焘高兴地说:"阿坝这个地方多好哇。"他冷冷地说:"这里哪有人?把部队都弄来,粮食不够吃一顿的。"后来刘伯承元帅回忆他当时的心情说:"如果张国焘有决心,无保留地执行(沙窝)决议,还回阿坝做什么?但他要回去,当时朱德同志是总司令,张国焘是总政委,他们都去了,我也只得去。我当时是不愿意去的,既然要执行决议,到那个角落去干什么?我一去就是准备受罪的呀。"

"这样,"刘伯承说,"我就和张国焘一起回到阿坝。同行的还有刘绍文同志,他是总司令部的秘书长,带有与国际联络的电报密码。"[2]

沙窝会议结束后,根据中央的安排,朱德总司令与多年来一起并肩战斗的毛泽东、周恩来等告别,带着刘伯承和司令部工作人员来到左路军的红军总部,与张国焘共事。朱德是遵守纪律的模范,但他从心里不愿离开中央。从张国焘这一段时期的所作所为,他已经预感到今后的工作将是很困难的。朱老总后来回忆说:

> 张国焘这个人,在中央苏区的时候,一般的还不知道他究竟是怎样的人。有些老同志对他印象都不好,但也没有谁说过他的

---

[1] 张国焘:《我的回忆》第18篇第4章,东方出版社1991年版,第3册270页。
[2] 刘伯承:1961年1月26日的谈话。

坏话，因为他那时还是一个党的负责同志。也听说他是一个"机会主义"，但到什么程度也不知道。

两河口会合后，在那儿革命军事委员会、党及苏维埃政府代表们都开了会议，讨论了几天，作下决议要继续北上。当面张国焘他并不提出反对，却在背后去阴谋来反对这个决议，不执行这个决议。当时我们还不了解他素来就是反对中央的这种情形。他开过会回去以后马上鼓动自己部下的队伍来进行反对了。

当时他愿意北上，又不愿意北上的原因，就是想争官作。到了毛儿盖后，他悲观失望了。他感觉革命没有前途，拼命想往西，到西藏、青海，远远地去躲避战争。他却不晓得，在那里人口稀少，地理条件虽好，只想取巧，采用脱离群众的办法。他最错误的观念是想到一个偏僻最落后的地方去建立根据地。中央完全否决了他这些意见，中央决定还是北上。

张国焘的领导四方面军是一贯以个人为出发点的，因此党的组织、军事上的组织也就很薄弱了。总之，一切都从个人出发，凡是反对他的，都会遭到他的征服，或者被赶走了，或者被杀掉了。这种机会主义路线和正确的路线是势不两立的，结果，他搞的党、政、军都集中在他一个人手里，成为一个独裁者。[1]

似乎是命运的安排，与中央分开行动后，左路军的日子就没有太平过。行军前进到处受阻，内部也不断出乱子。

8月中旬的一个夜晚，卓克基镇子失火。被张国焘软禁在那里的西北革命军事委员会参谋长曾中生突然神秘地失踪了。

曾中生，原名曾钟圣。1925年入党，黄埔四期生，后留苏学习，1930年任鄂豫皖苏区特委书记兼军委主席，是鄂豫皖苏区的开创者之一。他在军事上有过人之才，善于从实际情况出发，总结经验，克敌

---

[1]《朱德传》第23章，人民出版社1993年版，第352页。

曾中生

制胜。他的一整套游击战理论和战术,无论是避实就虚、声东击西,还是集中优势兵力打歼灭战,在许多方面都与毛泽东不谋而合。在他的领导下,鄂豫皖红军很快发展壮大起来。曾中生本人在苏区享有崇高的威信。张国焘到鄂豫皖后,借着中央代表的地位,在白雀园肃反中大开杀戒,目的就是要搞垮曾中生和鄂豫皖的干部,树立他和陈昌浩的地位。曾中生虽然屡遭打击,仍不屈服,不断与张国焘斗争。在向川陕地区撤退时,曾中生在小河口会议上批评了张国焘的逃跑路线,张国焘不得不服气,任命曾为西北军委的参谋长。到通南巴苏区站住了脚,张国焘立即下手把支持曾中生的同志杀的杀、抓的抓,曾中生也被张国焘软禁。在囚徒生活中,曾中生以他对革命的忠诚,夜以继日地写作。先后完成了《与川军作战要点》、《游击战争要诀》、《与"剿赤"军作战要诀》三部著作。张国焘阅后,也不得不表示佩服。批示:"本书甚有价值,红军干部应人人手执一本。"把它们当教材在红四方面军中广为流传。曾中生本人则由保卫局看守,一直没有恢复自由。

  袁克服的独立1师当时随保卫局行动。8月的一天,他正带领部队由马尔康向阿坝行进,路上遇见了保卫局长曾传六。他对袁说:"曾中生跑了,开了小差。"袁克服觉得好奇怪,他知道曾中生在鄂豫皖时一条腿受伤残废了,当西北军委参谋长时脚还一跛一拐的,怎么会跑了呢?他又遇见保卫局的丁武选,打听曾中生的事,丁武选支吾着说:"大概是有人帮他跑的吧。"到了阿坝,袁见到了周纯全,周严厉呵斥他说:"你还是那个老毛病,你要小心!"袁克服知道是自己多嘴,不该问的事不能问。[1]

曾中生究竟是怎么死的,很多人都不清楚。听张国焘说曾中生想逃跑,半路掉到河里淹死了。保卫局派人到处找,也没见尸首。徐以新就不相信,他回忆说:"一、四方面军会合时,中生同志说,'这一下我可死不了了。'这话传到张国焘耳朵里,把张吓了一跳。因为中生对张国焘从头到尾的情况都知道,他向中央一告状,张国焘就被动了。那时张国焘正准备分裂党、分裂红军,所以张国焘听到曾中生讲了那句话,就把他搞掉了。"[2]

徐以新的看法是有道理的,曾中生是张国焘最头痛的对手,张国焘不会给他东山再起的机会。党史界几乎一致认为曾中生是被张国焘暗害的。有一篇文章很肯定地写道:"1935年6月,红四方面军与一方面军在懋功会师。曾中生得知后,直接向张国焘提出要求释放并允许他向中央汇报、写信。中央知道曾中生被非法监禁后,指名要见曾中生。张国焘害怕揭露真相,扣压曾中生给中央的信,不许他与中央领导见面。1935年8月中旬的一个夜晚,在川西北卓克基以北的森林里,将曾中生用绳索活活勒死,杀人灭口。他们却造谣说曾中生通敌,掉进河里淹死了。手段毒辣、卑鄙之极。"[3]

曾中生之死留下了一些至今无法解开的疑团,张国焘是杀了不少

---

[1] 袁克服:1961年5月23日的谈话。
[2] 徐以新:1961年4月28日的谈话。
[3] 吴雪生:《张国焘肃反与曾中生、许继慎被害》,见中央档案馆编:《中共党史风云录》,人民出版社1990年版,第295页。

人，但在一、四方面军会师后，他的行动受到了中央的监督，不能像以往那样一手遮天，为所欲为。曾中生死在哪里，尸首始终未找到。张国焘对此事讳莫如深，甚至没有向徐向前、陈昌浩通报。所以中央一直认为曾中生还活着。1936年2月林育英以共产国际代表身份致电张国焘，要他务必保全曾中生、廖承志二人的生命安全。廖承志还在，对于曾中生，张国焘是无法交代了。1937年3月延安政治局会议批判张国焘的错误路线，严厉追究他的杀人罪行。张国焘语气强烈地否认他杀了曾中生。说："曾中生问题，逮捕是错误的，但确实没有杀，我不负政治上责任。"[1] 红四方面军保卫局的人也都否认与曾中生之死有关。目击曾中生之死的证人，一直没有找到。可惜这样一位杰出的红军将领，就这样不明不白地消失了。如果不是张国焘的打击迫害，曾中生又何以会落到囚犯的地步呢？从这一点说，张国焘就有无法推卸的责任。

与左路军相反，右路军正在积极准备北进。徐向前、陈昌浩的前敌指挥部与中央合作得很融洽。

自从中央8月15日致电张国焘要他"专力北向"，张国焘仍率左路军向阿坝进发。8月18日，徐向前、陈昌浩又致电朱德、张国焘，汇报他们已经开始北上："四方面军走右路，一方面军走左路，平行进，兵力颇集结。拟主力走洮、岷一带。"劝告张国焘"如阿坝已为我占，则左路军大部不应深入阿坝，应从速靠紧右路，速齐并进，以免力分"。8月19日，张国焘给徐、陈回了两封电报，说："右路与左路联络困难，左路若不向阿坝攻击，将无粮并多番骑扰害。"又说："阿坝仍须取得，一是财粮策源，必要时可助右路；二是可多辟北进路；三是后方根据。……大金川、大藏寺有三四条平行路向阿坝北进，人粮甚多，比芦花、毛儿盖好多了。"[2] 总之，不管谁劝，张国焘就认准了阿坝，哪里也不想去。

---

[1] 1937年3月31日延安政治局扩大会议，张国焘的最后发言。
[2] 《中国工农红军第四方面军战史资料选编——长征时期》，解放军出版社1992年版，第125页。

是以主力经阿坝向青海,还是北上经班佑入甘南向东发展?中央再次面临抉择。于是1935年8月20日,中央政治局在毛儿盖索花寺再次召开会议,研究讨论行动方针。出席会议的有中央政治局委员毛泽东、张闻天、博古、王稼祥、陈昌浩、凯丰、邓发。以及徐向前、李富春、聂荣臻、李先念、林彪。朱德、张国焘在左路军,周恩来因患重病,没有出席会议。

会议首先由毛泽东作关于夏洮战役计划的报告。他说:根据创造川陕甘苏区的方针,到达夏洮地域后,我们的行动有两个方向:一个向陕西,一个向西(即新疆、青海、宁夏)。我的意见,红军主力应该向东,向陕甘边界发展,不应向黄河以西。理由是,如果我们向黄河以西,敌人则在黄河东岸筑封锁线,把我们限制在黄河以西的地区。这地区虽大,但除去草地、沙漠就很小,人口也很少,我们将会很困难。我们要打破敌人封锁,一定要占领洮河上游及中游。

毛泽东分析了为什么不能向西去的理由:从经济条件说,西北气候寒冷,给养困难;从民族条件说,西北汉族很少,大部分是回民。如果我们现在到那里去,会把回民迫反。我们在那里无法扩大红军,所以,我们只有向东去。他强调说:目前夏洮战役的作战,极大关系到将来的行动。

毛泽东最后说:我们的根据地在哪个地区比较巩固?我觉得应以洮河流域为基础。这一地区背靠草地,四川军阀很难来;青海回民也不大可能来打我们。同时这里有西边的退路,应该派一个支队向西去,向河西走廊那边去,而且可以向新疆发展。

陈昌浩发言表示完全同意毛泽东的报告。接着谈了三点意见:

一是要创造后方根据地,避免没有后方地到处乱走。我们在通南巴的经验,没有根据地,群众不敢加入红军。有了根据地,群众便大批参军。因此,我们要有创造根据地的决心,然后才能扩大红军,创造苏区。

二是应该去占领岷州一带。

三是与左路军的配合问题。我们现在要集中最大力量前进，因此，假如左路军不能与我们很好配合，我们向岷州前进是困难的。所以，左路军一定要向我们靠拢，要他来援我，我们不能援他。

陈昌浩最后说：我的意见，右路军一定要集中在一起。四方面军两个军，一方面军两个军一定不能分散。要集结行动，集中兵力于决战方向。

王稼祥、凯丰、林彪发言一致同意毛泽东的报告。徐向前也表示拥护中央的决策，他补充说：我们应坚决从洮河右岸前进，从岷州方向突破向东。如果不能走，再从河左岸向东突击。战略方针当然是向东。

毛泽东对大家意见的一致感到很高兴，在最后作结论时强调了两点：

一、北上洮河流域，然后坚决向东发展。

二、左路军应迅速向右路军靠拢，一同北上。

会议通过了毛泽东起草的《中央政治局关于目前战略方针之补充决定》。毛儿盖会议决议对两河口会议决议作了若干调整。红军当前的主要任务是"迅速占取以岷州为中心之洮河流域（主要是洮河东岸）地区，并依据这个地区，向东进攻以便取得陕甘之广大地区，为中国苏维埃运动继进发展之有力支柱与根据地"。《决定》强调："当前的战役应力争控制洮河，首先是其东岸地区，粉碎敌人兰州、松潘封锁线之计划，以处于有利的机动地位，而便利于继续战胜敌人。集结最大限度的主力于主要方向，坚决与果敢作战，灵活与巧妙的机动，是这个战役胜利之保证。"

《决定》又说："政治局认为在目前将我们的主力西渡黄河，深入青（海）宁（夏）新（疆）僻地，是不适当的，是极不利的（但政治局并不拒绝并认为必须派遣一个支队到这个地区去活动）。"理由是"汉族红军之全部的与长期的深入这个地区，必然地会引起这些民族之误解、嫌隙，甚至敌视的态度，这在粮食给养困难的条件下，更加容易尖锐。""这个行动，客观上正适合敌人的要求，敌人正以全力压迫我们向着不利地区，而他可以沿着黄河构筑重叠的封锁线与堡垒，阻止我们以后向中国本部之发展，切断我们与其他苏区与红军及全国革命运动之联系。""自然与物质条件之不利，假如红军大部队长时期在这个区域行动，将遭遇到极大困难。"鉴于上述理由，"政治局认为目前采取这种方针是错误的，是一个危险的退却方针。这个方针之政治的来源是畏惧敌人、夸大敌人力量，失去对自己力量及胜利的信心的右倾机会主义。"[1]

毛儿盖会议看起来是一次研究红军行动的工作会议，但是如果仔细地探讨一下会议的决定，我们可以从中体会毛泽东的策略和良苦用心。

这次会议只谈如何走的问题，完全改变了沙窝会议上中央与张国焘之间在以往的历史和路线问题上互相指责、纠缠不休的局面。毛泽东懂得：与张国焘的争论不是一朝一夕能够解决的。争论的结果一来加剧了红军内部的矛盾，二来丧失了宝贵的时间。这么多红军在这个荒凉的地方耗费了两个月时间，粮食眼看告罄，北上的通路也即将被国民党军队堵死，再耽搁下去无异自取灭亡。所以，毛泽东再次运用遵义会议的策略，政治问题和历史老账先搁置一边，集中精力解决走的问题，只有北上才会有出路。这个办法果然有效，陈昌浩很痛快地接受了毛泽东的意见。

其次，毛泽东要在领导权上争取主动。左、右路军分开行动后，实际上把红军指挥机关一分为二：中共中央是一头，红军总司令部是

---

[1] 中央档案馆编：《中共中央文件选集》第10卷，中共中央党校出版社1992年版，第543页。

一头。按理说，中央管方针路线，总司令部管具体指挥。但是张国焘明摆着和中央不是一条心，他有自己的打算，要不然去阿坝做什么？毛泽东当然不会坐等张国焘来摆布他，毛儿盖会议的目的就是定下行动计划，以中央决定的名义让张国焘来执行。要让左路军来靠拢右路军，而不是相反。

第三，《决定》中严厉指责并否定了要将红军引向青海等西部偏僻地区的意向。这些话显然是警告张国焘的。左路军去了阿坝，如果北上陕甘，走阿坝是绕弯路，从阿坝去青海倒是最近便的。毛泽东极为担心张国焘会把几万红军带到青海去，所以在《决定》中把话讲在前面。

夏洮战役方针既定，从哪里北上呢？松潘大路被胡宗南堵住了，红军只有向北行军，经过松潘草地到班佑、巴西地区。胡宗南从藏族土司那里得知：草地是一片魔沼，连鸟儿也飞不过去。红军走草地是自取灭亡。所以草地的北面都没有设防。然而，红军就是要从这人迹罕至的荒野走过去。

松潘草地在今天四川省的松潘、若尔盖县境内。其范围大致包括烈尔郎山（今若尔盖县北）以南，浪架岭（今松潘西）以西，查针梁子（今红原县南）以北，纵横600里，面积约15000平方公里，海拔在3500米以上。地势平坦，一望无际。白河（即噶曲河）和黑河（墨曲河）由南向北注入黄河，天然河道迂回摆荡，水流滞缓，汊河、曲流横布，由于排水不畅，潴水形成了大片沼泽。水草盘根错节，结络而成的片片草甸，覆于沼泽之上。草地气候恶劣，年平均温度在零度以下，夏季平均气温为摄氏10度，且温差很大。时而晴空万里，烈日炎炎；时而电闪雷鸣，雨雪交加。除了夏季有牧民在边缘地带放牧，草地深处极少有人前去冒险。半个世纪后，美国作家索尔兹伯里探访长征路来到若尔盖，亲身体验了草地变幻无常的天气。他写道：

五十年后的 1984 年 6 月，草地依然如故。夜间，大地结满了银霜，气温在摄氏零下六七度；黎明时，天气还是好好的，红艳艳的太阳钻出地平线照耀着草地；可是，早上 8 时，天色突然变暗，乌云聚积起来，开始下起了蒙蒙细雨，一切都在雾气中变得朦胧灰暗。接着大雨和着狂风倾盆而下，瞬间又是雨雪交加。没过多久，纷飞的鹅毛大雪遮盖了道路，草地和山峦，到处茫茫一片，赶路的马帮躲避在背风的地方，一群群的牦牛和绵羊变成了缓缓移动的雪堆。大雪下了两个多小时之后减弱了下来。旷野上又刮起了大风，风中的太阳变得苍白、黯淡，颤颤发抖。风没有停，又下起了雨。到了后半晌，天空露出了湛蓝，阳光普照，白雪融化了，使人感到一丝春意；但当太阳的光辉沉落到黄河彼岸的时候，春意便在冰霜中消逝了。[1]

今天，这片土地经过治理，到处开沟排水，草地的面貌已是今非昔比。绿色的草原上到处可见白色的绵羊和黑色的牦牛，一批批的旅游者来到松潘、红原，沉醉在美丽的景色中。但是当年毛泽东可没有这种闲情逸致，他把红一军团 2 师 4 团政委杨成武召来，命令 4 团作为先头部队，在草地中蹚出一条路来。

1935 年 8 月 18 日，右路军先头部队——红 30 军的 264、265 团在前敌总指挥部参谋长叶剑英率领下，最先踏上了草地行军的征程，向班佑进发。在他们的左翼，红一军团 4 团于 21 日从毛儿盖出发，走另一条路线进入草地。中央军委纵队与前敌总指挥部随一军团大部队行动，病中的周恩来与三军团走在最后。

过草地在红军长征的历史中一直被称为最艰苦的经历，一些著作和回忆录叙述，过草地犹如一场死亡行军。《红军长征在四川》中写道：

---

[1] 索尔兹伯里：《长征——前所未闻的故事》，解放军出版社 1986 年版，第 305 页。

草地行军（黄镇画）

　　八月的草地，对刚刚踏上这片土地的红军指战员来说，真是别有一番景象：牧草肥美，繁花似锦，然后随着前进步伐而来的，是大自然残酷的折磨和死神的威胁，这里无路可循，部队只有在藏族向导的指引下，踏着草甸缓慢行进。软绵绵的草甸，随着战士脚步的移动，发出喊嚓喊嚓的声音。稍有不慎，将草甸踩穿，整个人便陷入沼泽，抢救不及，少顷没顶。部队进入草地后，几乎无日不雨，雨水不仅淋透了战士们的衣衫，也淹没了部队前进的路线。有些地段，连续几十里水深没膝，使向导也难以寻找过去游牧留下的痕迹。有的战士因此而偏离了行军路线，陷身淤泥，被沼泽吞噬。八月也正是草地冰雹逞凶的季节，有时面对着铺天盖地而来的冰雹，战士们连藏身之地也找不到。茫茫草原之上，除偶有几米或几十米高的浅山隆起外，见不着一株较为高大的树木，常常使人方向莫辨，有时部队艰难地行进了几个小时，却仍旧回到了原地。[1]

---

[1] 中共四川省党史工作委员会编：《红军长征在四川》，第6章第5节。四川社会科学院出版社1986年版，第203页。

今天重读当年亲历者的记录，实际情况并不全是如此。一般说来，先头部队的情况要比后续部队好些。分头行进的部队，有的选择了比较好走的路线。红一军团的记录最完整，他们基本上是沿着草地与森林的边界行军，没有深入草地的腹地。我们来看看红一军团韦国清团长当年的记录：[1]

日　期	宿营地	行军路程	气　候	要　记
8月23日	腊子塘	80	阴	草地露营
8月24日	分水岭附近	80	雨	
8月25日	后河	80	上午雨下午晴	
8月26日	色既坝以北	70	晴	
8月27日	班佑以南	90	雨	

1937年5月在上海出版的《逸经》杂志第33期，刊登了一篇董健吾牧师化名"幽谷"的文章《红军二万五千里西引记》，首次在国民党统治区介绍红军长征经过。文后引用了《红军长征记》的"红军第一军团西引中经过地点及里程一览表"，更为详尽地记录了过草地的情况：[2]

行军日期	出发地点	经过地点	宿营地点	里　程
8月23日	毛儿盖	七星桥	腊子塘	70
8月24日	腊子塘	草地	分水岭	70
8月25日	分水岭	草地	后河	80
8月26日	后河	草地	大草地	70
8月27日	大草地	草地	小森林	80
8月28日	小森林	班佑	巴西	50

一军团直属队的童小鹏在他的长征日记中，详细记录了他们过草地的经过，摘录于下：

[1] 军事科学院编：《中国人民解放军第二次国内革命战争史料选编》第7辑第3册。
[2] 参见《红军长征记》，中共中央宣传部编《党史资料》，1954年第3期第115页。

8月23日：很久以前就准备要过的草地，今天要开始向它前进了，大家都很想早点到达，尝尝草地究竟是一个什么味道，巴不得一跨就过。

早饭后就戎装出发了，从通哈龙道上二十里便分路了，仍沿河而上，沿途仍见着高山树林，天的确可恶得很，出发后不久即下雨了，未免知道我们要过草地而故意捣乱不成？因天雨气候很冷，有些同志又没有雨具来抵抗，所以因体弱而冻毙在路旁的倒有几个。

行约七十里到腊子塘，河边搭棚露营。

8月24日：开始进入草地了，渐渐地不见了森林，地面也渐渐地开阔了，两边虽然是山，但比较低了，且满山是青草而不是旁的东西，路上尽长的青草，若不是向导领路的话，的确连方向都找不到，最讨厌的是天仍连绵下雨，淌得满身透湿，路上尽是水泥更使两腿难走。

沿途都没见有什么树林，最后见着树林了，便开始露营（分水岭，约七十里）。这树林系先头部队驻过的，故还有旧的用树枝搭的棚子，我是分到一个旧棚，加上油布虽不漏，然而地湿又不平，棚小又过矮，的确转身都转不得，但在这个环境下说来还是一个上等货呢。

草地宿营（黄镇画）

因没有锅灶，只得自己吃干粮，大家都用自己的瓷缸当铜锅烧开水，煮稀饭，任我所欲，倒觉有点趣味。

8月25日：早饭后继续出发，这一路的确是纯粹的草地了，山不高，但全是青草，真的是连一根小棒棒也找不到。路大部是在山间的平坝，最后也爬了一些小山坡，约行六十里，到后河露营。

此地虽有地名但等于零，只是一块长满青草的山麓而已。山脚下虽然有一块大草坪，然而因为中间有一不规则的小河，左弯右弯东转西转，都把这块地盘占据去了。只得就在山麓住下，又因无树林，大家都用带来的木棍撑起。上搭油布或毯子，倒也不错。只因为无柴，大家过的"寒食节"而已。这小河水有毒，色带赤，喝多了即肚子疼。

8月26日：行约二十里，即到一极大平坝，右边一条极大的路来会合，据说是右路军从哈龙来的，河边小树林中还有火烟、棚子，大概昨晚在此露营。到这里路大且干燥，一望平原，数万战士蠕蠕道上，均可一瞥而见。行二十余里转右，又是这样的大块草地，接着再行约二十里，即在山麓露营。途中过河五六次，相当讨厌，最后一次水急且深，我几乎被水冲倒，惊得相当。

此地又是没柴，同志们均回去三四里外的河边拾柴，晚上才没有过"寒食节"。

8月27日：原来据地图所示，走五天草地可到班佑，此地仍为草地无粮食，但有百余间牛房。今天大家都高兴得很，一路走都两眼直前，恨不得牛房就在面前显露。但是调查不确，走了约七十里，天将黑暗仍未见有牛房，只见山间河边有些连绵的小森林，有些前面部队露营过的痕迹——火堆、棚子，结果还未到，只得在河边树林内露营，于是今天大家都大失所望。天仍下雨真是可恶！因之天气很冷，脚因终日沾着水，的确很难过。

8月28日：大家都肯定地说："今天无论如何可到班佑了。"一路走仍两眼直前地瞭着，巴不得就在面前，沿山旁走约二十里进入平坝。好了，见着前面山边火烟绕越，于是大家都高兴得很了，都估计前面一定是班佑，不然为什么会有这么大团的火烟呢？再大踏步地前进，更证明了，于是盼望几天的班佑的确到了。

休息时听得走前面的同志说，右进二十五里便有很大的村落，且不是草地。听后大家都喜出望外！竟料想不到草地就这样轻便地过了。再走十五里草坪完了，这时，的确是两个世界：回头看，后面是一块荡荡的大草坪，所有的只是凌乱的百余间牛房在陈列着，上面笼罩着一团青烟，路是稀溶酱烂，走在上面连草鞋都差不多拔不起来；这一边是一个山坑，山上都长着树林，路大而干，走起来煞是有劲！的确没有想到就这样不知不觉，忽地里结束了草地的生活。

走二十余里，看到了草地未见过的麦地、菜圃、木房，均显露在眼帘内，巴西到了，于是即布置宿营。[1]

从童小鹏的日记中可以读出一种革命的英雄主义和乐观的气派，任何困难在他们眼里都是可以克服的。日记的真实性也是无可置疑的，一军团即将走出草地的时候，军团政委聂荣臻26日给后卫的三军团首长彭德怀、李富春和因病随他们行动的周恩来发了一封电报：[2]

彭李并转周：

一、我率军直、一师及军委纵队、红大等已超过色既坝约四十里处露营，无森林，高地尚干燥，明日可到班佑。

二、由毛（儿盖）第一日到腊子塘约六十里，路不好走，架有树棚可宿。第二日到分水岭，行程约五十里。附近有森林露营。第三日到后河七十里，足株树，可寻我们露营形迹择地露营。昨夜无雨，尚无大苦。

---

[1]《童小鹏军中日记》，解放军出版社1986年版，第151—154页。
[2] 军事科学院编：《中国人民解放军第二次国内革命战争史料选编》第7辑第3册。

三、此地系小草地，并不如未行时想之严重。只要有相当准备与天气好，无问题。在战士中须正确解释，排除恐惧。不过你们须注意者：在战士中雨具和衣服要有调剂，一军此次因衣服太缺和一部分身体过弱，以致连日来牺牲者约百余人。经过我们目者均负责掩埋，在后面未掩埋的一定还有。你们出动时，请专派一部握具前行，沿途负责掩埋。

四、沿途木牌路标甚少而小，地面铲之路标因雨不易见。你们前进时须注意我们之形迹。

荣臻

一军团直属队党总支书记萧锋在后面负责收容队的工作，据他的行军日记记载，刚进入草地两天，一些人的粮食就已经吃完。到第四天，大多数单位都已绝粮，靠挖野菜、煮皮带度日了。萧锋向聂荣臻政委汇报说：四天来根据十四个单位统计，掉队250人，牺牲120人。聂指示：没有粮食就拔野菜吃，担子挑不动就丢掉，实在不行，骑的骡马也可以杀掉吃。[1]尽管如此，死亡人数仍然不断增加。走出草地后，聂荣臻收到周恩来9月4日发来的电报说："据三军团收容及沿途掩埋烈士尸体统计，一军团掉队落伍与牺牲的在400以上。"嘱咐他们要"特别注意改善给养，恢复体力"。[2]

过草地只有五六天时间，怎么会死那么多人呢？主要问题是无粮造成的饥饿。最根本的原因是中央与张国焘长达一个多月的争论，使整个红军动弹不得，把这个地区本来就很少的粮食消耗殆尽，就是不走也照样会饿死人。正如《红军长征在四川》中描写的：

过草地之前，部队曾开展了筹粮工作，按要求每人应准备十天所需的十至十五斤干粮。但这一地区物产不丰，许多部队远

---

[1] 萧锋：《长征日记》，上海人民出版社1979年版，第111页。
[2] 金冲及主编：《周恩来传》（1898—1949）第17章，中央文献出版社2001年版，第363页。

背干粮过草地
（黄镇画）

未达到要求，有的甚至仅筹到两天的干粮。行程未及一半，一些单位即告断炊。草地荒无人烟，根本谈不上沿途补充粮食。由于连日降雨，积水泛滥，淹没草甸，许多地方甚至连野菜也无从寻觅。草原中许多潴淤之水，因陈年衰草腐蚀其中，不仅不能饮用，如若伤口染上，很快肿溃，重者使人致残。有时不慎跌跤，干粮掉进毒水中，即不能食用。有的战士不堪忍受饥渴之苦，不慎喝了有毒的水，吃了有毒的野菜，因而付出了宝贵的生命。有时虽遇溪流小河，却因无柴烧火，连开水也喝不成。一面是艰难的行军，一面却又忍饥受渴，指战员的体质日渐衰弱，不少战士走着走着突然倒下去，便再也起不来了。[1]

高原的气候是第二个致命的原因。在海拔3500米的高原上，缺氧使得健康人尚且行动艰难，体力消耗极大，红军长途行军缺乏给养，

---

[1] 中共四川省党史工作委员会编：《红军长征在四川》，四川社会科学院出版社1986年版，第203页。

体质本来就已极度衰弱,草地绝粮,对他们的生命更是极大的威胁。高原气候多变,昼夜温差大,红军从南方到这里,除了身上的单衣再无御寒之物。草地的8月白天多雨,晚上强劲的寒风夹着雪花向露宿在高地上的红军战士袭来。红军衣单体弱,内无果腹之食,外无御寒之衣,饥寒交迫。每天清晨,宿营地都有身被霜雪的僵硬的红军战士的尸体。

尽管如此艰苦,大多数红军战士在草地行军中表现出坚强的革命意志和克服一切困难的决心。从老红军的回忆录中再现了他们互相帮助,互相鼓励,在生与死的考验面前谱写了一章章感人的故事,令今天的人肃然起敬。但是红军过草地时非战斗减员之多,实在是出人意料之外。反思起来,除了上述的主要原因,还有其他多种因素。

美国作家索尔兹伯里夫妇在长征路采访后认为:由于当年红军急于北上,事先并没有很好地侦察草地行军的路线,藏族向导的能力和可靠性也是令人怀疑的。"这些向导从大平原一看,就简单地沿着一条直线往前走。"红一军团的路线看来是比较好的,但是其他部队可能走了不少沼泽路和绕弯的路,造成了不应有的损失。

老红军戴正启在接受索尔兹伯里的采访时告诉他,在无人区行军,会造成一些人精神的崩溃,失去了信心。他说:"草地上渺无人烟,没有人,一个也没有。你要了解我们中国人的习性,我们从来没有这样的生活经历:看不到人的影子,听不到人的声音,也没有可以谈话的人。没有人从这条路上走过,没有房屋,只有我们自己。就好像我们是地球上最后一批人。"他认为,这就是人们死亡的重要原因。[1]

还要提到的是,在因掉队而减员的人中,有一部分是脱离红军逃跑的人。这在长征的全过程中都存在着。逃兵多数是长征途中招募来的农民,他们的革命觉悟远不及江西出来的老战士。行军中也没有机

---

[1] 索尔兹伯里:《长征——前所未闻的故事》,解放军出版社1986年版,第313页。

会进行政治教育,到了最艰苦的时刻,这些人就熬不住了。胡宗南在松潘,就收容了一些这样的人。据原国民党第二师补充旅参谋主任李炳藻回忆,他收容过一个红军师长的勤务员,此人"身穿很完整的布军服,图囊内装军用地图一张。该图系用毛笔绘制,图的内容系川、甘、青三省边区部分,图上所绘的山川、道路、河流、村庄的名称,在国民党军军用地图上均没有记载。看了这份地图,对松潘以西草地情形了如指掌,在军事上有很大价值"。李炳藻如获至宝,立即将逃兵和地图转送胡宗南。[1] 另外,中共中央毛儿盖会议决定的行动计划,9月初一、四方面军的分裂,国民党方面都很快就得到了消息,当时的"国民政府军事委员会委员长行营参谋团"主任贺国光致蒋介石的报告,叙述得相当准确。这样的情报也是红军的逃兵提供的。[2] 1984年索尔兹伯里夫妇在草地采访时,夏洛特·索尔兹伯里就曾对一个前红军战士的自述表示怀疑。据那个人说,他在1936年负伤,先坐担架,然后被编入收容伤病员和掉队的收容队。过草地时他是被人抬过来的。他说当时曾下令将所有的伤病员留下来,他就同其他一百多名战士一道留下来了。问到当时他们是否有钱,是否有人帮助他们,他不置可否。夏洛特认为:"我们都感觉他一定是个脱离队伍的人,当时这种人相当不少。"[3]

经过四五天的行军,红军各部陆续到达草地北端的班佑、巴西、阿西等地。今天看来,这些地方都是小村庄,上百户藏民在红军到来前都跑光了,小小的圆锥体房子像南方的稻禾堆,由细树枝编成的架子,顶上覆盖毡子,四周的墙壁都是用牛屎抹起来的。红军都叫它们"牛屎房子"。生火用的不是柴火,而是牛屎抹成的干饼饼。经历了草地露营的痛苦,红军住进牛屎房子感觉像是宫殿,躺在地上兴高采烈

---

[1] 李炳藻:《在川西北截击红军的经过》,《围追堵截红军长征亲历记》上册,中国文史出版社1990年版,第389页。

[2] 《国民政府军事委员会委员长行营参谋团大事记》第3篇第3章。

[3] 夏洛特·索尔兹伯里:《长征日记——中国史诗》1984年5月30日的日记,国际文化出版公司1987年版,第194页。

地抽烟、聊天。

徐向前到巴西之后,未及休息便出发观察敌情。在班佑的东北三十里是上包座,位于松潘通往甘南的大道上。包座背靠群山,山上是茂盛的原始森林。山下左有求吉寺,右有大戒寺。包座河水流湍急,在寺前流过。胡宗南部一个团分别驻守在两个喇嘛寺内。上包座南数十里是下包座,也有国民党军驻守,与上包座守敌呼应。徐向前带着参谋来到距大戒寺、求吉寺几百米的森林中观察敌情,在地图上标注了敌军的火力点。

8月24日,胡宗南接到前方守军电报,说红军占领了班佑,大吃一惊。原来认为鸟也飞不过的草地,红军竟然过来了!他立即命令在漳腊的49师师长伍诚仁迅速向上包座进军,一定要把红军堵住。49师原属蔡廷锴的十九路军,"福建事变"失败后被蒋介石惩罚性地调到这里。接到命令,伍诚仁于27日率部出发,企图在包座河一线阻挡红军北上。

徐向前获悉49师前来,决心抢在前头拿下上包座,再回过头来消灭49师。看到一方面军的一军团行军疲劳,减员较大;三军团还未上来,他在向毛泽东汇报时,主动提出由红四方面军来打这一仗。一军团作后备队保护中央。毛泽东非常高兴,立即同意。徐向前的部署是:程世才、李先念的30军主攻,以89师264团进攻大戒寺守敌;88师和89师的另外两个团埋伏在上包座西北森林中伏击49师。许世友、王建安的4军助攻;以一部打求吉寺之敌,配合30军行动。

8月29日,264团向上包座守敌发起进攻,很快占领了山头阵地,残敌逃进大戒寺。30日下午,49师先头部队到了大戒寺以南。为了诱敌深入,264团边打边撤,敌人急于前进,根本没发现埋伏在原始森林里的红军主力。31日下午,敌人全部进入红军包围圈内,程世

包座战斗纪念碑

才、李先念发出进攻命令。红军从山上的森林中冲下来,六七里长的战线上杀声震天。49师被红军分割成三块,首尾不能相顾。激烈的战斗一直进行了八个小时,伍诚仁见大势已去,跳河逃跑。红军猛追敌军后勤部队,缴了几百头牦牛和大批粮食。49师被基本解决,红军歼敌4000余人,俘虏800余人,缴获枪支1500。大戒寺守敌乘夜放火逃跑,红军冲进寺内奋力灭火,有的战士跳到粮仓里,一面灭火,一面抓着烧焦的麦粒大口吞嚼,真是饿坏了![1]这一战红四方面军也付出了相当大的牺牲,红4军10师攻打下包座的求吉寺,敌军依据坚固的寺院顽强抵抗,由于没有重武器,红军多次进攻都没成功。师长王友钧在战斗中不幸中弹牺牲,年仅24岁。最后,红军放弃了对求吉寺的攻击,撤出战斗。

包座之战是红军在川西北地区与国民党军打的最大的一仗,这一

---

[1] 程世才:《包座之战》,载《回顾长征》,人民出版社1985年版,第334页。

战打通了红军北上的道路,也打出了红四方面军的威风。在草地行军的饥饿疲劳情况下,还能打这样的大仗,确实了不起。伍诚仁逃回去即被蒋介石撤职,胡宗南领教了红军的厉害,轻易不敢来犯。红军和中央的安全有了保障。现在就等着张国焘、朱德率左路军前来会合,共同北上了。

第8章
红一方面军单独北上

右路军准备北上——左路军噶曲河受阻——张国焘改变主意——徐、陈劝说张国焘北上——张国焘下达南下命令——中央据理力争——陈昌浩转向——彭德怀担心毛泽东的安全——"密电"之谜——毛泽东决定单独北上——叶剑英夜里脱身——"哪有红军打红军的道理"——李特追赶中央——一、四方面军分离——毛泽东心情沉重

右路军走出草地后，在巴西、班佑地区进行休整。这里是半农半牧区，虽然人口不多，但有粮食和牛羊，为饥饿的红军解了燃眉之急，部队的情绪有了明显的提高。因为村子小，容不下很多人。各部分开居住。毛泽东、周恩来、张闻天、博古和中央机关驻在巴西的牙弄村，徐向前、陈昌浩、叶剑英和前敌总指挥部驻在巴西的潘州村。两村相距约三里地，往来便利。其余部队分散在附近的大小村落里，红一军团作为先头部队，向包座以北的俄界开进。

包座战斗结束后，红军北上的道路打通了。大家都盼望左路军早日前来会合，共同北上。那些天，毛泽东每天都要请陈昌浩到中央驻地来商量事情。因为他是政治局委员，也是红四方面军中有决定权的领导人。毛泽东着意做他的工作，想把陈昌浩拉到与中央一致的立场上来。

徐向前回忆："右路军出了草地，占领包座，已是8月底。左路军那边不见动静，令人焦急。毛主席找我和陈昌浩去，研究如何做张国焘的工作，催他带左路军上来。我说：如果他们过草地有困难，我们可以派出一个团，带上马匹、牦牛、粮食，去接应他们。毛主席说：这个办法好，一发电报催，二派部队接，就这么办。接着，即以毛泽东、陈昌浩和我三人的名义，发出电报。我们又令4军31团准备粮食，待命出动。"[1]

徐帅说的是9月1日的事。在此之前，8月24日，徐、陈就给张

---

[1] 徐向前：《历史的回顾》第12章，解放军出版社1985年版，第446页。

国焘、朱德发出一电,建议左路军向右路军靠拢。电报先通报了敌情,然后说:

> 目前箭已在弦,非进不可,西路主力端出岷(县)哈(达铺),抑出夏(河)洮(河)?前者则主力向包座岷州大路进,主要至洮河东打;后者则主力出郎木寺、双岔、班佑。此方必在集中包座或郎木寺待命。
>
> 弟意右路军单独行动不能彻底灭敌,必须左路马上向右路靠近,或速走班佑,以便两路集中向夏洮岷进。主力合而后分,兵家大忌。前途所关,助立决立复,迟疑则误尽中国革命大事。

8月29日,陈昌浩又致电张国焘,通报过草地的路线和准备进行包座之战的计划。并再次催促说:"左路宜很快向此方进,不然前进道路必为敌阻。"

接到徐、陈的电报后,8月30日,朱德、张国焘致电左路军后方的倪志亮、周纯全,通知他们:"我左路军以集中班佑与右路军靠拢北进之目的。"命令9军为第一梯队,向班佑前进。后方部队的主力为第二梯队,于9月12日到查理寺集中,准备向班佑前进。但是"川康省委以阿坝为中心,(刘)瑞龙在阿坝,将来31军政治部亦开阿坝大大开展工作,使阿坝成为苏区一部"。[1]

左路军虽然同意北上,但是毛泽东感到他们行动太慢。按计划要半个月才到班佑,到那时胡宗南又布下新防线了。9月1日,徐、陈、毛联名致电张国焘,陈述北上建议。电报指出:"目前形势极有利于向前发展。……右路军须以主力向前推进。以不突出西固、岷州线为度,第一步以一、三两军(团)控制罗达地区,4军、30军主力控制白骨寺地区,其一部控制包座。这样控制了两条平行东向路,并随时

---

[1]《中国工农红军第四方面军战史资料选编——长征时期》,解放军出版社1992年版,第137页。

可与胡敌五个旅有把握地决战，绝不会被敌截断，更不是从间隙偷出封锁线。候左路到达，即以一支队向南坪方向，又一支队向文县方向佯攻胁敌，集中主力从武都、西固、岷州间打出。必能争取伟大胜利。""目前蒋、胡注意力集中西固以东方向。毛儿盖通班佑，路短棚多。提议以三至四个团掩护能行之伤病员及资材，从卓克基经毛儿盖缓缓前进，免致抛弃。"[1]

接到电报，左路军开始行动了。但是很不顺利。据张国焘回忆："我们在刷金寺停留了两三天，积极查明北进道路。这一带地形，我们是十分陌生的，原有的地图又错误百出，一切须重新考察研究。刘伯承参谋长费了很大力气，广询当地的人民和喇嘛，才拟定了一个北进略图。""我们总司令部率部按照计划，由刷金寺向上下包抄前进，不料走了一天之后就遇着大雨，我们深恐为水所阻，积极冒雨前进，夜晚支起军毡作帐篷，露宿在水地上。果然，第三天下午，玛楚河上游的一个支流，横阻在我们的面前，它原不过是一条小河沟，深不过膝，现在河水陡涨，深逾一丈，宽达三百米，我们无法通过。看形势几天之内河水没有退落的可能，附近百里地区以内，又找不出任何渡河工具，而我们的干粮又吃了大半，我们无计可施，乃决定回师刷金寺。"[2]

如果说张国焘与中共中央的分裂是必然的，那么这条噶曲河则是促成分裂的一个偶然因素。张国焘的回忆有夸大成分，但也是事实。草地的河流没有固定河道，雨季洪水往往横冲直撞，形成乱流或一片汪洋。朱德、刘伯承和五军团是坚决主张前进的，但是没有一支部队渡过噶曲河，说明当时确有洪水。五军团军团长董振堂，宁都起义的领导人，在河边与张国焘冲突起来。在场的刘伯承回忆说："（张国焘）说不过河了，要转回去。董振堂同志是个好人，当时就说：'小河嘛，可以过去的。'张说不行，要转回阿坝，并当即缴了五军团一排人的枪。董振堂气愤地和他吵起来：'国焘同志，你是用冯玉祥那一套对

---

[1]《中国工农红军第四方面军战史资料选编——长征时期》，解放军出版社1992年版，第138页。
[2] 张国焘：《我的回忆》第18篇第4章，东方出版社1991年版，第3册267页。

付我们。冯玉祥把我们当儿子，你又用这一套。冯玉祥已经垮了，你这样做也是要垮的！'"[1] 然而张国焘一意孤行，下令返回阿坝。朱德、刘伯承也没办法。因为中央规定：红军总政委有最后决定之权。

在调头回去时，张国焘给徐、陈去了一个电报：

徐、陈并转呈中央：

（甲）上游侦察七十里，亦不能徒涉和架桥，各部粮只能吃三天，25师只两天，电台已绝粮，茫茫草地，前进不能，坐待自毙，无向导，结果痛苦如此，决于明晨分三天全部赶回阿坝。

（乙）如此影响整个战局，上次毛儿盖绝粮，部队受大损；这次又强向班佑前进，结果如此。再北进，不但时机已失，恐亦多阻碍。

（丙）拟乘势诱敌北进，右路军即乘胜回击松潘敌，左路备粮后藉亦向松潘进。时机迫切，须即决执行。

1935年9月3日 [2]

徐向前、陈昌浩接到电报，大吃一惊。张国焘不但掉头回了阿坝，现在连北进方针也不同意了。徐向前认为张国焘的理由是不成立的。"一是所谓噶曲河涨水，无法徒涉和架桥。其实四方面军有支一百多人的造船队，就在左路军，就地取材，营造简便渡河工具，不成问题。二是所谓粮食缺乏。其实阿坝那带，粮米较毛儿盖地区要多，张国焘以前来电也说过。我们从毛儿盖出发，每人只带了供两三天食用的炒青稞，还不是通过了草地？他们的粮食绝不会比我们少，过草地有什么不行？更何况我们还要派部队与粮去接应他们呢！所以，张国焘这是找借口，与中央的北进方针相抗衡。" [3]

---

[1] 刘伯承：1961年1月26日的谈话。
[2] 《中国工农红军第四方面军战史资料选编——长征时期》，解放军出版社1992年版，第139页。
[3] 徐向前：《历史的回顾》第12章，解放军出版社1985年版，第447页。

张国焘当然不会因为一条小河过不去而改变战略方针，对全局形势，他有自己的考虑。当时他没有对任何人讲，在和中央分裂后，1935年10月10日他在卓木碉的一次会议上做了说明：

> 右路军打胜仗，我们想胡宗南有二十七团，打坍了三团，还有二十四团。于学忠、张钫、鲁大昌共八十余个团，洮河、夏河都有阻碍，马（步芳）又集中二万骑在夏河。就是我们到了哈达铺，经过大量减员，能不能打坍敌人是个问题。假使我们打不好，西南是黄河，不能过。即使左路军费了一切力量去会合右路军，而又不能战胜敌人，在洮河、黄河间敌人更容易封锁。同时左右两路是不能分开行动，如果经过十天草地，掉队每团以二三百人计，必定要减员七千人。而上万数病号丢掉了，皮衣没有，打骑兵没准备，飞机易活动，政治纪律不好，回人不易解决，如拖到陕北，红军可以拖成小游击队。虽然地方宽大，而天寒人少等条件，前进困难。[1]

这一段话反映了张国焘的真实思想，他认为北上是凶多吉少，对于荒凉的陕北地区他更不感兴趣。摆在他面前的道路有两条：一条是留在这里，建立川、康根据地。他曾对刘伯承说："革命要有靠山，有接济，然后一突出来就能争取革命胜利。"意思是现在中国革命处于低潮，要找一个偏僻的地方保存实力。刘伯承说："群众要求抗日，你不走（老在少数民族区），怎么能搞革命呢？"反驳了他的"理论"。[2] 第二条路就是南下回四川。红四方面军战士中四川人居多，愿意打回老家去。用张国焘自己的话说，是"耍回马枪"。

决心已定，张国焘于9月5日10时致电后方的周纯全、倪志亮

---

[1] 引自凯丰：《党中央与国焘路线分歧在哪里》，盛仁学编：《张国焘研究资料》，四川人民出版社1982年版，第31页。

[2] 刘伯承：1961年1月26日的谈话。

和王宏坤，告诉他们："我左路军先头兵团决转移阿坝补粮，改道灭敌。"要他们各部队"就现地筹粮待命"。并要他们将这一决定转告徐向前、陈昌浩。

收到张国焘返回阿坝的电报，右路军这里的形势顿时紧张起来。陈昌浩天天跑中央驻地和毛泽东等商量，至少到9月8日上午，陈昌浩的态度还是愿意北上的。但是毛泽东已经在暗中布置。包座之战后，走在右路军最后的红三军团在彭德怀率领下到达巴西，离前敌总指挥部约15里。彭德怀回忆："我到宿营地时，立到前敌总部和毛主席处，其实我是为了到毛主席处去，才去前总的。这时周恩来、王稼蔷（祥）均害病住在三军团部。在巴西住了四五天，我每天都去前总，秘密派第11团隐蔽在毛主席住处不远，以备万一。"在红军实行统一指挥后，各部队的电报密码全被总参谋部收缴，只能与红军总司令部和前敌总指挥部联系，各部队之间则无法互通消息。彭德怀找到前敌参谋长叶剑英，"得知一军团到了俄界地区，找不到向导，问不到路。没有地图，茫茫草原，何处是俄界呢？这时杨尚昆已调其他工作，三军团政委是李富春。三军团准备了电台，另编了密本，也只能说是要与一军团联络，而未说是为了防止突然事变。派武亭同志（朝鲜同志）带着指北针寻找一军团走过的行踪，务把电台密本送给林、聂。正好送到林彪处，这天，事情就发作了。"[1]

林彪、聂荣臻率一军团到达俄界，几天不见中央和后续部队上来，心里着急。9月5日，他们给前敌总指挥部去电：

徐陈：

　　左路西回，于整个行动方针路线方向及行进有无变动，请告。我们正在草地待命并找救济寺向导中。

　　　　　　　　　　　　　　　　　　　　　林聂　5日5时半

---

[1]《彭德怀自述》，人民出版社1981年版，第201页。

徐、陈回电为一军团制订了七天的休整计划，无非是学习、操练、筹粮那一套，他们关心的问题未作答复。第二天，三军团的武亭送来了密码，双方立即接通联络。6日15时，林、聂收到周恩来、彭德怀、李富春发来的电报，告诉他们："一军主力应集结俄界，派队向罗达侦察前进。"

林、聂不明白为什么前敌总部的指示和三军团的电报不同，再用新密码问彭德怀，彭回电说：

> 林聂：
>
> 　　内情复杂，一军应在原地集结休整，特别注重体力恢复。
>
> 　　　　　　　　　　　　　　　　　　彭李　7日14时

按照正常情况，彭德怀是不可能自己做主给林彪下指示的。这些无疑得到了毛泽东的同意。这几天，毛泽东等中央政治局委员几乎天天紧张地开会，一方面是如何让张国焘重新北上，另一方面是做陈昌浩的工作，使他与中央立场一致。据陈昌浩回忆，毛泽东多次找他谈话，对他说："张国焘带一部队伍另找路，不要紧，让他在那里，我们先走，我们走了他非来不可。"但陈昌浩无论如何不同意，坚持要等左路军来一起走。[1] 此时，陈昌浩也是忧心如焚，再这样争论下去，北上的通路就会被国民党军队堵上，想走也走不了了。8日9时，他和徐向前给张国焘、朱德发了一封言辞恳切的电报：

> 胡（宗南）不开岷，目前突击南、岷时间甚易。总的行动究竟如何？一军是否速占罗达？三军是否跟进？敌人是否快打？飞示，再延令人痛心。
>
> 　　中政局正考虑是否南进，毛、张（闻天）皆言只有南进便

---

[1] 陈昌浩：1961年5月10日的谈话。

有利可以交换意见；周意北进便有出路；我们意不分散主力为原则，左路速来北进为上策，右路南去南进为下策。万一左路若无法北进，只有实行下策。如能乘向北调时，松潘、南坪仍为上策。请即明电中央局商议，我们决执行。

此时，张国焘不会再改变决策了，他已经向31军政委詹才芳下达命令："九十一师两团即经梭磨直到马尔康、卓克基待命，须经之桥则修复之。望梭磨、康猫寺路，飞令军委纵队政委蔡树藩将所率人员移到马尔康待命。如其（不）听则将其扣留，电复处置。"接到徐、陈来电后，张国焘正式下达了要右路军南下的命令：

徐陈：
　　一、三军暂停向罗达进，右路即准备南下，立即设法解决南下的具体问题。右路皮衣已备否？即复。
　　　　　　　　　　　　　　　　　　朱张　8日22时 [1]

中央的北上与张国焘的南下之争，终于发展到了针锋相对的地步，看来是无法调和了。（历史留下了一个疑问：张国焘的电报究竟是几时收到的？从徐向前的回忆看，显然不是夜间，而应该是8日中午。——作者注）徐向前回忆："这份电令是陈昌浩先看到的，拿来和我商量。事情发展到这般地步，我们夹在中间，感到很为难。我说：这样重大的问题，不向中央报告不行，你还是跑一趟吧！陈昌浩同意，马上带上电报去找张闻天、博古他们。晚上，陈昌浩来电话通知我去周恩来驻地开会。周副主席当时患病未愈，身体很虚弱，起不了床。我到那里时，毛主席、张闻天、博古、王稼祥、陈昌浩都在，说：就等你来了。在座的都是政治局委员，只有我不是，所以我是个听会的

---

[1]《中国工农红军第四方面军战史资料选编——长征时期》，解放军出版社1992年版，第141页。

态度。会前，毛主席他们已经拟好了一份要张国焘执行中央北进指示的电文，会上念了一下，要陈昌浩和我表态。陈昌浩表示，同意电报的内容，建议力争左右两路军一道北上；如果不成，是否可以考虑南下。我同意中央的意见，对南下问题考虑不成熟，没有表态。"[1]

这天夜里，中央和右路军以七人名义致电左路军：

朱张刘（伯承）三同志：

目前红军行动是处在最严重关头，须要我们慎重而又迅速地考虑与决定这个问题。弟等仔细考虑的结果认为：

（一）左路军如果向南行动，则前途将极端不利，因为：

（甲）地形利于敌封锁，而不利于我攻击，丹巴南千余里，懋功南七百余里均雪山、老林、隘路。康泸天芦雅名大直至懋抚一带，敌垒已成，我军绝无攻取可能。

（乙）经济条件，绝不能供养大军，大渡河流域千余里间，求如毛儿盖者，仅一磨西面而已，绥崇人口八千余，粮本极少，懋抚粮已尽，大军处此有绝食之虞。

（丙）阿坝南至冕宁，均少数民族，我军处此区域，有消耗无补充，此事目前已极严重，决难继续下去。

（丁）北面被敌封锁，无战略退路。

（二）因此务望兄等熟思深虑，立下决心，在阿坝、卓克基补充粮食后，改道北进，行军中即有较大之减员，然甘南富庶之区，补充有望。在地形上、经济上、居民上、战略退路上，均有胜利前途。即以往青宁新说，已远胜西康地区。

（三）目前胡敌不敢动，周、王两部到达需时，北面仍空虚，弟等并拟于右路军抽出一部，先行出动，与廿五、六军配合行动，吸引敌人追随他们，以利我左路军进入甘肃，开展新

---

[1] 徐向前：《历史的回顾》第12章，解放军出版社1985年版，第448页。

局（面）。

　　以上所陈，纯从大局前途及利害关系上着想，万望兄等当机立断，则革命之福。

恩来、洛甫、博古、向前、
昌浩、泽东、稼蔷
9月8日22时 [1]

　　9月8日这一天在紧张的气氛中度过了。毛泽东和中央领导人都焦虑不安。他们察觉到四方面军领导人的立场起了变化。陈昌浩已经明显倾向南下，徐向前虽不反对北上，但也没反对南下，留有余地。右路军内部发生了分歧，局势一下变得微妙起来。

　　1935年9月9日是一个晴朗的日子，太阳从草地的东边升起来了。红军的宿营地像往常一样平静，就像什么事情也没有发生。红军战士照常在出操、整理内务，几天的休息和吃上了饱饭，过草地的疲劳逐渐得到了恢复。

　　毛泽东已经几天没有睡好觉了，长长的头发更衬托出疲倦的面容。这几天为了与徐向前、陈昌浩保持密切的联系，他与张闻天、博古等人就住在离前敌指挥部不远的一个小院子里。为了劝说张国焘回心转意，毛泽东、张闻天又给张国焘发了电报，做最后的努力：

国焘同志并致徐、陈：

　　陈谈右路军南下电令，中央认为是完全不适宜的。中央现恳切地指出，目前方针只有向北是出路，向南则敌情、地形、居民、给养都对我极端不利，将要使红军受空前未有之困难环境。中央认为：北上方针绝对不应改变，左路军应迅即北上，在东出

---

[1] 《中国工农红军第四方面军战史资料选编——长征时期》，解放军出版社1992年版，第142页。

不利时，可以西渡黄河占领甘、青交通新地区，再行向东发展，如何速复。

9月9日[1]

彭德怀不放心毛泽东的安全，天天往潘州村子里跑，活动于中央和前总之间，观察动静。这天上午他来到前总，见徐、陈还在商量北进的事。但是"午饭后再去，陈昌浩完全改变了腔调，说阿坝比通南巴还好。一个基本的游牧区，比农业区还好，这谁相信呢？全国政治形势需要红军北上抗日的事，一句也不谈了。我没吭声，只是听了就是。这无疑是张国焘来了电报，改变了行动方针。我即到毛主席处告知此事。并问毛主席，我们坚持北进，拥护中央，他们拥护张国焘南进方针，一军团已前走了两天，四方面军如解散三军团怎么办？为了避免红军打红军的不幸事，在这种被迫的情况下，可不可以扣押人质？主席想了一会，答曰：不可。当时我难过：如强制三军团南进，一军团不能单独北进了；中央不能去，一军团单独北进也起不了作用。一同南进，张国焘就可能仗着优势军力，采用阴谋手段，将中央搞掉。扣押人质的意见是不对的，可是，我没有向第三者讲过，只是在处境危急的时刻，向毛主席提出供考虑，以便求得一个脱身之计"。[2]

彭德怀的猜测没有错，张国焘9日夜里发来的一封电报，与中央作了完全不同的形势分析：

徐、陈并转恩、洛、博、泽、稼：

（甲）时至今日，请你们平心估计敌力和位置，我军减员、弹药和被服等情形，能否一举破敌，或与敌作持久战而击破之；敌是否有续增可能。

（乙）左路二十五、九十三两师，每团不到千人，每师至多

---

[1]《中国工农红军第四方面军战史资料选编——长征时期》，解放军出版社1992年版，第143页。
[2]《彭德怀自述》，人民出版社1981年版，第202页。

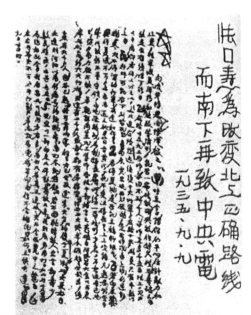

张国焘9月9日电报

千五百战斗员,内中脚病者占三分之二。再北进,右路经过继续十天行军,左路二十天,减员将在半数以上。

(丙)那时可能有下列情况:

1. 向东突出岷西封锁线,是否将成无止境的运动战,冬天不停留行军,前途如何?

2. 若停夏、洮,是否能立稳脚跟?

3. 若向东非停夏、洮不可,再无南返之机。背靠黄河,能不受阻碍否?上三项诸兄熟思明告。

4. 川敌弱,不善守碉,山地隘路战为我特长。懋、丹、绥一带地形少岩,不如通南巴地形险。南方粮不缺。弟亲详问二十五、九十三等师各级干部,均言之甚确。阿坝沿大金川河东岸到松岗，约六天路程，沿途有二千户人家，每日都有房宿营。河西四大坝、卓木碉粮、房较多，绥、崇有六千户口，苞谷已熟。据可靠向导称：丹巴、甘孜、道孚、天、芦均优于洮、夏、邛、大更好。北进，则阿坝以南彩病号均需抛弃；南打，尽能照顾。若不图战胜敌人，空言鄙弃少数民族区，亦甚无益。

5. 现宜以一部向东北佯动，诱敌北进，我则乘势南下。如此对二、六军团为绝好配合。我看蒋与川敌间矛盾极多，南打又为真正进攻，绝不会做瓮中之鳖。

6. 左右两路绝不可分开行动，弟忠诚为党、为革命，自信不会胡说。如何？立候示遵。

9日24时 [1]

张国焘的电报列举了一大堆南下有利的理由，说明他南下决策的正确。我们今天来看，张国焘列举的理由似乎很实际。四川是他们的老根据地，甘肃、陕北则是一个陌生的地区，凶吉未卜。相比之下，张国焘是不愿意冒险的。他在胆略和魄力上显然不是毛泽东的对手。在长征就要胜利在望时，他却要倒退回老路上去。但是这封电报拍发时，党中央和红三军团正在秘密向北开进，徐、陈正在熟睡之中，接到这封电报时，党中央与右路军已经分开了。

再说9日下午，陈昌浩去向毛泽东和中央领导人报告准备执行张总政委的南下命令时，对中央来说是一个极坏的消息。这就是说中央以前作的一切北上的决议，现在完全被张国焘推翻了。毛泽东很清楚：南下对一方面军来说，是死路一条。因此，毛泽东严厉地批评了陈昌浩。陈昌浩是奉张国焘的命令，虽然一肚子委屈，也不敢发作，沉着脸走了。

陈昌浩的转向，使毛泽东不仅指挥不动右路军的四方面军部队，

---

[1]《中国工农红军第四方面军战史资料选编——长征时期》，解放军出版社1992年版，第144页。

在左路军的五、九军团也被张国焘卡住过不来了。还有朱德、刘伯承等一大批干部,会是什么命运?正当毛泽东焦虑不安时,前敌指挥部参谋长叶剑英秘密的报告,促使毛泽东下了单独北上的决心。关于此事的经过,叶剑英本人的回忆说:

> 当时,我们到了巴西一带的一个村子里。我和徐向前、陈昌浩同住在一间喇嘛寺里。中央机关和毛主席他们也住在附近。张国焘率左路军到了阿坝,就不走了,不愿意再北进。中央多次催他北上,他就是不干。他还阻止陈昌浩等人北上。我们在巴西那一带等他。
>
> 那天,前敌总指挥部开会,新任总政治部主任陈昌浩讲话。他正讲得兴高采烈的时候,译电员进来,把一份电报交给了我。我一看电报报头是给陈昌浩的,便递给了他,他讲话正在兴头上,没顾得上看,又顺手给了我。我一看,才知道是张国焘发来的,语气很强硬。我看到这个电报后,觉得这是大事情,应该马上报告毛主席。我心里很着急,但表面上仍很沉着,把电报装进口袋里。过了一个时候,我出去拉尿,就趁这个机会,飞跑去找毛主席。他看完电报后很紧张,从口袋里拿出一根很短的铅笔和一张卷烟纸,迅速把电报内容记了下来。然后对我说:"你赶紧先回去,不要让他们发现你到这里来了。"我赶忙跑回去,会还没有开完,陈昌浩还在讲话,我把电报交回给他,没有出漏子。那个时候,中央要赶快离开,否则会出危险。到哪里去呢?离开四方面军到三军团去,依靠彭德怀。[1]

当时彭德怀也在毛泽东那里,他回忆说:

---

[1] 《叶剑英传》,当代中国出版社1995年版,第187页。

向毛主席报告后不到两小时,叶剑英秘密报告:张国焘来电南进,毛主席亲到徐、陈处商谈行动方针。陈谈,张总政委(国焘)来电要南进。毛主席即说:"既然要南进嘛,中央书记处要开一个会。周恩来、王稼蔷同志病在三军团部,我和张闻天、博古去三军团司令部就周、王开会吧。"陈昌浩同意了,他们未想到是脱身之计。我和叶剑英商量,如何偷出地图和二局,在明晨拂晓前到达三军团司令部北进,叶示意想办法。毛主席脱险来到三军团司令部,发了电给林、聂,说行动方针有变,叫一军团在原地等着。天明还未见到叶,我以为出了问题。正怀疑之际,叶率二局(局长曾希圣)连地图都拿来了。陈昌浩布置的监视,全被叶摆脱了,幸甚! [1]

就这样,中央和一方面军三军团与四方面军在9月9日夜里不辞而别,两大主力红军在会合两个多月后,便发生了如此令人痛心的分裂。其责任主要在张国焘,其次是陈昌浩。在当事人均已作古的今天,我们回头研究一下当时的情景,可能有些令人深思的地方。

首先,叶剑英拿给毛泽东的电报内容是什么?使得毛泽东如此紧张。感到中央和一方面军处在危急关头,非走不可。据毛泽东在1937年3月30日延安中央政治局会议上批判张国焘的发言中说,电报上有"南下,彻夜开展党内斗争"的话。多年来人们一直在寻找这份事关重大的"密电"原件,长征期间所有的往来电报都完好地保存在中央档案馆里,尤其是1935年9月间的电报,每天都有明确的记录。但是唯独没有找到这封9月9日张国焘致陈昌浩的"密电"。

其次,从上面引用的电报、回忆,我们很难指出陈昌浩搞了哪些阴谋。张国焘来的每份电报,他都向中央作了汇报。所以,中央对张国焘的每一个变化,都是很了解的。即使是徐向前、陈昌浩表示同意

---

[1]《彭德怀自述》,人民出版社1981年版,第203页。

徐向前和叶剑英

南下决定,也是等待中央一起行动,并未以前敌总指挥部的名义向右路军各部队下达具体的行动命令。

得到叶剑英的报告之后,毛泽东考虑再三,决定对徐、陈做最后的争取。傍晚时,毛泽东独自来到前敌指挥部。他没有进屋,在院子里问徐向前:"向前同志,你的意见怎么样?"徐向前委婉地回答:"两军既然已经会合,就不宜再分开,四方面军如分成两半恐怕不好。"毛泽东没有再说别的,辞别徐向前走了。而徐向前则完全没有体会到毛泽东来访的含义,更不会想到夜里会发生什么大事。[1]

这天晚上,党中央和三军团秘密而紧张地行动起来。我们看一看叶剑英元帅的回忆:

> 毛主席提议上三军团开政治局会议,他们临走的时候,张闻天和秦邦宪找到我,对我说:"老叶,你要走啊,这里危险。"我

---

[1] 徐向前:《历史的回顾》第12章,解放军出版社1985年版,第452页。

知道有危险。但是我想，军委直属队还在这里，我一走，整个直属队就带不出来了。我要等直属队走后才能走。我对他们说，我不能走，你们先走吧。如果我一走，恐怕大家都走不了啦。我以后会来的。

究竟怎样带直属队走？我一时没有想好。忽然，我想起了张国焘要南下的电报，决定利用他要南下的电报做文章。

我先和徐向前讲："总指挥，总政委来电要南下，我们应该积极准备。首先是粮食准备。发个通知给各个直属队，让他们自己找地方打粮食去，限十天之内把粮食准备好。"他说："好。"得到他的同意后，我写了个通知，准备发给各个伙食单位。通知上说，今天晚上二点钟出发，自己找地方去打粮。通知写好以后，给陈昌浩看，他认为很对嘛，应该先准备粮食。接着，我就找直属队负责人开会。参加的有李维汉、杨尚昆、李克农、萧向荣，大概七八个人。我讲了这个事情，我说：中央已经走了，今天晚上两点我们也走。大家对表，早一分钟晚一分钟都不行，整整两点动身。我要求大家严格保密，同时要按规定时间行动。

会后，我回到喇嘛庙。我和徐、陈住在一个屋子里，一个人住一个角落。中间还有一盏马灯，我们是亮着马灯睡觉的。

那天晚上我怎么睡得着呢？睡过了两点就完了。我九点钟上的床，心里老在想着时间。十点、十一点、十二点、一点，我躺在床上不敢睡着，大约一点四十五分左右就起来了。我预先曾派了一个小参谋叫吕继熙（即吕黎平——作者注），把甘肃全图拿来。我把它藏在我床底下的藤箱子里。我起来后，把大衣一穿，从床底下把地图拿出来，就往外走。

我先到萧向荣那里，他也刚起来。我告诉他赶紧把地图藏起来，并说：这张地图你可千万要保管好，这可是要命的东西。当时,全军只有一幅甘肃地图。我交地图给他的时候,离两点还有五分钟。我一摸身上,手枪忘记带了,要回去拿,萧向荣说:"你不要回去,回去危险!"我说:"不要紧的,我是公开出来的。出来检查去打粮的队伍。"我回去拿了手枪,又轻轻推了推睡在门口的警卫员范希贤,他没有醒来,我怕惊动旁的人,就走了。我装作巡视部队出发的样子,因为这是参谋长应该做的工作,不会引起怀疑。[1]

就这样,叶剑英从容不迫地离开了前敌总指挥部,向阿西的红三军团驻地走去,与中央会合。他的身影很快消失在黑夜的旷野中。但是与他一起在参谋部共事的一方面军干部毕占云、吕继熙、陈茂生等却被留在了那里。为了不惊动徐、陈,叶剑英不可能把所有的一方面军同志都带走。

出了巴西村子,叶剑英遇见了等待他的杨尚昆,两人夜里一起赶路,来到军委直属队休息的地方。在一个岔路口,彭德怀、张闻天、博古正在焦急地等待他们的到来。互相问候了几句,博古催叶快走。等他们赶上三军团部队,已是拂晓时分。毛泽东、周恩来、王稼祥见到叶剑英,都十分高兴。毛泽东激动地说:"你们可出来了,好!好!我们真为你们担心。"集合齐了队伍,他们便向一军团驻地俄界进发。

这一夜,住在各个村庄里的一方面军部队,都悄悄地开拔了。德国人李德从博古那里得到通知,让他半夜两点带领红军联合大学(一方面军的红军大学和四方面军的彭杨学校)的学员出发。至于干什么,他也不知道。李德忠实地传达了命令,在夜雾中开始行军。到天亮与中央纵队会合时,他才发现"显然不是右路军的所有部队,而是一方面军的部队接到了命令"。在整个队伍中,只有红军大学把四方面军的人也一起带来了。

---

[1] 《叶剑英传》,当代中国出版社1995年版,第189页。

林伯渠的征粮队却相当狼狈。在命令下达前两天，他把部属都派出去征集粮食了。命令突然到来，林老却无法把队伍集合起来。他懊恼地在日记上写道：

"9月10日：晴。早三时半（得令）开行，先到阿西集中，是日行至拉界宿营，行八十里。行动前二三日，将运输员全部调出割麦，临时未回。受训实非小。"

当时一方面军在外执行任务的同志，多数都没有接到紧急命令。其中包括杨尚昆的夫人——红军战士剧团团长李伯钊。包座之战结束后，中央派李伯钊到4军、30军作巡回演出，慰问四方面军的战士们。李伯钊的舞蹈让四方面军将士看得如痴如醉，说什么也不肯放她回来。于是，李伯钊应邀在四方面军待一个月，为他们办文艺训练班。9日晚上，杨尚昆焦急万分，因为他无法把消息通知李伯钊，只好写了一封信托人送去，叫李伯钊马上请假回来。当李伯钊接到信与刘志坚等人赶回前敌总指挥部时，陈昌浩正在为中央的不辞而别大发雷霆。听说剧团回来了，立即下令把他们统统缴械，关进一个小房子里。直到一年之后，她才与杨尚昆在陕北重逢。

这一夜，徐向前、陈昌浩一直在酣睡。身边发生了这样重大的事变，他们居然丝毫未察觉。如果他们是在监视叶剑英和中央的举动，换句话说，如果陈昌浩真的有意危害中央，中央机关和三军团的大队人马，能否如此顺利地全部开走，是很难说的。所以，关于四方面军"监视"中央和一方面军的说法，事实证明不能成立。

9月10日早晨，徐向前、陈昌浩刚刚起床，部下就来报告：叶剑英参谋长不见了，指挥部的军用地图也不见了。徐、陈闻讯，都大吃一惊。接着，四军住在前面的部队打电话说：中央红军连夜出走，还放了警戒。红军大学负责人何畏坐着担架匆匆来报告：红大的人都走光了，是不是有命令叫走？陈昌浩说："我们没下命令，叫他们赶紧回来!"顿时,前敌总指挥部乱成一团,打电话的、请示报告的。徐向前回忆:"发生了如此重大的意外事件,使我愣了神,坐在床板上,半个钟头说不出话来。心想这是怎么搞的呀,走也不告诉我们一声呀,我们毫无思想准备呀,感到心情沉重,很受刺激,脑袋麻木得很。那天上午,前敌指挥部开了锅,人来人往,乱轰轰的。我心情极坏,躺在床板上,蒙起头来,不想说一句话。陈昌浩十分激动,说了些难听的话,还给张国焘写了报告。"[1]

中央和三军团的突然北上,使四方面军上上下下都不知道究竟是怎么回事。4军战士宗国治回忆:"突然上级下来了紧急命令,叫部队马上出发。干什么去呢?也未听到动员。部队集合了,我们的营长在队前很简单地讲了几句话,只说我们要追!追什么?我们一点摸不着头脑,并说追回来就行,见到不要打枪。我们走了几里路,就见到前面有部队,我们追得快他跑得也快。"到底没追上。[2] 前面的干部打电话问前敌总指挥部:中央红军走了,还对我们警戒,打不打?陈昌浩手拿着电话筒,转过来问徐向前。徐向前果断地回答:"哪有红军打红军的道理!叫他们听指挥,无论如何不能打!"陈昌浩在这个重要关头,同意了徐向前的意见,下达了命令,避免了红军内部的一场流血冲突。徐向前说:"他是政治委员,有最后决定权,假如他感情用事,下决心打,我是很难阻止的。"[3]

陈昌浩气还没消,参谋送来刚收到的中央政治局发来的一份《指令》。全文如下:

指令——9月10日于阿西

徐、陈:

(一)目前战略方针之唯一正确的决定,为向北急进,其多

---

[1] 徐向前:《历史的回顾》第12章,解放军出版社1985年版,第453页。
[2] 宗国治:1950年3月的谈话。
[3] 徐向前:《历史的回顾》第12章,解放军出版社1985年版,第454页。

方考虑之理由,已详历次决定及电文。

（二）八日朱、张电令你们南下,显系违背中央累次之决定及电文,中央已另电朱张,取消该电。

（三）为不失时机地实现自己的战略计划,中央已令一方面军主力向罗达、拉界前进。四、卅军归你们指挥,应于日内尾一、三军后前进,有策应一、三军之任务。以后右路军统归军委副主席周恩来同志指挥之。

（四）本指令因张总政治委员不能实行政治委员之责任,违背中央战略方针,中央为贯彻自己之决定,特直接指令前委指挥员（党员）及其政委,并责成实现之。

右令

陈昌浩

徐向前同志

中央政治局[1]

在情绪冲动的情况下,陈昌浩不但没有执行中央的指令,还把副参谋长李特喊来,要他率领一队骑兵去追赶中央,要把被他们带走的四方面军同志统统追回来。李特受领了任务,骑马疾驰而去。

10日上午,中央机关和三军团经过一夜的急行军,来到阿西以北的一个小村庄。毛泽东和彭德怀在一座喇嘛庙前休息。与叶剑英、杨尚昆、李德一起商量北上的问题,突然,部队后面骚动起来,四方面军副参谋长李特和一队全副武装的骑兵赶来了。李特在马上高喊:"原来四方面军的同志,回头,停止前进！"担任红三军团后卫的10团在团政委杨勇的指挥下,立刻进入戒备状态。空气顿时紧张起来。李特对红军大学的学员喊道:"不要跟机会主义者北上,南下去！"李德看不下去,用俄语训斥李特。李特这位留苏学生毫不示弱,也用俄语和

---

[1]《中国工农红军第四方面军战史资料选编——长征时期》,解放军出版社1992年版,第145页。

李德大吵起来。还一边回过头来对红大学生喊："你们跟外国人去，还是跟四方面军去？"这时，红军大学中原属四方面军的人，悄然走到李特身后，与一方面军形成了两条阵线。

就在这剑拔弩张的时候，毛泽东和彭德怀等赶来了。他和蔼地劝李特到喇嘛庙里谈话。对李特解释北上是中央政治局的决定。李特根本不听，激动地斥责毛说：你们这是退却逃跑的机会主义！李特的态度激怒了一方面军的干部，当李特命令红军大学的人统统回去时，彭德怀大骂李特是"反革命"，要枪毙他。李特待要发作，李德以为他要掏枪，上去把他紧紧抱住。李特挣不开李德那双有力的臂膀，呼呼出气。

这时，毛泽东表现得十分冷静，叫人放开李特。并对围观的四方面军干部说：你们实在要南下也可以，相信以后总会有重新会合的机会。他语重心长地对大家说："我们都是红军，都是共产党，都是一家人，一家人不打一家人嘛！现在愿意北上的跟党中央走，愿意跟张国焘的可以回去。以后我们还会在一起的。"一方面军干部要教训李特，给他点厉害尝尝。毛泽东劝阻说："捆绑不成夫妻，他们要走，让他们走吧。以后他们还会回来的。"[1]

毛泽东说完了话，让部下拿来中央刚刚写好的《共产党中央为执行北上方针告同志书》，分发给四方面军的同志们。全文如下：

亲爱的同志们：

自从我们翻过了雪山，通过了草地之后，我们一到包座即打胜了仗，消灭了白军49师，目前的形势是完全有利于我们，我们应该根据党中央正确战略方针，继续北进，大量消灭蒋介石、胡宗南的部队，创造川陕甘新苏区。

我们无论如何不应该再退回原路，再去翻雪山，走草地，到

---

[1] 伍修权：《回忆与怀念》，中共中央党校出版社1991年版，第137页。

群众完全逃跑的少数民族地区。两个月来，我们在川西北地区所身受的痛苦，是大家所知道的。而且南下的出路在哪里？南下是草地、雪山、老林，南下人口稀少，粮食缺乏，南下是少数民族的地区，红军只有减员，没有补充，敌人在那里的堡垒线已经完成，我们无法突破，南下不能到四川去，南下只能到西藏、西康，南下只能是挨冻挨饿，白白地牺牲生命，对革命没有一点利益，对于红军南下是没有出路的。南下是绝路。

同志们，只有中央的战略方针是唯一正确的，中央反对南下，主张北上，为红军为中国革命，取得胜利。你们应该坚决拥护中央的战略方针，迅速北上，创造川陕甘新苏区去。

中央

九月十日 [1]

四方面军的人面面相觑，不知所以。对中央内部斗争，上级是严格保密的，他们对此一无所知。凭着几年来的直觉，他们只知道张国焘的命令是不敢违抗的。所以尽管有人心存疑虑，但没人敢站到一方面军的队伍里来。

在沉闷的气氛中，一、四方面军干部战士，默默地分手了。没有告别的话，更没有笑容，这支队伍在李特带领下，向南走去，逐渐消失在漫漫荒野中。这边，一方面军重整队伍，继续北上。三军团政治部的炊事员、脚夫、勤杂人员都是四方面军的人，走的一个不剩。政治部副主任杨尚昆只剩下一个饭碗，吃饭成了问题，只好加入中央纵队。伍修权的马夫也走了，他只好自己牵着牲口和部队一起北上。本来就减员很多的三军团，此时更显得势单力薄。

毛泽东骑在马上，愤怒和忧伤交织于心。这就是他"一生中最黑暗的时刻"，八万红四方面军，居然没有一个人跟他走，还把朱德、刘

---

[1]《中国工农红军第四方面军战史资料选编——长征时期》，解放军出版社1992年版，第146页。

伯承和五、九军团丢在了张国焘的左路军。现在，张国焘是九万人，而他手下只有一、三军团不足万人了。党中央孤军北上，等待他们的将会是什么命运，谁也无法预料。想到这里，毛泽东越发感到肩膀压力的沉重。但是，他绝不是一个悲观绝望的人，任何艰难险阻都不能把他压倒。相反，他把逆境当作一种挑战。他要集中精力和智慧，度过这个最艰难的时刻。

第9章
俄界会议

张国焘指责中央北上——中央举行俄界会议——毛泽东陈述北上方针——《关于张国焘同志错误的决定》——中央红军缩编为陕甘支队——中央再次争取张国焘——右路军南下

当毛泽东率领中央机关和红三军团乘着夜色急速北进时，驻在俄界的红一军团首长林彪、聂荣臻得不到右路军总部的消息，心里着急，打电报询问情况：

徐、陈、周：

一师本日在磨牙，二师及军直属队在俄格。目前整个行动方针及右路军行动方针究竟如何？盼即告，以便准备及适当调整部队编制。

林、聂　9日20时

徐、陈没有回电，因为他们正忙于追赶中央和填补三军团走后留下的空虚阵地。9月10日17时，彭德怀他们经历了李特带来的一场冲击后，收拾队伍准备出发，临行前才抽空给一军团发去电报：

林、聂：

（一）张国焘违背战略方针令右路军南退，中央已去电申斥（不得下达）。

（二）中央今日率三军全部及军委纵队开抵拿界，明日到俄界。

（三）拿界到俄界里程沿途情况给养条件如何？望立复。并请准备三军全部及军委纵队宿营地。

彭、李

林彪、聂荣臻接到电报，感到事态严重。这天，他们还收到了张国焘的电报。为了保持一军团的稳定，他们向1、2师的政治委员刘亚楼、黄苏下达指示：

刘、黄：

朱、张10日4时电除你们亲阅外，不许有任何泄露。目前党内争论以后面告。

林、聂　11日7时 [1]

9月10日下午，张国焘收到徐、陈发来的急电，汇报了中央机关在夜间秘密北上的情况。张国焘闻讯，暴跳如雷。认定"只有毛泽东会玩这一套，现在看来，两军会合后，他所玩的尽是权术。死硬的幼稚的教条主义者，不过是供他利用而已"。[2]

张国焘立即把朱德找来，对他大喊大叫地说："他们（中央）走了！他们这样搞法，使革命受到损失，何以对先烈于地下！"说完竟流着眼泪痛哭了起来。朱德这才知道发生了什么事情。在此之前，张国焘自作主张，独断专行，与中央的电报往来，都瞒着朱总司令和刘伯承总参谋长。面对张国焘的哭闹，朱德表现得十分冷静，回来后立即向刘伯承通报了这些情况，刘伯承说："可千万不要信他。"从这时起，他们就已经做好了应付一切不测的准备。[3]

9月11日，到达俄界的党中央致电张国焘：

国焘同志：

（一）中央为贯彻自己的战略方针，再一次指令张总政委立即率左路军向班佑、巴西开进，不得违误。

---

[1] 军事科学院编：《中国人民解放军第二次国内革命战争史料选编》第7辑第3册。
[2] 张国焘：《我的回忆》第18篇第4章，东方出版社1991年版，第3册268页。
[3] 刘伯承1961年1月26日的谈话。

> 中央为贯彻战略方针再致张国焘令其即行北上电
> （一九三五年九月十一日）
>
> 国焘同志：
> 　一、中央为贯彻已定的战略方针，再一次指令张国焘政委立刻命令左路军向班佑巴西开进，不得违误。
> 　二、中央已决定右路军统归军委副主席周恩来同志指挥，并已令一、三军团在罗达集中。
> 　三、左路立即答复左路军北上具体部署。
>
> 　　　　　　　　　　　　　中央　十一日

中央9月11日命令张国焘北上的电报

（二）中央已决定右路军统归军委副主席周恩来同志指导，并已令一、三军团在罗达、俄界集中。

（三）左路立即答覆左路军北上具体部署。

此时此刻，张国焘已经完全不把中央放在眼里了。毛泽东不过带走了一、三军团万把人，单独北上能成什么气候？而他现在不仅掌管着八万红四方面军，一方面军的五、九军团也在这里。他不仅没有损失，反而加强了实力，他更可以为所欲为了。张国焘以"这个电报既未告诉我们他们今后行动的步骤，也未告诉我们北面一带的敌情，因而我们不能据以行动"。并怒气冲冲地发去一封斥责中央的电报：

林、聂、彭、李并转恩、洛、博、泽、稼：

一、据徐、陈报告：3军撤去脚丈寺、班佑警戒，乘夜秘密开走，次日胡敌及番反占班佑，30团开班佑，在途与敌遭遇，团长负伤，伤亡百余。贯彻战略方针岂应如此？！

二、红大已分裂，剑英、尚昆等均负逃，兄等未留一人在徐、陈处，用意安在？

三、兄等走后，次晨胡敌即知彭德怀部北窜，请注意反动乘机告密，党中央无论有何争论，决不可将军事行动泄之于敌。

四、诸兄不图领导全部红军，竟率一部秘密出走，其何以对国际和诸先烈。

五、弟自信能以革命利益为前提，虽至最严重关头，只须事实上能团结对敌，无不乐从。诸兄其何以至此反造分裂，重返团结？敬候明教。

国焘亲笔
9月12日10时 [1]

同时，张国焘还给一、三军团领导人单独发了一封招抚电报：

林、聂、彭、李：

（甲）一、三军团单独东出，将成无止境的逃跑，将来真会悔之无及。

（乙）望速归来受徐、陈指挥，南下首先赤化四川，该省终是我们的根据地。

（丙）诸兄不看战士无冬衣，不拖死也会冻死。不图以战胜敌人为先决条件，只想转移较好地区，自欺欺人，真会断送一、三军团。请诸兄其细思吾言。

9月12日 [2]

毛泽东知道，中央与张国焘的斗争已是不可调和。12日上午11时，中央在俄界（今甘肃省迭部县高吉村）召开政治局扩大会议，讨

---

[1]《中国工农红军第四方面军战史资料选编——长征时期》，解放军出版社1992年版，第148页。
[2] 中共中央党史研究室第一研究部编著：《红军长征史》第5章，辽宁人民出版社1996年版，第324页。

俄界会议旧址

论张国焘的问题和下一步行动方针。出席会议的有：

中共中央政治局委员、候补委员毛泽东、张闻天、博古、王稼祥、凯丰、刘少奇、邓发。

军委纵队负责人叶剑英、蔡树藩、林伯渠、罗迈（李维汉）、杨尚昆以及李德。

一军团领导人林彪、聂荣臻、朱瑞、罗瑞卿。

三军团领导人彭德怀、李富春、袁国平、张纯清。

周恩来因病，未能出席会议。

会议首先由毛泽东作报告。他的神情十分严肃，革命向何处去？中央红军向何处去？又到了一个生死存亡的危急关头。他们面临的考验，不亚于遵义会议的前夕。任何犹豫不决，都可能导致严重的后果。以前与张国焘的斗争，都是在政治局范围内进行的，现在是揭开两条路线斗争内幕的时候了。他语气沉重地讲道：

今天的议事日程是今后的行动方针。

向北行动问题，政治局已有决定。我们在两河口一、四方面军会合后，中央就有了决议，现在中央坚持这个方针。有的同志反对，有他机会主义的方针，这方针的代表是张国焘。中央过去用许多办法争取他。派代表谈判、让步等等，但终于分裂了。中央与他们进行了许多斗争，但至今未能达到目的。四方面军起初是按兵不动，7月中旬，党中央指示红军集中，结果由于张国焘的阻挠未能实现。张到芦花，政治局决定他为总政委，张国焘才把四方面军调动。但未到毛儿盖即动摇，到毛儿盖又完全推翻这一决定，而把主力走阿坝，右路军走班佑。张到阿坝后，便不愿意北上，要右路军南下。政治局七个同志（包括徐、陈在内）在周副主席处开了一个非正式会议，决定打电报给张国焘，要他北上。徐、陈当时表示，要他们再回头走草地是不好，但张国焘坚决要他们回去，他们便主张回去。

张国焘抵制中央决议是不对的。我们现在不能在这里等他北上，现在不能依靠他们共同向北，而应该单独北上。

向南向北的前途，我们应该考虑清楚。向南最后是没有出路的。地形上不好，少数民族地区给养无法解决，红军只有减少没有补充，战略退路也没有。南下在政治上是没有出路的，中央不能让一、三军团去走绝路，而变更北进的方针。

我们坚持向北发展的基本方针，向黄河以东发展。我们不应该把自己变成瓮中之鳖，我们能够到达目的地，只要我们保持数百干部，几千战士，这就是很大的胜利。为了完成这些任务，我们需要团结。这比任何时候都更加重要。我们要以超出寻常的工作来完成任务。

毛泽东最后说：今天看来，这是两条路线的斗争。将来做组织结论是必要的。但是否马上下哀的美敦书（即最后通牒——作者注）？不应该的。我们现在还有两个军，还有很多干部在那里。我们要尽可能做工作争取他们，我们还要打电报叫他们来，用各种名义（林聂、彭李、李德）打电报。我估计他们还有来的可能。

毛泽东报告后，彭德怀接着做关于军队组织问题的报告。根据目前的实际情况，机关人员过多，部队中战斗人员太少，他建议对现有的部队进行整编。精减机关人员，充实到部队中去。同时，部队编制要缩小，以利于指挥。他提出一个缩编方案，请大家讨论。

在讨论中，邓发、李富春、李德、李维汉（罗迈）、王稼祥、聂荣臻、杨尚昆、林彪、博古等相继发言，他们一致同意毛泽东的发言，坚决支持北上的方针。对张国焘分裂中央、分裂红军的行为表示极大的愤慨。他们揭露了张国焘在四方面军中的军阀主义统治，为四方面军南下的命运而担忧。在当时那种环境下，大家也说了一些情绪冲动的话，贬低了红四方面军的干部和工作。

张闻天发言说：这次是两条路线的斗争。一条是中央的路线，一条是右倾的军阀主义——张国焘路线。无论在任何方面，张国焘都充分表现出军阀主义倾向。以后他们必然要组织第二党。但是我们还有朱总司令和三个军，有很多干部在那里。经过我们做工作，还有争取的可能。中央企图争取张国焘是失败了，但只要还有一线可能，我们还要争取他。

张闻天指出：目前的战略方针，是用游击战争来打通国际联系，更大规模地进行国内战争。在行动中要尽量求得休息补充，扩大队伍。我们的干部要更加团结，坚信我们是唯一正确的。我们虽然身体削弱了，但政治上加强了。最后，他表示同意彭德怀的报告，缩小部队编制。[1]

会议结束前，毛泽东代表中央做结论。他说：今天对四方面军的问题做了总结，这次斗争是两条路线的斗争，是布尔什维克主义与张国焘军阀主义倾向的斗争。张国焘的军阀主义，将来可能发展到背叛革命，这是党内空前未有的。目前战略方针，川陕甘计划有些变更。因为一、四方面军已经分开了，张国焘的南下，使中国革命受到相当

---

[1] 程中原：《张闻天传》，当代中国出版社1993年版，第253页。

严重的损失。但我们不是走向低落,而是走向大张旗鼓。我们在天水、岷州间长久活动是不可能的。甘肃东北、陕北是我们必经之地。[1]

俄界会议开了半天就结束了。会议通过了《关于张国焘同志的错误的决定》。因为时间紧迫,该《决定》在俄界会议上只是原则通过。北上到达哈达铺后,中央政治局常委在9月20日的会议上委托张闻天起草《决定》的文字。直到1935年12月,才在中央委员范围内公布,在红一方面军高级干部中作了口头传达。中央这样做是为了挽救张国焘,争取四方面军的干部战士。因而将斗争控制在极有限的范围内。据彭德怀回忆,在会上"有人建议开除张国焘的党籍,毛主席不同意。说,这不是他个人的问题,应看到四方面军广大指战员。你开除他的党籍,他还是统率几万军队,还蒙蔽着几万军队,以后就不好见面了。在张国焘成立伪中央时,又有人要开除他的党籍,毛主席也不同意。如果当时开除了张国焘的党籍,以后争取四方面军过草地,就会困难得多。就不会有以后二、四方面军在甘孜的会合,更不会有一、二、四方面军在陕北的大会合了"。[2]

下面,我们来看一看俄界会议《关于张国焘同志的错误的决定》:

> 听了毛泽东同志关于与四方面军领导者的争论及今后战略方针的报告之后,政治局同意已经采取的步骤及今后的战略方针。并指出:
>
> (甲)四方面军领导者张国焘同志与中央绝大多数同志的争论,其实质是由于对目前政治形势与敌我力量对比估计上有着原则的分歧。张国焘同志从对于全国目前革命形势的紧张化,特别是由于日本帝国主义的积极侵略而引起的全中国人民反日的民族革命运动的高涨估计不足,更从对于中央红军在反对敌人五次"围剿"的斗争中及突围后的二万余里的长征中所取得的胜利估计

---

[1]《毛泽东年谱》,人民出版社1993年版,上册第472页。
[2]《彭德怀自述》,人民出版社1981年版,第204页。

不足出发，而夸大敌人的力量，首先是蒋介石的力量，轻视自己的力量，特别是红一方面军的战斗力，以致丧失了在抗日前线的中国西北部创造新苏区的信心，主张以向中国西南部的边陲地区（川康藏边）退却的方针，代替向中国西北部前进建立模范的抗日的苏维埃根据地的布尔什维克的方针。必须指出张国焘同志这种机会主义的倾向，于胜利地粉碎了四川敌人对于通南巴苏区的进攻之后，自动放弃通南巴苏区时已经开始形成。目前分裂红军的罪恶行为，公开违背党中央的指令，将红四方面军带到在战略上不利于红军发展的川康边境，只是张国焘同志的机会主义的最后完成。

（乙）造成张国焘同志这种分裂红军的罪恶行为的，除了对于目前形势的机会主义估计外，就是他的军阀主义的倾向。这种倾向表示在张国焘同志不相信共产党领导是使红军成为不能战胜的铁的红军的主要条件，因此他不注意去加强红军中党的与政治的工作，不去确立红军中的政治委员制度，以保障党在红军中的绝对领导。相反的，他以非共产党的无原则的办法去团结干部。他在红军中保存着军阀军队中的打骂制度，以打骂的方式去凌驾地方党的政权的与群众的组织，并造成红军与群众间的恶劣关系。此外，他以大汉族主义去对待弱小民族。这种军阀主义倾向是中国军阀制度在红军中的反映。这种倾向使英勇善战的年青的红四方面军，在其向前发展上受着莫大的障碍。

（丙）由于张国焘同志的机会主义与军阀主义的倾向，所以他对于党的中央，采取了绝对不可容许的态度。他对于中央的耐心的说服、解释、劝告与诱导，不但表示完全的拒绝，而且自己组织反党的小团体同中央进行公开的斗争，否认党的民主集中制的基本组织原则，漠视党的一切纪律，在群众前面任意破坏中央的威信。

政治局认为张国焘同志这种右倾机会主义与军阀主义的倾向是有着他长期的历史根源的。张国焘同志在中国共产党内,犯过很多机会主义的错误,进行过不少派别的斗争。四中全会后一个短时期内,他虽是对于当时改造了的中央表示服从与忠实,但他对于自己过去的错误是并没有彻底了解的。因此他在远离中央,并在长时期内脱离中央的领导之后,又产生了新的机会主义与军阀主义的倾向。很明显的张国焘同志这种倾向的发展与坚持,会使张国焘同志离开党。因此政治局认为必须采取一切具体办法去纠正张国焘同志的严重错误,并号召红四方面军中的全体忠实于共产党的同志团结在党中央的周围,同这种倾向做坚决的斗争,以巩固党与红军。

1935 年 9 月 12 日在俄界

(这一决定只发给党的中央委员)[1]

现在,中央红军不足万人。而张国焘控制着绝大多数红军,让他回心转意的可能性极小。从长征以来,居然出现这样的局面,实在出人意料之外。现在中央处于危难之中,南下不可能,向荒凉的西北少数民族区去更是死路一条;只有向北,或许有出路。但是以目前的疲惫之师,与国民党军队作战胜算不大。陕北荒山僻野,如何生存,都是问题,既然已经到了这一步,不能退缩和犹豫。最现实的是带领红军北上,寻找一个休养生息的地方。中央机关没必要再保留那么多机构,应该尽量精简。红军也没必要保留空架子,要缩编以便指挥作战。俄界会议同意了彭德怀关于缩小部队编制的意见,决定:

一、成立中国工农红军陕甘支队,由彭德怀任司令员,毛泽东任政治委员,林彪任副司令员,王稼祥任政治部主任,杨尚昆任副主任。

二、成立由毛泽东、周恩来、王稼祥、彭德怀、林彪组成的五人

---

[1]《中国工农红军第四方面军战史资料选编——长征时期》,解放军出版社 1992 年版,第 153 页。

团,作为中央红军的领导核心。

三、成立编制委员会,以李德为主任,叶剑英、邓发、蔡树藩、李维汉为委员,负责部队的编制工作。

红一方面军孤军北上,形势相当严峻。为了避免国民党军队的封堵,任何耽搁都是不允许的。俄界会议结束后,9月13日,中央就率领一、三军团继续北上了。14日他们到了麻牙寺,在沿途经过的桥梁道口,仍然留下了少量的哨兵担任警戒,等待四方面军跟上来。这天,中央给张国焘、徐向前、陈昌浩发去一封电报,做最后的努力争取。

国焘、向前、昌浩三同志:

(一)一、四方面军目前行动不一致,而且发生分离行动的危险的原因,是由于总政委拒绝执行中央的战略方针,违抗中央的屡次训令与电令。总政委对于自己行为所产生的一切恶果,应该负绝对的责任。只有总政委放弃自己的错误立场,坚决执行中央的路线时,才说得上内部的团结与一致。一切外交的辞句,绝不能掩饰这一真理,更欺骗不了全党与共产国际。

(二)中央先率领一、三军北上,只是为了实现中央自己的战略方针,并企图以自己的艰苦斗争,为左路军及右路军之四军、卅军开辟道路,以便利于他们的北上。一、三军的首长与全体指战员不顾一切困难,坚决担负起实现中央的战略方针的先锋队的严重任务,是中国工农红军的模范。

(三)张总政委不得中央的同意,私自把部队向对于红军极端危险的方向(阿坝及大小金川)调走,是逃跑主义最实际的表现,是使红军陷于日益削弱,而没有战略出路的罪恶行动。

(四)中央为了中国苏维埃革命的利益,再一次的要求张总政委立即取消南下的决心及命令，服从中央电令，具体部署左路军与四军、卅军之继续北进。

（五）此电必须转达朱（德）、刘（伯承）。立复。

中央

9月14日[1]

张国焘没有回电，此时，他正在阿坝召集左路军干部大会，声讨中央呢。刘伯承和朱德已经成了阿坝会议上围攻的对象，处境艰难。徐向前、陈昌浩也没有答复中央，他们曾收到一军团发来的一份电报，通知在俄界以北途中有一座悬崖险桥。一军团留下一个连驻守，要徐、陈派部队来接防。徐、陈阅后，相对苦笑；此桥远在200里外，去接防谈何容易。况且地图已被叶剑英带走，他们如何北上呢？徐、陈只能将情况报告张国焘，听候指示。

右路军总部所在的巴西，这些天一片沉闷。中央和一、三军团的离去，使四方面军干部的情绪大受打击。他们根本不了解高层的斗争，当然不理解眼前发生的这一切。30军政委李先念来找徐向前，两个人在村外的荒野中闷闷地坐着，眼中一片渺茫。李先念记得，包座之战结束后，他们把缴获的战利品挑最好的送到中央驻地。博古看到送来的牦牛和饼干、罐头，连声感谢；毛泽东见到送来的香烟，乐得合不拢嘴。当时的感情是何等融洽，这些天的变化，简直如同一场噩梦。叫他怎么对部下解释？他对徐向前倾诉心中的苦闷，徐向前半天才说了一句话："我就不懂，红军和红军闹个什么劲？"

几天来，徐向前的内心一直受着痛苦和矛盾的折磨。作为红四方面军的总指挥，还从未遇到过如此艰难的选择。一方面是中央，另一方面是自己的部队和领导，张国焘和中央闹翻了，徐向前被夹在中间，他必须作出抉择，是跟中央走，还是跟张国焘走。晚年在回忆录中他

---

[1] 《中国工农红军第四方面军战史资料选编——长征时期》，解放军出版社1992年版，第155页。

叙述自己当时的思想:"右路军如单独北上,等于把四方面军分成两半,自己也舍不得。四方面军是我眼看着从小到大发展起来的,大家操了不少心,流了不少血汗,才形成这么支队伍,真不容易啊!分成两半,各走一方,无论从理智或感情上说,我都难以接受。我想,是跟着中央走还是跟着部队南下呢?走嘛,自己只能带上几个警卫员,骑着马去追中央。那时,陈昌浩的威信不低于我,他能说会写,打仗勇敢,又是政治委员。他不点头,我一个人是带不动队伍的,最多只能悄悄带走几个人。想来想去,还是决定和部队在一起,走着看吧。"徐向前写道:"这样,我就执行了张国焘的南下命令,犯了终生抱愧的错误。"[1]

　　毛泽东带领中央和一、三军团北上了,徐向前、陈昌浩几天后带领4、30军南下,再过草地与左路军会合。等待他们的将会是什么命运,当时谁也无法预料。

---

[1] 徐向前:《历史的回顾》第12章,解放军出版社1985年版,第454页。

第10章
在陕北站住脚

突破天险腊子口——到哈达铺——中央从报纸上发现陕北红军的消息——翻越六盘山——陕北根据地的发展——陕北"肃反"的阴云——艰难的行军——徐海东会见毛泽东——党中央挽救刘志丹——红军的困难局面——毛泽东指挥东征——在陕北站住脚

俄界会议只开了半天便结束了。为了争取主动,赶在国民党军队围堵封锁之前进入汉族区域,毛泽东下令红一方面军兼程北上。

从俄界向北是水深流急的白龙江。俄界到麻牙寺几十里间,两岸都是悬崖峭壁,白龙江奔腾咆哮着在山间流过,沿着河边的石壁有一条羊肠小道蜿蜒曲折,一些险恶地段只有木板铺成的栈道悬空在水面上。红军小心翼翼地行进,工兵在前面修复损坏的栈道和木桥,以保证人马安全通过。如果不小心落入水中,就很难有生还的希望了。

通过白龙江栈道,红一军团先头部队4团在麻牙寺稍事修整,便接受了一个艰巨的任务——夺取天险腊子口。

腊子口位于甘肃迭部县与岷县的交界处,是从川西北藏民区到甘肃的重要通道。沿腊子沟两边向北延伸的山头,在此仿佛合拢。由沟底仰望上去,山口只有30多米宽,两边都是绝壁。腊子河从沟底流过,水流湍急,不能徒涉。在腊子口前沿两山之间横架着一座东西向的小木桥,把两岸连接起来,是通过腊子口的唯一通道。这一带是甘肃军阀鲁大昌的地盘,在腊子口以南的康朵、黑扎一带驻扎着一个旅。当红一军团的先头部队向黑扎山头进攻时,在上边的敌军两个连胡乱放了几枪,扭头就跑。在黑朵的敌旅长梁应奎和团长朱显荣联络不上,也摸不准到底来了多少红军,扔了部队和电台,沿着江边险路跌跌撞撞逃向腊子口。

在腊子口,桥东山脚的树林边有鲁大昌部预先修筑的工事,山口内突出一块巨石,高三四米,上面筑了一个碉堡。山口里面有一片谷

腊子口战役纪念碑

地,沿山坡也有工事。这里有两个营的兵力,在桥头堡上配备了四挺重机枪。旅长梁应奎先跑到这里,当他看到朱显荣带着两个传令兵狼狈逃来,以五十步笑百步的口气训斥朱说:"你指挥五个营,没有打仗,自己就跑回来,如何向师长交代?"命令朱团长带领几十个退下来的残兵占领左侧山腰,掩护腊子口侧翼。朱团长接受命令后,夜间溜之大吉,一口气跑回了渭源,腿比兔子还快。梁旅长部署完后,也退到腊子口后面五里的地方安营扎寨。腊子口上就剩下国民党新编第14师1旅参谋长张觉僧和一个营的兵,还没见红军的面,就已经胆战心惊了。

打腊子口的任务,林彪交给了4团。他亲临前线观察后,命令团长王开湘带部队迂回敌后,团政委杨成武率一个营正面主攻。腊子口两岸的峭壁近百米高,几乎是直上直下,部队如何能爬上去迂回呢？正为难时，一位苗族小战士突然自告奋勇地说：他能爬上去。原来他在家时就经常爬上悬崖峭壁采药打柴，练就了一手攀岩的绝技。杨成武大喜过望，决定让他试一试。只见这个小战士手持竹竿和绳索，轻盈地在岩石缝中步步登高，如同在耍一场惊险杂技。下面的人都瞪大了眼，紧张得不敢喘气。终于，小战士爬到了顶端，拴好了绳索，一条通向胜利的道路开辟出来了。可惜，这位为中央红军攻克腊子口立下头功的战士，连姓名都没有留下，大家只知道他的外号叫"云贵川"。[1]

1935年9月17日凌晨，王团长带两个连爬上山顶，向敌后迂回。白天平静地过去了。到夜里21时，估计迂回部队已经到了敌人阵地背后，杨成武率2营6连开始向腊子口守敌发起进攻。一时山谷里枪声大作，机枪向敌阵地轮番扫射，红军向小桥猛冲。桥头堡里的敌人也以机枪、手榴弹还击，封锁桥头道路。因道路狭窄，红军兵力无法展开，接连几次冲锋未能得手。又从桥上桥下分几路进攻。张觉僧和他手下从没见过这么不怕死的红军，虽然仗着天险，心里却是虚的。18日凌晨2时，山背后突然升起一颗信号弹，这是王团长打来的。红军士气大振，又向桥头发起新的冲击。一个红军奋力冲到桥头堡前，用双手与敌人争夺机枪。听说背后来了红军，腊子口守敌军心动摇。张觉僧一再请求增援，梁旅长在后边向前方胡乱打炮，一个兵也不来。守桥头的敌营长向张觉僧喊：如不及早退却，天亮就撤不下来了！张下令撤退，桥头守敌拔腿便跑。红军一直追出好远，把敌人的后方仓库都占领了。天险腊子口就这样被红军攻克了。[2]

一过腊子口，形势如同柳暗花明，发生了极大的变化。两个多月来，红军在川西北藏族区内爬雪山，过草地，穿森林，度荒原，忍受着寒冷和饥饿的煎熬，抵挡着藏族土司骑兵的袭击和追杀。见不到群众，得不到温暖，恶劣的环境和命运给红军造成了严重的损失。当童

---

[1]《杨成武回忆录》上册第3章第2节，解放军出版社1987年版，第253页。
[2] 张觉僧：《腊子口阻击战》，《围追堵截红军长征亲历记》下册，中国文史出版社1990年版，第43页。

走出番民区（黄镇画）

小鹏与一军团直属队离开俄界北上时，藏族土司骑兵还跟在他们后面又放枪又吹号。等红军的后卫队最后离开时，他们才意识到红军要到汉人地区去了，于是朝天鸣枪欢呼着、跳跃着、呐喊着跑回去，与红军脱离了接触。

9月18日，红军攻克腊子口，向迭部与岷州交界的小镇哈达铺进发。当日到达该镇。童小鹏在日记中兴奋地写道："今日要脱离藏人区域了，大家都异常兴奋，巴不得赶快到。早饭后即出发，爬一个二十里的大拉山，至山顶上时，见前进路上即不同了，回头看后面是崇山峻岭，前面则是平地矮坡，这时真是脚踏两个世界。下山出沟约二十里，即见麦田屋宇，并且有牛羊鸡犬，尤其见到数月来未见过的群众在路旁微笑地欢迎着我们。这一下就大不同了，真是高兴得要跳起来。一见即问路呀，谈话呀，弄得群众应付不来。在进十里到悬窝宿营（约五十里）。于是数月来没有的打土豪的工作又恢复起来了，很久断绝了的交易生活也又做起来了，今天似乎是另出了一世！"日记的结尾，他感慨地写道："回想自入夹金山藏人区至今三个月，过着的是非常的生活，见不到人，没有交易，没有土豪打，今日则完全相反。"[1]

在哈达铺，饥饿的红军战士吃上了很久以来没有吃过的饭菜。馍馍是白面做的，还有香喷喷的肉炒菜。再也不用住草地里的窝棚和牛屎房子，而是坐在暖和的有火炕的房屋里。回到正常的生活，一切都那么新奇。军委纵队的萧锋和罗荣桓、邓小平、谭政等首长晚上在老乡家里改善生活，"坐在一起吃辣子炒鸡，怎么边吃边感到屁股上发热？老乡说：这是火炕啊！我这个南方佬第一次坐火炕，觉得很新奇"。

也有乐极生悲的事。总供给部长林伯渠筹到了许多粮食，再不用为无米之炊着急发愁了。20日宿营时，他的马夫让马敞开肚皮吃，饿久了的马一顿吃了十多斤麦子，结果胀死了。林老眼看和他共患难的坐骑死去，心里好一阵悲伤。

毛泽东和张闻天等领导人并没有沉浸在填饱肚子的满足中，在与世隔绝的藏民区待了三个月，外界的消息不通，现在又回到了汉族区域，需要立即了解情况。他们惊喜地获悉：在哈达铺这个偏僻小镇上，居然有个邮政代办所！原来这一带盛产当归等药材，往来客商很多。为了沟通信息和商务往来，商人们订了很多报纸。这种情况在地广人稀、文化落后的甘肃是少见的。红军从邮电所里抱来了近几个月的报纸。毛泽东等领导人如获至宝，立即分头阅读起来。

这里最有价值的报纸是天津《大公报》，经常刊登一些比较客观的消息。张闻天边看边做摘录。他把国内的政治、经济动态都抄下来，还写了读报笔记。他们特别关心各地红军活动的消息。在当年7、8月间的《大公报》上，反映中央红军、四方面军、红25军和陕北红军的

---

[1]《童小鹏军中日记》，解放军出版社1986年版，第158页。

哈达铺邮政代办所

消息有十几条,其中又以陕北红军的消息居多。[1]

毛泽东也很关注《大公报》,他看到 8 月 1 日的《大公报》的一条消息:"盘踞陕北者为红军二十六军,军长刘志丹辖三师。其下尚有十四个游击支队,此外各种小组及赤卫队等甚多。……现在陕北情况,正与民国二十年之江西情形相仿佛。"毛泽东看到这些消息,精神为之一振。在两河口会议的时候,中央就作出了创造川陕甘根据地的决策,但是究竟在什么地方建立根据地,大家心里都没底。因为中央只知道西北地区有红军的武装在活动,但具体情况如何,有多少人,在哪里建立的根据地,则缺乏准确的情报。现在中央红军已经到了哈达铺,毛泽东正在为下一步把红军带向何处而费心思索。在俄界会议上,毛泽东曾做了最坏的打算:经陕甘到内蒙古边界去,求得苏联的支援,使他领导的这些饥饿疲劳的红军战士能得到一个

---

[1] 程中原:《张闻天传》,当代中国出版社 1993 年版,第 255 页。

生存发展的环境。现在突然获悉陕北的刘志丹还有一支红军队伍和一块根据地,对毛泽东来说真是天大的喜讯。这个消息给大家带来了新的希望。他急切地想要了解陕北的情况,立刻叫人把贾拓夫找来。贾拓夫原来在陕西从事革命工作,1932年奉命到江西汇报工作,来到中央苏区。对刘志丹的情况略知一二。那几天,毛泽东一直让贾拓夫与他同行,边走边聊。从那时起,一个会合刘志丹,在陕北建立根据地的计划在毛泽东头脑中酝酿。

9月22日,毛泽东在哈达铺的一座关帝庙里召开干部会议。他对红军干部们说:张国焘看不起我们,说我们是机会主义,我们要北上,他要南下。究竟哪个退却,哪个是机会主义,我们不要骂。我们要抗日,首先要到陕北去,那里有刘志丹的红军。毛泽东鼓励大家:同志们,到陕北只有七百里了,那里就是我们的目的地。会后,大家饱餐了一顿红烧肉。

根据俄界会议的决定,红一方面军在哈达铺进行了整编。彭德怀担任红军陕甘支队司令员。在离开红三军团的时候,召开了团以上干部会。彭德怀讲话时非常激动,眼泪不住地往下流。他说:红三军团从第一次反围剿时的几万人,至今天长征到甘南,只剩下两千多人,让错误路线快折腾光了。今天剩下这点人,都是精华,是中国革命的骨干和希望。他说:我的脾气不好,骂过许多人,请大家批评和谅解。彭德怀的告别讲话,使在座的人都深受感动。[1]

第二天,完成改编的红军陕甘支队按新编队开始东进。他们以部分兵力佯攻天水,吸引敌人。中央机关和主力部队则向北急进,在山丹镇一带渡过渭河,27日占领榜罗镇。在这里召开了中央政治局常委会议,根据掌握的陕甘根据地的情况,毛泽东等改变了俄界会议的决定,确认要在陕北扩大苏区,并部署了与陕北红军会合的军事行动。

会后,中央率陕甘支队分三路北上,在敌军尚未封堵前迅速通过

---

[1]《王平回忆录》,解放军出版社1992年版,第120页。

了西兰公路,来到陕甘宁交界的六盘山脚下。这里是回民区,在川西北受够了藏民的袭击,红军一到少数民族区就心情紧张。出人意料,回民见到红军,非常热情,不仅扶老携幼地出来观看,还帮助红军烧水买东西,令童小鹏等大为感动。童小鹏在日记中写道:"这种群众热情是出藏人区以来的第一次。"他们从群众口中又获得一个喜讯:前不久红25军在徐海东、吴焕先、程子华等率领下曾路过此地,现在也在陕北。25军纪律很好,给回民留下了深刻的印象。听到这个消息,中央红军的同志们更高兴了。陕北红军力量这样强大,他们到陕北就一定能站住脚了。

10月7日,红军翻越六盘山。这是长征中最后一座高山了。站在山顶上一眼望去,它好似一条天然分界线。山南是一色黄坡,到处是麦田。山北则如同不毛之地,到处是荒山秃岭,只有黄土,没有树林。这几天秋高气爽,毛泽东极目远眺,心胸顿觉开阔。想到一年来的艰难险阻,如今终于胜利在望。此刻的心情,正如他后来所作《清平乐——六盘山》词中所述:

天高云淡,
望断南飞雁。
不到长城非好汉,
屈指行程二万。

六盘山上高峰,
旄头(后改为红旗)漫卷西风。
今日长缨在手,
何时缚住苍龙?

越过六盘山后，突然发生了意外的悲剧。一夜之间红军竟然死了300多人。当时保卫局以为是反革命谋害，抓了一些可疑的人，也没审出结果。半个世纪后才揭开谜底。原来红军下山后饥渴难忍，见到清澈的泉水就喝起来。没想到这里的泉水含有剧毒的氰化钾和氰化钠，喝过量的人便毫无知觉地死去，这是一个惨痛的损失。[1]

就在毛泽东正沉浸在会师前的喜悦中时，陕北红军和革命根据地正蒙受一场"左倾"机会主义者制造的灾难，红色根据地笼罩在肃反的恐怖气氛中。

提起1935年秋季陕北发生的这场悲剧，需要从头回顾一下陕北党和红军的历史。西北红军和革命根据地的主要创建人之一刘志丹，陕西保安（今志丹）县人。1925年入党，黄埔四期生，参加过北伐战争。大革命失败后，他于1928年被派往陕西军队中从事地下工作，组织了渭华起义。起义失败后，他认真总结经验教训，摸索出一条正确的道路：武装斗争必须依靠农民群众，必须依靠山地打游击战争。他奔走于陕甘边界地区，争取军阀和土匪武装，扎根农村开展革命斗争。在经历多次挫折后，终于和谢子长、高岗、习仲勋、马明方、张秀山等同志一起开创了革命斗争的新局面。1932年，陕甘红军游击队组建为红26军。

1932年6月，中共临时中央在上海召开北方各省委代表联席会议（亦称北方会议），推行王明"左倾"机会主义路线。出席会议的代表杜衡被派到陕北，当了26军政委。他指责刘志丹、高岗改造土匪武装、在白军进行地下工作是"勾结军阀"，在军事上瞎指挥。时而命令26军北上"打通国际路线"，时而命令南下占领渭华地区。红26军在优势敌军的围攻下很快失败，只有刘志丹等少数人突围。杜衡被俘，当了叛徒。

1933年7月红26军遭到失败后，部队只剩下几十人，有人主张

---

[1] 中共中央党史研究室第一研究部编著：《红军长征史》第7章，辽宁人民出版社1996年版，第417页。

"革命不成，回家务农"；有的主张分开行动，各干各的。面对这种情况，刘志丹表现坚定，重新收拾局面，组织游击队，在陕北横山地区的七八个县建立新的根据地，在他们的努力下，半年后，红旗又在陕北举起来了。

1934年1月，中共北方局又派郭洪涛来到陕北，担任陕北党和红军的负责人。他继续执行"左倾"路线，指责陕北党组织是"富农路线"，诬蔑刘志丹领导下的游击队"带有浓厚的土匪色彩"。还要红军"全线出击"，将陕北、陕南和四川的革命根据地连成一片。对他这些不切实际的"左倾"行为，陕北的同志们表示强烈地反对和抗争。1935年5月，西北工委在安定县玉家湾开会，刘志丹、高岗、张秀山、马明方等共同批评郭洪涛的"左倾"错误和宗派主义。在事实面前，郭洪涛哑口无言。这次会议决定刘志丹任前敌总指挥，高岗任政委。此后，陕北形势发生了重大转折。红军主力发展到5千余人，游击队4千人，占领了保安等六个县城，苏区扩大到30个县，陕北根据地的发展出现了前所未有的好形势。

1935年7月，北方局又派朱理治来到陕北苏区。他也执行王明路线，盲目夸大革命形势的高涨，要求陕北红军全线出击，将陕北、陕南和四川的革命根据地连成一片。陕北同志已经有了教训，再不盲从"左倾"路线了。刘志丹当面说朱理治的"宏伟目标"是"做梦"，使朱对他怀恨在心。除了不得志的郭洪涛，没人支持这位朱代表。因此，朱理治、郭洪涛与刘志丹、高岗等陕北党和红军领导人，形成了尖锐的对立。[1]

不久，红25军从鄂豫皖苏区长征到达陕北。红四方面军长征后，25军受到敌人重兵围剿，在鄂豫陕难以继续坚持下去。1934年11月，在军长徐海东、政委吴焕先和中央代表程子华带领下开始长征。他们转战千里，进入陕西终南山区。1935年7月，原鄂豫皖省委交通员石

---

[1] 参见张秀山1941年6月10日给任弼时的信：《关于陕北党内过去一些问题》。

健民同志历尽艰险,从西安出来找到了25军,带来了遵义会议的文件和一、四方面军会合的消息。在行军途中他们看到《大公报》上有一条消息:一、四方面军在川西会师后,继续北上,先头部队已经到达松潘。大家高兴万分,决定向甘肃进军,迎接中央和主力红军的到来。吴焕先给中央写了详细的报告,汇报25军长征的情况,派人送往川西北(遗憾的是联络员没有找到中央)。25军翻山越岭,进至甘肃天水附近。吴焕先政委对徐海东军长说:"快见到毛主席了,咱们还不认识他呢。"因为没有电台,无法与中央取得联络,敌人四面围攻。25军领导人决定转向陕北,去会合刘志丹。不幸,在六盘山下的一次战斗中,吴焕先政委牺牲了。[1]

1935年9月,红25军进入陕北根据地。16日在延川县永坪镇与陕北红军会合。双方领导人开了联席会议,决定以朱理治、程子华、聂洪钧组成中共中央代表团,朱理治为陕甘晋省委书记,郭洪涛为副书记,聂洪钧为西北军政委员会主席。25、26军合并为中国工农红军第十五军团,徐海东任军团长,程子华为政委,刘志丹为副军团长兼参谋长,高岗任政治部主任,下辖三个师。合并后的十五军团有7000多人,陕北的革命形势空前高涨。

十五军团成立后,于10月1日在甘泉县的劳山打了个大胜仗,消灭了东北军一个师。从缴获的敌军文件中徐海东和刘志丹得到确切消息:毛泽东带领的中央红军离这里已经不远了。徐海东兴奋地说:"毛主席快到了,再打它一仗,作为见面礼!"徐海东、刘志丹给后方的程子华写信,建议十五军团到关中去迎接中央红军。程子华表示:"敌军文件是一个多月前的,中央红军要来关中苏区的话,已经来了,用不着我军全部去。要是没来关中,那就是到别处去了,十五军团去就会扑空。十五军团远去关中,来回要一个多月,敌军会乘虚占领永坪镇,苏区就困难了。不如十五军团继续向南打,调动西安敌北援,

---

[1] 徐海东:《会师陕北》,见《徐海东纪念文集》,军事科学出版社2000年版,第565页。

以此配合中央红军的行动。"后方领导都同意程政委意见，并通知了前方指挥员。十五军团暂时没有动，等待中央更确切的消息。[1]

徐海东、刘志丹在前方作战，后方却在策划"肃反"。朱理治、郭洪涛在向 25 军的同志介绍情况时，给刘志丹等陕北干部戴上"右倾取消主义"的帽子，声称 26 军里有暗藏的敌人，要进行肃反。25 军的领导人轻信了这些话，便开始怀疑陕北同志。在 25 军保卫局长戴季英和聂洪钧的支持下，朱理治以陕甘晋省委名义发布赤色戒严令，开始进行肃反。

这些情况，在前方的刘志丹都不知道。保卫局抓人后，用刑讯逼供的残酷手段迫使他们承认自己是反革命，并招供出所谓的"同党"。短短几天内范围就越搞越大，肃反材料说："刘志丹是白军军官，地主成分，必然是反革命。高岗历史上有问题，张秀山是右倾机会主义，习仲勋是跟着人家胡跑。"根据这些诬告，朱理治、戴季英逮捕了张秀山，逼他承认"反革命罪行"。张秀山不承认，就吊起来打。郭洪涛眼看张秀山被迫承认刘志丹是反革命前委书记，放下来又不承认，再吊起来又被迫供认。[2] 张秀山被打昏几次后，大哭道："你们把我杀了就算了！我死没问题，26 军创建不容易。你们可怜可怜 26 军，这里的干部全是好的额，你们不要把 26 军的干部都冤死了！"[3]

顾忌到刘志丹在陕北红军的崇高威信，"肃反"负责人决定秘密逮捕他。他们给前方指挥部写了一封信，让刘志丹回后方瓦窑堡开会。10 月 6 日刘志丹接到信后，并未怀疑这里有阴谋，交代了工作就骑马前往瓦窑堡。半路上突然遇见一个通信员，拿着一封省委给前方指挥员的信。通信员看到刘副军长，就把信交给他看。刘志丹看见信中写道，要前方"防止突然事变"，从中感到事态的严重。但是心怀坦荡的刘志丹还没意识到自己的险境，他自信忠诚革命，心里没鬼，有什么

---

[1]《程子华回忆录》第 7 章第 3 节，解放军出版社 1987 年版，第 102 页。
[2] 郭洪涛：1958 年给中共中央《关于陕北问题的说明材料》。
[3] 张秀山：《我的八十五年》，中共党史出版社 2007 年版，第 85 页。

好怕？他把信重新封好，让通信员送往前方，自己径直回瓦窑堡来。

刘志丹回来后，立即被关进保卫局的窑洞，名曰"审查"。很快，高岗等一大批干部在后方被逮捕，习仲勋当时也被抓了起来，与刘志丹等人关押在瓦窑堡城内一家旧当铺里。每天挨个被拉出去提审。26军营以上干部几乎都被抓起来。陕北苏区内乌云翻滚，每天都有人被拷打、被杀害。短短20天内，被杀害的陕北红军干部多达200余人！刘志丹的妻子女儿得不到刘志丹的消息，四处寻找，都被保卫局的人拒之门外。她们看到有人在瓦窑堡城门外挖了一个可容几十人的大坑，听人们说，有一批犯人将在这里被活埋。她们伤心地认为，刘志丹恐怕是在劫难逃了。[1]

这时，毛泽东率领中央红军已经进入陕西境内，正在努力地寻找刘志丹的红军和苏区根据地。没有通讯联络，人生地不熟，陕北这么大，到处是黄土坡，刘志丹的红军在哪里呢？毛泽东心里很焦急，这支疲惫不堪的队伍越来越难带了。

黎明前的黑暗往往是最难熬的。红军在经过荒凉可怕的雪山草地后，一旦到了有吃有住的地方，有的人就再也不愿意往前走了。所以，每到一个村镇，都有人不辞而别。说他们当叛徒，投国民党那不是事实，有人转道回老家，有人被当地农民收留，还有的被"土豪婆"（其实只是稍微富裕一些的农民）招了女婿。《彭德怀自述》中说，中央红军"在哈达铺整编时一万四千余人，到吴起镇只剩七千二百人了"。我们知道这段时间内红军没打什么大仗，减员却有一半之多，即使这个统计未必精确，逃亡现象之严重也可见一斑。

还有一些"左"的行为造成部队人心浮动。王平上将回忆："红一方面军北上途中，部分领导干部产生了一些过激情绪，特别是在哈达铺整编以后，原红三军团的一些干部和部队受到了不公正的待遇。整编时，从中央和红一军团调了一部分干部到二纵队（原红三军团）

---

[1] 索尔兹伯里：《长征——前所未闻的故事》，解放军出版社1986年版，第339页。

担任领导工作,这部分干部对红三军团的干部战士印象不好,看不起三军团的同志。从哈达铺到吴起镇一千多里的急行军中,二纵队一方面要同尾追的敌人打仗,一方面还要部队不断整顿纪律,弄得干部情绪不高,部队苦不堪言。

"红三军团在过草地以前,由于去黑水迎接红四方面军主力,战线拉得很长。结果没有获得其他部队那么长的整训和物资准备时间。过草地时担任后卫,困难就更多一些。所以到哈达铺的时候分外狼狈,人人衣衫褴褛,就背着一个烧得黑黝黝的脸盆或烧水缸子,像叫花子一样。在哈达铺休息时间太短,体力没有得到应有的恢复,接着又长途行军,掉队人员增多本属正常现象。但是,红一军团来的干部和政治保卫机关却认为这是情绪不振,甚至怀疑掉队的人会投敌叛变。这是原因之一。

"红三军团在彭德怀军团长的言传身教下,始终保持艰苦奋斗的本色,领导干部和士兵的伙食完全一样,形成一种上下一致、官兵平等、同甘共苦的传统。外单位调来的人很不习惯,总想单独搞点吃的,这样红三军团的同志也看不惯,有时在下边议论,讲几句怪话。这样就被一些领导抓住不放,成了要整顿纪律、审查干部的一个理由。这些本来通过教育可以解决的问题,一些'左倾'思想严重的人却看成是丧失革命信心的表现,说什么原来红三军团的干部是'右倾',是'十足的机会主义,要重新武装头脑'。后来,彭德怀同志听到这些话,非常气愤地说:'讲这些话的人才是十足的机会主义。'可是,中革军委只听一部分人的意见,还是决定在第二纵队整顿纪律,并派罗迈(李维汉)来审查干部。罗迈来了解情况以后,在一起行军时他对我说:'反映的情况不大对头。'他给原红三军团的干部逐一作了结论,认为三军团的干部年轻力壮,工作积极,作战勇敢,革命坚决。

"那时保卫局把跟不上队或讲几句怪话,说成是对革命的态度问题，除了强调整顿纪律和审干以外，采取惩罚以至处死的办法来处理。这就使第二纵队的干部们一度引起恐慌情绪。到吴起镇时，通讯科长谢嵩见到我，他情绪懊丧地说：'你这里有什么好吃的，给我弄点来，而今晚上脱了鞋袜，第二天能不能穿上还是个问题。'他给我说，到甘肃来的路上，有些人不明不白地被保卫局逮捕处决了，死在自己人手里，真还不如在前线被敌人杀了好。

"据我和黄克诚回忆，当时被保卫局处决的有原红四师管理科长邱湘，曾在我团当过参谋长的康胜扬，原红十团卫生队政委曹企贤等。还有一些记不起名字了。曹企贤就是因为卫生队丢了几个病号而被处决的。黄克诚那时是第二纵队政治部军事裁判所所长，他坚决反对这种做法，处决人他拒绝签发布告。但这都是上头保卫局决定的，尽管他不签发，别人还是以他的名义发了布告。1959年庐山会议，又把军事裁判所公布的处决命令，全都算在黄克诚账上，这是违背历史事实的，非常不公正的。"[1]

在这种严峻的形势下，毛泽东更急于找到刘志丹。但是刘志丹在哪里？10月19日，一军团的先头部队到了吴起镇，在沿途的矮墙上，他们看到了"打土豪分田地"、"共产党万岁"的标语。这些迹象告诉他们：盼望已久的陕北根据地就要到了。两天后，总政治部的人与当地游击队接上了头，好消息立刻传遍全军。士气为之大振。红军越往前走，来欢迎的老乡越多。童小鹏在日记中写道："此地革命已两年，对待红军的热情的确超过中央苏区的某些地方，且政治水平很高，和他们谈起话来总是一口的革命词句，可见这些苏区是不落后的。"[2]

毛泽东到吴起镇的第二天，宁夏马鸿逵部的骑兵也尾随而来。毛泽东指示彭德怀：打退追敌，不要把敌人带进根据地。彭德怀集中三军团的部队，一阵猛攻，击溃了马家骑兵，俘获人马各二百多。毛泽东大喜，当即挥笔赋诗："山高路险沟深，骑兵任你纵横。谁敢横枪勒

---

[1]《王平回忆录》，解放军出版社1992年版，第125页。
[2]《童小鹏军中日记》，解放军出版社1986年版，第165页。

吴起镇

马，唯我彭大将军。"以示嘉奖。彭德怀不敢当，将最后一句改为"唯我英勇红军"，把诗稿还给了毛泽东。这一仗不算大，但说明红军并没有垮，还有顽强的战斗力。[1]

10月25日，十五军团在徐海东指挥下，在甘泉县南榆林桥与东北军107师作战，又打了一个大胜仗。消灭东北军四个营，俘虏了团长高福源。徐海东对他以礼相待，放他回去。从东北军那里获悉确切消息：中央红军到了吴起镇。徐海东立即写了一封信，叫通信员傅继忠带四个战士去找党中央。傅继忠骑马跑了一天，黄昏时到达吴起镇。见到总政治部副主任李富春，说明来意。过了一会儿，毛泽东笑容满面地走出来，傅继忠恭敬递上信函，毛泽东当场写了回信，要他交给徐海东和程子华，信中约定了见面的日期。

11月2日是徐海东终生难忘的日子。早上，他正在张村驿指挥战斗，突然从后方军团部跑来7匹快马。程子华政委通知他：今天下午

[1]《彭德怀自述》，人民出版社1981年版，第207页。

毛主席要到十五军团来！徐海东立刻下令暂停进攻，翻身上马往回奔。130里路，还有两座山，他三个小时就赶到了甘泉县道佐铺的军团司令部。刚洗去脸上的汗水，毛泽东就来到了。陪同毛泽东一起来的还有周恩来副主席、彭德怀司令员和政治部主任杨尚昆。徐海东以前没见过毛泽东，程子华介绍后，毛泽东伸出手来，亲切地问候他："是海东同志吧，你们辛苦了。"徐海东激动地握住毛主席的手，不知说什么好。盼了好久，终于见到了！[1]

中央红军与十五军团的会师，标志着中央红军二万五千里长征的结束。毛泽东主动前往十五军团司令部，表示了对陕北同志们的感谢。他们给中央红军提供了一个落脚点，红军经过休养生息，便可以东山再起，大展宏图。徐海东远道跑来迎接，给毛泽东留下了深刻的印象。徐海东是张国焘的部下，与毛泽东没有渊源关系，却主动来迎接中央，表示了对中央的忠诚。几天后，毛泽东写了一个借条，派供给部长杨至诚送到徐海东处，找徐借2000元钱。徐海东手里仅有7000元经费，考虑到中央长征之后的穷困，他决定送5000元给中央。毛泽东非常感动，这是雪里送炭啊！徐海东在与中央会师后表现的高风亮节，让毛泽东铭记终生，称赞徐海东是"对中国革命有大功的人"。[2]

抗战后期，徐海东身患重病，被迫离开了战斗岗位。新中国成立后继续养病。1955年解放军授衔，毛泽东特别关照授予徐海东大将军衔，排名第二，仅次于粟裕总参谋长。由于长年患病，徐海东渐渐被人遗忘，"文化大革命"中在医院终日靠氧气维持生命。1969年3月31日夜晚，在中国共产党第九次全国代表大会开幕前夕，毛泽东突然发出指示，要让徐海东同志作为主席团成员出席"九大"开幕式。还说："一人向隅，举座为之不欢。"周恩来深夜召集大会主席团成员开会，传达主席指示。红卫兵造反派目瞪口呆，他们根本不知道徐海东是谁。当中共中央办公厅的人到医院传达毛主席的决定，问徐能否出

---

[1] 徐海东：《会师陕北》，见《徐海东纪念文集》，军事科学出版社2000年版，第572页。
[2] 1978年1月24日中共中央为徐海东举行追悼会的悼词。

席开幕式时,徐海东激动地说:"就是死在那里,我也要去!"4月1日下午,当毛泽东登上人民大会堂主席台,全体工农兵代表狂热地欢呼"毛主席万岁"时,大家看到一位身着军装的老人,坐着轮椅,带着氧气瓶,被推上主席台。毛泽东见到徐海东,转过身来向他致意。徐海东感动得热泪直流,又回想起会师陕北的一刻。在这个特殊的历史时刻,徐海东能受到这样的殊荣,虽死无憾了。

毛泽东和张闻天在听取陕北党组织负责人的汇报中,获悉了"肃反"的情况。他们认为目前中央红军最迫切的要求是在陕北根据地站住脚,陕北苏区的稳定至关重要。"肃反"将引起根据地的混乱,甚至要断送陕北红军和根据地。毛泽东、张闻天下令立即停止肃反,不许再捕人,一切听候中央处理。并派王首道、贾拓夫火速赶往瓦窑堡解救刘志丹、高岗等人。

王首道、贾拓夫赶到了瓦窑堡,以中共中央代表身份命令戴季英放人。很快,董必武也到了。被冤屈的同志含着眼泪向中央代表控诉"左倾"机会主义领导人杀害、拷打革命同志的罪恶。刘志丹在被关押一个月后,终于重见天日。董必武经过深入的调查研究,推翻了"左倾"机会主义者强加给这些同志的一切罪名。11月底,中共西北中央局作出《审查肃反工作的决定》,指出陕甘晋省委在肃反中犯了小资产阶级的"极左主义"和"疯狂病"的严重错误,要求省委立刻改组保卫局。

中共中央到陕北的第一步干得十分漂亮。毛泽东、张闻天以敏锐的判断和快刀斩乱麻的手段处理了陕北苏区的一场危机,大得人心。中央迅速纠正了陕北部分领导人的"左倾"机会主义错误,又没有在错综复杂的矛盾中过多纠缠,从稳定陕北苏区的目标出发,首先解放受冤屈的同志,其次团结最大多数的人,不扩大打击面。党中央的到来振奋了陕北革命者的士气。刘志丹、高岗、习仲勋等同志重新走上领导岗位,在党中央的领导下努力工作。陕北根据地走上了发展壮大的坦途。后来习仲勋感慨地说:"在关键时刻,党中央、中央红军来到了陕北,并及时制止了'左倾'分子制造的肃反,因此,才保住了西北根据地和西北红军。"[1]

中央处理了陕北苏区的"肃反",解放了刘志丹等一大批革命干部,中央红军与十五军团合并,共有12000余人。这时,东北军奉蒋介石的命令正对陕北苏区发起围剿。11月20日,东北军先头部队109师前出到直罗镇,埋伏在那里的红一军团和十五军团南北夹击,将109师包围全歼。用毛泽东的话说,直罗镇一战,是"为党中央把全国革命大本营放在西北,举行了一个奠基礼"。[2] 东北军本来就不愿意打内战,吃了亏以后,改为广筑碉堡,封锁围困苏区,轻易不再进攻了。

中央红军到陕北后,又面临严重的经济困难。陕北是全国最贫困的地区之一,自然环境的恶劣和人民生活水平的低下,比江西苏区还要差得远。德国人李德回忆说:"陕北新根据地的面积有三四万平方公里,它的范围大致是西靠甘肃边界,东濒黄河,北接长城,南临富县。但是除了瓦窑堡以外,所有城市和大部分较大的村镇都被敌人占据,从西安到延安的唯一公路也由敌人控制。放眼望去,除了几处肥沃的河谷,其余都是贫穷的黄土地,四处见不到树林,只有深谷纵横。这里常常受到干旱和洪水的侵袭,坚硬如石的土地,即使被开垦出来,收成也少得可怜。自古以来,这个地区就全国而言是一个最贫穷、最落后的地区。只有城市人和大地主才能住上房子,农民毫无例外地和牲口一起都住在窑洞里,这种窑洞就像是在土坡上挖的坑道。村庄相隔很远,一般有四五户人家,比较大的村子也不超过十二户。这里不单吃穿很差,有的地方还严重缺水。因此,这个地区虽然土地辽阔,但人烟稀少,最多也不过有五十万人口。"据他说:"农民和部队战士

---

[1] 习仲勋:为张秀山回忆录《我的八十五年》写的序言,2002年5月10日。
[2] 徐海东:《奠基礼》,见《回顾长征》,人民出版社1985年版,第366页。

每天的伙食，通常是三碗小米饭和一点酸菜。"[1]

这样贫困的地方，一下来了这么多红军，不仅吃饭用水都成问题，当地农民也根本无力供养大批部队和机关。中央红军经过长征，衣衫破烂，骨瘦如柴，急需钱和物补充休养，但是在陕北这些都办不到。国民党军官认为，红军在陕北根本无法生存，不饿死也得穷死。

当时红军的经济状况确实是很窘迫，中央红军基本上是两手空空来到陕北，刘志丹也拿不出多少钱来支援中央。从1935年12月红军发布的经费使用标准，我们就可以看出红军缺钱到了什么地步。

办公费：方面军司令部和军团部每月各20元。师部10元，团部5元，营部2元，连部3元。

特别费（主要供部队冬天烤火及杂费）：方面军所属每月300元。师每月200元，团100元。

优待费（医务、通讯、机务工作人员及军事专家，按其工作能力划分等级）：一等技术人员每月12元，二等技术人员每月8元，三等每月4元。

休养费：重伤员每月4元，轻伤员每月2元，重伤员须入院治疗者，发休养费1元。伤病员住院期间每天发伙食费5分。死亡者一次发抚恤金20元。[2]

钱的问题真是叫人头疼。12月23日，彭德怀给毛泽东、周恩来发了一封火急电报：

毛周：

（一）争取的俘虏兵要求发两块钱，同迁回官兵一样。一军团近日逃跑俘虏兵约三十人。

---

[1] 奥托·布劳恩：《中国纪事》第4章，现代史料编刊社1980年版，第201页。
[2] 军事科学院编：《中国人民解放军第二次国内革命战争史料选编》第7辑第3册。

（二）红军战士每月须规定最低限度的零用钱，俘虏兵且另加优待。这对巩固扩大红军瓦解白军均有重大意义。无论如何困难，每月每人须发一块钱零用，俘虏兵二块钱。请示。

彭

彭德怀要求了半天，中央只答应给俘虏兵每人发1元。红军的零花钱则无法解决。

林彪也打电报告急，因为没有棉衣，没钱买柴火，战士都冻坏了：

彭毛周：

一军团尚缺棉衣在二千以上，故部队中因寒致病送院者前后达千人。现从多方设法弄得材料自制，但尚无绝对把握。

林聂

12月27日 [1]

毛泽东意识到红军生存问题的严重性和迫切性。要生存首先要解决物质需求，要有钱、有衣食。在江西，红军的主要经济来源是打土豪筹款。只要有城镇、有地主商人，就不愁搞不到钱。现在到哪里去找出路呢？向北、向西都和陕北一样穷，南边有国民党重兵封锁，看来只有向东，过黄河到山西去寻找出路。

1935年12月，毛泽东与政治局委员、红军指挥员开会商议。会上争论得很厉害。程子华回忆："一种意见是确保陕北，向西发展，向敌人力量比较薄弱的宁夏、甘肃等地发展；一种意见是立足陕北，向北发展，出兵绥远、内蒙古、察哈尔等地，向蒙古人民共和国靠拢，取得国际支援。毛泽东同志提出了他的看法，认为不宜向西和向北发

---

[1] 军事科学院编：《中国人民解放军第二次国内革命战争史料选编》第7辑第3册。

展,而应该东渡黄河,打到山西去开辟吕梁山根据地,再进一步通过河北或察哈尔开赴抗日前线,从而把国内战争和民族抗日战争结合起来。这样从政治上来说,当时正是'一二·九'学生抗日救亡运动以后,我们东征山西,可以推动华北以至全国的抗日救亡运动;在军事上来说,红军主力东征,不仅可以避免同东北军和西北地方实力派的武装冲突,有助于和张学良的东北军和杨虎城的西北军建立统一战线;同时可以使阎锡山把晋军撤回山西,保护他的老巢,不战而解陕北苏区东边绥德一带的威胁。再从经济方面看,山西比较富足,便于我军筹款、扩军和补充物资。"[1]

12月23日中共中央政治局瓦窑堡会议通过《中央关于军事战略问题的决议》。根据抗日的总方针,决定"猛烈地扩大红军,第一方面军应有五万人"。红军的任务是"打通苏联与巩固开展现有苏区",具体规定了五十条。其中有开辟山西五县以上的新根据地;完成与苏联的通讯联络;完成出绥远的政治上、军事上、组织上的准备;扩大蒙古游击队等等。[2]

德国人李德看了决议,认为这是拿着红军的微弱的力量去冒险。他认为苏联目前没有与日本开战的意向,如果红军真的打到绥远和中蒙边界去,就会刺激日军,很可能要迫使苏联卷入对日战争。1936年1月27日,李德给中央写了一封长信,说中央的战略方针"是有相当的冒险性的",要中央避免"做日苏战争的挑拨者","过早挑起苏日战争"。因此,李德反对进军山西和绥远,要红军死守陕北。[3]

毛泽东看了李德的信,嗤之以鼻,看来这位洋顾问根本不懂得中国的国情,更不可能理解毛泽东组织东征的真正用意。红军目前最需要什么,毛比谁都清楚。在瓦窑堡会议决议中,毛已经说明了:1. 要反对冒险主义,适可而止,保证已得的胜利。2. 反对只"打"不"走"

---

[1]《程子华回忆录》第8章第2节,解放军出版社1987年版,第113页。
[2]《毛泽东军事文集》第1卷,军事科学出版社1993年版,第413页。
[3] 奥托·布劳恩:《中国纪事》第4章,现代史料编刊社1980年版,第207页。

的拼命主义,要又打又走。这就是说红军到山西不是为了去和国民党、日本人拼命,而是为了发展自己。所谓"兵不厌诈","虚则实之,实则虚之"的策略,李德当然不会明白。于是,毛泽东在李德信上加了《李德对战略的意见书》的标题,传给政治局委员,并要在后方的周恩来对李德进行严肃批评。

不仅是李德,中央内部有人也对东征的前途表示疑虑。彭德怀回忆:"1936年,大约是1月中旬,接毛主席电报,决定东渡黄河,夺取吕梁山脉,开辟新根据地。我接到军委这个指示后,是拥护毛主席这一决定的,但是内心有两点顾虑:一是怕渡不过去。当时红军在大疲劳之后,体质还很弱,且人数也少,包括刘志丹、徐海东两部分才一万三千人。如受挫而强渡不成,那就不好。二是东渡黄河后,在蒋军大增援下,要保证能够撤回陕北根据地。在这一点上,也是不能大意的。因此,我除复电同意外,还就自己的上述看法,提出东渡黄河是必要的,但须绝对保证同陕北根据地的联系。我这种想法,反映了当时红军体质弱的实际情况以及长征中没有根据地的痛苦教训。这引起了主席的不高兴,他说:你去绝对保证,我是不能绝对保证的。"[1]

2月20日,在毛泽东亲自指挥下,红军开始东渡黄河。三天的渡河很顺利,只遇到阎锡山部队的轻微抵抗。一进山西境内,红军就感到比陕北富裕得多。童小鹏随中央直属队到了石楼县的下堡镇,看到这个地方"虽然地点并不甚大,只二百余人家,街上也不过只几十间铺子,但是它的建筑,尤其是居民家中的布置,发财佬当然不消说,就是一般的人家也是排场得很。甚至个别同志一进屋便说:'这一定是土豪。'

"进门去更不同了,尤其是稍有两个钱的人家,摆布得很阔气。窗上是镶着玻璃的,门是和洋房内的差不多,外层门也镶满着玻璃,还有门帘窗帘,进去更是琳琅满目,大镜小镜在四面摆着:里面的台

---

[1]《彭德怀自述》,人民出版社1981年版,第211页。

子、凳子、橱子，连炕墙上也漆得油光光的可以照见人。梳妆的地方、盥洗的地方、茶壶茶杯、酒瓶酒盅，齐备得很，甚至有些房内有西式火炉的。北方的好处，至今才开始尝着。"[1]

王平带着红10团在洪洞县东南的苏堡镇打土豪和筹款。一天，有个老长工报告，某地主家有个暗窖，里面藏了不少东西。红军找到暗窖，打开一看，光皮袄就100多件，还有不少古董字画。有一个铜盆，用手在盆边摩擦就会飞起水花，据说价值十几万元。但是这些文物字画都不如现大洋对红军更有用处。仅在苏堡镇一地，红军就筹款上万元。

红军进了山西，阎锡山很紧张，急忙调兵加强太原以南的防御。谁知红军没有向北打，却掉头向南，沿着汾水流域去打文水、赵城、洪洞。晋南是山西的富裕地区，红军所到，并不主动找晋军作战，而是打土豪、筹款扩军。等阎锡山明白过来，才让蒋介石军队进入山西南部，自己指挥晋军从北边压过来。红军在山西边打边休整了两个多月，毛泽东认为东征目的已经达到，不与敌人决战，下令主动撤兵回陕北。在掩护红军渡河回陕北的战斗中，刘志丹军长不幸中弹牺牲了。

红军东征取得了很大成功，用毛泽东的话说是："打了胜仗，唤起了民众，扩大了红军，筹集了财物。"短时期内红军扩充8000余人，筹款50多万元（一说30多万）。对于贫困的红军来说，这是一笔很可观的收入。有了钱，红军在陕北就能生存，军心也大大稳定。在陕北建立巩固根据地的任务，初步实现了。

---

[1]《童小鹏军中日记》，解放军出版社1986年版，第191页。

第11章
张国焘另立"中央"

陈伯钧等人的厄运——反中央的阿坝会议——朱德、刘伯承反对分裂——胡底遇害——朱德顾大局避免冲突——陈昌浩率右路军南下——卓木碉会议另立"中央"——刘伯承烧掉密码——张国焘率部南下

1935年9月5日,连续几天的阴雨,天气又潮又冷,令人心烦。驻军查理寺为左路军担任后卫的红9军参谋长陈伯钧接到总部来电,说是噶曲河涨水过不去,要另择道路北上,命令陈伯钧率部向阿坝靠拢。陈伯钧立刻下达命令,第二天行军120里来到中阿坝,与孙玉清军长、陈海松政委会合。

9月7日,张国焘率总部机关到达中阿坝,立即召集四方面军的各军首长来开会。会上张国焘传达了几天来与中央和右路军的争执,并借题发挥,说到自会合以来中央对四方面军的歧视和打击。这些军长政委们也不过是些二十多岁、粗通文化的年轻小伙,有人听了总政委的话,情绪冲动,说了许多过火的话。陈伯钧坐在一边听这些人骂自己的上级和战友,心里十分难过。他在日记中写道:"听这班同志谈一、四方面军纠纷,深为愤慨。他们的过火态度暴露无遗,我心中十分难过。……是夜静思,痛彻肺腑,以致暗泣。有生以来,伤心事,莫过于斯。"

第二天上午,陈伯钧实在忍不住,径直去找张国焘陈述自己的意见。说他"深感部分同志观点之不正确,立场之不对头,无中生有,言之过度,互相猜忌,隔膜日深!既不坦白承认错误,又不以快刀斩乱麻手段,迅速解决各种纠纷,假敌人以间隙,置自身于危局!"最后,他要求张总政委采取有效手段,立即解决这些问题,以挽救危机,匡扶革命。张国焘耐着性子听完陈伯钧的谏词,显出同情和难过的表情,答复他说事情闹到这一步,其中有很多隐情,不便公开。中央政

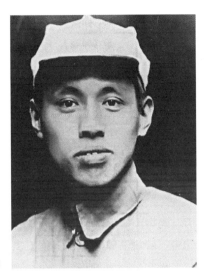

陈伯钧

治局也有很多争论未彻底解决，总部机关亦不一致。若要彻底解决问题，必须自上而下地予以纠正。但现在相隔太远，不能及时办到。陈伯钧立即指出，党内斗争是党内斗争，行政系统是行政系统，应该分开。党中央的事，红军中党员可以提出意见，但在未解决前，绝不容许随便乱闹，破坏红军，分离团结！行政组织上仍须按照红军组织系统，执行权力，下级对上级亦须逐级绝对服从，这样才有利于解决问题，也才是党内斗争的正当办法。不然，纠纷日深，团结日乖，对革命损失很大。张国焘听着陈伯钧慷慨陈词，虽然一直以首长的大度好言安慰，心里却怒不可遏。四方面军中还没人敢如此冲撞他，这个陈伯钧好大胆子。张国焘送走陈伯钧后，便把部下找来，布置把陈伯钧收拾一顿。

厄运很快降临了。陈伯钧受不了9军的人天天骂中央红军，提出调动请求，连续两天找张国焘，张都推托不见。9月13日晚上，陈伯钧再去总部，一些四方面军领导人已经在等他了。很快形成了一场斗争会。他们接连向陈伯钧发问,如对一、三军团单独北上的态度,中央苏区五次反"围剿"和长征是不是逃跑,提拔工农干部等问题,要陈伯钧回答,完全把陈伯钧放在斗争的位子上。

9月14日是陈伯钧终生难忘的"受辱之日"。中午,上级通知陈伯钧,调他回总部另行安排。陈伯钧交代了工作正要离开,忽然来了一群传令兵,说奉命来要回9军的东西。陈将9军配给他的两匹马交回,他们还不罢休,说不许陈带走一点东西,只许只身一人走。一阵乱抢,把陈伯钧从五军团带来的马,连同望远镜等通通拿走。陈伯钧气得浑身发抖,"自参加革命以来,算是第一次碰到这样的事。若说真正革命的同志,其何以出此?若说政见不同,需得斗争,亦断不能采取如此卑劣手段!"陈伯钧到总部,向张国焘强烈地反映这些问题。张国焘假意要黄超去追回东西。过了好几天,才给他一匹没鞍的瘦骡子,望远镜就算没影了。陈伯钧被免了职,到红军大学当教员。[1]

与陈伯钧遭到同样命运的是30军参谋长彭绍辉。这位在中央苏区反"围剿"战斗中被打残了右臂的将领,是从原一方面军三军团调到四方面军30军的。得到南下的命令后,他怎么也想不通,在卓木碉写了一封信给朱总司令,陈述自己的意见。但是没想到这封信被人送到张国焘手里,张国焘派人把彭绍辉找来谈话。彭绍辉刚进门,立刻被人围住。一个四方面军高级干部上去就给彭绍辉一个大耳光,厉声问他:"为什么反对南下?反张主席?"并拔出枪顶在彭绍辉胸口上,进行恐吓。朱德坐在旁边气愤地站起来,上前把枪夺下来,对众人说:"打人是不对的,这是党内斗争,应该允许同志讲话!"又说:"这样谈话怎么行呢?"对彭绍辉说:"你回去吧。"示意他赶紧离开。张国焘见朱德干预,便不好再整下去,彭绍辉才幸免于难。后来彭绍辉上将每逢回忆起这件事,都要感激朱老总的救命之恩。[2]

---

[1] 《陈伯钧日记》,上海人民出版社1987年版,第456—460页。
[2] 《朱德传》,人民出版社1993年版,第362页。

卓木碉，今马尔康脚木足乡白莎官寨

像陈伯钧、彭绍辉这样的高级干部都受到如此打击，其余的中下层干部的日子就更难过了。张国焘认为中央自己跑了，分裂的责任在中央。他想了想，这似乎是件好事。中央只带走了一、三军团，不过万把人。红军的大多数人马都在他的掌握之下，现在没人能管他了，他就是红军的最高领袖。所以，他一边向四方面军的老部下灌输对中央的仇恨，煽动他们反对中央；另一方面对原一方面军的干部歧视打击，有不从命者，就用肃反手段处置。

那几天，朱德和刘伯承忧心如焚，每天都有捕人和冲突发生。总司令部的侦察科长胡底，因为骂张国焘是"军阀"、"法西斯"，被张国焘安上一个"日本天津驻屯军德田派来的侦探"罪名而逮捕了。怎么会有这么奇怪的罪名呢？原来，胡底同志是我党杰出的地下工作者。30年代初，周恩来主持上海中央时，为了建立党的情报系统，派李克农、钱壮飞、胡底三人打入国民党特务机构内部，号称"特科三杰"。

胡底

李在上海，钱在南京，胡底在天津。有了这三条内线，国民党的一举一动，都被共产党了解得一清二楚。1931年4月，中共中央政治局委员顾顺章在汉口被捕叛变，电报被钱壮飞截获。他迅速赶往上海通知了周恩来，当顾顺章带着国民党特务到上海捕人时，一个个地点都人去楼空。在那次突发事件中，地下工作者为保护中央立了大功。由于顾的叛变，李、钱、胡三人离开了原来的岗位，转入中央苏区。长征初期，钱壮飞在行军途中遭飞机轰炸掉队，在息烽被地方民团杀害。李克农随中央北上，胡底随总部行动，如今这位功臣居然被张国焘打成了"特务"和"反革命"，这不是颠倒黑白吗？尽管刘伯承一再交涉，说胡底没有问题，张国焘就是不理。就这样，一个曾出生入死为党工作的好同志，未曾被国民党捕获，却被张国焘的亲信害死了。

那几天，阿坝充满了紧张气氛，一点小事就可能引起一场乱子，甚至要人的命。9月11日，四方面军侦察科的几个兵在房子下面烧火，卫生部长贺诚在楼上被烟熏的受不了，跑出来训人。这些兵就说贺诚捆了他们的指导员，报告了张国焘。夜里来了一群人，要贺诚出来。贺诚怕遭不幸，关着门不出去，他们就在外面鸣枪恐吓。第二天，张国焘召开大会，名为"解决贺诚捆人问题"，实为向朱德、刘伯承施加压力。朱、刘、贺三人走进会场时，张国焘预先布置的警卫就端起枪，把枪栓拉来拉去。斗争会一开始，黄超就喊打。会场秩序大乱，不像开会，倒像打群架。也许因为贺诚是医生，张国焘还要用他，才免遭监禁和进一步的迫害。[1]

9月15日，张国焘在阿坝格尔登寺大殿内召开"中共川康省委和工农红军中党员紧急活动分子会议"（历史上简称"阿坝会议"）。出席会议的有四方面军总部和9军、31军、33军的党员干部近千人，红五军团的部分干部参加了会议。32军（原红九军团）因驻地较远，没人参加。会场上悬挂着"反对毛、周、张、博逃跑路线"的标语。由于事先层层作了动员，会议一开始就表现出明显的反中央倾向。

张国焘首先在会上作关于一、四方面军关系的报告，指责毛（泽东）、周（恩来）、张（闻天）、博（古）率一、三军团继续北上是"向北逃跑的'右倾'机会主义路线"，把自己的南下方针说成是正确的"进攻路线"，扬言要对"经过斗争和教育仍不转变的分子"给予"纪律制裁"。张国焘讲完后，在秘书长黄超主持下，四方面军领导干部先后发言表态，拥护张总政委讲话，痛骂中央。

参加会议的有红五军团的人，他们的思想受到很大的震动。在这个严重关头，内部出现了分化。军团长董振堂、保卫局长欧阳毅等坚决拥护中央，没有出席会议。也有一些干部认为中央不该把五军团扔下，心里不满，也有人对中央内部的"左倾机会主义"领导人有意见，在

---

[1] 刘伯承：1961年1月26日的谈话。

当时的特殊环境下，自觉或不自觉地站到了张国焘一边。他们在发言中把中央苏区和长征初期的"左倾"错误夸张扩大，甚至传播了一些小道消息。中央红军内部的倒戈给阿坝会议火上浇油，更激起了四方面军中对中央的反对情绪。

五军团部分干部的转向，使朱德、刘伯承的处境更加困难，斗争的矛头集中在他们身上。许多人在会场上你一言、我一语地乱喊，有的说："中央北上是错误的，是退却逃跑主义！"有的说："中央是右倾机会主义！"有人气势汹汹地问朱德："你同意中央，把红军搞剩了多少，要交代！"有的要他当众表态反对中央。朱德坐在椅子上一言不发，面色严峻。张国焘对他说："总司令，你可以讲讲嘛。你对这个问题的认识怎样？是南下，是北上？"

面对这些叫喊和辱骂，朱德十分冷静沉着。他知道这些红军干部都是张国焘给挑动起来的。红军内部出现这样的分裂，令他十分痛心。但他不能责怪这些不明真相的部下，要耐心说服，等待他们觉悟。朱德站起来，和颜悦色地对大家说：中央北上抗日的决议是正确的。现在日本帝国主义侵占了我国的东北三省，我们红军在这民族危亡的关头，应当担负起抗日救国的责任。中央的决议，我是举了手赞成的，不能出尔反尔，反对中央决议。我和毛泽东同志从井冈山会师以来就在一起，我是完全信得过他的。人家都讲"朱毛"，我朱德怎么能反对毛泽东？

朱德说到这里，转身问坐在一边的张国焘：遵义会议的精神，中央曾电告你和四方面军，你是清楚的嘛！

张国焘不回答朱德的问题，仍然要朱德表态说"毛、周向北是逃跑"。朱德严肃地说：我再重复一遍，中央北上抗日的决议是正确的。我绝不能反对毛泽东同志，你们可以把我劈成两半，但绝对割不断我和毛泽东同志的关系。

第 11 章 张国焘另立"中央" 211

刘伯承

朱德的话刚说完，会场上就爆发出一片叫骂声。有人冲到朱德面前，骂朱德是"老右倾""老乌龟"。(1937年延安中央政治局扩大会议上，康克清提及此事，还是满腔怒火。)刘伯承实在看不下去，高声说道："你们不是开党的会议吗？又不是审案子，怎么能这样对待总司令！"这下又引来一片叫骂："好！你把党的会议说成是审案子！"斗争矛头又转向刘伯承。刘伯承看他们不讲理，干脆不说话。有人又对朱德高喊："既然你拥护北上，那你现在就走吧！"朱德说："我是中央派到这里工作的，你们既然坚持南下，那我就只好跟你们去。"这些人赶不走朱德，又跳着骂："你又赞成北上，又要跟我们南下，你是两面派、骑墙派！"有人喊："不让他当总司令了！"[1]

张国焘眼看部下闹的差不多了，才出来缓和气氛。他没忘掉自己的身份，只要把底下的人鼓动起来，用不着他在前台骂人。他对今天的会议相当满意，更无所顾忌了。

朱德和刘伯承从会场出来，心情十分沉重。党和红军中发生了这

---

[1]《朱德传》，人民出版社1993年版，第358页。

样的分裂，又是在长征途中，实在令人痛心。朱德对刘伯承说："不管怎么斗，我们还是要跟毛主席革命嘛，事情总会搞清楚的。"他们丝毫没有埋怨中央抛下他们，表现了共产党员的高尚品德。朱德的警卫员潘开文火冲冲地说："搞几棵枪打起走！"刘伯承说："你晓得什么，不准吭声！"在这种情况下，除了忍耐，慢慢做工作，等待四方面军同志觉悟，不能采取任何火并的办法，那只能给革命带来更大的损失。[1]

会议开了整整一天，最后通过了决议。以张国焘的报告为主题，谴责中央"右倾逃跑"，决定红四方面军大举南下，重返四川建立根据地。在通过《阿坝会议决议》的同时，红四方面军总政治部还拟定了《大举南进的政治保障计划》，与《决议》同时下达到各部队。几天之内，各部队中召集了不同形式的会议，传达贯彻张国焘的报告和《决议》。

阿坝会议，是张国焘公开与中央决裂的会议。他把中央内部的分歧完全向红军战士公开，利用红军战士的淳朴无知，挑动红军反对中央的政治路线，这种做法是很恶毒的。虽然中央在俄界会议上声讨了张国焘，但范围仅限于中央委员和军队首长。张国焘则是一下就把范围扩大到全军。严重破坏中央的威望。这显然是为他日后宣布另立中央打基础，造舆论。

此时，朱德面临的艰巨任务就是如何在困难的处境下，保持和维护红军的团结，保护红一方面军的五、九军团不受损害。在阿坝会议的那天夜里，刘伯承得到消息，张国焘和他的军长们开了一夜会，讨论如何对付朱、刘和五、九军团。到天亮才决定不杀刘伯承，软禁起来。五军团要根本改造，让黄超去当政委。九军团要撤换一批干部。[2]

那些日子里，朱德四处奔走，和原一方面军的干部战士谈话，

---

[1] 潘开文：《临大节而不辱》，见《回忆朱德》，中央文献出版社1992年版，第235页。
[2] 刘伯承：1961年1月26日的谈话。

做思想工作，引导他们顾全大局，在与张国焘作斗争时，注意斗争策略和方式，避免红军内部发生不必要的冲突，尽最大努力保存革命力量。

他对总部3局（通讯联络局）局长伍云甫说："现在党内发生不幸，出现了暂时分裂现象。"嘱咐伍云甫转告同志们"注意不要闹，注意团结四方面军的同志，最要紧的是工作上起模范带头作用，吃苦在前不计较待遇。分裂是暂时现象，最后是会在党的正确路线下团结一致的"。他还说，同张国焘斗争"不要性急，斗争是要斗争的，不过是又要团结又要斗争。胡底同志就是因为太性急，张国焘就把他陷害死了。"[1]

五军团是朱德最为关注的单位。在阿坝会议期间，朱德与董振堂军团长交换了意见。董振堂表示了坚决拥护中央的正确路线，同张国焘作斗争的立场，令朱德感到十分欣慰。对张国焘及其亲信打击迫害五军团同志的行为，朱德都挺身而出，保护同志。一天上午，五军团保卫局长欧阳毅获悉，总部来电说五军团一些人抢东西，准备搞反革命叛乱，被四方面军保卫局抓起来了。董振堂指示欧阳毅去处理。欧阳毅先统计了各单位的掉队人员情况，然后去四方面军驻地领人。到那里后，被关押的五军团战士都申述他们是掉队，没搞反革命。四方面军一位首长拍着桌子大发脾气，说："你们就是反革命，老子亲眼看到的，你们抢老百姓的东西！"事情弄僵了，欧阳毅便来总部报告。四方面军那位首长先到，欧阳毅一进门，那位首长便指着他说："他就是五军团保卫局长。"一位身材高大的同志站起来骂："你不听指挥，老子偏要指挥你！你是假革命，反革命！"说着就掏出了手枪。在这紧急关头，朱德制止了这种无理行动。张国焘看部下闹的不像话，才把他们打发出去。由于朱德的主持正义，一场危机化解了，欧阳毅领着掉队的战士回到五军团。[2]

---

[1] 伍云甫：《战士的伟大榜样》，见《回忆朱德》，中央文献出版社1992年版，第211页。
[2] 欧阳毅：《朱总司令和我们在一起》，载《回顾长征》，人民出版社1985年版，第680页。

由于朱德在红军中享有崇高威望,张国焘也奈何不得,于是不断在背地搞小动作,难为朱德。一天夜里,他手下的人把朱德的马偷去杀了。张国焘有七匹马,也不肯给朱德一匹。董振堂知道后,派人给朱德送来一匹马,才解决了朱行军的问题。朱德的夫人康克清在阿坝会议上坚持一言不发,引起张国焘的忌恨。南下途中张国焘借口调康克清去学习,将他们拆散。康克清气愤不过,要离队去找党中央。朱德劝她说:"不行,如果你单独行动,他们就会借刀杀人。现在你和战士在一起,他们就不敢随便动手。"朱德以一身正气和博大的胸怀,挫败了张国焘一个个阴谋。[1]

新中国成立后,朱德回忆这段不平凡的经历时说:"我们当时处境很困难,但碰上困难有什么呢?坚持吧。我们还有五、九军团和刘伯承同志,反对张国焘。他(指张国焘——作者注)那几天想叫下边互相打架,下面有些要打架,我反对。我对他说:'我们现在是如何支持下去,下面再打架,就活不下去了。要不要命,我们都要命。'我威胁他,打架被制止了。"[2]

再说右路军,自中央率一、三军团北上后,陈昌浩决心执行张国焘南下的命令。9月11日,他派通信员骑马给包座前线的傅钟、李卓然送去"特急飞传"的信件。傅钟打开一看,上面写的是:

傅钟、卓然:

　　赶快回来,中央夜里秘密开走,去向不明。他们丢下我们开小差,用意何在?飞速来议。

傅钟和李卓然也懵了,当天火速赶回巴西。陈昌浩正在召集右路军干部开会,傅钟看见"陈昌浩同志在大庙里,庙里坐了好多人,徐

---

[1] 康克清:《朱总风范永存我心》,见《回忆朱德》,中央文献出版社 1992 年版,第 71 页。
[2] 朱德:1960 年 11 月 9 日的谈话,载《中国工农红军第二方面军战史资料选编》(四),解放军出版社 1996 年版,第 271 页。

向前同志身体不好，斜卧在门板上。我靠近他坐下，陈昌浩同志开始讲话。神情暴躁至极，说中央'右倾'、'怕死'，丢下我们逃跑了。许多难听的话都脱口而出。人们听了更觉茫然，心神无主，难过极了。昌浩讲完，问谁有话讲。我说没有，卓然也说没有。向前同志难受得很，叹气，无语。天近黄昏，昌浩宣布南下，口号是'打回通南巴'，要政治部对部队进行动员。我问昌浩：'究竟出了什么事，为什么到了这种地步？'昌浩说：'傅钟，你不必担心，我们还有几个军，自有出路。'"[1]

几天后，徐向前、陈昌浩接到张国焘的命令，要右路军从班佑、包座地区南下，与左路军在大金川的松岗、党坝一带会合集结。军令如山，徐向前、陈昌浩率红30军、红军大学人员回头再次穿越草地。徐向前回忆："浩渺沉寂的大草原，黄草漫漫，寒气凛冽，弥漫着深秋的肃杀气氛。红军第一次过草地时留下的行军、宿营痕迹，还很清楚。有些用树枝搭成的'人'字棚里，堆着些无法掩埋的红军尸体。衣衫单薄的我军指战员，顶风雨、履泥沼、熬饥寒，再次同草地的恶劣自然条件搏斗，又有一批同志献出了宝贵生命。回顾几个月来一、四方面军合而后分的情景，展望未来的前途，令人百感交集，心事重重，抑郁不已。"[2]

9月17日，徐、陈率右路军越过草地，重返毛儿盖。张国焘非常高兴，向后方的31军军长余天云、政委王维舟发出了坚决南下的命令：

天云、维舟：

（甲）徐、陈率30军于昨晚安抵毛儿盖，4军今晚续到。毛（儿盖）无敌，他们过草地未遇困难。

---

[1] 傅钟：《西北局的光荣使命》，载军事科学院编：《中国工农红军第四方面军战史资料选编》长征时期分册。
[2] 徐向前：《历史的回顾》第13章，解放军出版社1985年版，第457页。

白莎官寨喇嘛寺

（乙）右路已能排除第一道难关，坚决南下，现在就看你们能否速取党、绥、崇、丹、懋。南下打开绥、崇、丹进路，关系全军生死存亡。望用全力完成任务，并大大提高全军坚决南下，再不往草地的战斗意志。

1935年9月18日[1]

9月底，徐向前、陈昌浩与张国焘、朱德等在大金川北端的党坝会合。在沙窝会议分兵后的两个月，左、右路军又会师了。但是中央已经不在了。张国焘显得踌躇满志，而徐向前他们却心事重重，笑不出来。分裂的噩梦还在头脑中搅扰。

10月5日，张国焘在卓木碉（今马尔康县脚木足乡）的白莎喇嘛

---

[1]《中国工农红军第四方面军战史资料选编——长征时期》，解放军出版社1992年版，第229页。

寺里，主持召开高级干部会议。[1] 出席会议的有红军总部和各军的负责人朱德、张国焘、徐向前、陈昌浩、刘伯承、王树声、周纯全、李卓然、罗炳辉、何长工、余天云、曾传六、李特、黄超、方强、刘志坚等军以上干部四五十人。

会议由张国焘主持。陈昌浩首先报告在毛儿盖的一切经过，说明总司令部移到刷经寺后，他和徐向前与毛泽东等中央政治局委员相处得很融洽，遇事互相商量，并无争执。毛泽东等北逃的那一天，行动是突然的、秘密的、不顾信义的，也是破坏党和红军团结的。

张国焘接着作报告。他说：中央没有粉碎敌人的第五次"围剿"，实行战略退却，是政治路线的错误，而不是单纯的军事路线问题。一、四方面军的会合，终止了这种退却，但中央拒不承认自己的错误，反而无端指责四方面军。南下是终止退却的战略反攻，而中央领导人被敌人的飞机大炮吓破了胆，对革命前途丧失信心，继续其北上的右倾逃跑主义路线，直至发展到私自率一、三军团秘密出走，这是分裂红军的最大罪恶行为。他还说：中央领导人是吹牛皮的大家，是"左倾"空谈主义。他们只是在有篮球打、有馆子进、有捷报看、有香烟抽、有人伺候时才来参加革命（这话后来张国焘还讲过多次）。一旦革命困难，就要悲观逃跑。有鉴于此，张国焘宣布：中央已经威信扫地，失去了领导全党的资格。提议仿效列宁和第二国际决裂的办法，组成新的临时中央，要大家表态。[2]

徐向前回忆说："另立中央的事，来的这么突然，人们都傻了眼。就连南下以来，一路上尽说中央如何如何的陈昌浩，似乎也无思想准备，没有立即发言表态支持张国焘。会场的气氛既紧张又沉闷，谁都不想开头一炮。张国焘于是先指定一方面军的一位军的干

---

[1] 卓木碉在中共党史上如此有名，但在地图上找不到。今天从四川马尔康西行20公里到松岗镇（中共文件有将这次会议称为松岗会议的），向北转入乡间公路，行10公里，到脚木足乡白莎村，山上有座喇嘛庙，就是当年的会址。喇嘛庙在2012年经过整修，但没有任何文物标志。

[2] 张国焘：《我的回忆》第18篇第4章。东方出版社1991年版，第3册272页。

部发言。这位同志在长征途中,一直对中央领导有意见,列举了一些具体事例,讲得很激动。四方面军的同志闻所未闻,不禁为之哗然。大家你一言,我一语,责备和埋怨中央的气氛,达到了高潮。"[1]

张国焘得意扬扬,要朱德表态。朱德的话虽然心平气和,却是语重心长。他说:大敌当前,要讲团结嘛!天下红军是一家。中国工农红军在党中央统一领导下,是个整体。大家都知道,我们这个"朱毛"在一起好多年,全国和全世界都闻名。要我这个"朱"去反"毛",我可做不到呀!不论发生多大的事,都是红军内部的问题,大家要冷静,要找出解决办法来,可不能叫蒋介石看我们的热闹!

张国焘又让刘伯承表态。刘伯承讲了一通革命形势相当困难的话,意思是要团结,不要分裂,还是不肯说一句支持张国焘的话。更不肯向张国焘低头,张国焘见朱、刘二人还不屈服,怀恨在心,当众不便发作。在大家发言表态之后,张国焘掏出一份事先拟好的名单,众人表决通过了新的"中央委员会"和"政治局"的名单。张国焘的"中央"就这样产生了。最后,会议通过了决议:

>　　第一,"毛泽东、周恩来、博古、洛甫应撤销工作,开除中央委员及党籍,并下令通缉。杨尚昆、叶剑英应免职查办。"
>
>　　第二,以任弼时、陈铁铮、陈绍禹、项英、陈云、曾洪易、朱阿根、关向应、李立三、夏曦、朱德、张国焘、周纯全、陈昌浩、徐向前、陈毅、李先念、何畏、傅钟、何长工、李维汉、曾传六、王树声、周光坦、黄苏、彭德怀、徐彦刚、吴志明、萧克、王震、李卓然、罗炳辉、吴焕先、高敬亭、曾山、刘英、郑义斋、林彪组织中央委员会。
>
>　　第三,以任弼时、陈绍禹、项英、陈云、朱德、张国焘、陈昌浩、周纯全、徐向前、李维汉、曾传六组织中央政治局,以何

---

[1] 徐向前:《历史的回顾》第13章。解放军出版社1985年版。第459页。

长工、傅钟为候补委员。

第四，以朱德、张国焘、陈昌浩、周纯全、徐向前组织中央书记处。

第五，以朱德、张国焘、陈昌浩、徐向前、林彪、彭德怀、刘伯承、周纯全、倪志亮、王树声、董振堂组织军事委员会，以朱德、张国焘、徐向前、陈昌浩、周纯全为常务委员。张国焘任中央军事委员会主席；朱德任红军总司令，陈昌浩任红军总政治委员，徐向前任红军副总司令，周纯全任红军总政治部主任，李卓然任红军总政治部副主任。[1]

张国焘炮制的这个"中央委员会"名单，颇费了不少心机。首先，他要建立一个能让共产国际承认的"正统"，所以尽可能把中共"六大"选出的中央委员排在前面。由于张国焘的消息闭塞，在名单里闹了不少笑话。例如原江苏省委书记朱阿根、原闽浙赣苏区特派员曾洪易在此之前都已被国民党逮捕，当了叛徒。原湘鄂西中央分局书记夏曦因为在洪湖苏区肃反中大量杀人，在1934年5月受到中央严厉批评并被撤职。原湘鄂赣军区司令员徐彦刚在坚持斗争失败后，于1935年9月被敌人杀害。张国焘都不知道，把叛徒和烈士一起选进来了。

张国焘炮制的"中央"，似乎也照顾到不同地区和红军，几方面都拉了些人。但是分析一下就可看出，这里掺杂了他个人的好恶和成见。在中央和一方面军中，毛、周、张、博不用说，已被他"开除"了。作为中央政治局委员的王稼祥、凯丰、刘少奇、邓发，一个也未选进。刘伯承、董振堂都没选上，仅有个"军委委员"的虚名。[2]

会议结束后，朱德找到张国焘，义正词严地告诉他："要搞（中央），你搞你的，我不赞成。我按党员规矩，保留意见，以个人名义做革命工作，不能反中央。"朱总司令在红军中的崇高威望，使张国焘无

---

[1] 转引自中华网论坛，蒲德生：《张国焘另立的"第二中央"成员》，2010年4月3日发布。
[2] 《中国工农红军第四方面军战史资料选编——长征时期》，解放军出版社1992年版，第230页。

可奈何。没有朱老总，张国焘成不了气候。为了保存红军主力，朱德也不能与张国焘公开决裂，扔下四方面军不管。所以，朱德决定在不失原则的前提下，运用策略和张国焘周旋。

刘伯承总参谋长彻底认清了张国焘的真面目。虽然他和朱总司令暂时处于少数，但他们坚信自己是正确的。张国焘软硬兼施，也丝毫不能动摇朱、刘的立场。实际上从阿坝会议以后，刘伯承的职务就被剥夺了。张国焘只让他教交通队如何打骑兵、放排哨。

一天，朱德悄悄告诉刘伯承："有人说你是日本华北驻屯军德田派来的侦探。"刘伯承冷笑道："说那些做什么，杀就杀嘛。"对个人的生死，刘伯承是置之度外的。但有一件大事一直压在他的心头：与共产国际通信的密码掌握在他的手里，这件事张国焘还不知道。刘伯承想：张国焘这一搞，说中央是什么"右倾逃跑主义"，谁又是什么"侦探"等等，如果他把密码搞去，把他那一套报告国际，不知要给中国党造成多大的麻烦。张国焘另立中央，使刘伯承下了决心。密码是一本英文的《鲁滨逊漂流记》，在参谋刘绍文手里。刘伯承告诉刘绍文，把密码烧了。这事做得很机密，除了他们二人谁也不知道。刘伯承回忆："如果张国焘知道了，那我们也就完蛋了。"

刘伯承这一决断，真是挽救了红军、挽救了党中央。因为当时中央已经控制不了张国焘，张国焘唯一畏惧的就是共产国际。当林育英到陕北后，以共产国际代表名义对张国焘下达指示，张国焘无法与国际联络，终于接受了林育英的意见，取消了自己的"中央"，再次北上与一、二方面军会师。如果张国焘能直接与国际联络，和驻莫斯科的王明搞在一起，中国革命的前途就难以预料了。从这一点说，刘伯承为党立了大功。

卓木碉会议结束后，张国焘来找刘伯承，做最后的"劝降"。张国焘说："我们的中央成立了，你要是同意，军委委员有你一个。否则,就不行。"刘伯承说:"我不同意这样搞法。"张国焘怒气冲冲地说:"你不想当总参谋长了?"刘伯承说:"你要做什么就做什么吧。"张国焘说:"那你马上办交代。"刘伯承交代完了工作,张国焘又要刘伯承做出一个南下行动计划来,限两小时完成。刘伯承说时间太紧,张国焘还是只给两小时。刘伯承知道他是存心整人,硬是两小时把计划完成了。然后,刘伯承离开红军总部,到红军大学当校长去了。[1]

10月7日,张国焘以"军委主席"的名义下达了《绥崇丹懋战役计划》,四方面军和原一方面军的五、九军团,开始了南下的战斗。

---

[1] 刘伯承:1961年1月26日的谈话。

第12章
南下失利

南下打川军——红军势如破竹——张国焘向中央报捷——刘湘孤注一掷——血战百丈关——红军转入防御——薛岳老谋深算——国民党中央军与川军解雅安之围——红军再过夹金山——毛泽东的预言得到证实

卓木碉会议之后，张国焘为了贯彻南下的战略方针，于1935年10月7日以"中革军委主席"名义发布了《绥崇丹懋战役计划》。具体部署是：王树声率右纵队八个团沿大金川南下，夺取绥靖、丹巴；徐向前、陈昌浩率左纵队十六个团沿抚边河南下，夺取懋功、达维。《计划》要求红军主力以"秘密、迅雷的手段"占领上述地区，为红军南下天全、芦山铺平道路。

当时四川军阀的部队在大、小金川一线布防，分兵把口，阻止红军南下。刘文辉部两个旅在大金川的绥靖、丹巴、崇化（今安宁）一带，杨森部四个旅在小金川的懋功、达维一带，邓锡侯部一个团把守抚边以东的日隆关。自红军北上后，这里多日太平无事。川军松松垮垮地混日子，没有想到红军会原路返回南下。

朱德审阅了刘伯承、徐向前制订的作战计划。他虽然反对张国焘另立"中央"的分裂行为，但在保存红军这个大方向上，大家是一致的。朱德认为：红军既然已经南下，就应该打开局面，寻找立足生存的地方。几万红军聚集在荒凉的川西北高原上，无衣无粮，等于自取灭亡。他对四方面军指挥员说：川军向来欺软怕硬，惯打滑头仗。我们不打则已，要打就抓住打，狠狠地打！他要求各级指挥员讲究战术，以快以巧制敌，以小的代价换取大的胜利。

作战计划下达后，各部队立即开始行动。对久困草地、饥寒交迫的红军战士来说，没有比"南下成都坝子吃大米"更令人兴奋的了。部队行动出奇的快，士气也是前所未有的高涨。

大、小金川地区地形复杂，沿途多深山峡谷，水深流急，大部队难以展开。红军取胜的关键在于出敌不意，迅速夺取渡口桥梁和山口要隘。红军开始行动后，原打算由右纵队抢占卓斯甲附近的观音铁桥渡河，以便左右两路夹河而进，隔岸呼应。但右纵队的74团抢占观音桥行动失利，指挥员又不果断，延误了时间。徐向前决定派4军由党坝迅速抢渡大金川，30军随后跟进。10月11日，许世友率4军抢渡成功，沿右岸疾进，连克绥靖、丹巴。9军27师于15日夜间发起攻击，击溃两河口守敌杨森部，并连续行军作战，一鼓作气占领抚边、达维。30军也攻占懋功。经十二天的行军战斗，红军击溃川军六个旅，取得南下第一阶段战役的胜利。

徐向前对部队的表现是满意的，他回忆："这一仗是山地隘路战，很难打。我军机智英勇，灵活迅速，充分发挥夜摸、奇袭和小部队大胆迂回穿插等战术特长，渡激流，穿峡谷，破敌垒，夺要隘，表现了红军无坚不摧的优良战斗素质。9军27师连续作战，疾进五百里，打得最出色。夜袭达维之战，行动秘密、神速，当部队摸进街时，敌人还在睡大觉。敌第4旅旅长高德州惊醒后，顾不上穿衣服，仓皇逃走。"[1]

获悉红军南下的消息，蒋介石判断红军的目标是成都平原。为了堵截和消灭红军，他在重庆建立"行营"，主持"剿匪"事宜。派遣大批国民党军政大员到四川，加强统治。对川军进行整编，将部队员额缩减三分之一，但充实了建制，补充了武器弹药，使川军战斗力比以前有明显的增强。蒋介石把川军统一到他的指挥下，任命刘湘为四川"剿匪"总司令。所有经过整编的川军都要听从统一调遣，不得各行其是。蒋介石虽然出了不少钱和枪炮，但收到"一箭双雕"之效。他让川军打红军，打赢就扼杀了革命力量，打不赢也削弱了川军，然后中央军再来收拾局面。当红军南下懋功、丹巴时，刘湘已经调兵遣将，

---

[1] 徐向前：《历史的回顾》第13章，解放军出版社1985年版，第463页。

在雅安、天全、名山一带严密布防了。

取得绥崇丹懋战役胜利后，红军总部决定乘胜南下，向成都平原进军。徐向前估计"我军乘势南攻，打击川敌，夺取天全、芦山、名山、雅安、邛崃、大邑地区，有较大把握"，便制订了《天芦名雅邛大战役计划》。10月20日，朱德、张国焘批准并发布了这个作战计划。其部署是：以4军、32军组成右纵队，倪志亮任司令员。许世友的4军攻天全，罗炳辉的32军攻汉源、荥经。30军、31军和9军一部组成中纵队，王树声任司令员，李先念任政委。向宝兴、芦山进攻，得手后向雅安、名山前进。9军主力为右纵队，陈海松任司令员，向邛崃、大邑出击。再分兵向康定、马塘行动，巩固后方，牵制敌人。

战役开始后，红军势如破竹。10月24日，红33军从懋功出发。27日30军的88师越过夹金山，居高临下冲击驻守在山脚菩生岗的川军杨森部一个团。山谷中林木茂盛，浓雾弥漫，还下着蒙蒙细雨。川军在红军冲杀下溃不成军，沿着隘路逃命，被挤下深渊丧命的就有200余人。红军一口气追到距宝兴县城50里的盐井乡，才停下来休息。

11月1日王树声率中纵队一部沿东河南下，到达宝兴城西。敌军破坏了河上的铁索桥，红军搭起浮桥过河，与对岸红军会合，一同向宝兴县城发起攻击。守敌弃城向灵关逃跑，红军攻占宝兴城，又穷追猛打，击溃刘湘部一个团，直逼芦山城下。

红军左、右纵队也进展顺利。许世友指挥4军由金汤翻越夹金山。山高路险，红军找采药农民当向导，用大刀砍断荆棘，一昼夜翻过夹金山，11月8日抵达紫石关下。驻守紫石关的是刘文辉部袁国瑞旅，半年前在泸定桥曾是中央红军的手下败将。此时有两个营守紫石关，心想这里地势险要，只有小路一条，凭借碉堡完全可以用火力封锁红军。没想到红军从悬崖绝壁爬上来一个排，夺取紫石关。袁旅的士兵撒腿往后跑，红军在后面高喊"缴枪不杀"，劝川军不要跑。川军听见红军也是四川口音，就坐下不跑了。剩下的残部好容易逃到天全城外，守城的刘湘部郭勋祺师拒不开门，还向袁旅士兵扫射，扬言"把这些杂牌部队清除掉，我们好去打红军"。袁旅士兵愤怒至极，突然来了勇气，奋不顾身冲上郭师的阵地，闯进城内。[1]

红军尾随袁旅溃军来到天全城外，在大岗山与郭师交火。黄昏时许世友来到前沿，发现敌军在小河对岸和大岗山上都构筑了工事，并以猛烈的机枪火力封锁河面和桥头，红军几次冲锋都被打了回来。许世友下令停止正面进攻，改用夜袭战术。当天深夜，红军在向导带领下从侧面摸上大岗山。敌军正在烤火做饭，就当了俘虏。许世友看到偷袭成功的信号，下令进攻。郭师的一个团大部被歼，红军紧紧追赶，直扑天全县城。11月9日拂晓攻进城内，堵住了师部的门口。郭勋祺跳墙逃跑，险些当了俘虏。天全战斗是一场硬仗，4军三天连续作战没有休息，从紫石关一直打到天全，先后击溃川军一个师又一个旅，取得南下以来的最大胜利，也让川军领教了红军的厉害。

这一时期，红军南下各路都进展顺利，形势十分乐观。左纵队击溃邓锡侯一部，逼近邛崃县境。右纵队占领天全后，配合中纵队包围芦山。11月12日芦山守敌弃城逃跑，红军又占领了芦山。十几天内，红军连克宝兴、天全、芦山三县，歼敌5000余人。控制了大渡河以东、懋功以南、邛崃山以西和青衣江以北大片地区，造成直下川西平原、威胁成都的态势，令蒋介石和四川军阀极为震惊。

在南下的过程中红军也付出了相当大的代价。长征的艰苦生活使红军体质大为下降，战斗中掉队的越来越多。半个月的行军作战，把红军的锐气差不多耗尽了，急需休整。红军的装备也很差，遇见顽强的敌军，这些弱点就暴露出来。

4军攻克天全后，右纵队的32军南下荥经、汉源，掩护4军继续

---

[1]《围追堵截红军长征亲历记》下册第8章，中国文史出版社1990年版，第80页。

向东进攻。在罗炳辉军长、何长工政委指挥下，32军进至汉源时，遇见了红军的老对头——刘文辉部的刘元瑭。5月间中央红军攻打会理，曾受挫于刘元瑭。现在这个亡命之徒又率一个旅来守汉源。汉源县城位于大渡河北岸大相岭山麓，西门、南门外都是悬崖陡壁，便于防守。北门通大相岭，城外有街道居民，又无城墙。刘元瑭依托北门外的大风包、史家坡等制高点布防，阻挡红军。当32军到达汉源城北时，驻守史家坡的吴营长带头向城里跑，半路上被刘元瑭堵住。刘元瑭怒斥吴营长："你看清共军来了多少部队？你迟滞了共军多久？你牺牲了多少人？"他一马刀把吴营长砍得血流满面，镇住了逃跑的士兵。刘元瑭退入城中，依靠圩寨和城墙死守。红军包围了汉源县城，又切断了水源，但因火力太弱，始终未能攻克。国民党的飞机经常在汉源上空盘旋，乘红军隐蔽，刘元瑭部下就出来取水，就这样相持两个月。张国焘让32军担任牵制任务，也没让他们硬攻，刘元瑭又占了一次便宜。当红四方面军南下失利，再次北上，32军也撤围而去。[1]

正当红军节节胜利时，张国焘在后方心里不安，10月31日夜里，他致电前方的徐、陈，通报中央红军与徐海东、刘志丹会合的消息，然后说："（丁）依各方情形看来，政局将为有利于我之变化，我们须准备更艰苦较长期的战争，不可图侥幸和孤注一掷。（戊）如有相当把握，宜由右翼打天全敌之左侧，或由太平、双河间打下去，不宜用重兵出大川，请兄按实况决定。（己）西康为我唯一后路，不可以西康落后说自误。即道孚亦比绥靖人口多出产多，康定、道孚若为我有，粮食解决，有宽广后方，且能向西昌方向发展。在敌能守住邛、大、名、天、芦一带碉堡线时，即宜不失时机取康定为好。"

徐向前、陈昌浩正在指挥部队前进，没回电报。张国焘不见回音，11月6日又致电徐、陈："我沿路病号掉队多，各团人员少，一时无多补充，敌力渐集，续攻难图大胜，占地亦难巩固。"要徐、陈

---

[1]《围追堵截红军长征亲历记》下册第8章，中国文史出版社1990年版，第81页。

"宜查明沿金川两岸转移兵力即取康、泸办法"。

此时红军攻克天全,士气正旺,徐、陈7日复电张国焘,通报了红军胜利的战果后,告诉张国焘:"目前这带粮房人烟极多,村落大于巴川,群众正纷纷回家,各地已开始成立游击队与扩大红军,物质基础很好。如能深入工作,补充人、物较易。……如能多集中兵力在这带打,甚有把握。如马上进西康,补难,减员更大,力分散,天气极冷,对二、六军团配合无力。"徐、陈的意见是:"此地决战得手,则截东或西进均易,西进只是万一之路。"[1]

有人认为,红军南下的胜利时刻,张国焘却要西进,正是右倾逃跑主义的表现。其实从实际情况看,红军在经历艰苦长征后,究竟还能打多大的仗,张国焘心里是清楚的。他似乎预见到红军向成都平原进军,将会遭到四川军阀的顽强抵抗,前途不容乐观。朱德的头脑也很清醒。在制订向天全、名山进军的作战计划时,他以自己在江西苏区作战的经验告诫红四方面军指挥员说:部队已经打出了川西高原的山险隘口,作战将由山地战、隘路战变为平地战、城市战,由运动战变为阵地战、堡垒战。针对部队在开阔地形条件作战的情况,他特别强调加强防空教育的重要性,既要消除畏惧敌机的心理,又要采取应付敌机的具体措施,万万不可掉以轻心,等闲视之。他说:我们是红军,不是拜物教主义者,绝不惧怕帝国主义的清道夫——蒋介石的飞机大炮。但是我们又要承认敌人的飞机确有杀伤威力,是要吃肉的。口头上空喊不怕,而不去研究对付它的科学方法,只会使红色战士经受无代价的牺牲。朱德对如何组织对空射击、防空隐蔽等问题都作了具体的说明,给徐向前留下深刻印象。遗憾的是,朱德的忠告并未引起各级指挥员的重视。[2]

红军攻克天全、芦山的消息传来,张国焘非常高兴。这时,陕北中央于11月12日致电张国焘,通报中央红军与陕北红军会合的消

---

[1]《中国工农红军第四方面军战史资料选编——长征时期》,解放军出版社1992年版,第261页。
[2] 徐向前:《历史的回顾》第13章,解放军出版社1985年版,第467页。

息,并指示四方面军"你们目前应坚决向天全、芦山、邛崃、大邑、雅安发展,消灭刘、邓、杨部队,求得四方面军的壮大,钳制川敌主力残部,川、陕、甘、晋、绥、宁西北五省局面的大发展。"张国焘当日复电,通报了占领天全、芦山的情况后,他口气傲慢地说:"这一胜利打开了川西门户,奠定了建立川康苏区胜利的基础,证明了向南不利的胡说,达到了配合长江一带的苏区红军发展的战略任务。这是进攻路线的胜利。甚望你们在现地区坚决灭敌,立即巩固扩大苏区和红军。"[1]

11月13日,南下红军展开新一轮进攻。左路9军27师向邛崃、大邑方向,中路30军向名山、百丈、黑竹关方向发起猛烈攻击。驻守这一带的川军李家玉部十二个团被打得晕头转向,四散溃退,红军占领名山县城和百丈镇,直接威胁设在邛崃县城内的刘湘"剿匪"总部。刘湘心情极为紧张,他急电催促廖敬安旅长赶赴桑园镇布防,又对四川省府秘书长邓汉祥说:"军事情况紧急,我手边部队已经用光,你赶快回去组织力量守成都。"徐向前得知占领百丈镇的消息,非常高兴,红军即将进入富饶的川西平原了。

11月16日起,形势突然逆转。一向被红军赶着跑的川军竟然集中兵力,向红军发起大规模反扑。过去川军与红军作战,总是以保存各自实力为目的,互相观望扯皮,恨不得对方被红军吃掉,他坐收渔翁之利。现在他们终于清醒过来,红军一旦进入川西平原,就是川军的末日来临。为了共同的利益,一向不团结的川军,此时竟然抱成一团,要与红军决一死战了。刘湘发布《告剿共官兵书》,下了死命令:凡有临阵退缩,畏敌不前,或谎报军情,作战不力者,一律军前正法。其余各级官兵倘有违令者,排长以下得由连长枪决;连长由营长枪决;营长由团长枪决;团长由旅长枪决;旅长由师长枪决;师长由总指挥枪决;总指挥倘有瞻徇隐匿者,由总司令依法严办。如有努

---

[1]《中国工农红军第四方面军战史资料选编——长征时期》,解放军出版社1992年版,第266页。

力作战，不顾牺牲者，无论各级官兵，均由总指挥随时注意考察，从优奖叙。

命令一下，在川军内部震动极大。11月17日下午，红军向黑竹关廖泽旅阵地发起攻击后，廖旅士兵抵挡不住，又想溃退。廖泽亲自跑到前方碉堡里督战，对部下吼道："这里是我们死守的阵地，人在阵地在，不能后退，也无可退之地。后面就是邛崃总指挥部，你们如果发现有后退的官兵，准予执行我的命令，就地枪毙！"在廖泽和手枪队的督战下，川军士兵又抄起机枪，向红军猛烈扫射，居然遏制了红军的进攻。廖旅的士兵从15日起就连续作战，构筑工事，又要防备红军夜袭，昼夜不得休息，疲劳得坐下就睡着了，连吃饭也叫不醒。军官们非常着急，组织非战斗人员站岗放哨，与以前相比真是判若两军。川军这只纸老虎，看来要变成真老虎了。[1]

刘湘迅速调兵遣将，将不中用的李家玉部调到后方当预备队，将自己手下战斗力最强的郭勋祺师（模范师）和范绍增师调到名山、百丈前线。加上其他军阀部队共八十个团的兵力，准备与红军决战。这时，蒋介石也来增援，把精锐的薛岳纵队和部分空军调到川西前线。敌我双方力量对比发生倾斜，从11月18日起，川军在百丈地区大举反攻，拉开了决战的序幕。

百丈关位于名山至邛崃间的大路上，是雅安通向成都的必经之地。这一带基本上是小丘陵，地势开阔，除了靠近百丈关的挖断山是横断公路的一座小山，其余无险可守。这样的地形适合大兵团作战，而不利于擅长游击战和山地攻坚战的红军。11月18日川军以六个旅、二十个团的兵力，在飞机大炮的掩护下向红30军阵地猛攻。红军指战员忍耐着连日作战的疲劳与优势之敌殊死搏斗，子弹打光了就用大刀。方圆十余里内的水田、山丘、沟壑都成了敌我争夺的战场，杀声震天，尸横遍野。88师政委郑维山回忆："师指挥部跟前一个班，打到下午

---

[1]《围追堵截红军长征亲历记》下册第8章，中国文史出版社1990年版，第91页。

时只剩下三个人了。但是这三个人却像钉子钉在那片树林里似的，扼守着阵地。敌人冲上来，他们从三个方面投出集束手榴弹，趁着爆炸的浓烟，呼叫着分头冲下去，把敌人杀退，三个人又从容地回到原处。战士们就是这样以一当百地和敌人厮杀。"

与此同时，川军也向黑竹关的红93师阵地猛攻。激战两个小时，红军火力不足，被迫后撤到百丈关附近的挖断山。这时增援部队赶到，一个反冲锋将敌军击退。川军又调上预备队，与红军展开拉锯战。打到天黑，红军向百丈镇撤退。

19日激烈的战斗达到顶点。天一亮川军就向红军阵地发起攻击。红军占据了敌军修筑的碉堡，用机枪向川军扫射。整连的敌军呼喊着向前冲，在红军几十挺机枪的密集扫射下，一排排被打倒在水田里，横七竖八躺倒一大片。川军指挥官急红了眼，以每人20块大洋的代价组织敢死队，同时用迫击炮、重机枪压制红军火力，拼命往上冲。徐向前冒着炮火亲临30军指挥部，指示李先念：刘湘是狗急跳墙，孤注一掷，如果我军顶住敌军攻势，灭敌一部，有可能转入反攻。30军战士打得十分英勇，寸土必争。战至午后3时，川军终于支持不住，开始后退。就在红军胜利在望时，天空中突然出现国民党飞机，在红军阵地纵深狂轰滥炸。红军没有防空武器，也没有对空射击经验，顿时四散隐蔽。不少战士在开阔地找不到隐蔽地方，在敌机轰炸扫射下负伤牺牲。川军乘势卷土重来，红军伤亡过大，在敌机扫射和川军进攻下被迫后撤，退入百丈镇中，与川军巷战。在这危急关头，4军10师师长陈锡联率援军赶到，一阵冲杀，把川军敢死队头目、土匪出身的王廷章击毙。这个亡命之徒一死，川军乱了阵脚，又被赶出百丈镇。川军团长谢浚站在东桥头提着大刀督战，也无法阻挡部下的溃退。谢浚气急败坏，躺在地上大喊："要与阵地共存亡，后退者杀无赦！"天将黄昏，川军援军赶到。红军恶战一天，伤亡也不小，双方在百丈镇东对峙。

谢浚打了一天，全团伤亡过半，也没攻下百丈镇。气急之下竟于20日凌晨四面纵火，企图烧死红军。当红军和镇上居民救火时，川军用机枪扫射，滥杀无辜。红军只保住了半个镇子，东半部的房屋都化为灰烬。第二天，川军范绍增师又压上来。红军坚持到21日，面对优势的敌军，已经打到筋疲力尽的地步。红军总指挥部果断决定：不在名山、邛崃、大邑一线与敌军拼消耗，全军后撤到九顶山、天台山和莲花山一线扼险防守。当夜，红军撤离百丈镇，向新店、万古退却。历时十八昼夜的天芦名雅邛大战役，至此结束。

百丈决战是红军南下以来打得最激烈、最残酷的一场恶战。徐向前在回忆录中认真总结教训："我军百丈决战失利，教训何在呢？第一，对川军死保川西平原的决心和作战能力，估计不足，口张得太大。川军是我们的老对手，被红军打怕了的，历次作战中往往一触即溃，望风而逃。但这次却不同，经过整编，蒋介石向各部队都派了政工人员，多数军官又经过峨眉军官训练团的训练，敌军的战斗力有较大的加强。为确保成都平原，刘湘亲自坐镇，不惜代价，挥军与我死打硬拼。加上敌人兵力众多，运输方便，地形熟悉，堡垒密布，炮火强大诸条件，便成了难啃的硬骨头。战役过程中，薛岳部又压了上来。对于这些情况，我们战前缺乏足够估计，想一口吞掉敌人，打到川西平原去。这是导致决战失利的主要原因。第二，与此相联系，我军高度集中兵力不够。刘湘在这带集中的兵力，达八十个团以上。纵深配备，左右呼应，凭碉坚守。我军只集中了十五个团的兵力进击，一旦遇到敌人的拼死顽抗和反扑，深感兵力不足，捉襟见肘。部队两次过草地，体力消耗很大，乍到新区，人地生疏，群众还没有发动起来，无法积极配合红军作战。这样，就难以取得战役战斗中的优势地位。第三，战场的选择失当。百丈一带，地势开阔，部队的集结、隐蔽、攻防受很大的限制，极易遭受敌机袭击与炮火杀伤。当敌发起反攻时，我军处在十余里的长弧形阵地上，三面受敌，相当被动。另外，部队习惯于山地战、隘路战，而对平地、水田、村落战斗，则缺乏经验。有些干部到了平川地带，连东南西北都辨别不清；敌机来了，无法对付；部队撒出去作战，抓不住、收不拢，影响了指挥信心。仗打得比较乱，有的部队'放了羊'；有的部队你打你的，我打我的，协同配合不好；有的部队不讲战术，增大了伤亡。如此种种，都与我们在战役指导思想上的急躁和轻敌有关。广大指战员的浴血奋战精神，是可歌可泣的。"[1]

百丈决战，是张国焘南下由胜利走向失败的转折点。本来，百丈大战后红军和川军都打得筋疲力尽，战场呈相持状态。红军打算巩固天全、芦山、宝兴地区，在这里发动群众，准备过冬。如果有几个月的休整，红军就可能东山再起，卷土重来。但是命运偏与红军作对，这一带物产不丰，人口稀少，红军的兵员、粮食、被服补充都发生困难。这里本来冬季并不太冷，但1935年冬天却下了十年来罕见的大雪。夹金山以北的懋功等地也是大雪封山，天寒地冻。驻守丹巴的5军军长董振堂、政委黄超1936年1月8日报告总部："37团在毛牛获得敌人的军米，吃了半个月，军直属队只吃了一餐大米稀饭，现在各部队每天一顿馍、两顿稀饭，苞谷占大部分，小麦差不多已吃尽。尤其是37团因毛牛东固地区小，粮食不多，现在的粮食要从丹巴供给一天吃一天，蔬菜以萝卜为主。油盐问题由于供给的注意，部队未感缺乏。但驻丹巴部队柴火非常困难，要离城数十里才有柴火，现由政府发动群众卖，能解决一部分的困难。"[2] 在这样的形势下，红军要再次出山冲击成都平原，显然是不可能了。张国焘虽处于艰难处境，还是想让主力在宝兴、荥经地区熬过冬天，再作打算。

但是蒋介石却不给红军喘息机会。他见红军和川军拼得差不多

---

[1] 徐向前：《历史的回顾》第13章，解放军出版社1985年版，第472页。
[2] 《中国工农红军第四方面军战史资料选编——长征时期》，解放军出版社1992年版，第313页。

了，便将嫡系部队——薛岳的六个师近10万人马从贵州调到川西，担任进剿红军的主力。在成都，国民党军事委员会重庆行营副主任兼参谋长贺国光与薛岳长谈，详细介绍了他们掌握的红军情报和川军与红军作战的经过。薛岳曾经参加围追堵截红一方面军的行动，有些经验。与贺国光谈话后，心里有了底。他回到指挥部对部下分析说："自古以来事业成功者，都要得到天时地利人和。如今红军天时很坏，严寒将至，岷山已降雪，天寒无衣岂能久居？论地利，红军所据尽是汉彝杂处的山区，地瘠民贫，作战无粮何以为继？论人和，据贺国光说：毛泽东主张北上，张国焘主张南下，这显然是分裂征兆。红军分散兵力，加之久战疲惫，同心协力的条件已不复存在。又加之弹药不足，虽因滇川军屡败他们得到一点弹药，也不能久战。红军防线北自大邑、邛崃，南至荥经、汉源，区区一个方面军，数万之众扼守300里以上的防线，已到了强弩之末。中央军增援上去，当然旗开得胜。"部下听了薛岳这番见解，都点头称是。中央军毕竟比川军老谋深算得多，贺国光的行营参谋团与薛岳共同制订了围剿红军的计划：第一步要在年底以前解名山、雅安之围，打通川西荥经、雅安、汉源一线交通；然后第二步收复天全、芦山、宝兴地区，将红军主力逼到雪山以北。[1]

1935年12月下旬，薛岳部队集结完毕后，开始向荥经方向进攻。担任主攻的是吴奇伟纵队。荥经南边是4军许世友的防区，陈昌浩找许世友布置任务，要他在峡口一带阻击敌军。许世友认为：敌人来者不善，守峡口至少要三个团。陈昌浩不以为然，认为薛岳是稳扎稳打，堡垒政策，不会一下把主力用上来，红军在峡口摆一个团就够了。许世友只好服从命令，把35团调上去。谁知战斗打响后，才发觉国民党军用了绝对优势的兵力，对红军阵地猛攻。在激烈的炮火下，35团寡不敌众，团长、政委和大部分战士都牺牲了。许世友打过许多恶仗，还没有经历过这样惨痛的失败。红军防线被连续突破，许

---

[1]《围追堵截红军长征亲历记》下册第8章，中国文史出版社1990年版，第102页。

世友不得不边打边撤,退至天全、紫石关一线。薛岳的第一步行动达到了目的,国民党军官巡视战场,发现死去的红军衣衫破烂,断定红军后勤供应十分困难,决定不停顿地向红军发起第二轮进攻,并催促川军的刘湘、刘文辉部配合,从三面向红军压来。

1936年1月,薛岳命令孙震的41军攻占名山的金鸡关,逼近蒙顶山红军主阵地前沿。吴奇伟纵队占领冷水场,打通了荥经到泸定的交通。为解雅安之围,薛岳派一个师攻飞仙关。飞仙关是雅安北至芦山、西至天全的要隘,南临雅江,水流湍急,就是冬季枯水季节也很难徒涉。在渡河攻击时,国民党军的一个团长被打死在河里,但他们投入两个团兵力猛攻飞仙关。红军弹药缺乏,被迫撤退。薛岳部占领天全县城,解雅安之围。在城内困守三个月的刘文辉得救,对薛岳感激不尽。这时,刘湘的川军也攻到了宝兴境内。

在各路敌军的联合进攻下,红军处境日见艰难。三个月的恶战,红军的有生力量消耗过大,得不到补充。去年9月南下时,红军有8万多人。此时已锐减到4万人,损失近半。指战员们都意识到:再打下去会把红军损失殆尽。面对现实,张国焘也承认"难以在此与敌长期周旋"。1936年2月初,张国焘、朱德、徐向前、陈昌浩、刘伯承在芦山任家坝红军总部开会,研究制订了《康(定)道(孚)炉(霍)战役计划》,其纲领是:"我军为继续扩大南下胜利,扩大民族统一战线,更有力地策应二、六军团行动,并取得在广大地区的运动战中粉碎蒋介石卖国军,决以一部位邓生、跷碛、达维、抚边钳制南、东两方之敌,主力迅速向西增进,取得道孚、炉霍、康定一带地区,以便尔后之发展。"[1]

根据这个新计划,红军于1936年2月15日后陆续撤离天全、芦山、宝兴地区,再次翻越夹金山,经达维、懋功、丹巴向西转移。跟随总部行动的军委三局局长伍云甫(原中央红军无线电总队队长)在

---

[1] 《中国工农红军第四方面军战史资料选编——长征时期》,解放军出版社1992年版,第367页。

日记中写道:"2月21日,晴。0时30分由草棚出发,6时30分至夹金山顶,20时到达维宿营(约80里)。在冰雪中行数十里,寒冷彻骨,溜滑难行,甚疲劳,右腰跌伤。"[1] 寥寥数语,表现出一种沉闷的心情。这次行军已经失去了南下时那种热烈高昂的气氛。张国焘也不得不承认:"我们的南下计划,显然没有什么收获。"[2] 去年9月毛泽东的警告:"南下是绝路。"果然得到了证实。

---

[1] 中国革命博物馆编:《红军长征日记》,档案出版社1986年版,第227页。
[2] 张国焘:《我的回忆》第19篇第1章,东方出版社1991年版,第3册279页。

第13章
神秘的国际来客

陕北中央与张国焘联系——张国焘态度傲慢——林育英到达陕北——张国焘告状——中央要林育英以"国际代表"身份调解——朱德冲破阻挠与中央联系——中央政治局通过关于张国焘错误的决定——四方面军干部拥护中央——张国焘"急谋党内统一"——中央提出新方针——四方面军决定北上

1935年底，对陕北的中共中央和四川的张国焘来说，都是处境艰难的时期。中共中央与陕北红军会合，并取得直罗镇战斗的胜利，在陕北站住了脚，但形势依然严峻。国民党中央军和东北军、西北军三面包围苏区，随时可能发动新一轮的"围剿"。经过长征的红军缺少武器装备和粮食物资，毛泽东日夜思考如何巩固苏区、摆脱困境。

在四川的张国焘面临不利的形势。百丈大战的失利，使红军由进攻转入防御。国民党中央军和川军咄咄逼人，企图把红军包围消灭。红军虽然拼得很顽强，但武器装备相差悬殊，难有胜算。天已经开始下雪，红军缺少粮食、棉衣和医药，伤员在痛苦地呻吟。张国焘心情沉重，左右为难。

尽管在草地的决裂双方都没有忘记，但中共中央与张国焘并没有完全断绝关系。在俄界会议和卓木碉会议的《决议》中，双方都在互相谴责，俄界会议决议给张国焘留有余地，不像张国焘在卓木碉另立"中央"做的那样绝，但双方来往电报中都避而不谈。

1935年11月12日，中共中央致电朱、张、徐、陈，通报中央红军与陕北红军会合的消息，告诉他们中央正在设法与白区党和共产国际取得联系。电报警告张国焘："你们以总司令及四方面军名义，在中央历次对蒙古的范围内发表主张外，不得用此名义作任何表示。"电报同意四方面军向川西发展，并要求张国焘"你们战况及工作情形，应随时电告党中央"。

当天张国焘就回了电报，当时四方面军刚攻下天全、芦山，士气正旺。张国焘电报中不乏得意之语，说这是"进攻路线的胜利"，"证明了南下不利的胡说"。他没有把电报直接发给中央，而是发给林彪、聂荣臻、彭德怀、徐海东等军事将领转毛泽东、张闻天、周恩来等。

中央察觉到张国焘的变化，再次致电说：国民党、何应钦在讲话或文件中都诬蔑党中央是"逃跑主义"，以此贬低中央威信。而"党内起而应声，请你们严重注意"。张国焘不再掩盖，12月5日以"党团中央"名义致电彭德怀、毛泽东：

彭、毛等同志：

甲、此间已用党中央、少共中央、中央政府、中革军委、总司令部等名义对外发表文件，并和你们发生关系。

乙、你们应以党北方局、陕甘政府和北路军，不得再冒用党中央名义。

丙、一、四方面军名义已取消。

丁、你们应将北方局、北路军和政权组织状况报告前来，以便批准。

党团中央[1]

收到这封电报，毛泽东和中央领导人才知道张国焘另立了"中央"，其愤怒可以想见。但是张国焘远在四川，人多势众，中央此时对他确实没有约束力。如何能让他改变立场，带领四方面军回到中央的号令之下呢？

就在毛泽东、张闻天等苦苦思索时，一位国际来客突然到了瓦窑堡。他叫林育英，化名张浩。

---

[1]《中国工农红军第四方面军战史资料选编——长征时期》，解放军出版社1992年版，第286页。

林育英

　　林育英，1897 年生于湖北黄冈县林家大湾。这是一个人丁兴旺的大村落。林家人多以从事织染业为生，生活比较富裕。他们经常到武汉三镇和长江沿岸码头贩运布匹，在农村是见多识广的人。村里的孩子不乏思想活跃的人物，林育英在武昌中学读书时，正逢"五四"运动。他是林家最早接受革命思想的人。1921 年春，湖北共产党创始人之一的恽代英来到黄冈，在这里开展革命活动。林育英与他奔走活动，在当地开办了浚新小学。这是黄冈革命的摇篮。林氏家族就出了三位著名人物：林育英和他的堂弟林育南、林育蓉（林彪）。

　　大革命的洪流中，林家三兄弟天各一方。林育英奔走于武汉、安源、上海之间，从事工人运动。1930 年被派往东北重建被破坏的满洲省委。在抚顺不幸被日本人逮捕，经历了十三个月的残酷折磨，才因证据不足获释。1933 年他被派到莫斯科，担任中国共产党驻共产国际代表团成员和中华全国总工会驻赤色国际的代表。林育南领导过 1923 年的"二七"大罢工，在中共五大上当选为中央候补委员。1931 年 1

月中共中央六届四中全会上,他因反对苏联代表米夫和王明,被开除党籍。后遭国民党逮捕,被杀害于上海龙华监狱。林彪则投考了黄埔军校,经历了北伐、南昌起义、井冈山斗争,成为红一方面军一军团军团长。

林育英为什么会突然回国呢?原来,自1934年10月中央红军开始长征后,共产国际便和中共中央失去了联系。1935年7月,共产国际在莫斯科召开第七次代表大会,决定建立全世界反法西斯人民阵线。会议结束后,为了传达共产国际"七大"精神,恢复与中共中央的联系,共产国际决定派一个中国代表回国。从苏联回国有东北、新疆和内蒙古三条路线,东北被日本人占领,新疆路途遥远,只有从蒙古入境路途较近,但要穿越浩瀚的沙漠,又要通过国民党的关卡,文件不能带,要记在脑子里。派回国的人一要能吃苦,二要机智灵活,三要在党内有知名度,让中共中央相信。就这样,选中了林育英。

林育英接受任务后,化名张浩,扮成一个商人,取道蒙古回国。一路上他克服种种困难,穿越大沙漠,并沿途打听消息。1935年11月他到了陕北定边,得知中央到了陕北的消息。他立即赶往中共中央所在的瓦窑堡,与张闻天接上了头。在上海中央工作过的领导人都认识林育英,喜出望外。12月中央政治局在瓦窑堡开会,听取了林育英的传达汇报后,中央通过了《关于目前政治局势与党的任务的决议》和《关于军事战略问题的决议》,《决议》确定了建立抗日民族统一战线的总方针。表示要联合民族资产阶级,开展抗日民族解放战争。要把国内战争和民族战争结合起来,猛烈扩大红军,巩固现有苏区,打通国际路线。

林育英到陕北后,立即开始了紧张的工作。他与中共中央领导人多次谈话,了解几年来国内革命和红军的情况。他对张国焘和红四方面军的情况深为关切,于是发了一封电报,向朱德、张国焘通报他到达的消息。

　　第一封电报的原件，目前尚未见到。张国焘回忆："林育英到达陕北后，立即致电给我。大意是：他和王明曾参加1935年7月间共产国际第七次代表大会，大会对中国问题的讨论，有抗日民族统一战线新策略的决定。他奉命携带密码，经蒙古来寻找红军，已于某月某日到达陕北，完成了第一步使命。他拟由陕北继续到川康地区来，与我和其他同志会晤，但因交通阻碍，尚不知能否如愿等语。"[1]

　　张国焘接到电报，也非常高兴。他以为找到一个向国际告状的机会，与毛泽东、张闻天算账，并寻求林育英的支持。于是他以"党中央"的名义，给林育英复了一封长电，回顾一年来的党内斗争。

　　林聂彭李转育英同志：

　　　1. 给焘电已收读。党中央尚未收到七次大会决议，兄即到极好，请将国际决议速为指示。

　　　2. 五次围剿在"决定胜负战争"左倾空谈之下，执行了右倾机会主义的单纯防御路线。对堡垒主义恐怖，放弃了集中主力，用运动战方法各个击破敌人的进攻路线。

　　　3. 在持久战中未能取得胜利，突围成为必要。但在突围后，因失去反攻各个消灭敌人、创造新赤区的信心。过分夸大敌力，因此丧失许多反攻的机会，造成大量减员和严重失败情绪与张皇失措的逃跑。

　　　4. 遵义会议是以决战防御对单纯防御路线，模糊了反围剿战争中集中主力各个击破的进攻路线。已成右倾机会主义的泽东和拼消耗的左倾空谈的防御主义的恩来的妥协，将五次围剿受到挫折之责任推到华夫（即李德——作者注）个人身上，暗中宣传应由国际负责。

---

[1] 张国焘：《我的回忆》第19篇第2章，东方出版社1991年版，第3册293页。

5. 一、四方面军会合后，过低估计。两方面军会合后所产生之新逃跑，失去战败敌人、创造新根据地的信心。不顾一切，一心只朝着苏联和外蒙古逃跑，最后以无耻的手段分裂红军。

6. 机会主义的另一表现就在于抑压自我批评。在迅速进攻敌人的藉口下，阻止对于遵义会议和五次围剿经验的任务学习。利用两军会合后的一些小的误会和缺点，故意将反机会主义斗争转变为一、四方面军的冲突。

7. 毛周逃跑时破坏指挥统一，放弃对敌警戒，烧粮毁圹，公开反对南进。无异向敌告密，造成最大罪恶。

8. 我主力红军在党中央直接正确领导下，坚决向南进攻，发挥了布尔什维克的无上英勇，打坍了敌人九十个团以上。现在天全、名山、雅州（安）一带发展苏区，打破一切蒋介石统治，稳定南进是死路的胡说，揭穿了右倾逃跑的实质。

9. 临时中央主张在最近时期召开中国党第七次代表大会，四方面军在中央直接领导下尽力反对毛周路线。特别在抗日反蒋和红军胜利今日，应即团结全国同志，加强中央领导，来争取民族革命战争和反围剿的新胜利。

10. 对陕北赤区及红军的任务，已屡有建议。望他们立即接受中央正确领导，反对毛周路线。并要求林彭聂李立即与中革军委和总司令部发生经常关系，恢复红军的指挥统一。

11. 望你设法多派同志来这里工作，绍禹（即王明——作者注）和你及我党驻莫代表和留莫同志设法来此。切盼。

党中央　12月18日 [1]

林育英看了张国焘这封口气傲慢的电报，感到中共党内的分歧比原来想象要严重得多。张国焘自立"中央"，是不合法的，也没有

---

[1] 军事科学院编：《中国工农红军第四方面军战史资料选编》长征时期分册。

得到国际的认可。但是张国焘掌握着大多数红军,没有他的合作,革命力量就太弱了。毛泽东、张闻天与林育英商量,他们相信朱德和党中央是一致的,可以通过朱德做争取张国焘的工作。估计到仅仅以中央的名义尚不能约束张国焘,必须借助共产国际的权威。毛泽东、张闻天要林育英以"国际代表"的特殊身份出面调解矛盾,教育、帮助张国焘,党中央同张国焘之间的组织关系也可以暂时变通一下,作些让步。这样,林育英就开始了一项共产国际没有授权的新使命。[1]

12月22日林育英复电张国焘,在传达了共产国际七大的精神和中央反法西斯统一战线的新策略后,对张国焘说:"关于你们所提出的许多问题,当转交代表团及国际。我想这些问题在国际及七次大会上自能圆满解决。因此,我现时有两点意见,望兄注意:第一,党内争论目前不应弄得太尖锐。因为目前的问题是一致反对敌人,党可有争论,对外则应一致。我已将这个意见同样地向这里诸同志提出。第二,国际对中国党的组织问题本来有如下意见:因为中国土地之广大,交通之不便,政治经济的不统一与发展之不平衡,特别是中国革命在各地爆发等原因,中共中央势难全部顾及。因此,可以组织中共中央北方局、上海局、广州局、满洲局、西北局、西南局等,根据各种关系,有的直属中央,有的可由驻莫中共代表团代管。此成为目前使全党统一的一种办法,此项意见望兄深思,见复。共产国际及绍禹同志对四方面军希望甚大,派人一事,不久定可做到。"

在中共早期的历史中,曾多次出现这样的现象:由于中国共产党是共产国际的一个组成部分,所以中共中央对国际指示必须服从,而不能有所反对。这种服从一度达到盲从的地步,只要是国际来的人,不论身份如何,都被奉为"钦差大臣"。当年李德只是一个苏军情报人员,被派遣到东北搜集日军情报的。因组织被破坏,躲避到上海。上

---

[1] 程中原:《张闻天传》,当代中国出版社1993年版,第309页。

海中央负责人听说他是国际来的,又懂军事,就介绍他到中央苏区工作。而苏区中央局的领导人又把他捧为国际派来的"军事顾问",就这样层层加码,李德居然变成中央苏区第五次反"围剿"的红军最高指挥官,发号施令地瞎指挥起来。他那套根本不符合中国革命实际情况的阵地战术,断送了苏区,迫使中央红军进行长征。这个悲剧与其说是国际的责任,不如说是中央"左倾"机会主义领导人盲目崇拜国际,自己把李德抬起来造成的恶果。现在林育英的使命就是传达国际代表大会精神,国际根本不了解中国革命的变化和具体情况,怎么会让林育英来解决中央与张国焘之间的矛盾呢?但是现在情况不同,中央需要借助国际的威望,由林育英出面来争取张国焘。张国焘尽管不把中央放在眼里,但他不敢得罪共产国际。所以,林育英的到来是一个机会,在调解中央与张国焘的斗争中,可以发挥举足轻重的作用,使分裂的红军重新团结起来。

林育英的来电很快在四方面军中传开。朱德闻讯十分高兴,12月30日他给中央发了电报。这是自草地分裂以来,朱德以个人名义给中央发出的第一封电报。通报敌情后,朱德告诉毛泽东、林育英:"育英同志电悉。我处与一、三军团应取密切联系,实万分需要。尤其是对敌与互相情报,即时建立。"

在久无音讯后,突然收到朱德来电,毛泽东也很高兴。于1936年1月1日致电朱德,通报了陕北情况后,毛泽东说:"国际除派林育英同志来外,又有阎红彦同志续来。据云,中国党在国际有很高地位,被称为除苏联外之第一党。中国党已完成了布尔什维克化,全苏联全世界都称赞我们的长征。""我处不但与北方局、上海局已发生联系,对国际也已发生联系。兄处发展方针须随时报告中央,得到批准。即对党内过去争论,可待国际及'七大'解决。但组织上决不可逾越轨道,致自弃于党。"[1]

---

[1]《毛泽东年谱》,人民出版社1993年版,上册第502页。

张国焘看了电报,很不满意。第一,中央始终没有答复他提出的"路线问题";第二,中央也没有承认他的"中央"。1月6日,他又以"党中央"名义,给林育英发了一封措辞强硬的电报,说"为了党的统一和一致对敌,必须坚决反对反党的机会主义路线"。然后他重提通南巴、两河口、沙窝会议争论的问题,尤其是"一、四方面军会合后,放弃向南发展,惧怕反攻敌人。后来又将党向北进攻的路线曲解为向北逃跑,最后走到分裂党和红军。上述的一贯机会主义路线若不揭发,就不能成为列宁主义的党"。但他表示"一切服从共产国际的指示"。

中共中央研究了张国焘的电报,1月13日由张闻天复电张国焘,重申:"我们之间政治原则上的争论,可待将来作最后的解决。但别立中央,妨碍统一,徒为敌人所快,绝非革命之利。此间对兄错误未作任何组织结论,诚以兄是党与中国革命领导者之一,党应以慎重态度出之。但对兄之政治上的错误,不能缄默。不日有电致兄,根本用意是望兄改正,使四方面军进入正轨。兄之临时中央,望自动取消。否则长此下去,不但全党不以为然,即国际亦必不以为然。尚祈三思为幸。"[1]

1月16日,林育英再次致电张国焘:"共产国际派我来解决一、四方面军的问题,我已会着毛泽东同志,询问一、四方面军通电甚(少),国际甚望与一、三军团建立直接的关系。我已带有密码与国际通电,兄如有电交国际,弟可代转。再者,我经过世界七次大会,对中国问题有详细新的意见,准备将我所知道的向兄转达。"[2]

此时,张国焘依然不肯退让,反而在复电中说中共中央是"假冒党中央",拒绝承认遵义会议决议,不但不取消自己的第二"中央",反而要中央"自动取消中央名义"。这下把矛盾激化了,1月22日,中共中央政治局作出《关于张国焘同志成立第二"中央"的决定》,全

---

[1] 程中原:《张闻天传》,当代中国出版社1993年版,第309页。
[2] 《中国工农红军第四方面军战史资料选编——长征时期》,解放军出版社1992年版,第321页。

文如下：

> 张国焘同志自同中央决裂后，最近在红四方面军中公开成立了他自己的"党的中央"、"中央政府"、"中央革命军事委员会"与"团的中央"。张国焘同志这种成立第二党的倾向，无异于自绝于党，自绝于中国革命。党中央除去电命令张国焘同志立刻取消他的一切"中央"，放弃一切反党倾向外，特决定在党内公布1935年9月12日中央政治局在俄界的决定。[1]

1月23日，中央再次收到朱德来电，表示"现处革命新的高潮，党急宜求得统一，以争取胜利"。这是朱德单独给中央发的第二封电报，表明他冲破张国焘的阻挠，反映了红军中多数干部的要求。中央十分高兴，24日，张闻天复电朱德：

> 朱德同志：
>
> 甲、党内统一一致，才能挽救殖民地危险，才有（利）于中国革命。接读来电，至为欢迎。兄与国焘兄均党内有数同志，北局同志均取尊重态度。弟等所争持者为政治路线与组织路线之最高原则，好在国际联络已成，尽可从容解决。既愿放弃第二党，则他事更好商量。
>
> 乙、兄处组织仿东北局例，成立西南局直属国际代表团，暂与此间发生横的关系，弟等可以同意。原有之西北局、北方局、上海局、南方局的组织关系照旧，对内对外均无不妥。特复。
>
> 张闻天

同日，林育英也致电张国焘、朱德，表明他的立场：

---

[1]《中国工农红军第四方面军战史资料选编——长征时期》，解放军出版社1992年版，第328页。

国焘、朱德同志：

　　甲，共产国际完全同意于中国党中央的政治路线，并认为中国党在共产国际队伍中，除联共外是属于第一位。中国革命已成为世界革命伟大因素，中国红军在世界上有很高地位，中央红军的万里长征是胜利了。

　　乙，兄处可即成立西南局，直属代表团。兄等对中央的原则上争论可提交国际解决。

林育英[1]

　　林育英的电报是有分量的。第一，不承认张国焘的"中央"；第二，以国际名义支持中共中央的政治路线，肯定红军长征的胜利，否定张国焘对中央"逃跑"的指责。第三，给张国焘一个台阶下，暂时让他与中央保持同等地位。

　　张国焘看到这封电报，终于顶不住了。他不怕张闻天，但是不敢得罪共产国际。他懂得，没有共产国际的认可，像瞿秋白、李立三都会被剥夺领导权。而有了共产国际的支持，像王明这样的人都可以一步登天。再这样僵持下去，前景不妙。他不得不转变立场，尽管转得很不痛快。

　　如果张国焘还像去年与中央会合时那样强大，他是不会轻易认输的。促成张国焘转变的原因是多方面的，南下的失利无疑是最重要的原因。这时，战局的发展已经对四方面军极为不利。红军被川军和国民党中央军压缩在芦山、宝兴山区，弹药、粮食均已告罄。军事上的失利使张国焘的威望和地位发生动摇。原来服从张国焘的指挥员开始在心里打问号：张国焘的南下究竟正确不正确？张国焘与中央的决裂究竟谁对谁错？徐向前在卓木碉会议后就感到张国焘做的太绝，他劝

---

[1]《中国工农红军第四方面军战史资料选编——长征时期》，解放军出版社1992年版，第329页。

张国焘：党内有分歧，可以慢慢地谈，总会谈通的。把中央骂得一钱不值，开除这个，通缉那个，只能使亲者痛，仇者快。即便中央有些做法欠妥，我们也不能这样搞。现在弄成两个中央，如被敌人知道有什么好处嘛。当时张国焘受到四方面军多数人的拥护，徐向前说也没有用。现在不同了，红四方面军向何处去？张国焘心里左右为难，没了准主意。徐向前了解张国焘的为人，说他"是个老机会主义者，没有一定的原则，没有一定的方向。办起事来忽左忽右，前脚迈出一步，后脚说不定就打哆嗦"。[1] 中央和林育英的来电，对四方面军干部思想的转变起了催化作用，受到四方面军多数干部的拥护，张国焘成了孤家寡人。

1936年1月底，张国焘在任家坝召集会议，传达中央转来的瓦窑堡会议决议，党的抗日民族统一战线政策深得人心，大家表示要在新的策略和路线基础上团结起来，一致对敌。张国焘尽管百般为自己的错误辩解，也表示同意瓦窑堡决议的方针路线。在这个转折关头，朱德和刘伯承上上下下做工作，对四方面军干部思想转变起了重要作用。

在南下过程中，朱德受了不少委屈。张国焘搞了许多小动作，不是把朱德的马搞丢了，就是调康克清去"学习"，给朱德的生活造成很多困难。但是朱德从不计较，泰然处之。在原则问题上，朱德从不让步。张国焘要朱德出面做中央的工作，承认他另立的"中央"。朱德严肃指出：你这个"中央"不是中央，你要服从党中央的领导，不能另起炉灶。张国焘拿朱德没办法，他知道朱德在红军中的威望是不可动摇的。没有朱德，他的"中央"和"中革军委"都成不了气候。朱德尽管与他斗争，也很讲究方式方法，不与他闹僵。红四方面军南下失利后，朱德的威信越来越高，徐向前、陈昌浩都明显倾向于朱德。特别是林育英的电报源源而来，陈昌浩也明确表示服从国际的指示。朱德对四方面军干部做了大量耐心细致的说服工作，教育大家从团结大

---

[1] 徐向前：《历史的回顾》第13章，解放军出版社1985年版，第475页。

局出发,回到中央的正确路线上来。

刘伯承被张国焘撤了总参谋长的职务,只剩个红军大学校长的虚衔。他没有忘记自己的责任,利用一切机会和原一方面军的干部谈话。当红军南下失利,准备向北撤退时,他在芦山灵官场见到了原九军团政委何长工。虽然何长工在卓木碉会议上被张国焘选为"中央委员",但不久就被排斥,转任粮食征集委员会的主席。刘伯承对何长工说:"我们观点尽管不同,但保存红军是一致的。现在只有北上才有出路,要不然恐怕你的粮食也不够。"何长工点头同意。刘伯承又对当时任四方面军宣传部副部长的刘志坚说:"你应该多看两本书,如列宁主义问题等,将来还要做工作。"刘志坚是一方面军的老战士,他的立场也和刘伯承一致。[1]

1月27日,张国焘连发两封电报。一封抬头是"育英、闻天并转各中委同志",很勉强地承认了中共中央,表示原则上同意中央政治局瓦窑堡会议决议,并提出几条补充意见。第二封电报是给林育英、张闻天,为自己进行申辩。电报提出:"对目前策略路线既渐趋一致,应急谋党内统一。"但是他不肯轻易认错,还强词夺理:"国际赞扬我党和万里长征的胜利,自是鼓舞中国革命同志最艰苦卓绝的战斗精神,谁也不想抹煞这个,但是否因此就不去学得教训?""党内思想斗争是应当加紧的,但党内生活如果没有领导干部间民主的、互助的、同志的态度的互相商量,机械地运用两条路线的斗争,一方面妨碍自动性、创造性、积极性的发展,同时不能收得思想斗争应有的效果,反养成打官话的习惯发展成为似乎是有原则的斗争。"他否认卓木碉会议对中央领导人的"处理",说:"此间对兄处领导同志不但未作任何组织结论,也没有将兄等原则上错误和分裂党和红军的事实告知二、六军团。对兄处中央委员同样表示尊重态度,对外仍用毛主席名义。"[2]

与前几封电报比较,张国焘的立场已经发生了动摇。他"急谋党

---

[1] 刘伯承:1961年1月26日的谈话。
[2] 《中国工农红军第四方面军战史资料选编——长征时期》,解放军出版社1992年版,第331页。

内统一",说明他不再抗拒林育英的调解,不敢再以"中央"自居。但他又不肯轻易认错,还在纠缠"党内斗争"那一套,不过现在大家都已不感兴趣,没几个人迎合张国焘了。

红四方面军下一步向何处去?张国焘、朱德就此征求林育英的意见。1936年2月14日,林育英、张闻天联名复电朱张,提出对下一步战略方针的意见:

1. 育英动身时曾得斯大林同志同意,主力红军可向西北及北方发展,并不反对接近苏联。四方面军及二、六军如能一过岷江,一过长江,第一步向川北,第二步向陕甘。为在北方建立广大根据地,为使国内战争与民族战争连成一片,为使红军(成为)真正的抗日先遣队,为与苏联红军联合,反对共同敌人日本,为提高红军技术条件,这一方针自是上策。但须由兄弟等估计敌情、地形等具体条件的可能性。

2. 二、四方面军现在地巩固地向前发展,粉碎围剿,第一步把苏区迫近岷江,第二步进入岷、沱两江之间,这是夺取四川计划。但需估计堡垒主义对我们的限制,需不失时机以主力跃入堡垒线外,在外消灭敌人,发展苏区。二、六军则靠近川南苏区,在云、贵、川三省之交建立根据地,与四方面军互相呼应。

3. 四方面军南渡大渡河与金沙江,与二、六军取得近距离会合,甚至转向云、贵、滇发展,寻求机会的前进。以上三种方针,望兄等考虑选择之。[1]

接到电报,红四方面军高级干部立即开会研究。徐向前回忆:"我们讨论的结果,一致赞同继续北上的方案。因为朱德、刘伯承、陈昌浩和我过去就同意中央的北进方针,只是由于张国焘坚持南下,才

[1]《中国工农红军第四方面军战史资料选编——长征时期》,解放军出版社1992年版,第371页。

红四方面军长征路线图

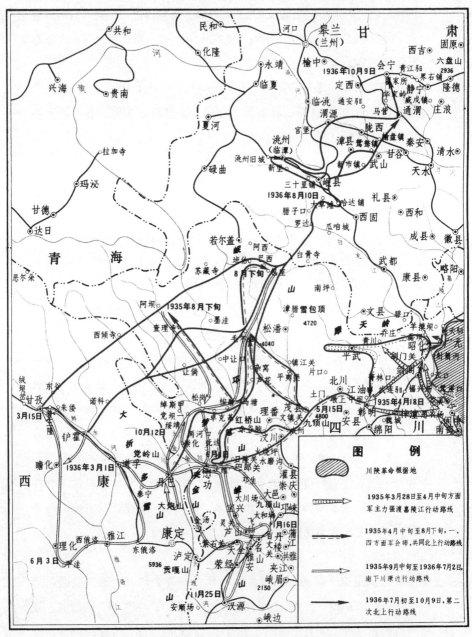

造成了现在的局面。张国焘南下碰壁,又见斯大林同意主力红军靠近苏联,准备与苏联红军联合抗日,自然顺水推舟,同意北上方案。至于夺取四川或南下云贵滇的方案,大家认为,根据敌情、我力及地形条件,难以实现。关于策应二、六军团北进的任务,自然应由四方面军承担,视发展情况再做决定。"[1] 于是,他们制订了《康(定)道(孚)炉(霍)战役计划》,以主力迅速西进,经懋功、丹巴进取康定、甘孜。争取在这一带休整补充,筹集粮食,待机北上会合中央。用大家的话说,形势如同柳暗花明,又看到了新的希望。

　　林育英以"国际代表"身份进行的调解,终于有了成效。张国焘有了初步的转变,四方面军又调头北上。当然,这些活动都是林育英在前面,毛泽东和中央在后面谋划。新战略方针是中共中央提出的,与斯大林没有关系。但是只有打着"国际"的旗号,才能使张国焘就范。正如张闻天在1937年3月31日批判张国焘的中央政治局会议上说的:"我们那时用了极大的忍耐,每步每步地引诱他,给他从洞中诱出来。否则大批干部与力量牺牲。于是乎我们给他打了许多电报,给他勾出来了。"

---

[1] 徐向前:《历史的回顾》第13章。解放军出版社1985年版,第479页。

第14章

在道孚、炉霍、甘孜的日子

再翻雪山到甘孜——刘伯承批判余天云——整顿干部思想——张国焘为南下辩解——红四方面军干部的怀疑——争取藏族上层人士——民族关系的改善——红军中的爱情

按照《康道炉战役计划》，从1936年2月下旬起，红四方面军兵分三路，撤离天全、芦山、宝兴地区，向道孚、炉霍、甘孜进军。

这是一次空前艰苦的行军，一路上红军要翻越两座大雪山——夹金山和折多山。算起来朱德、刘伯承等原一方面军的同志已经是第三次经过夹金山，四方面军的同志们也是第二次了。这次是冬季行军，天寒地冻，比前两次困难得多。红军指战员显示了不畏艰险的革命精神，又有了一定的经验，一天就翻过去了。下山时连人带马，一齐往下滑，滚得如同雪球一般。折多山位于丹巴至道孚的路上，海拔5000多米。山上终年积雪，空气稀薄，风暴、雪崩时常发生。刘伯承、李先念率领红30军在前边开路，为后续部队提供了经验。红军做好了充分准备，每人带上三天粮食，把一切可以御寒的衣被、毛皮、辣椒、干柴都收集来，头天下午出发，在半山腰过夜。夜间狂风呼啸，大雪纷飞，气温降到零下二三十度。红军的衣服都冻成了冰筒子，满头满脸都是冰霜，身体弱些的就爬不起来了。第二天天一亮，红军就向山顶进发，终于在中午前翻过山顶。折多山又被红军征服了。比起北上的中央红军只爬过一次夹金山，四方面军二过雪山，三过草地，吃了多少苦，只有自己心里明白。同样都是红军，跟着毛泽东和跟着张国焘，命运居然是如此的不同！

3月15日，红军总部抵达道孚，尔后又进驻炉霍。川军的李抱冰部也是草包，一战即溃。30军先头部队占领了川西重镇甘孜。蒋介石封的"西康宣慰使"诺那活佛望风而逃，在瞻化（今新龙）被当地土司俘虏，交给了追击的红4军。这样，到3月中旬，红四方

第14章 在道孚、炉霍、甘孜的日子

面军控制了东起丹巴，西至甘孜，南至瞻化，北至金川的广大地区。甘孜、道孚、炉霍一带是以前红军没有到过的地区，经济状况比懋功、大小金川稍好一些，红军在这里得到了一个休整的机会。

四方面军本来不打算在这里久住，只想筹足粮食即刻北上。这时消息传来：二、六军团已经转战到滇西北地区，准备北上与四方面军会合。朱德建议：四方面军在现地休整，等待二、六军团的到来，大家一致同意。不料4月1日，林育英突然来电强令四方面军南下。电报说：

（甲）将二、六军团引入西康的计划，坚决不能同意。

（乙）二、六军团在云贵之间创立根据地，是完全正确的。

（丙）四方面军既已失去北出陕甘机会，应争取先机南出。勿使川敌在打箭炉以南，造成困难局面，失去南下机会，务乞考虑。[1]

林育英的电报使四方面军领导人感到难以理解。南下明明已经失败了，中央却命令四方面军再次南下，这岂不是要断送四方面军吗？这可能是中央判断张国焘要带领二、四方面军逃亡西昌，其实谁也没有这个想法。权衡之下，朱德下了决心。不改变行动计划，四方面军还是原地休整，筹备物资，等二方面军来会合，共同北上。这样，四方面军在道孚、炉霍地区住了三个多月，在长征中是一段较长的平静时期。

行军打仗，大家的神经都处于紧张状态。一旦闲下来，部队中许多问题就表现的突出了。部队管理、思想政治工作、民族关系、根据地建设，诸如此类的问题都需要妥善处理。

在鄂豫皖和通南巴时期，张国焘大搞肃反，杀掉了一大批干部。

---

[1] 军事科学院编：《中国工农红军第四方面军战史资料选编》长征时期分册。

红四方面军中的知识分子和黄埔军校出身的干部,几乎被他杀光了。他借口提拔工农干部,搞任人唯亲。只要忠于张国焘,不论能力如何,都可以很快提拔起来。徐以新回忆:"张国焘有个特点,他要奖励哪个干部就用个人名义奖励,找到他那里去,陪他住几天(住在警卫班),出来以后就是提拔。对犯错误也是照这个办法,叫他到那个警卫班住几天,若是好了就从轻处理,若是不好就送保卫局。"[1]这样搞的结果,四方面军干部多数文化水平很低,像李先念这样党性强、又能打仗的工农干部简直是凤毛麟角。多数都是打仗勇敢,但作风粗鲁,政治素养差。此时发生的余天云事件,就是一个深刻的教训。

余天云,湖北黄安(今红安)人。1906年生,1927年参加黄(安)麻(城)暴动,1928年入党。在鄂豫皖时期以作战勇敢晋升很快,1932年任红4军36团团长。1933年由团长直升为军长。他参加过多次战斗,几次负伤。打仗不怕死,但也不讲究战术,就是硬拼。四方面军的同志说,这个人本质是不错,但没什么头脑。南下时指挥31军打了败仗,1935年11月被张国焘撤职,送到红军大学学习,任高级指挥科科长。

红军大学的总教官刘伯承,是一位原则性很强,军事知识和实践经验都非常丰富的人,同时又以作风严谨、治军有方,在红军中享有盛誉。张国焘虽然因为刘伯承反对他另立"中央"罢免了刘的总参谋长,但是在军事业务上不得不服刘伯承。他说:"刘伯承这位独眼将军是四川老军官出身,无论军事学识和实际经验,在我们朋辈中都要算是杰出的人才。他素来主张红军干部要学习正规战术,游击经验只能配合使用。"对此,张国焘是赞成的。鉴于南下失利的教训,所以他希望刘伯承把军事正规化的知识传授给四方面军的干部们。

谁知余天云偏不信这一套,进了红军大学不久,便公开顶撞刘伯承。张国焘听到的反映是"刘伯承的正规战术思想,终于与游击观念

---

[1] 徐以新:1961年4月28日的谈话。

发生冲突。红军学校的学生余天云,是游击观念最强的一个。他是农民出身,聪敏倔强,以战功由士兵而升排长、连长,一直升到军长。他做过好几年团长,也做过短时期的师长、军长。就因为师、军长的职务,需要较高的军事知识,所以调他到红军学校受训。他这个高级干部,就在好几个战术问题上与刘伯承等教官发生争执,这种争执发展成为违反学校纪律的事件,校长何畏是他的老上司,出面制止,他仍表示不服,因被判处短期禁闭"。[1]

事情并非像张国焘说得那么简单。刘伯承从余天云的傲慢、愚昧行为,看到了流氓无产者习气在四方面军干部中的流毒之深,也感到了对他们进行马克思列宁主义和无产阶级党性教育的必要性。余天云绝不是偶然现象,而是张国焘任人唯亲、搞愚民政策的恶果。所以,刘伯承要拿余天云这个典型开刀。他写了一篇文章,发表在1935年12月16日的四方面军政治刊物《红炉》第1期上。文章题目是:《余天云的思想行动表现在哪里,我们怎样去继续开展反他的斗争?》

刘伯承指出:余天云的错误思想行动主要表现在以下方面:"一,是反对党的领导和教育。他说:'只要打得仗就够了,还说什么政治工作政治生活?土地法令打不得仗也是空事,政治文件用不着看,政治军事也用不着学,进学校就是坐保卫局。'所以他入党几年来才参加过一次党会,他在当36团团长时骂散过团总支大会,反对政治工作。"这种人"不知道我们党在民族革命战争中争取唯一领导的重要。我们红军更应该加强党的领导教育,以为领导这战争的先决条件。单就上述不说政治,不看文件,不愿学习的现象来说,那党的领导和教育又从哪里去实现呢?

"第二,是随意杀人打人骂人的现象。余天云因为自己反对政治工作,当然是不能在红军内或红军外站在自己阶级立场进行政治工作,

---

[1] 张国焘:《我的回忆》第19篇第1章,东方出版社1991年版,第3册282页。

来争取和团结广大群众,在党政权旨意之下一致行动。所以他极端发展军阀流氓意识,随意杀人打人骂人,以为遂行自己意图的手段。当他杀人打人时,通常骂人是'改组派'和'AB团'。我们红大现在还是发现有这类坏现象的。这些同志以为摆出杀气腾腾的威风,谁敢不听命?而不知随便杀、打正是丧失自己信仰,涣散群众的团结,对于革命是有害的。

"第三是贪污盗夺行为。余天云纵使交通队在青川装匪,劫人和偷窃部属望远镜。现在我们红大还是有这类坏现象的。各科时常发生偷窃行为,这些由浓厚的私有观念而不顾工农群众的利益、革命的秩序,在红军中绝不应有的。

"第四,是破坏组织的行动和缺乏组织的观念。余天云专注重自己交通及乘马的选择补充,而不愿战斗部队充实。任何人都只能尊敬他的交通队,校政治部主任也不能管理他纵使偷马的马夫。如党会涉及其队部事,则骂为小资产阶级的团体。这类破坏红军组织的违反'司令部为军队服务'之原则的,特别轻视政治组织的行动,实成为红大中最严重的事实。

"第五,是虚诈保守、忌妒狭隘自私的现象。以前余天云说:只有自己经过的战斗才算是可保守的正确战术,现在红大有些学生要保守枪无刺刀的习惯,不愿学刺枪。以前余天云看见同志有长处,就说值'卵子'。现在红大有学生见学得好的同志就忌妒。也有学得好的同志不愿意帮助落后的同志。自余天云时至现在,高指科在党会还着重于自己的马、传令兵、洗面等私事发生无原则的争执,而又互怕批评吵闹起来。对于党的任务则很少讨论。"

刘伯承在文章最后说:"我们农民是在无产阶级领导下伟大的革命力量。然而由于农村政治经济组织的环境而产生的有些弱点,就是或多或少表现在部队中的保守性、迟钝性、狭隘自私性、缺乏全世界性、冷静分析性和组织性。这些弱点很容易发展到上述现象的方向去。因此，加强无产阶级的领导和教育来改进农民落后意识，成为我们当前的战斗任务之一。"[1]

可以看出：刘伯承与余天云之间的斗争，决非张国焘所说仅是关于战术之争，正规与游击思想之争。而是关系红军建设的原则问题。是把红军建设成为一支无产阶级领导的、以马克思列宁主义为指南的人民革命军队，还是由一些没有文化、没有政治头脑、为非作歹的"山大王"领导的武装？是党领导军队，还是长官决定一切？是要严格的无产阶级纪律，还是迁就军阀作风？这些问题不解决，红军是不可能健康发展的。刘伯承的文章发表后，引起四方面军干部的强烈反响。绝大多数人拥护刘伯承，声讨余天云。张国焘也亲自到红军大学讲话，他告诉同志们不应自满于游击战术，应严肃地学习正规战术。并号召大家，包括他自己，都向刘伯承学习。并表示同意学校对余天云的处罚。但在军队政治思想建设方面，张国焘没说什么。

斗争的结果，红军大学的学习空气浓厚起来。正气压倒了邪气。但是余天云一直情绪消沉。1936年4月，红军学校由党坝向丹巴转移。在途经大金川时，余天云突然从高崖上一跃而下，跳河自杀了。

余天云之死震动全军。张国焘第一次承认"四方面军的干部，军阀习气相当严重"。但他又很伤心，余天云虽然"性格倔强骄傲，重权术，不择手段"，毕竟是他一手提拔起来的。在埋葬余天云时，张国焘讲了话。他首先痛悼余天云之死，褒扬他过去的战功，他曾几次负伤，不惜个人牺牲来为革命争取胜利。然后强调指出自杀行为是不对的。"一般同志要经得起批评和处罚的考验，红军纪律应当严格，高级干部也应同样遵守。"[2]

余天云之死也给大家敲响了警钟。如果放弃政治思想工作，部队就要出大乱子，什么样的事故都可能发生。四方面军总政治部主任周

---

[1] 军事科学院图书馆藏资料。
[2] 张国焘：《我的回忆》第19篇第1章，东方出版社1991年版，第3册283页。

纯全对全军政治工作进行了检查，将一度松懈的工作重新开展起来。他在1936年2月写的文章中曾说，南下失利后，"在政治工作方面开始建立了行军中的政治工作，提高政治纪律，反对打骂现象，都有了很大进步。在学习方面自开展反余天云的斗争后，不仅红大有了新的气象，在部队中亦有很好的影响。有些军事干部过去根本不过支部生活，不看文件，现在开始转变了"。[1]

在占领了道孚、炉霍后，张国焘于1936年4月1日下达指示。其中的《战斗准备时期的政治保证计划》要求部队"组织各级的军政学习小组，目前研究材料以少数民族工作、目前政治形势与党的紧急任务、骑兵战术、南下战役的经验，以及西北和西康政治经济情况等问题为主。目前可抽出学习的干部应即送红大学习"。强调"各军特别在31军（余天云曾任军长——作者注）应注意部队分散时的政治工作，克服在粮食困难中违反纪律的行为，及可能发生的失败情绪。在5军（原一方面军红五军团——作者注）应根据总政训令大大进行艰苦奋斗的政治动员与教育工作。如曾提出'到甘孜去吃大米'的口号是不适当的"。四方面军总政治部同时下达的《政治保证计划》将张国焘的指示具体落实，指出"提高党团员干部及战士的阶级警觉性，与一切太平观点、过路观点、疲劳松懈与疏忽的现象做斗争。加紧对警卫员及警戒部队的教育，严防番反的袭击及反革命分子的阴谋捣乱。各级政治首长应经常注意在各种会议中说明保卫局的任务和意义，动员支部介绍连队中最忠实、最积极的党团员作为保卫局工作网网员，加紧在部队及地方上的肃反工作"。[2]四方面军原来很薄弱的政治思想工作，从此有了很大的进步。这对于加强部队的革命性和思想上的统一，无疑是有好处的。这也是余天云事件由坏事变好事的转化吧。

---

[1] 周纯全：《关于红军中政治工作的检讨》，《中国工农红军第四方面军战史资料选编——长征时期》，解放军出版社1992年版，第340页。

[2] 《中国工农红军第四方面军战史资料选编——长征时期》，解放军出版社1992年版，第412页。

南下失利后,四方面军的干部对张国焘的路线是否正确,开始怀疑。虽然不敢明说,却在底下议论纷纷。原4军28团政委杨明山回忆,他们在炉霍时,有一天找不到粮食,只吃到一点半生不熟的青稞。杨明山对团长高厚安发牢骚:"张主席领导的真正确啊,领着我们吃青草。"不料传到张国焘那里,杨明山立刻被送到红军大学学习。夜里他们发现有人盯梢,抓住一个小战士,原来是保卫局派他监视这些干部,如果听到说张主席坏话就报告。干部们都气坏了,找校长何畏算账,成了轰动一时的红大高级科"闹事"事件。张国焘本想镇压,但朱德、刘伯承坚决反对,张国焘只好请他们出面讲话。朱德对大家说:"同志们,眼下我们就要北上了,大家受了一些委屈,但是要讲团结,要顾全大局。四方面军的广大干部战士都是有觉悟的,尤其是你们,都是老同志了,要经得住考验。眼光放远一点,问题就想通了。"在朱德的劝说下,红大这场风波才平息下去。[1]

张国焘心里也明白,南下失败,他的地位和威望都发生了动摇。但是他不肯轻易认错,回到正确路线上来。在道孚,他几次召集干部会议,做长篇报告,继续攻击党中央,为自己的错误辩解。

在1936年3月15日的会议上,张国焘作《关于苏维埃运动发展前途的报告》时,谈到南下问题说:"在一、四方面军未会合前,一方面军退出苏区是打退却战。但是当时党的领导同志非常怕羞,把这一铁的事实掩盖起来,不敢说自己受了打击,自己在退却,反而说自己胜利了。这不是一个科学的马克思主义者,而是一个吹牛皮的大家。马克思列宁主义者应当承认事实,应该指出当前我们都是在退却。譬如,那时二、六军团还仅仅在湘西立住脚,红四方面军渡嘉陵江向西发展,在相当意义上说也是一种退却,但这种退却是有秩序的。及后一、四方面军会合便取得了一个机会,可以终止退却,反攻敌人,使自己站稳脚跟,整理与扩大自己的队伍,进行运动战去消灭

---

[1] 杨明山:《炉霍风波》,载《星火燎原丛书》之二,解放军出版社1986年版,第361页。

敌人。可是当时的领导同志对这一新的局面估计不足,根本不去研究当时的政治情况,不承认自己的退却,大家讳疾忌医,怕揭发自己的错误,主张继续行军,继续退却,不管他的退却是在什么'北上进攻敌人'的掩盖下。结果便发展到不顾一切地分裂红军与向北逃跑,造成中国共产党有史以来最大的罪恶行为。这一罪恶行为便减弱了当时的有利条件。"

张国焘说:"毛、周、张、博说南下是死路,南下有地形上的障碍,有优势兵力的敌人,同时还说南下是退却路线,这当然是胡说瞎道。南下的事实也同样证明了他们'预言'的绝对破产。南下打坍与消灭了敌人八十个团以上,主力红军不仅得到了休息与整理,而且巩固和扩大了。"

张国焘可能自己都觉得是在瞎吹牛,难以服人,于是话题一转说:"或许有的同志可以这样地提出问题:南下到底没有站好久呀!这又有什么奇怪呢?还不清楚么?中央苏区稳定了四五年,结果主力红军还是退出了苏区。鄂豫皖、湘鄂西、川陕等苏区发生同样的现象。至于南下胜利后转移地区,也不是一件可奇怪的事情。不过在当时各方面红军是否可能不离开苏区,我想客观上是有这种可能的。""在相当意义上说,南下是胜利,达到了我们预定的目的。除了主力红军取得巩固和扩大等等外,南下还给全国红军以极大的配合。假如当时一、四方面军全部都到陕北去,那么薛岳、胡宗南、王均等共有一百多个团可以跟着我们到陕北去,使我们发生更大的困难。正是因为当时主力红军的南下,牵制与吸引了敌人,使1、3军能够顺利地到达陕北。同样也使2、6军能顺利地发展运动战。在这方面来说,南下也是有极大意义的。"

在百丈决战之前,薛岳就知道红军的分裂给了国民党军各个击破的机会。而张国焘还在鼓吹南下的伟大意义,又能说服谁呢?

所以，张国焘也必须承认一些事实。他说："我们这次离开天、芦、雅，主要原因是敌人有着比较优势的兵力，我们不愿意去和敌人拼消耗，而转移到敌人力量比较薄弱的地方去寻求新的发展。这当然也是一种退却的行动，可是这一退却是有秩序的，出于我们自己的主动。"

张国焘说到这里，语气开始严厉起来："同志们！我们还必须了解，我们与毛、周、张、博争论的中心是进攻路线与逃跑路线的问题，而不是所谓南下与北上的问题。所以我们此次夺取西北与他们的向北逃跑是没有丝毫相同之处。"

又骂了一番中央的"逃跑路线"后，张国焘说："同志们！我们为什么要到这一带的地区来呢？难道是我们自己挑选中意了的么？难道不是客观上需要如此么？关于这，有许多同志天天在猜想，非常不安心，到处去打听，我想这是不应该的。同志们，有意见尽可提出来讨论，为什么要到处去乱说而引起风声鹤唳、满城风雨的空气呢？这难道对革命有利益的么？现在有些同志只是准备在革命高潮时工作，在现在艰苦斗争的环境下便发生许多错误的偏向。有的在清谈起来，在议论南下对不对，北上是否向毛、周、张、博投降等等。同志们要清楚，有了政权和军队而在领导红军的党，在今天的环境下，批评是受到相当限制的。因为自由批评只能涣散我们自己，这种现象是我们要坚决反对的。"

最后，张国焘警告大家："我们是有政权与军队的党，党内的民主是受到一些限制的。每个同志现在要好好的约束自己，不要信口开河随便乱谈。在一切政治问题上服从党的决议，任何一种暗中三五成群议论党的决议而发生破坏作用的现象，都要遭受铁锤的打击。每个党员有意见可事先向领导机关提出，但决定后便要一致执行。故意引起猜疑，类似小组织的活动等等，只是一种帮助敌人损害自己的行为，每个同志应该慎重地来约束自己。"[1]

但是，蓄积已久的矛盾和问题，不是张国焘一席话就能解决的。来来回回地爬雪山，南下血战的失败，重新退却到人烟稀少的藏族区域，头脑再简单的人也要打个问号。人的情绪一低落，什么事都没心思干。部队纪律和管理都出乱子，完全不像当初南下时"到成都吃大米"那么士气高昂了。4月1日，张国焘又召集机关活动分子会，发表长篇讲话。先说在西北建立根据地的意义，再说与中央的路线斗争，又谈少数民族政策问题，最后一部分是谈部队内部的一些问题。张国焘列举错误行为说："第一，不顾一切地乱搅，有一部分竟发展到类似土匪的行为。第二，轻视地方机关，以'老革命'自居。第三，没有阶级友爱的精神，争水磨子，吃不完的粮食便随便抛弃。第四，认为要筹粮便只有胡乱搅一顿。第五，自私自利，只顾满足小部分的要求，自暴自弃，醉生梦死，对工作消极。这一切的错误倾向，一刻也不能容忍再继续下去了。因为它将造成一种极大的罪恶，丧失党、政府、红军的威信，削弱我们自己的团结，断送群众。……更有一种罪恶的行为：我们的通信连，又没有发现反动，便随便打了80颗子弹。9军卫生部为了抓一条猪打了许多子弹。同志们想想，我们的子弹并不充足，我们的子弹是要去打敌人的，为什么要浪费子弹？难道准备打完了子弹去当土匪，去做老百姓么？真是糊涂至极！

"再其次，在我们部队中，要加紧反对打骂现象，同时反对极端民主化的倾向。这表现在执行命令的精神很差，这可以使我们自觉的铁的纪律松懈与堕落下去。还有一小部分人说：我学习不来，我不能艰苦斗争，晓得哪天打死了，'革命'便成功了啊！同志，这是什么话！这简直是醉生梦死的大傻瓜，绝望哀号的可怜虫。

"在我们高级干部中，个别同志在工作上表现懈怠，不遵守军事秘密，把我们在军事上的秘密到处乱说乱谈，表现小团体的观念。一

---

[1]《中国工农红军第四方面军战史资料选编——长征时期》，解放军出版社1992年版，第396—400页。

切一切的怪现象,都在这需要艰苦斗争的时期中暴露出来了。这是小部分同志不相信西北根据地的创造,不刻苦耐劳,向困难投降,悲观失望的一种露骨表现。重复地再说一次:我们必须与之坚决斗争,才能使党的策略路线顺利地执行。"[1]

此时,张国焘已经和陕北中央、林育英恢复了频繁的电报往来,并达成了妥协方案。在大方针渐趋一致的形势下,本应停止争端。但是张国焘在四方面军干部大会上仍然一再攻击中央,岂不是出尔反尔,毫无道理的举动吗?其实这是张国焘内心虚弱的表现。南下失败,是张国焘政治生涯的转折,连在草地时忠实于他的干部都在怀疑,张国焘与中央的对抗究竟对不对?这种怀疑终究要表现出来。积极者如陈昌浩,越来越明确地支持朱德的主张。消极者就是如张国焘所说的情绪低落,工作起来没有兴趣。但是大家尽管有疑问,还没有公开反对张国焘。因为大家毕竟对中央与张国焘之间的斗争不了解详细情况。至于林育英的来往电报,只有少数高级干部知道。所以张国焘在大会上一喊,大家也就不吭声了。四方面军内部的思想动荡渐渐平静下去。

四方面军再次回到川西藏族区域,民族关系问题引起大家的重视。在与一方面军会合后共同北上的日子里,阿坝、毛儿盖地区藏民武装不断袭击红军,给红军造成的重大损失和生活的困难,令人记忆犹新。这里固然有国民党当局和藏族上层贵族的挑拨和鼓动,但是红军对藏族民俗不了解,与民争粮造成的种种冲突,也是导致红军与藏民关系紧张的一个重要原因。这次红军来到道孚、炉霍、甘孜,是一个以前未曾涉足的新地区,要想在这里站住脚,必须吸取以往的经验教训,注意搞好民族关系。

红四方面军在向道孚、炉霍、甘孜进军过程中,也是一路打过去的。四川军阀李抱冰的部队,不是红军的对手,见红军前来,很快将部队收缩到康定,不敢露头。倒是诺那和格聪两个活佛负隅顽抗。红

---

[1]《中国工农红军第四方面军战史资料选编——长征时期》,解放军出版社1992年版,第426页。

30军88师向炉霍进军时,诺那和格聪在炉霍最大的喇嘛寺——寿灵寺组织1500多喇嘛,紧闭山门,与红军对抗。诺那到寿灵寺讲经时,带去100支步枪和近万发子弹。但在红军到达前,诺那却借故溜了,格聪活佛指挥喇嘛抵抗红军。88师包围寿灵寺后,遵照上级的指示,围而不打,进行喊话宣传,力争和平解决。但是格聪命令开枪打死喊话的红军通司(翻译),与红军对峙10天。附近藏族武装前来增援,格聪派寺内喇嘛组成"敢死队",企图里应外合,打败红军。88师勇猛战斗,将喇嘛和藏族武装击溃。这时,李先念率89师前来增援,决定智取,撤围隐蔽。寿灵寺喇嘛以为红军离去,放松了警戒。李先念出其不意,率红军夜袭寿灵寺,除格聪带少数喇嘛逃走,大多数做了俘虏。

张国焘、徐向前听说30军拔掉了寿灵寺这个钉子,立即打电报指示在前方的陈昌浩:"寿宁(灵)寺被俘之大小喇嘛应优待之,并令其写信甘孜与各地喇嘛寺不与我打,大大宣布我军对喇嘛政策。"30军除了获取寺内大量粮食、羊毛以供军用,对寺内经堂、经书、器物,均妥为保护,赢得喇嘛和炉霍藏民的拥护。

1936年4月初,红30军88师占领甘孜,进军到与德格交界的绒坝岔。德格土司怕红军入境,派头人夏克刀登带领2000藏族骑兵前来阻挡红军。88师郑维山政委命令265团坚守不战,争取和平解决。藏骑几次冲锋,都被红军的火力打回来。晚上,藏人都搭起帐篷睡觉,郑维山命令邹丰明团长抓几个俘虏来。265团是有名的"夜老虎团",神不知鬼不觉地摸进藏人营地,一直摸到了夏克刀登头人的帐篷里,把头人活捉过来。藏骑群龙无首,无力进攻红军。李先念接见夏克刀登,向他宣传红军的民族政策。夏克刀登感激红军,给德格土司写信请求停战。德格土司授权夏克刀登与红军签订《互不侵犯协定》,红军不进德格,德格土司也不与红军为敌。夏克刀登还参加了红军的地方政府，为红军筹粮，直到送红军北上。[1]

红军在西进途中，很好地注意了民族政策，得到了灵雀寺、寿灵寺、甘孜寺三大喇嘛寺的支持和拥护，对稳定这个地区的形势，起了重要作用。坚持与红军敌对的诺那活佛走投无路，逃到瞻化。瞻化土司头人不愿为他卖命打红军，反戈一击，生俘诺那交给红军。陈昌浩在甘孜接见诺那，告诉他红军不是杀人放火的土匪，保护藏民的宗教信仰自由。诺那的思想起了变化，愿与红军友好相处。负责看管他的王维舟夫妇对诺那照顾得体贴周到。后来诺那患伤寒去世，红军按藏族习惯，为他举行隆重的法事和葬礼。

红四方面军进入道孚、炉霍、甘孜后，鉴于以前的教训，特别强调民族政策。在1936年4月1日的干部会议上，张国焘专门讲了这个问题。他说："番民极迷信宗教，他们信奉释迦牟尼的喇嘛教。……番人不管有什么事，不管是下种、牧畜、疾病、婚丧、生儿育女都要去找喇嘛。于是，喇嘛的无上权威便在番人群众中建立起来了。无怪乎每家番人都有精致的经堂、经书，无怪乎捣毁了他的经堂比挖他的祖坟还要厉害，要和你拼个死活。

"当我们打下道孚时，灵雀寺的喇嘛都跑光了。及后喇嘛派人到我们这里来，要求不要把他们的经堂、经书、菩萨毁了，他答应送我们马，一个人送一匹。可是当喇嘛的代表进了灵雀寺，看见我们已经捣坏了他们的经书、菩萨时，他便溜之大吉了！同志们，为什么我们要做这种笨事呢？一定要去捣毁经书、菩萨？为什么我们有马不晓得要？偏偏要去断送群众？这真是糊涂极了。同志们，到了此地，马是很宝贵的东西了。你有一匹马，好像是讨了一个老婆一样！为什么你们有老婆不晓得要？！"张国焘的话引起大家一阵大笑。[2]

四方面军总政治部主任周纯全下达的《关于少数民族工作的指

---

[1] 中共四川省党史工作委员会编：《红军长征在四川》，第8章第3节。四川社会科学院出版社1986年版，第264—269页。

[2]《中国工农红军第四方面军战史资料选编——长征时期》，解放军出版社1992年版，第421页。

示》中作了更明确具体的规定。强调"对土司、头人采取更宽大的政策","不侵犯其宗教自由","人民有信教的自由,同时有自己管理自己的自由"。强调"必须再一次地提起全体战士的注意,特别是关于粮食和尊重少数民族风俗及宗教等问题。必须坚决纠正那种借搜山、收集粮食等名义擅入民家乱翻、乱拿、乱捉人、烧房子的行为,这样自然使群众越跑越远,使我们一切宣传都成了白费力气。对于这种行为,不惜严厉制裁直至枪决。"[1]

总政治部还将执行民族政策和纪律的要求,编成歌曲,歌词内容是:

> 藏民工作中注意的事情,努力执行四要六不准。
> 努力大宣传我们的主张,对待藏民兄弟一个样。
> 细心来调查藏民的情形,号召藏民一起回家庭。
> 不准说"蛮子",说话要注意,免得引起他们的误会。
> 不准乱抢不准乱没收,不准乱拉群众的牛羊;
> 不准毁坏经堂和神像,不准拿经书擦屁股。
> 要优待通司,学藏民语言,
> 大家要时刻执行并努力,
> 不准乱屙尿,十项大家要记牢。[2]

经过各种形式的宣传教育,四方面军广大干部战士执行民族政策的自觉性有了很大提高。民族矛盾和冲突比第一次进入藏区时大有改观。这是四方面军重视政治思想工作的结果,为四方面军在这里休整和筹备北上提供了可靠的保障。

在道孚、炉霍、甘孜驻守时,张国焘恢复了他的"西北联邦政

---

[1] 《中国工农红军第四方面军战史资料选编——长征时期》,解放军出版社1992年版,第456页。
[2] 中共四川省党史工作委员会编:《红军长征在四川》,第8章第4节,四川社会科学院出版社1986年版,第278页。

府"。并在下面建立了几个小小的民族自治"共和国"。在1935年11月南下之前,在绥靖县(今大金县城关)建立了"格勒得沙共和国"。召开了人民代表大会,还建立了县、区地方政府。范围大致包括绥靖,懋功,丹巴,大、小金川,阿坝等地区。红军南下之后,留守后方的金川省委仍然继续开展工作。

1936年4月,红军在道孚建立了"波巴人民共和国道孚县独立政府"。5月1日,来自德格、道孚、炉霍、甘孜等地的代表在甘孜举行波巴共和国第一次代表大会,产生了波巴共和国中央政府。虽然这些"自治政府"和党团组织是临时搭起来的架子,形式大于实质。但或多或少地起了一些作用。例如,它们负责维护地方治安,帮助红军筹粮,宣传红军的政策等等。张国焘还将藏民武装组织起来,成立了"革命军"、"自卫军"和金川、丹巴两个独立师。配合红军进行筹粮、肃反、站岗放哨等任务。一大批藏族青年就是在那时参加红军的。天宝就是当年从独立师转入红军的,新中国成立后任成都军区副司令员,成为我军中少有的少数民族将领。

总的说来,四方面军第二次进入藏区,在民族政策上比前一次有了改进。缓和了红军与藏民之间的紧张局势。所以,四方面军在道孚、炉霍、甘孜的日子,过得相当平静。不像前一次与一方面军在一起时,到处遭到藏民的袭击,时刻处于紧张的战斗状态之中。这四个多月是四方面军长征中少有的一段安宁的生活,一旦摆脱了战争,人们心中最纯洁的感情——男女之爱,悄悄在军营中复苏了。

当红四方面军在甘肃会宁与中央红军会师时,一位美国医生马海德目睹了当时的盛况。他惊讶地发现:红军中居然有一些怀孕的女战士。1984年索尔兹伯里夫妇在长征路上采访,向很多当年的长征老人询问这个情况。在美国人眼里,这非常浪漫,又有些不可思议。长征中那样艰苦,活下来都很不简单,怎么会有时间谈爱情呢？遗憾的是，没有人给他一个满意的答复。[1]没有理由说马海德大夫在说谎，恰恰相反，这是红四方面军长征途中一段富有人情味的故事。

在长征红军各部队中，四方面军的女兵是最多的。1933年在通南巴时期，就成立了妇女团。张琴秋回忆说："四川的妇女是很受压迫的，男人在家抽大烟、管家务，女人担负主要劳动，且大部分为童养媳。她们参加革命队伍很踊跃，斗争地主也很积极。""我去时已经有两个团的编制，说是让我去当政委。这次成立后，担任过许多艰苦的战勤工作。"妇女团的主要任务，是做战地运输和勤务工作。如挖工事，当警卫，运送伤员、弹药和粮食。还要经常派公差。当时红军男战士都要上前线打仗，妇女团上千战士解决了后方人力不足的问题。四川女子力气大，能吃苦，很受上级赞扬。她们平时和男兵一样，剪短发，穿军装，背枪扛刀，几乎与男儿无异。所以，她们跟随大部队一起参加了长征。

本来，四方面军中是严禁结婚的。在北上南下的战斗生活中也的确无法考虑这些问题。但是当他们在道孚、炉霍、甘孜过上了一段安定生活后，年轻人的心就开始活动起来了。

恋爱和婚姻是四方面军高级干部开的头。陈昌浩政委与总政治部组织部部长张琴秋曾是留苏的同学。当时张琴秋与沈泽民（著名作家茅盾的弟弟）结为夫妻，一同回国到鄂豫皖苏区担任领导工作。红军撤出鄂豫皖时，沈泽民因病（也是因为和张国焘对立）被留在苏区坚持斗争，不久病逝。陈昌浩一直爱慕张琴秋，又同在总部工作，朝夕相处，两人便产生了爱情。没举行什么仪式，平平静静地成了一家人。

陈伯钧从红军大学调到4军任参谋长。他去时许世友军长调去组建骑兵师，由王宏坤继任军长。从1936年4月到6月，他们一直住在

---

[1] 夏洛特·索尔兹伯里：《长征日记——中国史诗》1984年5月30日的日记。国际文化出版公司1987年版，第37页。

瞻化。从陈伯钧的日记里看到，这段时间他喝了不少喜酒。

4月13日，"是晚，宏坤同志与办事处之冯明英同志正式结婚，我们也趁此机会大笑一场"。

4月23日，"中午，在政府吃明英同志的回门酒"。

6月1日，"晚，洪（学智）主任与军供给部张兴侧同志结婚，我们在政治部吃喜酒、打牌"。

6月3日，"晚，去四科吃四科科长李定灼同志与张大义同志的喜酒"。

6月5日，"晚，去卫生部吃何辉燕、张清秀两同志的喜酒"。

6月初这段时间，是四方面军中结婚的高潮。陈伯钧记的仅是4军军部和直属队的情况，其他部队想来也是如此。口子一开，上行下效。陈伯钧觉得这样下去部队就不好管了，便去找政治部主任洪学智。

6月7日，"上午上课。归来与主任谈及部队中的婚姻问题，实在影响不好，当即决定设法制止"。

虽然下达了禁止结婚的命令。公开喝喜酒的场面不见了，但是私下的往来却是禁不住的。四方面军的基层干部和战士，一直不允许结婚。男女之间的约会却逐渐成了半合法的事情。以后虽然没闹出什么大麻烦，但在与红一方面军会师的时候，四方面军的队伍中引人注目地增添了一些小孩和孕妇。

第15章
甘孜会师

红六军团西征——二、六军团湘西会师——一个传教士在红军中的经历——红军的女儿——二方面军与红军总部接通联络——进入贵州、云南——红军北渡金沙江——严重地减员和损失——过雪山——二、四方面军甘孜会师

红四方面军自 1936 年 3 月到达道孚、甘孜、炉霍后,在那里住了三个月。一方面因为南下苦战,部队需要休整。更主要的原因是等待长征中的红二、六军团前来会合,共同北上。

红二、六军团是由在湘鄂苏区坚持斗争的两支红军部队——贺龙、关向应领导的红二军团和任弼时、萧克、王震领导的红六军团组成的。虽然他们是最后北上的一支红军大部队,实际上在中央红军长征之前,红六军团就已经踏上了征途。

1934 年 7 月,在湘赣边区永新、宁冈一带活动的红六军团突然接到中革军委的训令,要他们撤离湘赣根据地,向湖南中部转移,在那里创造新的根据地。当时正值蒋介石对中央苏区发动第五次"围剿",在"左倾"机会主义错误路线指挥下,红军被迫步步收缩,处境越来越困难。在军委命令中,对红六军团的行进路线和地域都作了具体规定。中央代表任弼时、军团长萧克、政委王震坚决执行军委命令,于 1934 年 8 月 7 日率领全军 9000 多人踏上西征之路。开始大家对军委意图并不了解,萧克后来才明白:"中央红军也要向西撤,中央电令我们转移,是要我们起先遣队的作用。"

在中央红军长征之前,先派出了两支先遣队:一是方志敏的红七军团;一是红六军团。他们的任务是吸引敌军,开辟新区,为中央探路和减轻中央苏区的压力。他们都是孤军奋战,中央苏区不可能增援和接应他们。打得好就独立生存,打不好就全军覆没。方志敏向敌军力量强大的东北方进军,不久就陷入国民党军重围,在怀玉山失败。

六军团向湘西山区进军，处境就好多了。

遵照军委指示，六军团出发时带上了所有的坛坛罐罐。萧克回忆："保卫局的犯人、医院、兵工厂、石印机，甚至连个老虎钳子都带走了。有个电台发动机很重，也带上走。你走10里路，它就掉队一两里，后续部队也跟着掉队。"这种搬家式的行军，把红军的机动灵活性全限制住了。到了"天无三日晴，地无三尺平"的贵州境内，山路崎岖，更走不动了。萧克等领导人当机立断，边走边扔，甩掉这些笨重家当，部队才轻装像个打仗的样子。他们把情况报告中央，但中央不理会，在后面跟着大搬家。国民党报纸讥笑红军是"前头乌龟扒开路，后头乌龟跟着来"，简直窝心透了。[1]

红六军团西行，引起湖南、广西军阀的紧张。他们调兵遣将，前堵后追。本来六军团准备在零陵一带抢渡湘江，但敌军已在湘江西岸重兵布防，只得放弃渡江计划，转移到湖南、广西交界的阳明山地区，想在那里站住脚。到那里一看，人烟稀少，地瘠民贫，实在不好生存，于是六军团继续西进，跳出军阀包围圈，由广西进入贵州。六军团机动灵活地跟敌军捉迷藏，兜圈子，搞得湖南军阀何键的部队疲劳不堪。但是，在贵州石阡县的甘溪，六军团陷入湘、桂、黔三省军阀二十四个团的包围之中。这次失利的原因是红军指挥员的麻痹大意，萧克说："我们以为广西军在我们南面，没有预计要遭遇廖磊，因之也没有作战预案。前卫部队遇到邮差，说前面没有敌人。结果邮差刚走，战斗就打响了。"[2]

战斗开始时红军处境极为不利。六军团被截成三段，前锋部队在参谋长李达率领下冲出包围，去湘西寻找贺龙部队会合。任弼时、萧克、王震率领主力和直属队则"转战于石阡、镇远、余庆、施秉一带，遇到了严重困难。这一地区，山势险峻，人烟稀少，物质奇缺。部队常常是在悬崖峭壁上攀行，马匹、行李不得不丢掉。一些

---

[1] 萧克：《红二、六军团会师前后》，《近代史研究》1980年第1期。
[2] 萧克：1961年4月29日的谈话。

部队有时一天一顿稀饭，饿着肚子走路打仗。指战员们没有鞋子穿，赤着脚在深山密林中行军，历尽艰辛。当时中央代表任弼时得了很重的疟疾，在医药奇缺的情况下，他凭着坚强的革命意志，手拄木棍，领导着全军行动。当我军从朱家坝向南转移时，我后卫52团又遭敌截击包围，全团同志浴血奋战了三昼夜，终因敌众我寡，弹尽粮绝，受到了惨重损失。师长龙云同志被捕，被军阀何键杀害。经过十多天的艰苦奋战，在一天的下午，进至石阡至镇远敌之封锁线上，击溃了敌之巡逻警戒部队后，占领了东去的路口，并向南面之镇远及北面之石阡派出了强有力的警戒。而主力由当地老猎户引导，鱼贯而东，深夜从一条人迹罕至的谷涧水沟通过。直到午夜，部队全部通过，天亮出了夹沟，我们才松了口气。这是一次极端紧张而又关系到六军团大局的战斗行动，直到现在，一经忆起，心胆为之震惊，精神为之振奋"。经过这场死里逃生的战斗，到与贺龙会师时，萧克清点人数，只剩下3000多人，比从湘赣边区出发时少了一半多。[1]

1934年10月24日，红六军团在黔东的印江县木黄镇与贺龙、关向应、夏曦领导的红3军（红二军团前身）会师了。当时红3军还有3200人，他们的情况不比六军团好多少。1932年，贺龙、段德昌在洪湖根据地搞得轰轰烈烈，红军一度发展到2万多人。自从执行"左倾"机会主义路线的中央分局代表夏曦来到洪湖，开始大搞肃反。他给一大批红军干部，尤其是团以上干部扣上"改组派"、"第三党"、"国民党"的帽子，严刑拷打，大开杀戒，著名的红军将领段德昌，国民党出重金买他的头而不可得，却被夏曦在肃反中杀掉了。洪湖苏区的干部战士被夏曦杀了3000多人，师团级的干部大部分被杀。村苏维埃的干部也被杀掉十之八九，包括贺龙的两个兄弟。甚至贺龙的生命都受到威胁，贺龙元帅沉痛地回忆："那时，苏

---

[1] 萧克：《红二、六军团会师前后》，《近代史研究》1980年第1期。

区丢了,干部杀完了,只剩下四个党员(夏曦、贺龙、关向应、卢冬生),其余都不是党员。是党员的也不敢承认是党员,好像一个小孩子失掉了依靠,就剩下一面红旗。红3军听到红六军团来,但不知道什么时候到,我们出发是过去撞红六军团去的。我们出发走了一天,六军团来了。第一次李达带二百多人找到了我们,第二次郭鹏,第三次任弼时、王震、萧克都来了。"[1] 两支历尽千辛万苦的部队会合后,好像久别重逢的亲兄弟。

会师第二天,任弼时、萧克致电中央,汇报与贺龙会师的消息。他们建议:"以目前敌情及二、六军团的力量,两个军团应集中行动。"不料10月26日军委来电,反对他们合并。电报说:

任萧王:

A. 二、六军团合成一个单位及一起行动是绝对错误的,二、六军团应仍单独的依中央及军委指示的活动地域发展,各直受中央及军委的直接指挥。

B. 六军团应速以军委累次电令向规定地域行动,勿再延误。

此时,中央红军刚刚离开苏区,开始长征。军委的命令是要六军团继续充当先遣队,为中央红军吸引和牵制敌军,以减轻中央的压力。二、六军团领导人共同研究了电报,认为军委的命令是不适宜的,于是联名复电:

军委:

我们建议二、六军团暂集中行动,以便消灭敌人一二个支队。目前分开,敌必取各个击破之策。以一个军团力量对敌一个支队无必胜把握,集中是可以打敌任何一个支队的。且两军在军

---

[1] 贺龙:1961年6月5日的谈话。载《中国工农红军第二方面军战史资料选编》(四),解放军出版社1996年版,第275页。

事政治上十分迫切要求互相帮助。

夏贺关任萧王 [1]

事实证明，贺龙、任弼时等同志的决策是正确的，中央也就没再坚持。根据军委指示，会师后的红军统一由红二军团指挥部领导。贺龙任军团长，任弼时任政委。六军团缩编为三个团，组织机构初步建立了。两军团会合后，表现出高度团结一致的精神。任弼时主持会议，严厉批判了夏曦的"左倾"机会主义路线，为受害和受打击的同志恢复名誉，驱散了蒙在干部战士心头的乌云。红军采取灵活机动的战术，在湘黔边区发展扩大苏区，很快控制了桑植、大庸、慈利、常德等县城，贺龙在家乡搞革命，如鱼得水，摆脱了"左倾"机会主义者死守一块根据地的被动局面，带领部队往返穿梭，专找敌人的弱点和空子打。贺龙生动地比喻说："打鱼的下拖网，鱼还跳出去嘛。我们比鱼还差？我们随便可以出去嘛。我们出去如鱼得水，要怎么走就怎么走，（'左倾'路线）硬是把苏区吃得光光的，这家一升那家一斗。把人家埋的坛坛都吃了好，还是开大仓好？"[2]

二、六军团会合后的一年中，形势一度发展得很顺利。但是中央红军北上后，蒋介石腾出手来，调遣四个纵队围剿湘黔苏区。国民党军大筑堡垒，封锁红军的出路。湘西大小土匪也各据一方，与红军作对。红军生活越来越困难，为了打破敌人的封锁，贺龙、任弼时等决定退离湘黔苏区，到贵州中部去开辟新根据地。1935 年 11 月 19 日，红二、六军团开始转移，踏上了长征的路途。

在四支长征队伍中，红二、六军团可算是一支最奇特和富有传奇色彩的队伍。在近两万人的部队中，不仅红军指战员，还有背着烟枪的新兵、国民党军的中将师长、高鼻子蓝眼睛的外国传教士、白发苍

---

[1]《中国工农红军第二方面军战史资料选编》（四），解放军出版社 1996 年版，第 207 页。

[2] 贺龙：1961 年 6 月 5 日的谈话，载《中国工农红军第二方面军战史资料选编》（四），解放军出版社 1996 年版，第 276 页。

苍的开明绅士和不满周岁的女婴。

红军来到湘西,首要任务就是扩大红军,但这里的兵源实在不理想。萧克说:"那里遍地都种鸦片,老百姓抽鸦片的很多。地主军阀嫌一般捐税收入不多,就要百姓种鸦片,规定一亩地要交多少鸦片。老百姓不种,就收'懒捐'。他们从买卖鸦片中发大财,于是遍地都是鸦片。人民较普遍地受到烟毒,小孩患个伤风感冒,就用鸦片烟一喷,所以十多岁的小孩也有不少抽鸦片烟的。这就给我们带来了一个问题:抽鸦片的准不准当兵?我们在江西时,说抽鸦片的是流氓,当然不要。到了湘西,抽鸦片的不要,兵源就不好办。好吧,只要是青年农民,愿意参军的就要。因此补的新兵多数都抽鸦片。红军可以抽鸦片,在江西是想也想不到的。为了动员他们戒烟,供给部准备了鸦片,定量发烟;同时讲清道理,做政治工作,然后逐渐减少发烟量,最后以蒸馏水溶化硫苦,静脉注射,个把月就戒了。这项工作是我军团卫生部长戴震华同志搞的。"[1]

1934年10月1日,红六军团在贵州黄平县境内行军时,突然遇到一位外国传教士——鲁道夫·博萨哈特。他是英国出生的瑞士人,虔诚的新教徒。怀着美好的理想,他自愿远渡重洋,来到贫穷落后的中国贵州传教。还给自己起了个中国名字——薄复礼,取孔子"克己复礼"的典故。这些虔诚的传教士以其宗教热情,居然遍布中国最荒凉的角落,真是令人吃惊。这天,薄复礼和妻子参加了一个宗教仪式,从安顺返回镇远途中,与红军不期而遇,当了俘虏。

红军抓住这两个外国人,非常高兴。在他们眼里,这两个"帝国主义者"可以当做人质,让国民党拿钱来赎。萧克回忆:"坦率地讲,这时我们扣留他们两人的主要原因是从军事需要的角度来考虑的。因为我们西征以来,转战五十多天,又是暑天行军,伤、病兵日益增多,苦于无药医治。我们知道这几位传教士有条件弄到药品和经费,于是,

---

[1] 萧克:《红二、六军团会师前后》,《近代史研究》1980年第1期。

我们提出释放他们的条件是提供一定数量的药品或经费。"[1]只是红军开价太高,当审问薄复礼的吴法官(应该是军团保卫局长吴德峰——作者注)宣布要十万元赎金时,薄复礼不顾死活地喊道:"十万?不可能!"第二天红军攻占旧州城,又抓住了新西兰传教士海曼一家。红军释放了薄复礼夫人和海曼家属,但这两个传教士是不见赎金不放人的。

后来,一个偶然事件使薄复礼与红军改善了关系。在黄平教堂,红军找到一张一平方米大的贵州地图。但地名都是法文标的。萧克听说薄复礼懂中文,就派人把他押来。薄复礼回忆:"见面,他要我帮他翻译一张法文地图。他要求我把图上所有的道路、村镇的名字告诉他,他希望在运动中避免遇到汽车路。我的良心立即受到质问,他只有25岁,是一个热情奔放、生气勃勃的领导者。一双明亮的大眼睛闪闪发光,充满了信心和力量。在艰辛曲折的旅途中,他不屈不挠。"显然,萧克的魅力感动了薄复礼。于是,他开始用生硬的中国话为萧克翻译,萧克仔细地记录。在昏暗的油灯下,他们干了大半夜。工作之余,萧克问起薄复礼的身世,两人聊了起来。一位红军将领和外国传教士的心在逐渐沟通。[2]

半个世纪后,当美国作家索尔兹伯里在北京采访萧克将军,谈起长征中的这一夜,萧克仍然激动不已。他说:"时隔多年,我之所以念念不忘,因为这是一件不能遗忘的军事活动。当时,我们在贵州转战,用的是旧中国中学课本上的地图。32开本,只能看省会、县城、大市镇的大概位置,山脉河流的大体走向,没有战术的价值。当我们得到一张大地图,薄复礼帮助译成中文,而且是在最需要帮助的时候,解决了我们一个大难题。同时,他在边译边聊中,还提供了不少有用的情况,为我们决定部队行动起了一定作用。他帮助我们翻译的地图成

---

[1] 萧克:《谈薄复礼和他的回忆录》,见薄复礼:《一个被扣留的传教士自述》,昆仑出版社1989年版,第2页。

[2] 薄复礼:《一个被扣留的传教士自述》,昆仑出版社1989年版,第53页。

为我们转战贵州作战行军的好向导。"[1]

此后,薄复礼的待遇有了明显改善。红军分战利品时,也给了他一大块牛肉。行军中他的鞋坏了,吴德峰命令一个战士脱下套鞋给薄复礼,而那个战士却痛苦地赤脚走山路。后来,吴德峰还给两个传教士找了骡子骑,赎金也降到了6000元。

在教会同人的奔走努力下,一部分赎金送来了。红军决定释放年龄较大的海曼,押着薄复礼继续行军。这样,薄复礼随红二、六军团共同长征,横穿了整个贵州,进入云南。1935年3月21日,当红军行进到距昆明仅数十里时,薄复礼突然被萧克召去,他被告知:红军决定释放他。在送别他的晚宴上,王震对他说:"你要记住,我们是朋友。你已经看到,我们对穷人是多么的好。我们不是土匪,这是敌人的诬蔑。"萧克欢迎他留在中国,可以办学校,但是不准用上帝去麻醉学生。第二天一早,红军就出发了。薄复礼徒步走到富民县城,结束了在红军中度过的18个月俘虏生活。

薄复礼回到英国,成了新闻人物。人们对他的传奇经历极感兴趣,请他去作演讲。但是出乎意料,薄复礼对大家说:"中国红军那种令人惊异的热情,对新世界的追求和希望,对自己信仰的执着是前所未闻的。他们的热情是真诚的、令人惊奇的。他们相信自己所从事的革命是世界革命的一部分,他们正年轻,为了他们的事业正英勇奋斗,充满了青春活力和革命激情。"[2] 他再次回到中国传教,在晚年撰写的回忆录中,对红军长征作了如实的记录。这使萧克将军深为感动,他在为薄复礼回忆录中译本所写的序言中说:"薄复礼先生是被我们关押过的,但他不念旧恶,这种胸怀和态度令人敬佩,这种人也值得交往。"

跟随红二、六军团长征的国民党师长是张振汉。1935年6月,二、六军团向湖北宜恩进军,国民党第41师师长张振汉指挥4个旅的兵力

---

[1] 萧克:《谈薄复礼和他的回忆录》,见薄复礼:《一个被扣留的传教士自述》,昆仑出版社1989年版,第3页。
[2] 薄复礼:《一个被扣留的传教士自述》,昆仑出版社1989年版,第122页。

来包围红军。贺龙将主力调到中堡，在运动中出敌不意，把张振汉的师部包围在一个山谷里。战斗打响，王震率 51 团猛攻。贺龙打电话把王震拉下来，叫他不要硬攻。贺龙命令红军用迫击炮朝敌军打了几炮，敌军没想到红军有炮，乱成一团。贺龙指挥部队一个冲锋，歼灭这股敌人，张振汉也当了俘虏。据说张振汉的家属送来一笔钱，请求将张振汉放回去。贺龙认为张振汉对红军有些用处，对他以礼相待。张振汉感谢红军宽大，愿意为红军做事。红二、六军团成立了红军学校，张振汉当了高级班教员，为红军指挥员讲授战术原则和军事知识。他还能联系实际，用军阀内战的一些战例和自己与红军作战失败的教训结合军事教学，颇受欢迎。他部下的一些军官也担任了教员，对红军建设起了作用。后来，张振汉参加了红二方面军长征的全过程，一直到了延安。国共合作后，中央决定让他回家。张振汉回到长沙，新中国成立后又参加了革命工作，任长沙市副市长。

1936 年 2 月下旬，红二、六军团长征到贵州毕节，在那里休整扩红。红军组织宣传队，向老百姓宣传北上抗日。当地有位开明绅士周素园，是清朝末年的秀才，在北洋政府任过职。当时他年近六旬，亲身经历了旧中国的动荡和黑暗，报国之心一直没有实现。红军来到毕节前，国民党专员叫他一起逃跑，他说："我没有多少家当，不必走。"王震和夏曦登门拜访，看到他家里有很多马列主义书籍，问他为什么要读这些书。周先生说："我研究马克思主义十年了，我相信马克思主义。你们共产党、红军也是讲马克思主义的，所以我用不着走。"大家问他："你研究马克思主义好是好，现在我们共产党的政策是反蒋抗日，你赞成不赞成？"他说完全赞成。于是红军请他当贵州抗日救国军司令，他欣然同意。以他在当地的声望，振臂一呼，几天就发展了 1000 人，跟红军北上。到云南境内，红军前有云南军阀龙云、孙渡堵截，后有国民党中央军追赶。周先生与孙渡有旧,就写信给孙渡和龙云,晓以大义。龙云考虑再三,决定按兵不动,让红军北上。就是这样一位老者,凭着一颗爱国之心,与红军一起爬雪山、过草地,到达陕北,在红军中传为佳话。国共合作后他也回到家乡,新中国成立后担任贵州省政协副主席。

红二、六军团会师后不久,贺龙、萧克喜结良缘。他俩娶的是一对姊妹花,贺龙的妻子是姐姐蹇先任,萧克的妻子是妹妹蹇先佛。蹇氏姐妹读过中学,是军中少有的才女。蹇先任教贺龙学文化,号称"蹇先生"。1935年11月,蹇先任生了一个女儿。贺龙正好在前方打了个大胜仗,听到王震传达的喜报,非常高兴,就给女儿起名"捷生"。不久,根据地遭到敌军围剿,形势紧张,红军准备转到外线作战。贺龙想把孩子寄养在一个亲戚家。他背着孩子骑马走了几十里,发现亲戚家房门紧锁,早已不知去向。于是贺龙决定带孩子出征。一路上,这个不满周岁的婴儿给大家增添了很多欢乐。薄复礼回忆当时的情况说:"在长征前夕,当人们为生存而英勇奋斗的时候,一个女婴在这支队伍中诞生了。贺龙将军抱着孩子,那么亲切,那么和气,就像孩子的妈妈一样,充满了柔情。"当战士们发现薄复礼会织毛衣,"贺龙叫传令兵给我送来一团质量很好的毛线,上面还有德国商标。我想,这可能是从教会驻地抢来的战利品。毛线的颜色各种各样的,黑的、绿的、紫的、棕的、白的,色彩纷呈。他们还给了一件中国式的小风衣作参考,我自己又设计了一些样式,用各种颜色把它配起来。"薄复礼连夜赶织,接近完工时他自己却病倒了。这件毛衣是否穿到小捷生身上,他自己也不清楚。[1]

在艰苦的长征中,这个小女孩被大家轮流背着抱着,通过封锁线时,妈妈怕她啼哭暴露目标,把她的嘴紧紧堵住,憋得她出不来气。一次战斗中,贺龙骑着战马,怀抱女儿奋力突围。突出去后,才发觉孩子不知何时从怀里被颠出去了。急忙回去寻找,发现她被一个老乡

---

[1] 薄复礼:《一个被扣留的传教士自述》,昆仑出版社1989年版,第108页。

长征到陕北的贺龙（前排右一）、蹇先任（左三）和贺捷生（左二）

拾到，抱在手上。过草地时，饭都没得吃，更不要说奶了，孩子靠妈妈喂面糊糊，顽强地活下来。到陕北时，孩子才满周岁。她是长征中年龄最小的一个，这是一个奇迹，也是长征中一个感人的故事。这个生下来就历经磨难的女孩，后来继承父业，成为中国人民解放军的一位女将军。[1]

红二、六军团开始长征后，谁也没想到会走向陕北。自1935年2月接到中央传达遵义会议精神的电报后，二军团便与中央失去联系。到9月下旬，他们突然收到周恩来一封明码电报，询问二、六军团下落。贺龙等接到电报，既高兴又警惕。为了证实电报的真实性，他们回了一封电报作为试探。

恩：

1. 我们8月27日占领津州、津市、石门、临沣，现已退出。

---

[1] 杨匡满：《开国元戎的将军女儿》，《中华儿女》1993年第4期。

2. 我们将敌原围剿计划冲破，准备粉碎敌对我们新的大举围剿。

　　3. 你们现在何处？久失联络，请于来电内对此间省委委员姓名说明，以证明我们的关系。

9月29日10时

第二天他们就收到红军总部的密码回电：

朱德、张国焘复弼时同志：

　　1. 29日来电收到。

　　2. 你们省委弼时书记，贺龙、夏曦、关向应、萧克、王震等委员。

　　3. 一、四方面军6月中在懋功会合行动，中央任国焘为总政委。

　　……

　　5. 望你们以冲破敌人之围剿部署的英勇和经验来冲破新的围剿。

　　6. 我们今后应互相密切联络。

9月30日20时 [1]

　　总部来电在二、六军团中引起一片欢呼。大家在为与中央接通联系而高兴时，却没想到这封电报并非中共中央所发，而是张国焘发的。当时张国焘已与中央分裂，他掌握着红军的密码，所以收到了二、六军团二方面军的电报。他以总部名义和二、六军团联系，直到甘孜会师前，中央对二、六军团的情况几乎一无所知。张国焘没有透露党内斗争情况，二、六军团自然也不知道。朱德回顾这段

---

[1]《中国工农红军第二方面军战史资料选编》（四），解放军出版社1996年版，第229页。

历史说:"二、四方面军会合前,是没有中央指示的。我们发报都是经过他(张国焘)。当时有关打仗他不得不听我的,但有关政治方面都得听他的。"[1]

长征初期,红二、六军团是独立行动的,这反而避免了许多不必要的束缚和损失。1935年11月,国民党军队加紧对湘黔根据地的围剿,本来就不富裕的根据地经济更为困难。为了改变被动局面,二、六军团计划转移。萧克说:红军的计划"只是想转移一下,摆脱敌人的包围,保存有生力量,到湘黔边或黔东建立新的根据地。但并没有想到要过长江,渡金沙江,更没有想到要长征到陕北"。所以,二、六军团这次转移不是流寇式的无目标移动,也不是搬家式的逃跑。大家想打几个胜仗就转回来,所以是轻装出发。行李是最简单的,粮食只带几天用的。1935年10月23日一个风雨交加的夜晚,红军在大庸附近的潭口突破敌人的堡垒防线,迈出长征的第一步。

红军一开始向东打,急行军插到湘中最富裕的新化、辰溪等地。敌人以为红军要打常德,威胁长沙。吓得湘中各县县长和土豪纷纷告急,请求调兵。蒋介石命令樊崧甫、李觉等五个纵队包围红军,二、六军团准备在晃县的便水打一仗,制止敌军的追击。但是指挥上出了岔,六军团与敌军打了一天消耗战,没通知二军团就西行了。任弼时带着军团部住在龙溪口,也不知道六军团已经走了。贺龙和关向应见六军团阵地上不响枪,估计他们走了,赶紧派部队去抢占龙溪口,才避免被敌军切断。贺龙干脆使出一计,第二天大摇大摆地行军。敌军以为有埋伏,也不敢追。红军西行到贵州石阡,在那里休整。

红军忽东忽西,变化无常,搞得国民党军惶恐不安。第三纵队司令樊崧甫奉命追剿,在湘西山区跟着红军打转。出发时长官、家属、幕僚一行十几抬轿子,在山区根本没法走。樊崧甫只好把闲杂人员和

---

[1] 朱德:1960年11月9日的谈话。载《中国工农红军第二方面军战史资料选编》(四),解放军出版社1996年版,第272页。

轿子都扔掉,带着部队爬山。他抱怨说:"部队从慈利到溆浦已走了不少迂回曲折的山径和田岸路,仗没有打,行军就累死人。坐飞机汽车的大人老爷们哪管你的死活,按照他们的愿望,下个命令限你按期到达,否则以贻误戎机论罪,直叫官兵有冤无处诉。"他怕贺龙打埋伏,不敢走山路,绕大道行军,连红军的影子也见不到。追了些日子,听说红军过了芷江,还要向西走,就请示长沙的何键、刘建绪是追堵还是送行。何、刘出于保存实力的考虑,希望能把红军赶出湖南就行。樊崧甫跟在红军后面,既不紧追,也不打,保持一定距离,让红军从容西进。

陈诚见红军进了贵州,命令湘军继续追剿。这个倒霉差事又落到第4纵队司令李觉头上。红军从根据地突围时,李觉没堵住,被记了两次大过,不敢不执行命令。他从黄平、龙里、贵阳一直跟到安顺,只休息了两天又奉命向威宁进发。红军在哪里,根本不清楚。在威宁李觉突然接到参谋总长顾祝同的十万火急电令,要他第二天黄昏前赶到七星关。李觉一看地图,足有180里地,都是崇山峻岭,羊肠小道,根本不可能在指定时间到达。好在国民党军官都有一套应付上层瞎指挥的办法,李觉挑选100名精壮汉子,全部轻装,三分之一徒手,组成一支象征性的挺进纵队。背上一部小电台,预付赏金,让他们无论采取何种方式,只要按时到达七星关,就给上司发报说他们已经占领七星关。李觉带着大部队在后面慢慢走。这一着果然灵,管他有没有红军,只要把上司糊弄过去就行了。[1]

红二、六军团的长征,从湘黔根据地出发一直到贵州毕节,基本上还算顺利。尽管爬了不少山,但没有遭遇大的战斗,部队损失较小。1936年1月28日,贺龙、任弼时、关向应在毕节接到红军总部来电:"关于你们的行动有二:1. 在黔滇川境广大区域与敌在运动战中消灭敌之一部,争取根据地与我们配合作战。2. 入川一经滇渡金

---

[1] 《围追堵截红军长征亲历记》下册第9章,中国文史出版社1990年版,第137、142页。

沙江入上以南，一经毕节入下，向南在作上下游渡大江，深入川中与敌作较大的运动战，均与我们直接会合作战，一、三军亦可出陕南配合。……目前你们战略，当以第一项为宜。第二项是带有决战性质，只有在极有利的条件采用。"这个指示与任弼时等领导的想法一致，大家决定："二、六军团应保持在长江南岸活动，黔大毕在地形、群众、粮食与反动统治力量等条件上，均有利于我军活动。故决定在该地区创造新的根据地。"[1]

红军在毕节住了二十多天，宣传抗日，扩大红军，开展统一战线工作，搞得很热闹。不久，国民党军万耀煌、樊崧甫、郝梦龄、李觉等部从几个方向压过来。贵州交通不便，信息不灵，红军无法掌握准确的敌情，几次出击效果不大。敌军包围圈越收越紧，为了避免陷入被动，红军退出毕节，原打算向安顺方向转移。敌军又堵住前进道路，想在半路上消灭红军。任弼时回忆："因情况变化，南进困难，改向滇东转移。"因敌军在威宁一带设防，"西南进又未成，乃被逼于毕、威道北之彝良、镇雄间狭小困难地区。在天候、给养困难情况下，敌以高度积极动作企图在该区域内消灭我军，亦为我军长征处境困难时期"。于是红军"以急行军乘虚绕过威宁进至滇东，至是，乃最后脱离黔滇川边而开始进入黔滇边广大地区"。[2]

这段时期，红军穿行于崇山峻岭之中，道路崎岖艰险，人烟稀少。带的粮食很快吃光了，一周内没见过苞谷、荞巴。山地气候变化大，忽冷忽热，部队饥寒交加，有的人就受不了，抱怨"不知要拖到哪里去"。掉队现象比较严重，有些在毕节参军的新战士开了小差。部队进了云南，打下宣威，情况才有好转。"给养也突然改善了，宣威土豪家里的火腿，除大批分给群众外，部队是吃不完的。山也低了，路也平坦宽广了，疲劳是被逐渐的消失着。战士们的士气明显高

---

[1]《中国工农红军第二方面军战史资料选编》（四），解放军出版社1996年版，第243页。

[2] 任弼时：《二、六军团长征总结》，《中国工农红军第二方面军战史资料选编》（四），解放军出版社1996年版，第131页。

昂起来。"[1]

　　红军进了云南，吓坏了土皇帝龙云。蒋介石正好乘机把他攥在手心里。表面上把追堵红军的中央军交给龙云指挥，打破了龙云独霸云南的局面。第三纵队司令孙渡跟着红军到了宣威，收到红军转来周素园先生的信。他把信转交龙云，心照不宣，有意保持距离，不和红军死拼。一天，下边说在宣威郊外虎头山与红军交火，孙渡赶到前沿，"看到实际战斗情况并不像我想象中的激烈。第1旅所占的山麓及附近凹道里有密集的部队在休息的模样。我问旅长刘正富，那是不是我们的队伍？他说那就是红军。他并指着稍远山腹上搭有帐篷的地方，说那也是红军。我当即面嘱他说：对红军作战要稳扎稳打，情况摸不透，切勿轻举妄动"。夜里枪声密集，孙渡以为红军要进攻，紧张万分。天明一看，红军已经转移了。红军过了普渡河，孙渡的部队才磨磨蹭蹭地赶到。

　　这时，蒋介石到昆明督战，拉着龙云上飞机视察前线。龙云看不清地面上是什么地方，以为蒋介石要把他劫走，心情紧张，惶恐异常。后见蒋介石从飞机上投信下去给孙渡，知道还在云南地盘上，才放下心来。谁知大烟瘾又犯了，呵欠连天，涕泪交流。下飞机时，龙云让人搀扶，如同大病一场。[2]

　　1936年3月25日，二、六军团在宣威以北接到红军总部电报，指示："如趁此时过金沙江尚有可能，我们建议你们渡河技术有把握条件下及旧历3月×日前，设法渡过金沙江，与我们会合大举北进。如你们尚不十分疲劳，有把握进行运动战时，则在川滇边行动亦好。"二、六军团领导人研究了情况，任弼时认为："因军委无肯定指示，我们不知是因为战略上的要求必须渡江会师北进，或恐主力将来北进后，二、六军团在长江南岸活动过于孤立困难，而要我

---

[1] 甘泗淇：《二、六军团长征政治工作总结报告》，《中国工农红军第二方面军战史资料选编》（四），解放军出版社1996年版，第152页。

[2] 《围追堵截红军长征亲历记》下册第9章，中国文史出版社1990年版，第178页。

军及早北渡。"贺龙的意思是"这里也可以活,那里也可以生存"。王震回忆:"我们到云南时没有过江的意图,还想打回去。……当时任弼时提出一个问题:在太平天国时石达开的失败,现在蒋介石又说中央红军走那条路,会全军覆没。我们怀疑了。……以今天的眼光来看,不过江是可以的,甚至可以不到贵州去。我们当时不知道过江后还要过雪山草地,如果知道是不会过的。"萧克回忆:"在盘县接到总司令部的电报,要我们西行渡金沙江,到西康和四方面军会合,北上抗日。这时我们对一、四方面军会合时张国焘闹分裂反对中央的情况,一点也不知道。当时我们还想在黔滇边站住脚。……总司令部要我们北上抗日,我们是从当时整个的国内形势来看,认为北上抗日是大势所趋。经军分会的考虑,决定执行总司令部的指示,与四方面军会师,北上抗日。"[1]

红军总部为什么要二、六军团北上呢?张国焘开始是不积极的。朱德回忆说:"二方面军始终都是好的,听指挥。过江不过江不是个人决定,要以敌人的力量来决定。过江不是中央指示,是我们从中抓的,抓过来好,团结就搞起来,这里阴差阳错地把团结搞起来的。二方面军过江,我们气壮了,北上就有把握了。但二方面军在会合前是不知道张国焘反中央的。在会合后二方面军起了很好的作用,迫使他取消了伪中央。"[2]

北上会师的大计已定,二、六军团迅速从宣威北上,一路经过楚雄、祥云、鹤庆等地,1936年4月25日占领丽江,接近金沙江。这段路都是走公路,却不像走山路安全。龙云急于把红军赶出云南,几乎每天派飞机轰炸,给红军的行军造成很大麻烦。干部、战士被炸死炸伤的不少。为了加快行军速度,政治部把一些不能走的伤病员寄托在老乡家里,留下休养费和粮食。伤势不重的干部才骑马或用担架抬

---

[1] 萧克:《红二、六军团会师前后》,《近代史研究》1980年第1期。
[2] 朱德:1960年11月9日的谈话,载《中国工农红军第二方面军战史资料选编》(四)。解放军出版社1996年版。第272页。

着走。多数伤员知道让国民党抓住不会有好结果，痛哭着不愿留下，搞得干部十分为难。急行军的疲劳和轰炸，造成伤病员数量剧增，部队减员越来越多。

4月26日，先头部队到达金沙江畔。虽然搞到几条船，但渡江组织得很好，短短三天就全部渡过了金沙江。过江后进入少数民族区域，这些地方人烟稀少，极为荒凉，一万多人的红军队伍吃饭住宿都成了问题。红军从中甸走了几百里山路到德荣，以为是个县城，可以补充粮食。谁知到德荣一看，竟然只有三家房子，以致大家怀疑是不是走错了地方。粮食没有，衣服也没有，政治部主任甘泗淇回忆："西康气候非常寒冷，特别是雪山上空气稀薄，呼吸都感困难。近河处早晚很冷，日间又热，这种气候我们尚未习惯。战士在湘黔滇行动中，没有大批的准备衣服被褥。当时气候是和煦的，有些战士好似不感觉如何需要。一过金沙江后气候即顿觉寒冷，然而收集衣服已是非常困难了。当时我们的战士有些是穿单衣，甚至一层都是烂的，也无衣换洗，在搜山时亦未收集到什么羊皮衣服，被盖的缺乏是影响了战士的健康的。因受寒而致病，因病致死，这是我们一个严重的问题。……西康粮食缺乏，有些战士的掉队是因为挨了饿掉了队，常难得到充分的食料，有时弄点干粉吃又无开水，和之以冷水，吃了肚子不消化，常发生痢疾。病员中痢疾症占了一半以上。再则部队很难弄到油吃（酥油是很少的），盐也是缺乏。有些部队收集很多给养，常有战士过食无度。而另一部分常未得到而感觉饥饿，都足以致人于疾病的。"[1]

从丽江到甘孜这段艰苦的行程，红二、六军团遭受前所未有的损失。据任弼时统计，掉队、逃亡、战斗中牺牲和负伤、因病寄养和失踪的总共有7381人。除千余伤员还能跟随行军，可谓损失近半。然而最严峻的考验是爬雪山。王震回忆："从中甸到稻城、理化、瞻化到达

---

[1] 甘泗淇：《二、六军团长征政治工作总结报告》，《中国工农红军第二方面军战史资料选编》（四），解放军出版社1996年版，第162页。

甘孜等县，通过三个最大的雪山。一个是从格罗湾到小中甸的大雪山（一百几十里），正是5月2日。一个是从瓮水到易窝的大雪山，约120里，是在5月12日翻过的。最后是从那坡到德窝的大雪山，150里，是在6月1日翻过的。其次还翻了许多小雪山。"[1]

二、六军团的行军路线，比一、四方面军更为艰苦。由于没有过雪山的经验，还按老规矩梯次行军，结果吃了大亏。甘泗淇说："有的在雪山上停止休息和吃雪水以致死亡近百。由白松到茨乌走错了路，过了一雪山死亡亦数十。由东南多又过一雪山，4师当时因前面被番民破坏道路阻碍我军部队走不动，后面部队仍在山上，突然天变下大雪，冻死近40人。13团亦因前面队伍走不动停止被冻死近30人，6师亦死亡数十，仅军直死亡较少。"然而，与四方面军会师的信心并没有动摇，在贺龙带领下，红军战士以坚强的意志和顽强的耐力连续翻过大小雪山，走完了会师前最艰难的路程。

当二、六军团渡过金沙江后，四方面军这里又活跃起来，掀起了迎接二、六军团的热潮。4月12日朱德、张国焘就通知陈昌浩："二、六军北上已成事实，四十日内可接通。望努力筹集资粮，完成4、5两月战斗准备工作，必能争取会合二、六军团和实现北上的胜利。"4月20日红二方面军接近金沙江，朱德、张国焘又通知徐向前，要他做好接应准备。4月27日，朱、张命令徐向前派32军前往雅江、稻城路上迎接，在瞻化准备好住房。徐向前召开动员大会，要求各部全力开展迎接二方面军的组织准备工作。除了准备吃住，还要全军动手纺毛线、织毛衣，慰劳二、六军团的兄弟。徐向前强调："红军是一家人，我们和中央红军、二方面军的关系，好比是老四和老大、老二的兄弟关系。上次我们和老大的关系没有搞好，要接受教训。吵架归吵架，团结归团结，不能分家。现在老二就要上来了，再搞不好关系，是说不过去的。"[2] 他的话引起大家的高度重视。

---

[1] 王震：《红六军团小史》。
[2] 徐向前：《历史的回顾》第13章第5节，解放军出版社1985年版，第486页。

1936年6月3日,六军团的先头部队16师与四方面军的32军在理化(今四川理塘)南甲洼会师。6月27日,萧克、王震率六军团与四方面军会师于甘孜。7月1日,贺龙、任弼时在甘孜绒坝岔会见朱德、张国焘。二、六军团与四方面军实现会师,这是长征中的又一个节日。在甘孜的山坡上召开了欢迎大会,口号声、欢笑声此起彼伏。身着鲜艳服装、载歌载舞的藏族男女令二、六军团战士大开眼界,李伯钊率领的红军文工团演出了精彩的节目。二、六军团的同志经历了半年多的艰苦转战,这是第一次安心坐下来观看演出。

战士谭尚维回忆:"吃过晚饭后,我们每个人都领到一件毛衣或一双毛袜子。这些东西对我们南方人来说都有点稀罕。有些人过去在

甘孜,红二、四方面军在此会师

乡下根本就没见过这样厚的毛衣或毛袜子,有人问指导员:'这是哪里来的?'指导员说:'这是四方面军慰劳我们的。人家怕我们到草地受冻,全军上下几天几晚没睡觉,剪羊毛、洗净,捻成细细的毛线,又一针一针织成的。'大家感动地把毛衣左看右看,穿上脱下,脱下又穿上。从那密密的毛线里,我好像看到它渗透着四方面军同志的汗水和深情。"[1]

---

[1] 谭尚维:《甘孜会师》,载《回顾长征》,人民出版社1985年版,第554页。

第16章
再次北上

朱德、刘伯承向二方面军领导通报情况——二方面军领导与张国焘作斗争——张国焘被迫取消自己的"中央"——四方面军干部思想的转变——任弼时促进党内团结——廖承志获救——二、四方面军再次北上过草地

二、六军团与四方面军会师后，情绪依然是欢乐而亲切的。但与一、四方面军会师时的差别在于：四方面军部队和二、六军团没有住在一起，而是保持着一定距离。部队之间也很少搞联欢活动，四方面军的干部也不大来二、六军团这边走动。

天下没有不透风的墙。贺龙、任弼时他们在长征途中，就从国民党的广播中听说了中央与张国焘分裂的消息。他们认为是国民党造谣，没有相信。朱德、张国焘多次电报也没提到这件事。现在会合了，当然要询问一下。

会合不久，刘伯承总参谋长就来到二、六军团。他是被张国焘赶出来的。他回忆说："二方面军来了。张国焘又开会，说要好好联合二方面军，实际他的目的是共同反一方面军。这天又斗争我，我说：三个方面军应当团结，团结就是力量。李特说：什么一方面军，两个军团在这里，只是半个方面军！徐向前同志说得很好：我们几个方面军好比是兄弟，老四与老大搞不好嘛，别人还说不清谁对。如果与老二也搞不好，那人家一定说老四不好。张国焘对我说：朱德、贺龙和你都是军阀，这次搞不好要你负责！我说：他和我都是共产党嘛，怎么都要我负责？他说：就看你是不是挑拨了。"刘伯承刚到，二军团保卫部长吴德峰请他去吃饭。他问刘："情况怎么样？"刘说："要做团结工作。"吴又问："可不可将这个意思告诉弼时？"刘说："可以。"这样，任弼时了解了朱德、刘伯承的立场，心里有了底。[1]

到了甘孜，双方都开始作二、六军团的工作。朱德先找王震谈了

---

[1] 刘伯承：1961年1月26日的谈话。

一个晚上。他向王震介绍了中央与张国焘之间的斗争，告诉王震："他（张国焘）原来并不想指挥二方面军，怕二方面军和他作对，搞不到一起。但我们主观上总是想要你们过来的，可是有个密码问题，电报密码在他手中，我们只能搞点情报对你们帮助。这段所谓中央和军委的指示都是假的，因破裂后，中央的一切他不给你们转了。中央又不能直接告诉你们，所以都是他的东西。"朱德又说："刘伯承同志去二方面军，这是我们明知道的。他（张国焘）反中央，我们的人想法支开一个算一个。刘伯承同志和他是对立的，几乎被他杀掉。右倾机会主义在组织上是很凶的呀！"[1] 刘伯承告诉王震，对张国焘不能冒火，冒火要分裂。中央在前面，不在这里。听了老首长的话，王震明白多了。他向刘伯承表示：我们这个部队是井冈山来的，不能反对中央。

朱德在二、六军团与主要领导人一一谈了话，使大家认清了张国焘搞的宗派山头那一套，立场站到了中共中央一边。贺龙表示：张国焘那种搞法是绝对不允许的。王震回忆："和四方面军会合后，张（国焘）有阴谋瓦解二、六军团。贺、任、关是老旗帜，贺是南昌起义的总指挥之一，是革命旗帜。任、关是中央委员。张认为我们是毛娃娃，想把我和萧克及六军团买过去，反对毛、周、张、博。我们到稻城，他发反毛、周、张、博的小册子。我拒绝了这个决议，我同关向应的意见是一致的。任很守纪律，他知道张国焘的底细，知道这次是搞宗派活动。后来贺、萧、张子意在我那里吃饭，把这个问题扯开了。萧克讲：张国焘搞宗派活动他不知道，搞不清楚是什么目的。总认为将二、六军团分开是中央的决定，我们执行就行了，不知道是伪中央。如果接受这个决定，二、六军团就分裂了。"[2]

张国焘也来做工作。他挨个会见了二、六军团领导人。贺龙对

---

[1] 朱德：1960年11月9日的谈话。见《中国工农红军第二方面军战史资料选编》（四），解放军出版社1996年版，第274页。

[2] 王震：1960年11月22日的谈话，《中国工农红军第二方面军战史资料选编》（四），解放军出版社1996年版，第285页。

他印象不好，南昌起义前，贺龙在武汉要求入党，张国焘说他是"军阀"，一口拒绝。周恩来、朱德、贺龙准备发动南昌起义时，张国焘又传达共产国际指示，要推迟起义，差点使起义流产，对此贺龙是不会忘记的。甘孜会师那天的欢迎大会上，张国焘讲话前，贺龙半开玩笑半认真地悄悄说："国焘啊，只讲团结，莫讲分裂。不然，小心老子打你的黑枪。"把张国焘吓了一跳。任弼时是张的老同事，在莫斯科一起工作过，对张国焘的底细很清楚，张国焘心里还是有点怕他。张国焘着重拉萧克和王震，他送给王震几匹好马，夸奖王震勇敢，能打仗，戴高帽子。王震回来问刘伯承怎么办，刘说："送给你（马），你就收下。"贺龙听说，对张国焘这种拉拢表示鄙视。张国焘派人送来《干部必读》等文件，贺龙对政治部负责人说："不准发，看了要处罚人，放在政治部。"根据刘伯承介绍的线索，贺龙、关向应找到了在波巴地方政府工作的刘绍文。刘绍文把冒着生命危险藏在一个泥菩萨肚子里的中央文件都取出来，郑重交给贺、关，又把自己掌握的情况向二、六军团首长做了详细汇报。[1]

　　全面地了解情况后，红二、六军团领导人对张国焘做了有理、有利、有节的斗争。甘孜会师后，张国焘借口调任弼时到总部工作，要给二、六军团另派政委，被大家拒绝。张又想把六军团纳入他的部队，也被拒绝。张国焘建议召开两军联席会议，企图以多数压倒少数。任弼时严肃指出：两军联席会议，由谁来做报告？如果发生意见分歧，结论由谁来做？绝不能以多数压倒少数，造成上层对立，将使工作更困难。如果双方态度尖锐，我不负责任。断然否定了张国焘的提议。

　　与上次一、四方面军会师时不同，二、六军团与四方面军会师后虽有斗争，但双方领导人并未因此而争论不休，而是迅速分兵北上了。这里固然有任弼时等同志的功劳，也必须指出，促成张国焘二次北上的原因是多方面的。其中有林育英的调停，朱德耐心的工作，以及四

---

[1] 贺龙：1961年6月5日的谈话，见《中国工农红军第二方面军战史资料选编》（四），解放军出版社1996年版，第278页。

方面军上下的强烈要求。加上二、六军团到来后再添一把火，张国焘意识到只有北上才是唯一出路。

在争取张国焘和四方面军的问题上，林育英做了很多工作，中央也做出了让步和妥协。1936年5月30日，林育英及中共中央领导人联名致电朱德、张国焘、贺龙、任弼时，通报了国内抗日形势后，提出以下建议：

> 弟等与国焘同志之间，现已没有政治上与战略上的分歧。过去的分歧不必再谈，唯一任务是全红军团结一致，反对日帝及蒋介石。弟等对于兄等及二、四方面军全体同志之艰苦奋斗表示无限敬意。中央与四方面军的关系，可如诸兄之意，暂可采取协商方式。总之为求革命胜利，应改变过去一切不适合的观点与关系，抛弃任何成见而一致和团结努力奋斗为目的。希兄等共鉴之。[1]

这封谦恭的电报，既向张国焘伸出了和解之手，也给了张国焘一个台阶下。此时，四方面军内部要求团结的呼声甚高。在朱德耐心劝说下，陈昌浩等高级干部都赞成朱德的主张。以张国焘的脾气，要他向中央低头认错是不可能的，但他明白僵下去也没好处。现在中央主张搁置争议，团结对敌，张国焘再没有理由不接受。1936年6月6日，张国焘在炉霍召开中央纵队（总部机关）活动分子大会，宣布取消他的"中央"。他在报告中说：

"曾记得去年一、四方面军分手的时候，敌人非常高兴，甚至瞎说是共产党的'日暮穷途'了。自然，这类的谣言，现在是丝毫不能起作用了。中国共产党在过去曾经犯过相当的错误，但是党在斗争中一天天地纠正了过去的缺点，使自己学好，使自己健全化，并且懂得

---

[1] 军事科学院编：《中国工农红军第四方面军战史资料选编》长征时期分册。

如何战胜过去的缺点。……在共产党内有时会发生争论,可是我们可以找到团结的方法去共同的对付敌人。冷笑的敌人让他们去笑吧,最后会笑的才是真正会笑的。"会场上响起一阵热烈的掌声。

张国焘接着说:"关于党的领导机关的决议,大概大多数同志已经看过了,这决议大家要好好的去看,不要当作一个简单的通知。在决议中,我们指出了我们不但在政治上完全得到了一致,而且组织上也得到了统一。即是,我们双方都同时取消中央的名义,中央的职权由驻国际的代表团暂行行使。如大家所知的一样,国际的代表中,负总责的有陈绍禹(王明)同志,还有别的同志,代表代表团回国的则有林育英同志等。在陕北方面,现在有八个中央委员,七个候补委员;我们这边有七个中央委员,三个候补委员;国际代表团大约有二十多个同志。这样陕北方面设中央的北方局,指挥陕北方面的党和红军工作。此外当然还有白区的上海局、东北局,我们则成立西北局,统统受国际代表团的指挥。在这样的决定之下,我们同时要反对一切企图曲解这决定的分子。我们这决定为的是团结党,使党能一致的为新策略路线而斗争,这是党原则上组织上的大团结,是有非常大的意义。"

大家听到这里才明白:原来张国焘还是要和中央平起平坐,分庭抗礼。并非诚心诚意回到中央的领导之下。后面,张国焘语气一转,又开始清算中央的"逃跑路线"了。他说:

"我们原则上是反对不正确路线,这是必须坚持的。自从沙窝子会议时,我们便公开出来说话,指出当时中央部分同志可以有良好的志愿,但是发现了严重错误,这是由于军事上错误,路线上、政治上的错误,这结果使五次战争受到很大挫折。当然由现在看来,这不仅是单纯的问题,而是关门主义的错误了。……我们反对错误路线是对的,现在既然陕北同志们已回归到国际路线下,我们就应当一致起来,向敌人奋斗。过去我们反对逃跑路线,是站在原则上的,现在为着党的一致,甚至采取相当的让步,这也是为着原则上的。我们的思想斗争是为着求得党的一致,因此党在思想斗争中有他的两方面:一向错误的路线斗争,另一方面则尽量求得党的一致。往往我们在这个问题上有机械式的了解,就是犯过错误的同志已经有了转变,还是一成不变的斗争下去,这是不对的。现在陕北同志已经表示了转变,并忠实执行国际的指示,这样我们就应该一致起来,过去的争论留待将来解决。我们现在不但与二、六军团完全一致,并且和陕北的同志也取得一致了。这个伟大意义必须使每个同志们深刻了解。"

随后,张国焘宣布了红军的组织机构。他说:"我们的军事上依旧一、四方面军会合时的编制来划归军事上的统一。军委主席兼总司令是朱德同志,军委副主席兼总政委张国焘同志,政治部主任陈昌浩同志。其次,组织三个方面军:陕北为第一方面军,总指挥彭德怀同志;二、六军(团)为二方面军,总指挥贺龙同志;4、5、9、30、31、32军仍为四方面军,总指挥徐向前同志,四方面军总政委仍由昌浩同志兼。一方面军方面,是林彪同志的1军,徐海东同志的15军。至于陕北方面,他们北上的时候用的旗帜是抗日先遣军的名义,也看不出当时他们有成立军委或总政治部的模样。现在我们对陕北方面的同志不一定用命令的方式,就是用互相协商的方式也还是可以的。在这样的编制中也许有些人生出些疑问,即是一方面军旧的编制中,1、3军到陕北去了,只留下5军、32军在这方面,这个问题如何解决呢?对此我们应该如此了解,即是红军原是一体的,原本就没有什么人造的界限。……我们对此,就应有布尔什维克的观点去了解问题,不应有旧日方面军的界限主义。过去的旧毛病应一律除掉,必须发扬互相帮助,求进步、团结一致的精神,这是非常必要的。"[1]

无论张国焘如何自圆其说,他宣布取消自立的"党中央",党内

---

[1] 《中国工农红军第四方面军战史资料选编——长征时期》,解放军出版社1992年版,第534页。

分裂的最大障碍就已清除了。这是朱德、刘伯承、徐向前、任弼时、贺龙等同志坚持原则，坚持团结取得的胜利，也是为后来的三大主力红军会师陕北迈出的重要一步。所以，当二方面军来到后，大家目标一致，很快踏上了北进的路程。1936年6月28日，张国焘和陈昌浩、李卓然发布《四方面军二次北上政治命令》，通知在前面的徐向前及各军首长："党目前战略方针是在创造西北广大与巩固抗日根据地任务之下，主力红军首先向松潘、甘南行动，消灭该地区之敌王均、毛炳文部，进而与一方面军呼应。"朱德在给徐向前的电报中，制订了各军的北上路线，要四方面军走在二方面军前面，开辟通道。

从1935年9月到1936年7月，四方面军的同志们经历了无数的曲折困苦，终于再次北上了。大家的心情无疑是兴奋和激动的。陈伯钧从4军调到六军团任军长（萧克调四方面军任31军军长），和二方面军同志一起行动，感到心情舒畅。见到王震等老战友，他们彻夜长谈一、四方面军会合而又分裂的情况，感慨不已。8月2日，他们再次来到阿坝的噶曲河边，顺利渡河。陈伯钧在日记中写道："噶曲河不大，水不深亦不急，比阿坝河（大金川上游）还好过。且沿河上下尚有森林，可资架桥造船之用。但我最不理解的是为什么不能过此河？怎能因一水之隔，而根本改变我们的战略方针！这样看来，噶曲河在中国革命历史上将是一个有意义、可纪念的地名了！"[1]

5军军长董振堂也是如此。当部队到达包座时，他对同志们讲话说："我们就要与中央会合了。还是毛主席对，人家不是什么机会主义。"虽然他们已经绝粮，枪都是扛着走，皮带都煮着吃了，但全体同志仍然士气高昂。董军长带头找野菜吃，鼓励同志坚持过草地。

陈昌浩则是怀着另外一种心情北上的。他回忆那个时期的思想转变过程时说："南下成立第二'中央'，打起反对毛周张博的旗子，是张国焘路线登峰造极的滔天罪恶。那时对于中央与一方面军北上的估

---

[1]《陈伯钧日记》，上海人民出版社1987年版，第562页。

计是过不去,要在路上被敌人打垮。(我们)在甘孜、炉霍是想待下去的,想休息整理保存力量,部队散得很宽,也做了些藏民工作,待一个时期再看。这时中央已到达陕北,对中国革命是一个关键性的问题。给大家打了一支清醒针。当然张国焘是不会变的,我自己的脑子也开始清醒了一些,证明我们过去的估计是错了,这时是1936年的春天。以后听说二方面军快来了,又做了迎接二方面军的准备。中央的到达陕北和二方面军的到来,对四方面军广大指战员也起了很大的影响作用。从这时起我们的思想就发生了变动,想到我们过去反党反中央是大错特错,那时与张国焘在思想上开始有距离。这时张国焘路线已开始动摇,我们想去与中央会合的思想逐渐增多了,像不孝的儿子回心转意后想回到父母怀抱一样。向前和军干部的思想也是这样。以后在那里也待不下去了,心向着陕北。二方面军到甘孜后朱总还讲了话,我也和朱总谈过要会合。任弼时来后反对张国焘的力量就更大了,这时会合的思想就更增加了。甘孜开过几次会才决定北上,这也是个关键。张国焘是不准备北上的,看到我们、朱总、二方面军都要北上,他才不得不被迫同意。"[1]陈昌浩的说法,反映了当时四方面军中多数高级干部的思想转变。

　　为了使张国焘和四方面军与中央和解,回到正确路线上来,任弼时做了大量工作。他与徐向前、陈昌浩、傅钟等多次长谈,了解情况。徐向前坦率地对任弼时同志谈了自己对一、四方面军分裂的几点看法,归纳起来是:

　　(一)中央和毛泽东同志的北上方针是正确的,自己当时没有跟中央走,是不想把四方面军分成两半。

　　(二)大敌当前,团结为重。张国焘另立"中央",很不应该,党内有分歧可以慢慢地谈嘛!但是我说话他不听,朱老总的

---

[1] 陈昌浩:1961年5月10日的谈话。

任弼时

话他也不听。现在取消了"中央",对团结有利。北进期间,最好不谈往事,免得引起新的争端。

(三)一、四方面军会合后,我们很高兴。但中央有的同志说四方面军是军阀呀,土匪呀,逃跑呀,政治落后呀,太过分了,伤害了四方面军的感情。我和四方面军许多指战员都想不通。

(四)我们从参加革命起,就表态拥护第三国际,臂章上也是那样写的。由共产国际出面解决以往的分歧,我赞成。[1]

徐向前的表态十分诚恳,也合情合理,任弼时听了非常高兴,表示一定要在团结方面做出努力。张国焘对任弼时的行动很不舒服,他回忆说:"任弼时本人对于毛儿盖的争执特别感觉兴趣。不惜花很多时

---

[1] 徐向前:《历史的回顾》第13章,解放军出版社1985年版,第489页。

间，分别和朱德、徐向前、陈昌浩、刘伯承和我详谈，搜集有关资料，研究这个争执的症结所在，我曾笑问他是不是想做'包拯'，他也不完全否认这一点，表示他是一个没有参与这一争端的人，现在研究一下，也许将来可以为大家和好尽些力量。"但是与徐向前等人的态度不一样，听了任弼时的告诫，张国焘"对于他这种热忱，极为感动。至于他的意见，我当时未置可否"。实际上是拒绝接受。[1]

为了求得党内团结一致，任弼时于1936年7月10日向中央发出第一封电报，详细汇报了二、四方面军会合后的情况。并就党内团结问题提出了自己的建议。电报中说："我到甘肃应得知道：一、四方面军会合后党内争论问题。""现在陕北和川康边同志对目前形势估计和党的策略路线已经一致。为着不放松目前全国极有利形势，使我党担负起当前艰巨的历史任务，我深切感觉党内团结一致，建立绝对统一集中的最高领导是万分迫切需要，而且是不能等待七次大会的。"他建议："在一、二、四方面军靠拢时，召集一次中央扩大会议，至少是中央政治局扩大会议，除中央政治局委员外，一、二、四方面军主要干部参加，并要求国际派负责代表出席这会议。议程应列有总结在五次'围剿'斗争之经验教训和讨论党的目前紧张任务，并产生党内和党外的统一集权的最高领导机关。"

1936年8月9日，在走出草地后，为了准备三大红军主力会师，任弼时又向二方面军领导人发出一电。电报中说："我这次随朱、张等行动，力求了解过去一、四方面军会合时党内争论问题，并努力促成我党的完全团结一致。我与朱、张、刘、昌浩、向前、傅钟、卓然等同志的谈话，大家对党在组织上的统一，建立最高集体集权领导，是认为迫切重要的问题。陕北同志亦同样认为迫切需要的。在这一基础上，我党团结一致想可能得到顺利的成功。""此外，我已向总政治部提出并已得同意，立即在二、四方面军中开始一、二、四方面军大会

---

[1] 张国焘：《我的回忆》第19篇第2章，东方出版社1991年版，第3册302页。

合的政治动员,在四方面军中应消除一切成见和不好的印象。须有良好的政治上和技术上的准备,以期在大会合时三个方面军的完全兄弟的亲密的团结一致。同时我已向陕北建议,在一方面军中也进行同样的动员和准备。"[1]

任弼时在促成党内团结的同时,还做了许多好事。解救了一批被张国焘长时间关押迫害的同志,其中包括著名的共产党员廖承志。廖承志在川陕苏区肃反中被张国焘怀疑是"国民党特务"而加以逮捕。在四方面军极"左"的环境下,廖承志甚至不敢暴露他是国民党元老廖仲恺、何香凝的儿子,化名何礼华。仅仅因为他会刻蜡版,会画画,张国焘才没杀他,把他一直关在保卫局,当犯人押解着长征。一、四方面军会合时,中央虽然知道廖承志在张国焘手中,却没有机会见到他。直到1936年2月8日才由林育英给张国焘发去一电:"廖承志、曾钟圣(中生)即使有反动嫌疑,亦须保全其生命,并给以优待,此为代表团所切嘱。"然而,曾中生已经死了几个月,廖承志还活着。这封电报并未改善他的处境。

1936年7月,任弼时来到炉霍四方面军总部,与廖承志不期而遇。廖承志回忆说:"那时我是张国焘的犯人之一。和我一起坐张国焘的牢的同志,还有罗世文、朱光、徐以新等同志。我们是被分开了的,我则被押解跟着队伍向炉霍前进,谁也不敢和我打一个招呼。我也不愿和任何人打招呼,因为一打招呼就会连累别人的。就在这样的情况下,我们和任弼时同志会合了。那是在一个草地的小坡上。我远远看见张国焘和一个身材不高、脸孔瘦削、长着小胡子的人在谈话。我猜到那一定是任弼时同志。我们队伍正从他们面前通过,弼时同志远远看见我走近了,他笑着站起来,走向我这边,和我握手。他笑着问:'你是廖承志同志吗?我是任弼时。'我那个时候很窘,不知如何是好。那时张国焘也很狼狈,他装起笑脸虎似的笑脸,用他那种怪腔怪调问

---

[1] 《任弼时年谱》,人民出版社1993年版,第282、285页。

弼时同志：'怎么，你认识他吗？'弼时同志笑着说：'老早认得。'其实弼时同志和我那时并不认得。然后弼时同志严肃地对张国焘说：'如果他有什么需要的话，我可以帮助他，请你告诉我。'这之后我到了炉霍。我、罗世文、朱光、徐以新立即恢复了局部的自由。"[1]

二、四方面军甘孜会师后，四方面军立即开始了北上的行军。1936年7月3日，朱德、张国焘、任弼时率红二方面军和4军、30军为左纵队，经东谷、西倾寺、阿坝向包座前进。徐向前率方面军总部和9军、31军为中纵队，由炉霍经查理寺、毛儿盖向包座前进。董振堂率5军及31军一部为右纵队，7月10日由绥靖经卓克基、马塘向毛儿盖、包座前进。这一次，徐向前、陈昌浩和4军、30军已经是第三次穿越草地了。

二方面军没有和四方面军一起走。他们在甘孜休息了几天，才跟在后边上路。由于是第一次在川西北高原行军，没有经验，也不适应这里的气候。7月11日，二方面军由东谷进入草地行军，走了十七天到达阿坝。在阿坝筹粮六天即向包座前进，8月13日才走出草地到达包座。政治部主任甘泗淇称："这一时期是我们长征中最艰苦的时期。"主要表现在：

一、除阿坝及三数地方有房屋外，其余总是终日走于荒凉的原野，有时还彷徨于深草泥坑。

二、十余天只见先头部队足迹蹄痕，见不到一个人影，向导也没有，总是跟到先头部队宿营地宿营。

三、天气是随时变化的，常常早晨起来天朗气清，忽然阴霾满布，忽然大雨淋淋，忽然下雪雹，忽然白雪纷纷，草地中的雪山是更难过的，又冷又出气不得赢，突然冷冻中，确实死亡不少的红色战士。有时也终日太阳，但虽在夏天也不见如何和煦，不

---

[1] 章学新主编：《任弼时传》，人民出版社1994年版，第361页。

过阳光下行军总算是比较舒服的。

四、沿途死人很多,虽军、师、团的先头部队组织了掩埋队,总是未埋完。有的地方一堆几个,去年的遗骸还有到处横竖于路旁的。[1]

长征中最大的问题还是粮食。尽管二方面军想尽办法筹粮,但是由于前面部队已经把粮食搜集得差不多了,很难再找到足够的粮食。二方面军很快陷入了无粮的困境。

1936年6月下旬,为了准备北上粮食,4军军长王宏坤、参谋长陈伯钧指挥陈锡联的10师去拦截藏族人的牧群。在激烈战斗之后,红军以10人牺牲的代价,截获了500头牦牛,100多只羊。一部分补充了红六军团。但是二方面军同志没有赶牛的经验,十余天后行军到日庆时,因士兵看管不严,疏于检查,致使牛羊全部跑光。战士们慌乱之中只管打枪,浪费了几十发子弹,不但没把牛羊吓住,反而跑得更快。这对六军团真是天大的灾难。全军的粮食很快吃完了,半个月之后到达阿坝,陈伯钧清点人数,死亡近300人。真是不应有的牺牲。还有一些意外的损失,二军团6师行军到绒玉的山下,没有及早宿营,继续朝山上走。到山上突然下起暴雨,天黑找不到下山路,又没有火烤,一夜冻死了170人。

二方面军到达阿坝后,本打算在这里筹集过草地的粮食。但先头部队几乎已经把粮食搜寻一尽,当地藏民也跑光了。正在绝望中,他们忽然发现噶曲河边有四方面军同志看守着一批牛羊,在等待他们。原来这是四方面军设立的兵站,由红30军一个营看守,负责人是总部四局的杨以山同志。他向贺龙总指挥报告:这些牛羊是朱德总司令下令留给二方面军的,几天前遭到藏民武装袭击,被抢走了一些牛羊,现在所剩不多了。贺龙下令给部队每个人分五六斤肉,作为草地行军

---

[1] 甘泗淇:《二、六军团长征政治工作总结报告》,《中国工农红军第二方面军战史资料选编》(四),解放军出版社1996年版,第183页。

的食物。自己却不肯要。原来他是靠钓鱼维持生活。[1]

二方面军过草地，真是困难到极点。甘泗淇说："后卫部队到阿坝后，还饿死了十余人。沿途饿死的很不少，死尸的口里不少是含着草的。特别是掉队失了联络的战士，受饿的更多。虽然动员了一点粮食临时救济他们，但终于未得到圆满的解决。沿途烧牛羊骨头、牛皮吃的常可见到。"[2]

从阿坝到包座的草地行军中，二方面军多数绝粮。贺龙发现河塘里有鱼，便拿出鱼钩到河边钓鱼。藏民不吃鱼，所以鱼还不少。贺龙不一会儿就钓了满满一桶鱼，虽然没油没盐，煮起来很腥，但毕竟比饿肚子强多了。贺龙通知全军宿营时，尽量去找鱼钓，居然成了他们在草地中谋生的主要手段。

1936年8月10日，红六军团到达包座和巴西，终于走出了草地，与四方面军的30军、5军会合。至此，红军全部通过了川西北藏民区和无人地带，进入甘南汉族农业区。红军又看到了村庄，吃上了饱饭，那些苦不堪言的日子令人终生难忘。唯一值得大家欣慰的是：这次是真正的北上，再也不会走回头路了。大家都怀着一个愿望：和中央红军会师去！

---

[1] 杨以山：《葛曲草原设兵站》，载《回顾长征》，人民出版社1985年版，第735页。

[2] 甘泗淇：《二、六军团长征政治工作总结报告》，《中国工农红军第二方面军战史资料选编》（四），解放军出版社1996年版，第184页。

第17章
会宁会师前后

国民党军包围陕北——中央筹划战略转移——岷州会议的争论——张国焘准备向西进——朱德的抗争——中央命令四方面军北上会合——四方面军渡洮不成转而北上——红二方面军抢渡渭河——红军三大主力会宁会师

1936年5月,毛泽东率领红军结束东征回到陕北。没过多久,在蒋介石指挥下,国民党军各路兵马又对陕北根据地实施更大规模的军事包围,中央红军和根据地又处在新的危险之中。

根据蒋介石的命令,以陈诚为总指挥的晋绥陕宁四省边区"剿共"总指挥部,调集16个师,从四面包围陕北苏区,准备发动新的进攻。黄河东岸是汤恩伯的13军和阎锡山的66、69、101师,驻守临县、石楼、大宁、吉县等黄河渡口,堵塞红军东进山西之路。驻绥德的84师和榆林的86师堵住红军北出绥远、内蒙古的道路。在延安以南的甘泉、富县、洛川是东北军王以哲的67军;在庆阳、合水一带是东北军何柱国的骑兵军;在陕北与宁夏交界的定边、豫旺堡一带是宁夏军阀马鸿逵的新7师。另外,西北军邓宝珊的新1军在甘肃的会宁、静宁、固原一线,东北军于学忠的51军在天水、礼县一带,阻止二、四方面军的北上。二十多万大军分布在陕北苏区的四周,大有"黑云压城城欲摧"之势。加上陕北各地土围子里的民团土匪坚壁自守,与红军为敌,毛泽东手头仅有的两万兵力,实感势单力薄。

当时毛泽东与中央机关、红军大学住在瓦窑堡,彭德怀的野战司令部设在安边的宁条梁,准备西征夺取宁夏。形势虽然看起来很严重,值得庆幸的是距离红军最近的东北军不愿打内战。1936年4月,东北军首领张学良将军到延安秘密会见周恩来副主席,双方开诚布公,达成互不侵犯协议。决定停止内战,一致抗日。此后,中共中央与东北军建立了联系渠道。彭德怀与67军军长王以哲暗中来往,互通情报。

东北军对蒋介石的围剿命令，能拖就拖，实在拖不下去，就事先与红军打好招呼，象征性地前进一步。红军的使者刘鼎等在西安设立秘密电台，向陕北通报消息。在红军最困难的时候，张学良拿出钱来援助他们，表现出一个爱国者的高尚品德。

1936年6月21日，中共中央又经历了一次灾难。根据东北军提供的情报，国民党军队将向中央所在的瓦窑堡进攻。毛泽东意识到瓦窑堡难以坚守，通知彭德怀中央机关准备于6月15日以后陆续撤出瓦窑堡，向吴起镇方向转移。毛泽东让彭德怀派人察访洪德城和何连湾是否具备建都的条件，结果令人失望。这两个地点都十分荒凉，根本不能容纳几千人的中央机关。6月21日13时，毛泽东还打电报给李富春、萧劲光，让他们到吴起镇和保安（今志丹县）探访合适的地点。14时左右，一支国民党军队出人意料地来到瓦窑堡城外。事后才知道，他们是驻榆林的国民党军86师的两个营，乘红军主力在外，后方空虚，前来偷袭。当时瓦窑堡内的守军只有阎红彦的红30军262团，是地方部队，战斗力不强，掩护中央机关撤离。当时中央机关是匆匆忙忙地向保安方向撤退，也顾不上什么秩序。德国人李德走了三天，才到保安与单位会合。王平当时在红军大学，他回忆国民党军袭击瓦窑堡时，"红军大学正在集合，突然子弹从空中飞过，一时搞不清情况，林彪（校长）和罗瑞卿（教育长）带着警卫部队上山掩护，红军大学从一头撤出，高双成部从另一头进入瓦窑堡。"事后清点，262团损失严重，毛泽东指示将该团缩编为两个连。

1936年7月初，中央机关各部门和红军大学陆续到达保安。王平回忆："这里地瘠人稀，极端贫困。保安说是个县城，却只有百把人口，县政府是一个破窑洞，县衙内只有四五个人，除了县长，有一个收发兼秘书，一个伙夫，还有一两个干杂事的人。站在保安高处四看，一望无际的高原上点缀着几座破庙和屈指可数的破窑洞，以及夏季仅有的星星点点的绿团,真是名副其实的穷窝窝。红军大学来到了保安,首先清理废弃的破窑洞安排好宿舍和课堂。窑洞连门板都没有,门口挂个草帘子。这地方人贫狼恶,饿狼经常在夜间跑到村子里找食吃。我们睡觉时人人枕头旁边都放一根棍子,门口搁个凳子和洋磁盆。狼进来碰倒磁盆,我们听见响声,就起来打狼。"可见日子是何等的艰苦。[1]

不但没地方住,钱也越来越紧张。陕北到处穷乡僻壤,苏区被敌军四面包围,再去山西已经不可能。东征筹来的款子越吃越少。虽然南面东北军给红军留了一条通道可以流通物资,但是红军没钱买东西。叶剑英和刘鼎当时在西安做统一战线工作,毛泽东去信叮嘱:"经济甚紧,外面用费须节省又节省,千万不可过费。无论何时不要丧失我们的立场,不要接受别人的馈赠。只有到了万不得已时,才允许向别人借一点钱用,日后如数归还。"[2] 为了维持红军经费,有的部队为筹款闹出不少事来。为了避免事态扩大,引起苏区百姓混乱,8月18日毛泽东、周恩来、彭德怀等以中央军委名义发布训令,严肃批评筹款中违反纪律的错误倾向。

训令指出:有些部队在筹款过程中没有执行阶级路线,"不但错把富农当地主没收了,而且侵犯中农与贫农(如环县)。对兼商人的地主,连商店部分的财产,也有意无意地没收了(如定边)。今后应严格注意纠正这些错误。""对于地主阶级,只要他不反对抗日红军,而愿意毁家纾难的,也应避免用没收办法。宁可少没收一家,不可错没收一家。"还有的部队本位主义,筹款打埋伏,不上缴总部。中央军委训令中对这些错误行为予以严肃批评。要求大家掌握好统一战线的新政策,不能再用老一套的筹款办法行事。但是说到底,红军的经济困难还是得不到解决。

这种日子比在江西苏区时还要困难。第一,南方的生活条件比陕

---

[1] 《王平回忆录》,解放军出版社1992年版,第142页。
[2] 《毛泽东书信选集》人民出版社1984年版,第80页。

北要好得多。第二，当时红军力量强大。第三，国民党军队的围剿也没有像现在这样紧张。陕北根据地时刻处于危险之中，毛泽东反复思考的问题，一个是争取二、四方面军早日北上会师，壮大红军力量。另一个就是安排一条退路，陕北实在待不住，就去宁夏，打通苏联。

8月中旬，二、四方面军全部通过了草地，到达包座。下一步向何处去？也是张国焘天天考虑的问题。说实话，他是不愿意到陕北去见毛泽东的，去年9月的分裂他不会忘记。与其去陕北投奔中央，不如另搞一片根据地，毕竟红四方面军还是最强大的力量。所以，早在6月10日与二方面军会合之前，张国焘就致电中共中央，提出"向夏、洮西北活动"的方针，实际上是想去青海。6月19日中央复电，让他出甘南。7月13日中央致电张国焘等，更具体地建议他们攻打岷州。说"如能攻占岷州城，则打马（鸿逵）、打毛（炳文）、打王（均）均十分有利，战略上大占优胜"。[1] 8月1日，获悉四方面军到达包座，中央立即打电报告诉他们甘南敌情和包座至哈达铺一带路线和沿途险要，指示他们迅速北上，到哈达铺再休息。张国焘、朱德、任弼时没有怠慢，于8月5日下达《岷洮西固战役计划》，要求四方面军主力迅速占领岷州、西固，二方面军在后策应，以便向天水、兰州方向进展，会合一方面军。

8月12日，中共中央致电朱德、张国焘、任弼时，要求二、四方面军尽力夺取岷州地区，作为临时根据地，伺机配合东北军，完成"打通苏联，巩固内部，出兵绥远，建立西北国防政府"的任务。这时，陈昌浩率5、9军围攻岷州城，但城坚难摧，屡次不能得手。而徐向前率30军攻克了漳县，4军攻克了渭源，形成了对兰州的威胁态势。8月23日，中央又来电问张国焘："依据现时力量，假如以二方面军在甘中、甘南策应，而以四方面军独立进取青海及甘西，直至联系新疆边境，兄等认为有充分之把握否？"[2] 张国焘打电话征求徐向前的意

---

[1]《中国工农红军第四方面军战史资料选编——长征时期》，解放军出版社1992年版，第576页。
[2] 同上书，第659页。

见。徐向前给了他一个肯定的答复：行！这是中共中央第一次提出西进新疆的打算。

8月25日，中共中央致电驻共产国际的中国代表团负责人王明，提出了下一步的战略计划。电报中说："如果苏联方面能答应并且能做到及时的、确实的替我们解决飞机大炮两项主要的技术问题，则无论如何困难，我们决乘结冰时节以主力西渡，接近新疆与外蒙。"具体部署是：1. 以一方面军约1.5万人攻宁夏，其余保卫苏区。2. 以四方面军12月从兰州以南渡河，占领青海一部，再向甘、凉、肃州前进。3. 以二方面军位于甘南，成为几块苏区的联系。如果这些做不到，就只好向黄河以东发展。中共中央的电报说，如果放弃向河西发展的计划，将是很不利的。因为："甲、将被迫放弃现有陕甘宁苏区。乙、红军发展方向不是与日本进攻方向迎头，而是在相反方向，即不是抗战方向而是内战方向。丙、因此也就无法避免与南京在军事上发生冲突。丁、日本帝国主义有利用此时机截断中苏关系的可能。"总而言之，中央此时将打通苏联作为中心任务。所以无论西进新疆还是北进宁夏，都不失为退身之计。[1]

但是形势很快发生了变化。蒋介石平息了两广军阀的内乱，将主力胡宗南的1军迅速调遣北上，前往西北兰州。此时一、四方面军尚未会合，如何对付胡宗南，如何打通国际路线，都需要重新安排。9月13日，张国焘、朱德、陈昌浩等致电中央，提出一个一、四方面军在静宁、会宁地区南北夹击胡宗南的计划。但是中央的回答是要四方面军主力在静宁、会宁地区的西兰大道上与胡宗南决战，而一方面军主力在未消灭宁夏马鸿逵部前不宜离开陕甘边区南下作战，必要时可以一个军协助。

获悉中央的态度，徐向前等虽知与胡宗南作战无必胜把握，但还准备硬着头皮干。张国焘却心存疑虑，迟迟不表态。他考虑到各种因

---

[1]《中国工农红军第四方面军战史资料选编——长征时期》，解放军出版社1992年版，第661页。

素：打胡宗南胜了还好办，如果败了，四方面军向何处去？9月4日中央向他通报陕北情况说："各县论地形则山多，沟深林稀，水缺土质松，人户少，交通运输不便，不宜大部队行动。人口总数只有四十余万，苏区内当红军的已超过三万，物产一般贫乏，农产除小米外，小麦及杂粮均缺，不能供给大军久驻。"[1] 中央说的是实话，看来四方面军也不好生存。这使张国焘考虑与中央是会合好，还是不会合好？与其到陕北去继续挨饿，还不如自己在甘南或河西另搞一片根据地。而朱德、任弼时与陈昌浩等多数领导人都急切盼望与中央会合，这就掀起了一场新的斗争。

张国焘在岷州按兵不动，中央三天两头来电报催四方面军北上。于是，9月16日西北局在岷州三十里铺方面军总部召集会议商量行动方针。一连开了几天，争论不休。朱德、任弼时、陈昌浩坚持要按甘孜时商量好的既定方针办，坚决北上。张国焘则坚持西进甘南青海。任弼时与张国焘吵得很厉害，张国焘在四方面军向来说一不二，还没有人敢像任弼时这样顶张国焘。任弼时说：毛泽东是对的，我们要北

岷州古城

---

[1] 徐向前：《历史的回顾》第13章，解放军出版社1985年版，第494页。

上会合,不能西进。张国焘虽然处于少数,但他是红军总政委,按红军组织原则,他有最后决定之权。在阿坝时他就是这样干的,朱德也无法扭转局面。

会议紧张进行中,9月19日中央致电朱德、张国焘,和盘托出中央夺取宁夏,打通苏联的计划。使朱德、陈昌浩坚定了北上会合的决心。电报说:

(甲)向宁夏及甘西发展,重点在宁夏,不在甘西。因宁夏是陕甘青绥内外蒙即整个西北之枢纽。且国际来电说,红军到宁夏地区后给我们帮助,没有说甘西。

(乙)我们已将攻宁夏、甘西之困难条件告知国际,并希得到帮助。现据国际回电说,到宁夏地区后给我们帮助,则我军只要能占领宁夏之乡村,靠近贺兰山,便可取得攻城武器,再行克城。

(丙)外蒙、宁夏间是草地,有许多汽车通行路,过去即从这些道路接济冯玉祥。邓小平同志亦亲从定远营汽车路走过。他们从外蒙接济,我们当先占领定远营。

……

(戊)……七十天内,四方面军占领静宁、通渭、会宁、靖远、海原、中宁及金积之一部,粮食不成问题。一方面军则占领固原、灵武、同心及金积之一部,准备十二月初渡河。

(壬)夺取宁夏打通苏联,不论在红军发展上,在全国统一战线,在西北新局面上,在作战上,都是决定的一环。在当前一瞬间,则拒止胡军把一、四方面军隔开,又是决定一环。时间迫促,稍纵即逝。千祈留意,至祈至盼。

毛周彭 [1]

---

[1]《中国工农红军第四方面军战史资料选编——长征时期》,解放军出版社1992年版,第707页。

朱德当天回电,同意中央计划,四方面军将按中央指示,向静宁、会宁前进。朱德当即作了布置,与陈昌浩等制订了《静宁、会宁战役纲领》,张国焘也签了字。当总部将命令通知在漳县前线的徐向前和各部队时,张国焘突然变卦,又命令部队西进,自己也离开了方面军总部到河对岸的供给部去了。这下引起群情激愤,四方面军的高级干部都大为不满。陈昌浩以方面军总指挥部的名义下达命令,要部队原地待命,不得西进。张国焘得知后,在9月20日深夜赶回方面军总部,与陈昌浩大吵一场。陈昌浩回忆当时的经过说:

> 岷州会议是西进与北上的争论。张国焘是不会合的,会议开了好几天,张国焘坚决主张向青海西宁进军,怕会合后他就垮台了。我们坚决反对西进,与他争。他最后以总政委的身分决定西进,决定后就调动部队。那时我和朱总司令、刘伯承都谈过,无论如何要会合,甘孜的决定不能在半路上违反。我认为张国焘的决定是错误的,我有权推翻他的决定。即以四方面军指挥部的名义下达命令:左翼部队停止西进,准备待命;右翼部队也停止西撤。命令一下后张国焘就知道了,他当时住河对岸的供给部,深夜3点多找我来了,谈了三点:1. 说我无权改变他决定的西进计划。2. 会合是错误的,今天的革命形势应该保存四方面军。3. 会合后一切都完了,要让我们交出兵权,开除我们的党籍,军法从事。说到这里他就痛哭起来。我当时表示:1. 谁有权决定要看是否符合中央要求,而你的决定是错误的。2. 必须去会合。甘孜决定的会合为什么要变呢? 3. 是革命形势要求会合,会合后就有办法了,分裂对中国革命是不利的。我们是党员,错误要向中央承认,听候中央处理,哭是没有用的。谈到这里张国焘就走了。[1]

---

[1] 陈昌浩:1961年5月10日的谈话,《中国工农红军第四方面军战史资料选编——长征时期》,解放军出版社1992年版,第763页。

陈昌浩以为他回去睡觉，也没拦他。谁知张国焘根本没睡觉，而是连夜骑马到了漳县徐向前的指挥部，说服徐向前等红军指挥员来支持他的西进计划。徐向前回忆9月21日的情况说："我们正忙着调动队伍北进，张国焘匆忙赶来漳县。进门就把周纯全、李特、李先念等同志找来，说：我这个主席干不了啦，让昌浩干吧！我们大吃一惊，莫名其妙。问了问情况，才知道刚开完岷州会议。会上陈昌浩和张国焘的意见不一致，陈昌浩得到与会多数人的支持，张国焘的意见被否决。分歧的焦点是：陈昌浩主张立即北上静、会地区，会合一方面军，与敌决战。张国焘则认为，既然一方面军主力不能南下，四方面军主力独力在西兰通道地区作战，十分不利。主张西渡黄河，进据古浪、红城子一带，伺机策应一方面军渡河，夺取宁夏，实现冬季打通苏联的计划。这是张国焘与陈昌浩共事以来，第一次发生尖锐争论，加上他有个另立'中央'的包袱压在身上，所以情绪很激动，还掉了泪。他说：'我是不行了，到陕北准备坐监狱，开除党籍，四方面军的事，中央会交给陈昌浩搞的。'"

张国焘这一哭，大家反而同情他了。徐向前觉得陈昌浩在这个时候和张国焘闹，是想取而代之，当四方面军领袖。大家你一言、我一语劝了张国焘一通，谁也没说不想与中央会合，就是不愿意四方面军发生分裂。看到军事指挥员们都服从他，"张国焘来了劲头。指着地图，边讲边比划。大意是说，四方面军北上静、会地区，面临西兰通道，与敌决战不利；陕甘北地瘠民穷，不便大部队解决就粮问题，如果转移到河西兰州以北地带，情形会好得多。"徐向前觉得从军事观点看来，张国焘的意见并非没有道理，于是表示同意，并拟订了新的行动计划。以一个军从循化一带渡河，抢占永登地区作为立脚点；以两个军吸引和牵制马步芳、胡宗南；然后三个军再渡河北上，出靖远、中卫配合一方面军夺取宁夏。部署既定，张国焘一方面电告朱德、陈昌浩,一方面调动部队,准备渡河。[1]

接到张国焘的电报,朱德、陈昌浩大吃一惊。陈昌浩立刻骑马飞奔漳县,希望挽回局面。朱德这位一向忠厚温和的总司令发了大火,立即电告中央和二方面军领导人:

英、洛、毛、周、彭、贺、任、刘(指人密译):
(甲)西北局决议通过之静、会战役计划,正在执行,现又发生少数同志不同意见,拟根本推翻这一原案。
(乙)现将西北局同志集漳县续行讨论,结果再告。
(丙)我是坚决遵守这一原案,如将此原案推翻,我不能负此责任。

朱德
9月22日

同时,朱德和傅钟致电徐向前、周纯全转张国焘,劝说他们改变决定:

向、纯转焘:
(甲)国焘同志电悉,不胜诧异。为打通国际路线与全国红军大会合,拟宜经静、会北进。忽闻兄等不加同意,深为可虑。昌浩今早可到漳,带有陕北来亲译长电,表示国际态度,望详加研究。
(乙)接到指示,已告各方停止一切行动。
(丙)弟等即日赶到漳县,并电告传六、何畏、长工也兼程赴漳,续商大计。
(丁)静、会战役各方面均表赞同,陕北与二方面军也在全

---

[1] 徐向前:《历史的回顾》第13章,解放军出版社1985年版,第497页。

力策应。希勿失良机,党国幸甚。

朱、傅飞复焘(向、纯转)
9月22日3时 [1]

22日早上,陈昌浩赶到漳县红军指挥部时,发现他已经处于孤立地位。这边的人都站到张国焘一边,同意渡河西进,再行北上。陈昌浩只得少数服从多数,不再坚持原来的计划。待朱德等人到达漳县,发现陈昌浩也变了。这样,岷州会议的决议,被张国焘一场地震推翻了。没有办法,张国焘是红军总政委,又是中共西北局书记,他有最后决定之权。但是朱德还是表示了他的抗争,一连几天,他都没有签署电报。

张国焘战胜了陈昌浩,在9月22日与徐向前三人致电中共中央,通报四方面军准备渡河西进的计划。电报中说他们完全同意国际指示,实现占领宁夏和甘肃北部,会合一方面军的计划。但是考虑到"目前与胡宗南之一路军在静、会这一四面受敌之地区决战是不利的",而且"宁夏地区狭小,一、四方面军集中宁夏,不免后有黄河沙漠之险,前有敌人封锁。如在该地区作战须停留六个月,物质补充不便。万一决战不利,或不能有力阻止敌人时,则将陷红军于不利地区"。基于上述理由,四方面军决定西渡黄河,"以有力一部向一条山、靖远、中卫活动,配合一方面军主力由靖远、宁夏段渡过黄河,形成会合和互相策应形势。" [2]

9月26日又是一个严峻的日子。中央与张国焘你来我往,交换了几次意见。中央得到朱德的报告,又接到张国焘的正式通知,会合的大好形势马上又将成为泡影,怎么能不着急?26日早上,中央即致电张国焘,反对西进。

---

[1]《中国工农红军第四方面军战史资料选编——长征时期》,解放军出版社1992年版,第713页
[2] 同上书,第715页。

朱、张：

　　确息，胡宗南部到略阳，本月底其后续将到齐。四方面军有充分把握控制隆、静、会、定大道，不会有严重战斗，而一方面军可以主力南下策应，二方面军亦可向北移动钳制之。背后粮食不成问题。若西进到甘西只限制青海一面，尔后行动困难。

育、洛、恩、博、泽、稼

　　中午，张、徐、陈回电坚持西进方针。电报中说："国际对红军的帮助是非常重要的，有决定意义的。我们请求帮助军事专家与技术人员，以及大批新式武器。据我们估计，国际的帮助现在还只是秘密的交通线，如只有定远营这一条，易遇日本特务机关和外蒙王公反动势力妨碍。遵照国际指示，先机占领甘北更为有利，因甘北有更多道路通外蒙和新疆，交通易，能秘密，不使日本势力阻碍。"而且，"红军集中在一块是不利的，否则不如在宽广地区互相配合行动，更为有利"。因此，张国焘重申了他们的西进计划。并强调部队已经开始行动，不便再更改。最后，张国焘作了一个让步，说："关于统一领导万分重要，在一致执行国际路线和艰苦斗争的今天，不应再有分歧。因此我们建议请洛甫等同志即用中央名义指导我们，西北局应如何组织和工作，军事应如何领导，军委主席团应如何组织和工作，均请决定指示，我们当遵照执行。"[1]

　　在这封长电中，张国焘的意图非常明显。他不愿意同胡宗南打仗，在松潘时就没打赢，现在四方面军人数已减少一半，长征过草地又疲惫不堪，确实没什么战斗力了。张国焘是不会吃这个亏的。他不想同中央会合，想到甘肃北部的凉州一带去另搞一片，打通苏联。如果苏联的飞机大炮一来，四方面军就实力大增，谁也不怕了，到头来

---

[1]《中国工农红军第四方面军战史资料选编——长征时期》，解放军出版社1992年版，第721页。

中央还得求他帮忙。

双方来回打了一整天电报,到晚间22时,张国焘告诉中央,四方面军已经按西渡计划行动了。"我们一个月内能在靖远附近会合,请善解释,决不可使全党全军对会合失望。"

27日,中央发了一封长电,以强硬的语气说明中央的立场:"中央认为,我一、四方面军合则力厚,分则力薄。合则宁夏、甘西均可占领,完成国际所示任务;分则两处均难占领,有事实上不能达到任务之危险。""如四方面军西渡,彼将以毛(炳文)军先行,胡军随后,先堵击青、兰线,次堵击凉、兰线,尔后敌处中心,我处偏地,会合将不可能,有一着不慎,全局皆非之虞。"因此,中央要求张国焘依照9月18日朱德等拟定的静、会战役计划行动,尽快北上会师。[1]

尽管好说歹说,软硬兼施,中央领导人心里明白,他们对张国焘没有什么约束力。所以一面做张国焘的工作,一面做着最坏的打算。9月24、25日,毛泽东致电彭德怀、聂荣臻,指出:"国焘又动摇了北上方针,我们正设法挽救中(对外守秘)。"但是"四方面军决心向西,从永靖渡河,谋占永登、凉州,其通渭部队二十四日撤去,据云渡河后,以一部向中卫策应一方面军占宁夏,此事只好听他自己做去"。表现出一种无可奈何及满腔愤懑的心情。[2]

老天爷好像成心和四方面军作对。徐向前率先头部队西进到临洮,来到洮河岸边,询问老乡。据老乡说,现在黄河对岸已经进入了大雪封山的季节,气候寒冷,道路难行。徐向前派人侦查渡河情况,因为没有渡船,几次试渡人都被冲走了。按这样的地形和气候条件,大部队渡河基本上是不可能的事。徐向前返回洮州,向朱德、张国焘汇报。这时正值中央27日来电反对西渡。张国焘只好召集会议商量,大家一致同意放弃西行计划,按原静、会战役计划北上会合一方面军。当晚20时,朱、张、徐、陈致电4军军长陈再道、政委王宏坤,

---

[1] 《中国工农红军第四方面军战史资料选编——长征时期》,解放军出版社1992年版,第727页。
[2] 同上书,第717页。

下达北进命令：

宏坤、再道：

（甲）西进计划因今天受到地形、时间限制，决定仍向东进执行静、会战役计划，向静宁、定西大路进，与一方面军会合。

（乙）如你们尚未变更原阵地时，仍固守原线；如已撤收时，宏坤部队火速星夜开回渭源，再道仍火速开回去，相机回复原阵地。以后待命行动。

朱、张、徐、陈

随后，他们又电告中央和二方面军首长：

育、洛、泽、恩、博、稼和贺、任、关、刘同志：

（甲）为尊重你们的指示和意见，现时据考察兰州西渡河时须较长，有可能失去占领永登一带先机之利。

（乙）决仍照原计划东出会宁，会合一方面军为目的，部队即出动，先头 26 日到界石铺，决不再改变。

朱、张、徐、陈[1]

真是无巧不成书，1935 年的 9 月，张国焘因为过不去噶曲河，决定南下，造成了一、四方面军的分裂。1936 年的 9 月，张国焘又因为过不了洮河，决定北上与中央会合。一场再次分裂的危险，就因为自然地理环境的因素而化解了。

四方面军掉头向会宁进军了，一路走得很顺利，没遇到什么战斗。相比之下，向陕、甘边界进军的红二方面军却经历了一场灾难。在哈达铺时，按照商定的计划，二方面军东出成县、徽县、两当等地，

---

[1]《中国工农红军第四方面军战史资料选编——长征时期》，解放军出版社 1992 年版，第 729 页。

策应一、四方面军会合。当二方面军开始行动后，一、四方面军却没有动。当中央与张国焘就西进北上争论不休时，二方面军只好在徽县、两当等待命令，白白浪费了一周时间。直到四方面军东进与一方面军会合去了，二方面军才得到中央指示，于10月4日出发向隆德一带前进。这时，胡宗南、王均的部队已经从两面围攻过来。贺龙、任弼时下令急行军摆脱敌人。5日行军110里，6日行军90里，掉队的人越来越多。7日在礼县天水镇的罗家堡，红六军团的16师与国民党王均的部队遭遇，激战几个小时。因行军仓促，红军没做好战斗准备，16师被打散了。干部伤亡很大，后勤物资也几乎丢光。9日，二方面军在天水以西的洛门镇一带渡过渭河。渭河宽约200米，冬季无船，只好徒涉。过了渭河，11日到王家山，这里都是荒原开阔地，毫无隐蔽。18师的马匹暴露了目标，于是四五架敌机飞来，大肆轰炸，红军缺乏防空知识，被炸死炸伤50余人。真是悲惨极了。贺龙元帅回忆起这几天的损失，气愤地说："过渭河，狼狈极了，遭敌侧击，渭河上游下暴雨，徒涉，水越来越深，冲了点人去。张国焘违背中央军委的指示，二方面军几乎遭到全军覆没。渭河南岸也很危险，这是长征中最危险的一次。（在）乌蒙山并不紧张，埋炮我都不准埋。到黔、大、毕那面都可以打，封锁线我们一冲就破了。要说紧张，第一次是甘孜，张国焘要困死我们；第二次就是成徽两康战役。我们原来估计四方面军不会走的，那时我们给中央发了电报，早（向北）走两天就好了，不会这样狼狈，六军团也遭不到侧击。四方面军一撤走，敌人就围拢来了。急行军掉了几千人。刚出草地，部队体力都未恢复，早走两天可以少受损失，可以冲出去。"到海原又吃了点亏，我差点被炸弹炸死。……我们走错了路，在红包子打了一仗，在××山上会到朱总。那时我们二军团掉了两个连，部队搞得稀烂，后勤都搞完了。"[1]

从9月30日起，四方面军分成五个纵队，先后由岷州、漳县向

---

[1] 贺龙：1961年6月5日的谈话，载《中国工农红军第二方面军战史资料选编》（四），解放军出版社1996年版，第280页。

会宁西关

通渭、会宁、静宁前进。一方面军部队则于10月2日攻占会宁城。8日,四方面军先头部队4军10师在会宁界石铺与一方面军的一军团1师会合。喜讯传来,四方面军总部加快步伐,于9日到达会宁。徐向前见到了前来迎接的陈赓师长。老友重逢,格外激动。红军干部战士们纷纷抛下武器,悲喜交集地互相拥抱起来。有的手挽手在一起交谈,急切地询问其他战友的下落。盼望已久的这一天终于来临,谁也无法控制住自己的感情。

10月10日,在会宁城内的文庙广场举行了盛大的联欢会。一、四方面军各派出一部分队伍参加。会场上歌声嘹亮,四方面军拿出了早在8月就写好的《庆祝一、四方面军大会合战士讲话大纲》,表达他们真挚的感情:

同志们:

四方面军全体战士谨向我们的老大哥红一方面军全体英勇指

战员致最亲爱的革命敬礼!

一、为着会合红一方面军,我们的眼睛望穿了。从去年和一方面军弟兄分手以后,我们时常都在关心着一方面军。当我们在天、芦、名、雅一带大举打垮川敌的时候,我们用最亲切的注意来听一方面军在陕北胜利的消息。直到我们回师西康,热烈迎接了二方面军的弟兄以后,听到了党和军委决定要四方面军北上会合一方面军的消息,我们战士个个高兴得不得了,不放松一秒一分的准备,准备克服一切困难,准备铲除任何企图阻拦我们的敌人,来会合你们。不管蒋介石的计划和碉堡封锁线怎样严密,不管胡宗南、毛炳文怎样费尽力气,不管少数民族地区雪山草地怎样的困难,但是一切都没有能阻止我们的前进。为着会合,我们和一方面军的弟兄们一样的与卖国军队进行了无数的血战。为着会合,我们准备着一切牺牲。为着会合,我们吃不熟的梨子,在草地上,扯野菜钓鱼,吃牛皮,拿生梨子做干粮。环境越困难,我们的斗争和争取会合的决心越坚固。就这样我们终于取得了伟大的会合。当这会合的消息传来的时候,在行军中,在宿营地,在火线上,勤务、马夫、战士,没有一个人不在欢喜地庆祝这个事情。

二、现在我们会合了。一、二、四三个主力方面军,也要大会合了。不论在任何人的眼睛里看起来,这都是一个惊人的胜利。从今以后,我们的力量大大地增加了。蒋介石想阻拦我们的会合,企图消灭我们这一个再消灭那一个的计划,完全失败了。我们三只铁拳在一条火线上合起来作战,一定更有把握,打更大的胜仗。一仗消灭敌人的几个师几个纵队,铲除一切抗日障碍!我们的力量团聚了,我们的军事政治经验结合了。以我们这样巨大的力量,在中国共产党的正确领导下,不仅可以打大胜仗,而且可以吸引和威胁国民党的某些军队,首先是西北的某些军队来参加抗日战争,使抗日战争迅速发动,更顺利地粉碎日本强盗的侵略。我们会合的前途是极其光明的!

三、我们会合了,我们应该以会合的热情,最亲爱的团结,创造广大而巩固的西北抗日根据地。回想到一、四方面军第一次会合的时候,我们中间的个别战士,曾经因为一些细小的事故吵起来,因为一、四方面军习惯上的不同,致使我们中间发生了一些误解。现在这些事情是已经过去了,纠正了。现在已胜利地会合了,我们已经一致地在共产党中央领导下,坚决地为执行当前伟大的政治任务而斗争;再没有任何人能够破坏我们的团结。我们红四方面军全体战士准备好了用心地学习一方面军哥哥们的长处,希望我一方面军的哥哥,能够纠正我们的缺点,多多指示我们。同志们,携手前进吧!卖国汉奸和日本帝国主义已经在我们伟大会合面前发抖了!胜利就在眼前![1]

这份热情洋溢的文件是四方面军政治部起草的。即使是我们今天这一代人,读完后也被四方面军发自内心的感情所激动。四方面军的战士都以为,在经历了一年七个月的艰苦长征后,现在他们终于到家了。

到达会宁后,朱德、张国焘在城里设立了总指挥部,迅速与陕北中央联系,通报四方面军的详细情况。尽管四方面军在南下时损失了近一半人马,但他们的力量仍比一方面军强大得多。根据10月16日朱、张向中央的报告,四方面军的基本实力如下:

---

[1]《中国工农红军第四方面军战史资料选编——长征时期》,解放军出版社1992年版,第666页。

部队	人数	步马枪	驳壳枪	轻重机枪	花机关枪
4军	5700	248	591	62	72
5军	4600	1930	35	52	34
9军	9000	3599	395	92	46
30军	8000	3413	375	99	35
31军	5000	3552	430	382	122
方面军直属队	5000				

另外，四方面军有迫击炮28门，机枪大多是四川土造，质量不好。十分之九的枪上没有刺刀，手榴弹每人平均只有1个，子弹20发。

经过长时间的战斗、行军和艰苦生活，四方面军的生活确是极其困难的。据彭德怀9月30日致毛泽东的报告，说："他们到甘南有相当时日，但物质问题并未解决。战士尚多穿单衣，军帽已无沿。"25日彭给毛的电报说："四方面军物质问题异常困难，伙食钱根本没有发过。即须设法向外借款，如于一方面军开伙食费。"尽管中央指示彭德怀向四方面军慰劳了一部分粮食、棉衣和蔬菜，但只能解决一时之用。此时，四方面军却首先考虑中央的困难。10月21日，四方面军领导人把以前积蓄的财物派人送到彭德怀处。据彭致毛的电报称："四方面军送来金子二百五十两，系首饰，金子每两值一百元。"这在当时真是一笔巨大的财富了。

会合的热烈气氛很快过去了。双方恢复了平静。看起来大家都以礼相待，但是不像第一次会合时住在一起，行动在一起了。原来早在9月21日会合之前，毛泽东就已经秘密指示彭德怀："双方下级指挥员以不相接触为适宜，聂（荣臻）应指导界石铺部队作适当处置，仅团级干部以讲和态度与接防部队首长接洽，接防后归还主力，绝对禁止任何一方面军人员自傲与不友爱举动。"[1]所以彭德怀谨慎从事，不

---

[1]《中国工农红军第四方面军战史资料选编——长征时期》，解放军出版社1992年版，第711页。

做过分热情表示。

为使张国焘打消疑虑,前来会合。中共中央领导人在 9 月 24 日致张国焘的信中表示:"弟等与国焘间之争论,应该一概不谈,集中全力于团结内部,执行当前军事政治任务。国焘兄对弟等有何意见,弟等均愿郑重考虑。"而对一方面军内部的指示,则是"为求党与红军的真正统一与顺利执行当前任务,对国焘及四方面军干部不可求善太急"。"我们政策,表示对他们信任,不宜使他们感觉不信任。要准备经过长期过程争取,估计他们是可能进步的。"[1]

这些指示当然张国焘是不会知道的。会合后,他确实心里忐忑不安地等待中央的处置。会师第二天,10 月 11 日,中共中央就发布了《十月份作战纲领》,确定由毛泽东、彭德怀、王稼祥、朱德、张国焘、陈昌浩六人组成军委主席团。并规定三个方面军的行动,统由朱德总司令、张国焘总政委依照中央和军委的决定组织指挥。张国焘见中央没有夺去他的职务,不禁心中一块石头落了地。舒展眉梢,显得轻松了许多。

李伯钊、杨尚昆

---

[1] 军事科学院编:《中国工农红军第四方面军战史资料选编》长征时期分册。

张国焘高兴得未免太早了一些。就在一、四方面军会师后，大家在互相问候交谈时，彭德怀悄悄找到了随四方面军总部行动的红军文工团团长、杨尚昆的夫人李伯钊。在1935年9月9日的那个夜晚，李伯钊因为在四方面军部队演出，没能和一方面军北上，想不到与丈夫一别就是一年多。见到彭德怀，自然悲喜交集。彭德怀严肃地对李伯钊说："党中央想搞一份张国焘在松岗（即卓木碉）会议开会另立'中央'的会议记录，你能不能找到傅钟同志，将这个记录要过来交给我。"李伯钊接受指示，很快找到四方面军政治部副主任傅钟，说明了中央代表彭德怀的意思。傅钟表示，这个记录应当交给党中央。于是，他将黄超记录的《卓木碉会议纪要》交给李伯钊，转给了彭德怀。不久，这份绝密文件就转到了毛泽东的手里。[1]

---

[1] 李尚志：《长征人谱长征歌——记李伯钊同志》，载《人物》1984年第2期。

第18章
大军西去

四方面军为何西渡黄河——蒋介石指挥国民党军围剿陕北根据地——中共中央开展统战工作——宁夏战役计划——四方面军强渡黄河——毛泽东命令阻击南线敌军——张国焘总部未能渡河——四方面军打算西进开辟新根据地——宁夏战役无法进行——山城堡战斗——朱德、张国焘到达保安与中央会合

一、四方面军会宁会师后，四方面军还没来得及休整补充，双方领导人也没见面，四方面军主力便匆匆向西北方向黄河岸边开进，伐木造船，准备渡河西进。

长征刚刚结束，按理说红军主力应当一致行动，巩固陕北根据地。为什么要急于分开呢？确实有些难以理解。过去的说法是：张国焘不愿意与中央会合，坚持其机会主义的逃跑路线，擅自决定四方面军西进。彭德怀回忆：1936年10月23日，他与张国焘在打拉池会面。"徐（向前）、陈（昌浩）第三天还未见到。拂晓，我到张国焘处质问：徐、陈为什么还未见到？张说：已令徐、陈率四方面军之主力及一方面军之第五军团从兰州附近渡过黄河北岸，向武威（凉州）前进了。他下达这个命令，也正是他电告我时。我把毛主席1935年12月的《论反对日本帝国主义的策略》一文起的作用，当时东北军、西北军同我们的统战关系同他谈，他完全不听。王宏坤之陈锡联、谢富治师和张国焘司令部，大概是由于西北马家军和王均军的阻拦，未来得及过河。"彭德怀愤怒地说："如果没有张国焘这个反革命捣乱，使四方面军主力进到凉州这个死胡同里，后又被青海马步芳军全部歼灭，把红四方面军主力两万多人送掉，则一、二、四方面军还可保存六七万人，红军是可能完全控制西北地区的。那么，我们对抗日战争的领导地位就要优越得多。东北军、西北军也就不致被蒋介石各个宰割，那样就会形成抗日联军控制大西北。"[1]他认为西路军的渡河和最

---

[1]《彭德怀自述》，人民出版社1981年版，第216页。

长征到陕北的红四方面军一部

后失败，完全是张国焘个人的责任。

历史是否如此简单？我们查阅一下军事历史著作的说法。《中国大百科全书》军事卷的《中国人民解放军》条写道："1936年10月25日，按照中共中央和军委的部署，红四方面军第30军渡过黄河。随后，第9军和红四方面军总部及第5军亦渡过黄河，准备执行宁夏战役计划。11月5日，红军总部电令红四方面军河西部队：目前主要任务是消灭马步芳部，首先占领大靖、古浪、永登地区，必要时应迅速占领凉州地区。"权威的《中国人民解放军战史》和《中国工农红军第四方面军战史》中有更具体详细的记载。这样看来，四方面军西渡的行动并非张国焘个人决定，是由当时的多种因素造成的。

如前所述，蒋介石为了"攘外必先安内"，决心乘红军立足未稳，调集重兵将红军围歼于陕甘宁的通渭、固原地区。三大红军主力会师时，国民党的合围也将形成。东北军将领张学良不愿打红军，又不能违抗命令，非常着急。他向毛泽东等通报消息，表示他将尽量拖延，并建议红四方面军迅速通过西兰大道与一方面军会合，执行宁夏战役。10月9日，毛泽东、周恩来将这些情况向二、四方面军领导人作了通报。

国民党大兵压境，毛泽东心里格外沉重。红军又面临生死关头，他派彭德怀指挥西征战役，能否占领宁夏，打通苏联，并无很大把握。拿现有的红军力量去和蒋介石硬拼，不是毛泽东的作风。在那些日子里，毛泽东殚精竭虑，一是想方设法延迟国民党军的进攻，二是为红军考虑新的出路。

从1936年8月到12月"西安事变"前，毛泽东不停地写信给国民党各方大员和社会知名人士，做统一战线工作。8月13日毛泽东派张文彬去西北军，随身携带给杨虎城和总参议杜斌丞的信。给杨虎城的信中说："先生如以诚意参加联合战线，则先生之一切顾虑与困难，敝方均愿代为设计，务使先生及贵军全部立于无损有益之地位。"给杜斌丞的信中说："正抗日救国切实负责之时，先生一言兴邦，甚望加速推动之力，西北各部亦望大力斡旋。"8月14日，毛泽东派张经武往华北联络宋哲元、傅作义，在致二人的信中赞扬他们的抗日行动，表示红军愿与他们建立联系，作他们的后援。同日，毛泽东还写信给南京的宋子文，托董健吾牧师向宋转达希望南京当局转变反共立场，恢复国共合作和孙中山先生三大政策的愿望。

8月25日，中共中央发表《致中国国民党书》，向蒋介石伸出和解之手。明确表示"在任何地方与任何时候派出自己的全权代表，同贵党的全权代表一道，开始具体实际的谈判，以期迅速订立抗日救国的具体协定"。

8月26日，毛泽东致电潘汉年，指出"南京已开始有了切实转变，我们政策重心在联蒋抗日"。要潘充当密使，去南京、上海与国民党上层人士接触。9月8日潘汉年起程时，携带毛泽东致宋庆龄、章乃器、沈钧儒等民主人士的信件。在给宋庆龄的信中，表达了中国共产党愿意建立统一战线的态度,并请她将潘介绍给孔祥熙、孙科等国民党要人,打通上层路线。

9月8日,毛泽东又写了三封信。一封致国民党陕西省主席邵力子。当时邵在报纸上发表剿共言论,毛泽东指责他"斤斤于剿匪,无一言及御寇,何贤者所见不广也!开发西北,建设西北,先生之志则大矣,先生之办法则不可。《三国演义》云:天下大势,合久必分,分久必合。弟与先生分十年矣。今又有合的机会,先生其有意乎?"另一封信给围困红军的国民党将领王均,说:"从井冈山就同先生打起,打了十年,也可以休息了!我们致国民党书,为了共同抗日,实全国一致之要求,先生爱国健儿,对此谅有同感。朱玉阶(德)同志极愿与先生合作,如能与之互通声气,自己元气少消耗一分,则抗日力量多保存一分。"第三封信致国民党甘肃绥靖公署主任朱绍良,劝他"抛嫌释怨,以对付共同之敌。夫剿匪非特无期徒刑也,且是一种死刑。先生同意统一战线,则鄙人竭诚以迎。惟事宜急办,迁延则利在长驱而入之寇。尚祈致意蒋先生,立即决策,国事犹可为也"。[1]

以上仅是毛泽东在这个时期所写的部分信件。从信中恳切急迫而又委婉谦恭的语言中,不难体会到他的良苦用心。总而言之就是三个字:打不得。后来毛泽东也承认,他干的是"买空卖空"的事。真与国民党军打起来,长征保存下来的红军是寡不敌众。如果陕北站不住脚,红军还能到哪里去?当时共产党和红军真是处在千钧一发的危急关头,毛泽东希望能找到求和的机会,从逆境中渡过难关。

不仅毛泽东积极统战,中央其他领导人也纷纷行动。9月初周恩来致函陈果夫、陈立夫兄弟,希望他们劝说蒋介石停止对红军的围剿,一致抗日,红军愿意随时谈判。他还致函胡宗南:"兄在黄埔为先进,亦为蒋先生所最信赖之人。果能力排浮议,立停内战,则颂之者将遍于国人。"[2]

---

[1]《毛泽东书信选集》,人民出版社1984年版,第36—61页。
[2]《周恩来年谱》,人民出版社1989年版,第219页。

为了把统战声势造得更大，10月18日毛泽东致电二、四方面军领导人，要朱德、徐向前、贺龙利用旧日关系，做国民党将领的工作。电报说："我党致国民党书已在全国各地及国民党军队中发生极大影响，得到国民党中及各阶层中广大同情。""总观各方情况，目前时局正处在转变交点，我应不失时机，善于运用，争取国内和平，转向对日抗战。请照昨电意旨由朱总司令致书王均、毛炳文，向前同志致书胡宗南及其他黄埔生，贺龙同志致书何柱国各部及胡部，发展我们影响。书中一本诚恳相劝之意，不作任何自夸语，自能发生效力。一面严整壁垒，提高士气，立于不败之地。办理情形望复。"毛泽东还代徐向前起草了致胡宗南的信，信中说："敝部已奉苏维埃政府与红军军事委员会命令，对与贵军及其他国民党军队停止攻击，仅在贵军攻击时取自卫手段。一切问题均函商洽，总以和平方法达到停止内战一致抗日之目的。"[1]

煞费苦心的游说和努力，虽然得到国民党内部尤其是东北军、西北军将领的同情和赞许，但并未解除陕北苏区面临的军事威胁。因为蒋介石不会改变立场。蒋介石积十年之反共经验，深知共产党的厉害。尽管日军入侵，国难当头，他还是坚持"攘外必先安内"的方针，先消灭红军再去对付日本人。现在好不容易把红军困在陕北，他绝不放弃这个机会。对此，毛泽东是铭记在心的。1949年中国人民解放军即将渡过长江前，蒋介石向毛泽东求和。毛泽东以"宜将剩勇追穷寇，不可沽名学霸王"的气概，断然拒绝。正是"即以其人之道，还治其人之身"。

求和既然无望，毛泽东就要为红军寻找出路。1936年10月7日一、四方面军会宁会师后，未及休整，毛泽东便与朱德、张国焘频繁往来电报，交换意见。得知蒋介石即将发起围剿红军的"通渭会战"后，中共中央决定提前执行宁夏战役计划。10月11日，中央和军委

---

[1]《徐向前传》第11章，当代中国出版社1991年版，第253页。

发布《十月份作战纲领》，要点是：

> 四方面军以一个军率造船技术部迅速进至靖远、中卫地段，选择利于攻击中卫与定远营之渡河点，以加速努力造船，十一月十号前完成一切渡河准备。四方面军主力在通马静会地区就粮休整，派多数支队形成扇形运动防御，直逼定西、陇西、武山、甘谷、秦安、庄浪、静宁各地敌军附近，与之保持接触，敌不进我不退，敌进节节抵抗，迟滞其前进时间，以期可能在十月份保持西兰大道于我手中。
>
> 攻宁部队准备以一方面军西方野战军全部及定盐一部、四方面军之三个军组成之，其余二个军及二方面军全部、一方面军之独四师组成向南防御部队，可能与必要时，抽一部参加攻宁。[1]

接到中央指示，四方面军上上下下立即行动起来。朱、张、徐、陈分析了情况，决定以主力红30军为渡河先锋，抓紧时间造船。徐向前把30军政委李先念找来交代了任务。李先念接受了任务，站起来就走，徐向前留他吃饭都推辞了。

四方面军从四川出来时，带了一支百余人的造船队。李先念当过木匠，能够内行地指挥造船。他们来到靖远黄河边一个隐蔽的地方，开始了昼夜不停地紧张工作。30军军长程世才回忆："当时造船是一件非常艰苦的工作，在离黄河50里的隐蔽地秘密造船，以防敌悉。大船每只可坐一小班（8—9）人，计划要造40只。造船所需一切器材，都是自己临时找的。布置造船地点及人员的配备，是一极细致工作，同时要严守秘密。假使不注意，过早暴露自己的企图，会妨碍行动甚至会导致计划的失败。造船地点离黄河有几十里，每

---

[1]《中国工农红军第四方面军战史资料选编——长征时期》，解放军出版社1992年版，第813页。

只船都要经过上山下山,过许多山沟小路,抬到河边。因造船地点隐蔽在崎岖山沟里,所以抬船到河边是一件艰苦的工作。"[1]

这期间,中央不断来电催促,还让彭德怀派人送来造船用的木板、铁钉等材料。同时,30军开始侦察黄河沿岸渡口,做好强渡的准备。按李先念的估计,到11月10日可造船40只,大军渡河当无问题。10月18日朱德、张国焘电告毛泽东、周恩来:"30军谓:30日晚即可偷渡。"但是毛泽东等不及,次日复电:"30军渡河以至少备足十个船开始渡为宜,恐船过少载兵不多,不能一举成功。20号开始渡河问题,是否推迟数日,请依具体情况斟酌。"毛泽东之所以催促四方面军尽快做好渡河准备,是因为得到张学良的秘密通报:蒋介石已命令各部队向红军发起攻击。张学良虽然同情共产党,但军令如山,他也不能按兵不动了。

10月21日,各路国民党军向红军发起攻击。蒋介石坐镇西安督战,胡宗南的1军、毛炳文的37军和王均的3军由静宁、通渭一线向北进攻。与红四方面军的后卫部队4军、5军、31军在界石铺、华家岭、马营等地的丘陵地带展开激战。国民党军出动7架飞机轮番轰炸,这里地势开阔,光秃秃的黄土地几乎无处藏身。红军的一举一动国民党军都能观察到,集中炮火猛轰红军阵地。红四方面军长征后弹药缺乏,武器也差,尽管坚决抵抗,还是处于不利局面。华家岭战斗中,红5军损失惨重,副军长罗南辉遭敌机轰炸牺牲。部队伤亡和打散失去联络的有800余人。4军和31军也被迫节节后退,10月23日,在国民党军猛烈攻击下,红军被迫放弃会宁城。

局势顿时紧张起来。如果国民党军不停顿地向北进攻,很快就会把红军逼到黄河边上,使红军处于背水作战的不利境地。幸亏国民党军未敢冒进,给了红军填补防线的机会。徐向前从红军总部匆匆赶到前线,稳定防御。

---

[1] 程世才:《关于西路军的材料》。

在严峻形势下，渡河成了刻不容缓的大事。只要渡过黄河，就能跳出国民党军包围圈，才能执行宁夏战役计划，开辟新根据地。如果渡不过去，就可能被国民党军压缩在陕甘的狭小地区，后果极为严重。24日，张国焘致电徐向前、陈昌浩，命令30军开始渡河：

> 甲、如30军今晚渡河不成，应在靖远上游至营房滩之线继续佯渡河吸引敌人注意该方，同时速移一部兵力在靖远下游东面陡城堡秘密造船渡河。靖远下游及打拉池榆树甚多。
>
> 乙、今晚渡河如成功，请速开一个船工分队配足工匠到打拉池来，以便即开去助一方面军渡河。
>
> 丙、我们今与德怀、海东已会面。[1]

红30军接到命令后立即出动。二十天来，李先念带领造船队日夜辛劳，造了十几条船。他们24日黄昏出发，夜间22时到达虎豹口的黄河渡口。程世才回忆："军队出动时，将船抬上前进到河边上。虽然军队抬上船走，运动是非常迅速的。这段路有50里地，是很紧张的行军。我们初到河边上，敌人据点不晓得。河南岸有许多村子，临时做政治工作动员老乡不要出门。正值我军渡河时，有一家老乡的狗狂吠不已。为了不暴露我之行动，用钱将老乡的狗买下，将狗嘴堵塞住。"[2]

半夜，30军开始强渡。这段黄河宽约500米，20分钟就到达对岸。接近岸边时，敌军才发觉，慌乱打枪。勇敢善战的30军战士猛冲上岸，集中火力打垮敌军河防，占领了对岸阵地，渡河成功了。

红30军强渡黄河时，朱德、张国焘正在打拉池与彭德怀、徐海东会晤。彭德怀向朱、张通报了形势和中央宁夏战役计划，朱、张立即电告中央："关于根据新任务由德怀同志提出之战役计划要旨，我们

---

[1]《中国工农红军第四方面军战史资料选编——长征时期》，解放军出版社1992年版，第836页。
[2] 程世才：《关于西路军的材料》。

完全同意。正根据今日情况研究具体化之方案。"但是毛泽东此时有些犹豫，尚未收到朱、张来电，24日就给彭德怀发了一封电报让他与朱、张商量："30军迅速渡河控制西岸，9军拟以暂不渡河为宜，尔后北进到海靖线防御，4、5两军主力是否足够？二方面军将来必要时须准备转至海固线防御，固隆海靖线及其以南地形条件是否利于敌之进攻抑或利于我之防御，商量结果速告。"[1]

毛泽东这封电报，后来被历史学家引用为他反对四方面军西渡黄河的重要依据。如果阅读那几天的全部往来电报，就可以看出这封电报并非毛泽东的最后决策。当时战局一日数变，毛泽东担心西渡黄河万一不成，红军南线又顶不住，就会被国民党军挤压到背水作战的危险境地。所以他希望先巩固南线，再设法渡河。红30军渡河成功，拉开了宁夏战役的序幕。25日上午，消息传到打拉池红军总部，引起一片欢呼，全军精神振奋。下午彭德怀致电毛泽东：

甲、30军昨晚渡河已得手，本日黄昏前可渡毕。第9军继续，估计蒋敌在我军既已渡河集中兰州一部占永登，可能一部仍向郭城驿、靖远追击前进。

乙、已提出部署意见如下：

1. 四方面军主力以三个军渡河，两个军抗击会宁之敌。
2. 二方面军应逐渐向沛干池抗退一部敌六营、七营以北。
3. 一方面军主力仍集中王家团子、高崖子、同心城，在金积、灵武之线为主渡点，中宁、中卫为次渡点。
4. 已渡河四方面军主力，渡河后应向兰州北岸永登、景泰扩大占领区。[2]

同日，朱德、张国焘、彭德怀联名致电中央，鉴于渡河成功，建

---

[1]《中国工农红军第四方面军战史资料选编——长征时期》，解放军出版社1992年版，第834页。
[2]《中国工农红军第四方面军战史资料选编——长征时期》，解放军出版社1992年版，第839页。

议四方面军主力迅速渡河，抢占一条山、永登、古浪地区，在黄河西岸站稳脚跟。然后"留出一部分机动部队，与一条山、五佛寺之线，以便适时协助一方面军从中卫、灵武段渡河"。这些电报充分说明，彭德怀与朱、张完全一致，准备全军渡河，占领宁夏。

然而毛泽东却另有打算，25日他与周恩来致电朱张彭，提出"第一步重点应集注意力于击破南敌"，"第二步重点集注意力于向北"。要四方面军以一个军随30军渡河，然后向中卫方向延伸，以一个军去攻占定远营。黄河东岸的四方面军三个军和二方面军在打拉池南构筑工事，防御胡宗南的进攻。这两步做好之后，"一方面军之主力与四方面军两个军控制河西枢纽地带后开始行动，以突然手段占领金积、灵武地带，徐、陈拨造船技术队二分之一或更多些附属之，迅速造船准备渡河"。

此刻红9军已经跟随红30军来到黄河边上，准备渡河。接到中央命令，9军只好在河边待命。徐向前、陈昌浩不知中央究竟打算怎样，只好安排方面军指挥部和直属队先过河。这样，徐向前、陈昌浩于10月27日渡过黄河，与朱德、张国焘的红军总部分开了。

10月26日战局又有新变化，胡宗南部向红军猛攻，防御的4、5、31军抵挡不住，节节后退。当天深夜，中央发来电报，指示9军渡河：

甲、30军、9军过河后，可以30军占领永登，9军必须强占红水以北之枢纽地带，并准备袭取定远营，此是极重要一着。

乙、等二三日后如真实胡敌无北进之意，再以一个军渡河不迟，目前瞬南村敌应取击破手段，仅取抗击手段不够。

朱德、张国焘根据这个命令，指示徐陈："毛、周电令目前作战重点,系注重击破南敌,停止追击。我各部应遵照这一指示执行。""四方面军除30、9两军及指挥部已过河外,其余各部应停止过河。"[1]

这时,9军才开始渡河。别看耽搁了不到两天,情况就恶劣了许多。徐向前在对岸目睹9军渡河的情况:"敌机白天轮番前来轰炸扫射,封锁河面,给我军造成很大困难。部队渡河主要在黄昏后至日出前,滔滔黄河,奔腾咆哮,小船驶渡,颠簸飘摇。往返一次至少需要一个多小时。至28日拂晓,我30军、9军及方面军指挥部,渡河完毕。"[2]

9军渡河之后,4、5、31三个军在胡宗南部压迫之下,也向黄河边上转移。形势紧急,朱、张28日致电毛、周,建议31军渡河。29日毛、周复电:"为迅取宁夏起见,31军可以立即渡河,在9军、30军后跟进。"31军在军长萧克、政委周纯全率领下急行军到黄河边,军直属队当天就开始渡河。第二天中央又改变命令:"为战胜胡敌,31军即照德怀29日20时电令部署执行任务,胜利后直由中卫渡河。"过河的31军直属队又一船一船返回东岸。这时,国民党军已经追上来,关麟征师向靖远前进。看守渡口的5军抵挡不住,又无力向打拉池的红军总部靠拢,只得在三角城一带仓促渡河。国民党飞机轰炸了靖远渡口,炸断了红军修的浮桥。朱德、张国焘见靖远失守,渡河已不可能,4军、31军如果还在河边徘徊,必定凶多吉少。于是朱、张下令4军、31军向打拉池、同心城靠拢,会合彭德怀的部队牵制敌军。同时通知河西的徐向前、陈昌浩,要他们独立行动,去打开河西局面。

在执行宁夏战役过程中,中央指示几经反复,让徐向前、陈昌浩这些前线指挥员搞不明白。西路军失败后,陈昌浩回到延安,写了一个长篇报告,作为向中央的交代。谈到渡河问题,他说:30军渡河成功后,"9军、5军急向北开进,4军、31军遏阻大路。敌人急进之下,指挥部本总部命令,随9军、5军渡河,31军亦准备渡河(直属队大部已渡河,随后又返河东)。我们渡河后,在中和堡约停住了一天一

---

[1] 《中国工农红军第四方面军战史资料选编——长征时期》,解放军出版社1992年版,第845页。
[2] 徐向前:《历史的回顾》第14章,解放军出版社1985年版,第512页。

夜，中间接到毛主席电报：'河西只要一个军，指挥部带两个军仍过河东准备夹击敌人。'这时4军、31军正向打拉池前进，毛（炳文）部先头已抵靖远，事实上已不好东返。加以总部同时来电，又说4军、31军都准备在靖远以下渡河。我们到三角城时，还本总部电：'已得毛主席同意，4军、31军即在三角城过河，准备迎接。'我们等到下午5时以后，又接到总部说：'该两军不渡河'的电报后，才向北开走。此时30军先头在击退马禄骑旅及祁明山步旅一部（马步青部）之后，即乘胜向一条山进。9军与指挥部尾后向赵家山、锁罕堡附近集结。5军因会宁损失后，即在靖远河西一带扼守休息"。[1]

　　在过不过黄河的问题上，出现这些曲折反复，是有复杂因素的。本来，夺取宁夏、甘肃，开辟西北根据地，是中央政治局沙窝会议决定的。毛泽东不同意张国焘躲在荒凉的少数民族区域，坚持到陕甘建立根据地，主要考虑到与苏联接近，可以得到共产国际的接济。11月3日，在共产国际的王明和陈云曾给中共中央书记处来过电报，表示要从新疆运送物资给红军。电报说："现已决定目前不采用从外蒙帮助的办法。同时，我们正在研究经过新疆帮助的办法。如果我们将约一千吨货物运到哈（密），你们曾否可能占领甘肃西部来接收？并请告如何接收办法及你们采用何种具体运输。"[2] 这个电报，与中央发起宁夏战役的意图正相吻合。

　　在进行宁夏战役、打通国际的大方向上，中央与张国焘是一致的。但是由谁去执行这个任务，问题就来了。张国焘是不愿意到陕北与中央会合的，二次北上时他就警告陈昌浩：会合后不但我的总政委当不成了，你的方面军政委也当不成。陈昌浩不相信，与张国焘大吵一场。徐向前等军事指挥员考虑到陕北的情况，也希望能在甘肃另搞一块根据地，与陕北遥相呼应。所以宁夏战役计划一下，

---

[1]《陈昌浩关于西路军失败的报告》1937年9月30日，《中国工农红军第四方面军战史资料选编——长征时期》，解放军出版社1992年版，第979页。

[2]《中国工农红军第四方面军战史资料选编——长征时期》，解放军出版社1992年版，第862页。

四方面军上下都赞成。张国焘更是急于立功赎罪，对中央指示的贯彻是积极的。四方面军在那样短的时间内，克服种种困难，完成渡河任务，就是明证。

张国焘有没有个人打算呢？当然有。在通渭举行的四方面军干部会上，他就说过："如果我们停留在甘南，在不利情况下，会被逼退往毛儿盖一带去。而抗日的口号已经叫出，再往南退就会影响士气。如果我们突破敌人的包围，向陕北前进，沿途会受到敌人的截击。而且所有的红军都挤到粮食缺乏的陕北，反而引动敌军集中包围一处，自然更为不利。"所以张国焘力主西进，他说："我军的西进计划正确而又合时宜。在政治意义上来说，我们如握有河西走廊和新疆地区，可以保障未来西北联合抗日政府的后路，并接通与苏联的关系。从军事意义说来，可以分散蒋的兵力。河西走廊、陕北和延安三点，将使蒋在甘肃的军队处于多面受敌的境地。"[1]

张国焘的用心，陈昌浩看得很清楚。他后来回忆说："他（张国焘）是反对会合的，一会合其王国就垮台了。到岷州后他又要西进，到会宁后他又要我们全军渡河。为什么全军过河他一个人留下呢？有他的道理：如果打通了国际路线，取得了援助，军队机械化了是他的，中央对他是无可奈何的。"[2]

所以，四方面军渡河不仅是为了打仗，而且要在河西找一个安身之地。不仅部队过了河，妇女小孩和伤病员也跟着过去了。陈昌浩说："会宁编制时，凡总司令部直属部队，除少数战斗部队、红校、党校及小的卫生部随总部走后，其余极庞大笨重人员都与四方指直（即方面军直属队——作者注）合编一处。指直带彩病员1500，小孩子1500，残废400多。再加上各军自己原来以及在甘南扩大的庞大直属部队（其中妇女、小孩、彩病员各军带的也不少）。所以全人数中间战斗人员至多占40%甚至38%之比例，而战斗部队中还有

---

[1] 张国焘：《我的回忆》第19篇第3章，东方出版社1991年版，第3册309页。
[2] 陈昌浩：1961年5月10日的谈话。

人没有枪的（如新兵、归队者、小孩原可驮枪者）。所以有枪者只能占全人数32%。这是西路军战斗力中及组织中最大弱点。"[1]

张国焘的想法，也瞒不过毛泽东。10月26日他给彭德怀发了一封绝密电报：

1. 国焘有出凉州不愿出宁夏之意，望注意。
2. 目前以打胡敌、取定远营两着为最重要。
3. 30军占领永登是对的，9军必须占定远营，这是接物攻宁的战略枢纽，不应以一方面军去，不便利不失时机。
4. 4、5、31军，二方面军应以打胡敌为中心，仅抗击不够，打法可采诱敌深入。
5. 一方面军速集结同心城休息。[2]

10月30日，南线国民党军步步进逼，四方面军主力已经渡河。毛泽东焦急万分，电告朱德、张国焘："方针先打胡敌，后攻宁夏，否则攻宁不可能。请二兄握住此中心关键而领导之。除9军、30军已过河外，其余一、二方面军全部，四方面军之三个军，统照德怀29日部署使用，一战而胜利，则全局转入佳境矣。"

中央组织宁夏战役的另一个意图是，在统一指挥时，让彭德怀把四方面军河东部队的指挥权拿过来。29日毛泽东给彭的电报中强调："全战役须掌握在你一人手里。"但是彭德怀办不到，他指挥不动张国焘。中央要张国焘阻击南线敌军，而张国焘急于率领四方面军渡河西进取得苏联援助的物资。28日张国焘给中央和徐陈的电报中陈述他的部署："估计敌人必系齐头并进，我军又必须迅速取得定远营和宁夏地区，一方面军此时须集结同心城，准备向金积、灵武进。二方面军此

---

[1]《陈昌浩关于西路军失败的报告》，1937年9月30日，《中国工农红军第四方面军战史资料选编——长征时期》，解放军出版社1992年版，第982页。

[2]《中国工农红军第四方面军战史资料选编——长征时期》，解放军出版社1992年版，第844页。

时必须得到休息机会,四方面军主力须迅速取得宁夏定远营。""若谓目前重心在击破南敌,停止敌之追击,事实上4、31两军亦难有保证的完成任务,恐反多消耗。不如利用天然障碍坚壁清野,以4军牵制敌人,也可得到争取时间之利。""取得物资后,再以主力回击深入之敌,那就更有把握了。"[1]

张国焘天真地以为苏联准备了大批武器装备等他去拿,所以他把希望寄托在徐陈身上,盼望他们很快能打回来。另外他也不肯让4军、31军去和国民党军硬拼。彭德怀调不动四方面军,只能向毛泽东报告:"张对打击胡敌始终是动摇的,企图以四方面军先取(远)方(物)资后再说。以一方面军同胡敌周旋,削弱力量,好说话。"

作战最要求同心协力,若两军指挥员貌合神离,这仗肯定打不好。由于红军指挥不统一,国民党军先后占领靖远、打拉池和中卫,截断宁夏通道。过河的四方面军主力与河东红军被隔断,想回也回不来了。

彭德怀后来谈到宁夏战役时说:"张国焘到了打拉池后,敌王均两个师尾随四方面军被截断部分前进。我与张国焘面商,只要被截断部分在正面阻拦该敌前进,一军团即可从追敌侧后进攻,在打拉池布置伏击阵地。这样,消灭王均部是完全可能的,这样还可与四方面军北渡主力取得联络。张口头同意,却秘密令王宏坤部(4军)向同心城方向撤走,破坏了当时的作战部署。我又与张商,在海原和同心城之间布置伏击阵地,歼灭王均部。他口头又同意,实际上他又令4军东撤了,使伏击计划又被破坏。张国焘多次破坏作战部署,使我们不得不放弃豫旺以西大块土地。"[2] 但是指挥4军和31军阻击行动的王宏坤回忆,由于国民党军在飞机配合下向我军猛攻,4军和31军有被分割包围的危险,红军被迫且战且退到打拉池、盐池、定边一带,损失相当大。他说:"有人说,这一仗没有打是因为张国焘发电报秘密命令王宏坤撤退,破坏了作战计划。但事实上我没有接到这样的命令。有

[1]《中国工农红军第四方面军战史资料选编——长征时期》,解放军出版社1992年版,第849页。
[2]《彭德怀自述》,人民出版社1981年版,第216页。

电报以来，我也没有单独接到张国焘给我的电报命令。"[1]

眼看宁夏战役无法实行，中央于11月8日发布作战新计划，改为向东南方向发展，尽量向陕南扩大苏区。如果局势恶化，就筹备新的战略转移。这时胡宗南部占领海原，朱德、张国焘带领4军、31军撤退到同心城，与彭德怀再次会合。毛泽东来电告诉朱张：胡宗南主力正向豫旺堡行动，企图切断红军向陕北的退路。建议红军撤退到山城堡、洪德城、河连湾一带集结，阻击国民党军进攻。毛泽东还说，已经派周恩来前往河连湾迎接朱德、张国焘。

面对不利形势，彭德怀也很着急。他知道"陕北根据地没有粮食，当时保安全县只有一万多人口，如站不住脚，将被迫放弃陕北，东渡黄河，这种局势是很不利的。无论如何要挽救这种形势。"[2]他致电毛泽东，坚决要求打一仗。毛泽东回电："朱、张来保安后，前线部队统交你指挥，可放手去做。"

彭德怀得到指挥权，便将一方面军的一军团和徐海东的十五军团调到环县境内的山城堡一带隐蔽，准备伏击胡宗南。在撤退时，沿路坚壁清野。陕北干旱，尤其缺水。河水苦涩不能饮用，老百姓都挖水窖储存雪水。红军所过之处，把水窖的存水都消耗干净，使国民党军处于缺水的困境，无法深入。果然，王均部停止了追击，只有胡宗南部孤军深入到豫旺堡以东。彭德怀估计敌军必然要寻找有水源的地方宿营，附近只有山城堡有水源。这里仅有几户人家，有一股细细的泉水。敌军先头部队已经到了甜水堡，下一站必定要来山城堡。果然，11月21日，胡宗南部第78师232旅在旅长廖昂指挥下，黄昏时来到山城堡宿营。彭德怀一声令下，一方面军的一军团、十五军团，四方面军的4军、31军从各个方向发起攻击。敌军仓促应战，想与红军对峙一夜，到天亮摸清情况再打。谁知红军乘夜猛攻，搞得廖昂不知来

---

[1] 王宏坤：《我的红军生涯》，《中国工农红军第四方面军战史资料选编——长征时期》，解放军出版社1992年版，第873页。
[2] 《彭德怀自述》，人民出版社1981年版，第217页。

了多少红军,部队乱作一团,大部分被红军消灭。第二天天亮后,师长丁德隆派部队前来增援,红军早已不知去向。

山城堡战斗的胜利鼓舞了红军的士气,原来胡宗南也不是不可战胜的。胡宗南挨了当头一棒,尝到了红军的厉害。以后胡宗南谨慎多了,不敢轻举妄动。直到"西安事变"之前,国民党军没敢再进攻陕北红军。这使中央和红军得到一段休整的机会。

再说朱德、张国焘由周恩来陪同,由河连湾起程去保安。张国焘不知中央会怎样对待他,心中忐忑不安,见到熟人就打听情况。在会宁,他与徐海东谈了好几天,详细了解中央到陕北后的情况。徐海东谈起刚到陕北时与陕北红军发生的误会,对毛泽东果断处理肃反扩大化和巩固陕北根据地的措施极为钦佩。徐海东是工农干部,性格直爽,张国焘相信他说的是真话。见到周恩来后,张国焘又听他介绍国内外形势,感叹世事变化之快,自己真是孤陋寡闻。谈话之后,张国焘为周恩来的水平和魅力折服,认识到"我须急起学习,赶紧拍去满身游击的征尘,换上知识分子的道袍,以适应城市生活"。[1]

11月30日,朱德、张国焘率红军总部机关到达保安,受到毛泽东等中共中央负责人和红一方面军指战员的热烈欢迎。中直机关的童小鹏在日记中写道:"朱、张两总今日即入京,每一个人都带着很热烈的希望,望他们早些到来。看见过的,是想早点看看在藏民区艰苦奋斗一年多的他们的面容是消瘦几多?未见过的同志,是想早点看到中国革命的领袖们的姿态是肥是瘦,是高是矮?尤其希望他们早点到来,使党与红军的指挥更求得统一与团结。"大家从早晨7时就在保安街道两边列队等候,直到下午3时,"看见远处泥尘起处,十数匹马跑来,大家都知道来了。一会儿,在欢迎队伍的口号声中,在歌声中,两总——久望到来的领袖,在数千人的先头,随同去迎接的三领袖们并列到来了。他们虽然是在艰苦斗争中身体瘦衰了许多,衣服是穿得

---

[1] 张国焘:《我的回忆》第19篇第3章,东方出版社1991年版,第3册317页。

单旧,但精神上仍表现出无比的英勇、坚决、喜悦、快乐。从此党更能进一步的团结指挥,更能集中了。争取更大的胜利,开展新的局面,是更加有保证了!这样就达到了大家许久的热望!"[1] 这段描写,是当时在场的每个红军战士的真实感受。

德国人李德也站在欢迎队伍中间。他回忆说:"我是他们到达保安的见证人。看上去他们的情绪相当低落,大多数人的衣服破烂不堪,各种各样的颜色混杂在一起,甚至还能看到穿着喇嘛服和藏族服的人。但是从表面的印象来判断,纪律显得并不涣散。参谋部和警卫部队的武器,简直让人不能再有过多的奢望了。"[2] 与一年多以前的两河口会师相比,双方正好换了个位置。

毛泽东、张闻天等中共中央负责人和红军学校校长林彪站在欢迎队伍的前列,笑容满面地与张国焘握手致意,亲切的情景与两河口会师没什么两样。毛泽东站在一张桌子上向红军讲话,热烈欢迎朱德、张国

毛泽东、朱德在陕北

---

[1]《童小鹏军中日记》,解放军出版社1986年版,第262页。
[2] 奥托·布劳恩:《中国纪事》第4章。现代史料编刊社1980年版,第244页。

毛泽东、张国焘在陕北

焘的到来。张国焘也讲了话,他特别强调了党内的团结。

此时此刻,朱德的心情是最激动的。当时在场的王平回忆:"朱总司令在队前讲话。他说:'我回到中央,看到你们很高兴……'说着,他掉下了眼泪。队列里很安静。停了一下,他接着说:'我这是激动的热泪,人伤心时掉泪,高兴时也掉泪,我这是高兴。是无产阶级的感情。我现在的心情无法用语言来形容,眼泪才是真挚感情的流露。'队伍里爆发出雷鸣般的掌声。"[1] 从井冈山就跟随朱德的人,都很少见到朱德如此动情的场面。只有在这一年间跟随朱德的同志,才明白朱德为了维护红军的团结、避免分裂,受了多少委屈,付出了多少心血。现在朱、毛又站在一起了,酸甜苦辣涌上心头。朱德这样刚强的人,也不免老泪纵横。

朱德、张国焘到保安与中央会合时,彭德怀率领三个方面军在河东的部队转移到庆阳地区,保卫陕北根据地。徐向前、陈昌浩率领红四方面军的三个军向河西走廊行军,他们根本没有想到,等待西路军的会是什么命运。

---

[1]《王平回忆录》,解放军出版社1992年版,第145页。

第19章
血战河西走廊

中央指示徐、陈西进——《作战新计划》的制订——西路军组成——一条山战斗——青海二马调集兵力与红军决战——古浪之战9军受损——"远方接济"的幻想——徐向前与陈昌浩的争论——中央要西路军在河西走廊建立根据地——连续的消耗战

1936年10月28日,徐向前、陈昌浩率领红四方面军的9军、30军从靖远渡过黄河后,留下后卫的5军看守渡口和船只,便向一条山方向杀去。挡在前面的是青海军阀马步青的部队,红军在"打通国际路线","配合一方面军夺取宁夏"的口号鼓舞下,打得英勇顽强。把守一条山村寨的马家军,被李先念、程世才的红30军先头部队歼灭。程世才又带两个团控制了五佛寺渡口,夺取了那里的船只。9军在孙玉清军长和陈海松政委指挥下,消灭了打拉牌的守敌,将马禄旅600余人包围在锁罕堡的土围子里。到11月3日,红军巩固了黄河西岸的前哨阵地。

但是,河东的红一方面军迟迟不过来,国民党军控制了黄河东岸渡口。徐向前非常着急。部队渡河时只带了三四天的粮食,这里粮缺水咸,不能久留。马家军是骑兵,黄河西岸地势开阔,有利于敌,不利于我。红军背靠黄河,待在这里必定处于被动地位。如果单独去打宁夏,要通过大沙漠,苏联援助物资还不知在哪里,孤军深入是很危险的。徐向前与陈昌浩商量,11月2日致电朱、张并毛、周请示行动方针。说明"此方人稀、粮缺、水苦,大部队难久作战"。建议"若主力能速渡河,须此方待接时,即向中卫、宁夏进"。"若主力不能迅速渡河,此方各种关系不便久停时,即我方决向大靖、古浪、平番、凉州行,尔后待必要时再转来接主力过河。目前大靖、土门、古浪、凉州甚空虚易袭,不缺粮,人多均汉人,若不出动,等敌迫近或布妥,则此方即陷于极大困难的境况中。"

毛、周当天就答复徐、陈:"你们率四方面军主力暂以现地区为中心,向三面扩大占领领域。以一部占领永登,一部出通(渭)兰(州),大的方向仍前不变。"3日再次电令徐、陈:"所部西进占领永登、古浪之线,但一条山、五佛寺宜留一部扼守,并附电台,以利交通后方行动。"[1]

徐、陈接到中央的指示,感到难以执行。面对青海二马的压力,集中兵力都嫌不够,分兵只能被各个消灭,还谈什么扩大占领区?陈昌浩认为4军、31军迟迟不过河是中央有意分散四方面军,4日一早就给朱、张发电报说:"军队指挥贵在统一集中,或军委或总部或前敌机关统一行之;各方面军须严格服从指挥,打破本位主义。"建议"4、31军成一体由萧(克)周(纯全)指挥担任一路,如不决战,可令其过河增援我方。如只使任掩护的消耗战,于决战时则分散钳制,似不能鼓起指战员的灭敌雄心"。表示"现地区粮难、资材缺,敌据堡寨,须分兵围困,而敌骑四出活动,我又不能分兵行动。如情况不利时惟有放弃现地区,集兵出大靖、凉州方面"。[2]

张国焘对河西部队的情况十分关注,9军、30军是四方面军战斗力最强的部队,当然不能有闪失。目前4军、31军已在国民党军进攻下北撤,无法会合徐、陈。张国焘同意徐、陈的意见,让他们去独立作战。5日,张国焘以朱、张名义复电徐、陈,向他们通报了河东红军的作战情况,指示徐、陈:"你们之河北纵队目前最主要任务是消灭马步芳部,独立开展一个新局面。乘敌人尚未十分注意你们的时候,站稳脚跟,首先占领大靖、古浪、永登地区,必要时应迅速占领凉州地区。行动要迅速、秘密、坚决和机断专行。""宁夏战役能否实现,决之于明后日之决战。你们应不受一切牵制独立去完成你们的任务,对你方和河右岸主力行动有何意见,请随时电告。"[3]

---

[1] 《中国工农红军第四方面军战史资料选编——长征时期》,解放军出版社1992年版,第858页。
[2] 同上书,第863页。
[3] 同上书,第864页。

张国焘的电报使徐、陈很受鼓舞，张国焘授予他们全权决定自己的行动计划。但是张国焘电报中也有明显的倾向：如果中央的指示是不合实际的，也不必盲从。这显然是与毛泽东唱对台戏。接到电报，徐、陈召集各军指挥员议事，连夜制订了《平（番）大（靖）古（浪）凉（州）战役计划》，6日报军委。在这份详细的作战计划中，提出的纲领是："我四方面军北渡之主力，遵军委电令有首先消灭平番、大靖间马步芳野外部队，进取大靖、平番、古浪、凉州一带地区，发展创造甘北抗日后方，配合主力行动之任务。"提出的口号是："占领甘北广大地区，创造巩固的抗日新局面！""靠近苏联和外蒙古、新疆，争取西北国防政府之实现！"[1]

张国焘看了徐、陈的计划，十分高兴。当天就以朱、张名义给徐、陈复电，并作了进一步的指示。电报中说：

　　甲、战役计划已读悉，我们同意，希望照此执行。

　　乙、你们的独立行动，对实现党的策略路线在战略方针有极大意义：

　　1. 随时可进到抗日前线。

　　2. 创造西北巩固的抗日新局面。

　　3. 与河右岸主力互相呼应，完成新任务。

　　4. 争取广大回、蒙群众。

　　5. 接通远方。

　　……

　　辛、你们即在甘北、宁夏西部、青海东部大大扩大行动区，根据实际情况组织回、蒙革命团体政权机关和游击队等，必要时你们自己提选人员组织地方党和政权机关。[2]

---

[1]《中国工农红军第四方面军战史资料选编——长征时期》，解放军出版社1992年版，第867页。

[2] 军事科学院编：《中国工农红军第四方面军战史资料选编》长征时期分册。

张国焘的指示明确反映了他的"打通远方"和"另搞一片根据地"的指导思想。这个计划也得到了中央军委的批准，8日毛泽东、周恩来电示："徐、陈向凉州进，作战时集中兵力打敌一旅，各个击破之。"

就在这十天之内，河东的情况发生了很大变化。国民党胡宗南部占领了黄河东岸，切断了一、四方面军之间的联系，宁夏计划无法实现。面对严峻的形势，11月8日中央秘密制订了《作战新计划》，准备向陕南、山西和鄂豫皖发展。关于各部队和中央的行动计划是：以一部分兵力佯示红军欲北渡黄河，吸引胡宗南等北进宁夏。然后红军主力南下，第一步占领镇原、合水、宁县一带；第二步占领同官、中部、洛川、富县地区；第三步占领韩城、宜川、延长地区；解决扩大红军和给养问题。待适当的时候，在清涧、府谷、神木等地造船，再进山西。第一步占领同蒲铁路地区，扩大红军；如果不能与阎锡山达成妥协，在山西站住脚，就实行第二步，出冀鲁豫之交；再南渡黄河，第四步到皖鲁；第五步到鄂豫皖；第六步到鄂豫陕，最后转至西北。这个计划的最后一条是"徐、陈所部组成西路军，以在河西创立根据地、直接打通远方为任务，准备以一年至两年完成之"。这个由张闻天、毛泽东、周恩来、博古、林育英制订的计划只通知了朱德、张国焘、彭德怀、贺龙、任弼时五个人，《计划》最后说明："上述新计划暂时还不作为最后决定，征求五兄意见，准备在两星期内决定之。此计划不能过早执行，故11月内全军须以求战与引敌人入宁夏为目的。请五兄开一秘密会，慎重考虑。"[1]

这个秘密计划除十人之外，红军各级指挥员都不知道。张国焘都没有通报徐、陈。在西路军征战河西走廊期间，中央是按照这个计划行动的。直到"西安事变"发生，局势发生转折，这个战略转移的计划才被中止。时隔多年后，徐向前在回忆录中写道："显然，这是一个

---

[1]《毛泽东军事文集》第1卷，军事科学出版社1993年版，第652—655页。

带根本性的战略变动。不仅放弃了宁夏战役计划,而且改变了首先造成西北抗日局面的整个方针、部署。据此,河东主力红军开始进行脱离陕甘宁根据地的准备。对于如此重大的变动,我们事前事后均一无所知,直到近几年才弄清楚。"[1]

陈昌浩见中央和总部批准了他们的作战计划,兴高采烈。7日,河西部队领导人联名致电中央,请求组织党的西北前委和军委西北分会,并提出了组织人选的名单。8日张闻天、毛泽东复电同意。

朱张徐陈李等同志:

(甲)提议河西部队组织前委及军分会,我们基本同意。河西部队称西路军,政治组织称西路军军政委员会,管理军事、政治与党务。以昌浩为主席,向前为副。其余名单请你们复电批准。

(乙)二兄有何意见请复。

张毛[2]

朱、张接到张闻天、毛泽东的通报,同意成立西路军领导机构。11月10日,中央及军委向徐、陈下达了组织西路军的命令:

徐陈李并转各同志:

甲、你们所部组织西路军。

乙、依照你们提议的名单组织西路军(军)政委员会,以昌浩为主席,向前为副主席,统一的管理军事、政治与党务。

丙、四方(面)军总指挥部临时改为西路军总指挥部,其组织照旧不变。

中央及军委[3]

---

[1] 徐向前:《历史的回顾》第14章,解放军出版社1985年版,第519页。
[2] 《毛泽东军事文集》第1卷,军事科学出版社1993年版,第656页。
[3] 《中国工农红军第四方面军战史资料选编——长征时期》,解放军出版社1992年版,第878页。

这样，西路军的领导机构正式成立了。组织和建制如下：

西路军军政委员会：

主席：陈昌浩　副主席：徐向前

委员：陈昌浩、徐向前、曾传六、李特、李卓然（以上五人为常委）、熊国炳、杨克明、王树声、李先念、郑义斋、陈海松

西路军总指挥：徐向前

政治委员：陈昌浩

副总指挥：王树声

参谋长：李特

政治部主任：李卓然

政治保卫局局长：曾传六

5军：军长董振堂，政委黄超，辖13、14师，共4个团，3000余人。枪1000余支，平均每枪子弹5发。

9军：军长孙玉清，政委陈海松。辖25、27师，共6个团，6500人。枪2500支，平均每枪子弹15发。

30军：军长程世才，政委李先念。辖88、89师，共6个团，7000人，枪3200支，平均每枪子弹25发。

还有骑兵师、妇女独立团、回民支队以及机关人员，全军共21800人。其中非战斗人员（机关、后勤、伤病员、小孩）约占40%。[1]

西路军领导机构成立后，即在各级干部和战士中层层开会动员。在"打通国际路线"，"建立西北抗日根据地"的口号鼓舞下，战士们的情绪十分高涨。但是在高级领导层中，这支部队究竟要

---

[1] 徐向前：《历史的回顾》第14章。解放军出版社1985年版，第519页。

向何处去，能否达到预期目标，心里是没底的。李聚奎回忆："过河后，是没有作战决心的，过河的目的亦是未定的。究竟到什么地方建立根据地，是没有确定的。在土门子，西路军的领导者这样说过：'这次过河，军委是没有一定的决心的，总司令部亦未确定。究竟过多少队伍，就是四方面军指挥部自己也未确定'。接着说军委决定过一个军，有同志说过一个军更糟糕，另有同志说一个军有一个军的打法。由此就可见是没有作战决心的，只抱着无限的向西退却（所谓西进）。"[1] 李聚奎的报告是1937年清算张国焘路线时写的，难免有时代烙印，但是他反映当时的思想是真实的。

不仅陈昌浩的心里没底，当时中央心里也没底。在11月13日的中央政治局会议上，毛泽东作报告说："红军的行动方向，原来是向宁夏，被蒋介石破坏了，现在要改变。……红军行动方向主要是向东，预计明春过黄河。四方面军一部分已向西，能否调回来是个问题。现在我们的行动，都是脚踏两只船。最好是，向西的还是向西，向东的还是向东。如果向西不能达到目的，当然可以转向东。"[2]

此时，国民党军毛炳文部已经开始西渡黄河去兰州方向，西路军的后路已经切断。11月11日张国焘致电中央，表示他的担忧。

毛周：

　　甲、毛炳文部可于巧日渡河完毕对西路军。判断我西路军已无再东渡可能。他们只有占领永昌、凉州地区，与新疆办好外交，背靠那方。

　　乙、我们须急设法帮助和策应他们，因他们太孤立。并须急打通远方取得接济，至关重要。

朱张

---

[1] 李聚奎：《西路军血的教训》，见《第二次国内革命战争时期军事文献》。
[2] 《毛泽东年谱》上册，人民出版社1993年版，第609页。

毛、周也觉得心里不安，于11日20时电询徐、陈：

徐、陈：

甲、你们现到何处，情况如何？

乙、由于河东还未能战胜胡、毛、王各军，妨碍宁夏计划之执行。我们正考虑新计划，但河东主力将与西路军暂时的隔离着。

丙、请考虑并电告下列各点：

1. 你们依据敌我情况有单独西进接近新疆取得接济的把握否？
2. 如果返河东有何困难情形？
3. 你们能否解决衣服问题？

毛、周[1]

此时，西路军在一条山地区进展顺利。打得马步青军队落花流水。陈昌浩对战斗进展十分满意，11日10时致电朱、张并毛、周，通报胜利消息。对困难也作了如实汇报。他说："所过地区人、房柴、水均极稀缺。平地开阔，全无隐蔽，最利飞机、骑兵活动。高山积雪，常起赤色风。每晚及下半夜最冷，呵气成冰，较之莫斯科尤甚。无房不能宿营，重皮尚称不暖。如何各部衣服单薄，敌机朝晚活动，敌情又不甚明。为适应此情况，惟在调动敌人，秘密出没，连日不得不长夜行军，致各部掉队甚多，疲劳增加，但士气极旺。现令各部尽力争取休整。"陈昌浩寄希望于到达凉州，在富裕地区获得补充。

张国焘收到电报，非常高兴。虽然河东部队打得不好，但河西部队还是很给他脸上增添光彩。9军、30军毕竟是四方面军中最能打的部队。他回电指示徐、陈："本日两电均收读，不胜欣慰。你们应利用目前时机在凉州、民勤、永昌、古浪、大靖地区形成巩固

---

[1]《中国工农红军第四方面军战史资料选编——长征时期》，解放军出版社1992年版，第879页。

的新局面。"[1]

一条山战斗的顺利,使大家都乐观起来。在军政委员会会议上,徐向前力主西进新疆。他回忆:"我在发言中列举了西进新疆的好处:一、解决了西路军的战略靠背问题;二、能拿到苏联援助的武器;三、回过头来再打马家军,易如反掌;四、对河东红军和友军,能起到有力的鼓舞和策应作用。大家赞成我的意见,一致认为,黄河东岸已被敌人封锁,东返与西进比较,困难更大。于是下决心西进,向中央表了态。"[2]

会议结束后,徐、陈致电军委和红军总部,提出以主力占领凉州,然后第二步占领甘州,接通新疆、外蒙和远方(苏联)。还提出:"对外与远方请中央即迅速具体布置,以免(丧)失时机,最好国际与我们直接发生关系,并在新蒙适当地点建立联络站。"

看到西路军决心已定,中央便不再坚持。11月13日,中央书记处致电共产国际中共代表团:

王明、康生、陈云转交国际:

甲、蒋介石部队已将红军主力与红军已渡河者从中隔断,渡河者现组成西路军,受徐向前、陈昌浩指挥,人数二万二千。令其依照国际新的指示向接近新疆之方向前进。首先占领凉州地区,然后向肃州前进。请你们确实无误地准备从(新疆)接济物品,并以准备情形迅即电告我们。

乙、在河东之主力军不得不改变行动方向,现拟第一步从庆阳、镇原分水南下,占领平凉、泾川、长武、邠州、正宁、宁县等战略机动地区,尔后或出山西,或出鄂豫,依情况再定。

中央书记处[3]

---

[1]《中国工农红军第四方面军战史资料选编——长征时期》,解放军出版社1992年版,第880页。
[2] 徐向前:《历史的回顾》第14章,解放军出版社1985年版,第522页。
[3]《中国工农红军第四方面军战史资料选编——长征时期》,解放军出版社1992年版,第883页。

张国焘对西路军打通远方尤其关心，14 日他以朱张名义致电徐、陈，要他们一边在河西走廊站住脚，一边与远方积极联系。电报中说："远方正设法接济你们，速调查甘凉肃以北地区可通远方有几条路，以你处为可能最多速报。""大局日益紧张，蒋利与我们速决战，我们应调动其兵力持久之。……你们须独立完成打通远方任务。"毛泽东、周恩来也于 15 日电告徐、陈："同意你们向凉州进""新疆接济正准备中"。[1]

目标已经明确，行动方针已获批准，西路军士气高昂地向大靖、古浪前进。为了减轻部队作战的负担，将一批伤病员寄托在地方老百姓家里。30 军作为先头部队绕道向凉州前进，9 军向古浪前进。

红军在一条山地区作战的胜利和大举西进，极大地震动了盘踞青海的回族军阀马步青、马步芳。由于历史上回、汉之间的民族矛盾和民族仇杀，使阶级矛盾与民族矛盾交织在一起。红四方面军长征中曾占领阿坝，并派人侦察去青海的道路。走出草地后，曾经过甘南马家的地盘。青海和河西走廊是马家苦心经营多年的地区，马步芳既怕红军占领青海，又怕蒋介石乘机派中央军来接管。所以，他在蒋介石的命令下，在其势力范围内进行总动员，大搞"军事民众化，民众军事化"，组织民团武装。仅青海一省，马步芳就组建了 105 个保安团，抽调训练了 15 万壮丁，由地方乡绅和回族族长担任头目。马步芳宣称："我们组织民团，是奉中央命令办理的。所以组织民团的原因和目的，就是在不拨兵的原则下，防御共匪，保卫桑梓。"当马步青在一条山惨败，红军大举西进的消息传来，马步芳令其主力新 2 军在民团配合下倾巢出动，共计骑、步兵近 7 万人向河西走廊开进，准备与红军决战。

面对如此严重的局势，陈昌浩显然估计不足。一条山之战的胜利，也使红军指战员增长了轻敌思想，认为马家骑兵也不过如此。陈

---

[1]《中国工农红军第四方面军战史资料选编——长征时期》，解放军出版社 1992 年版，第 885 页。

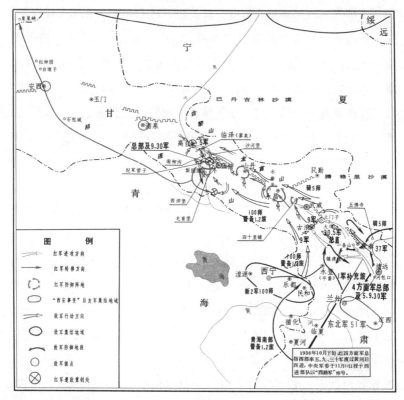

西路军西进行动示意图

昌浩甚至还在残酷的敌我战场上搞起了"统一战线"。程世才说:"30军在大靖与马步青部一战,将马步青工兵营四个连全部解决。为了讲统一战线,奉上级命令除将子弹及愿当红军者留下外,其余人枪放还敌人,被放回去六七十人。刚到凉州城时,正值我军去打凉州城,放回去的这些人,返回部队又与我们作战。不仅没有什么友好感,相反的倒增加了敌人的力量,我看这叫做无原则的统一战线。"[1]

11月15日,红9军占领古浪城。古浪为河西走廊要冲,地势险要,古称虎狼关。南北两面临山,只有一条"马不并骑,车不同轨"

[1] 程世才:《关于西路军的材料》。

的狭路通行。城西是一马平川,直通凉州。由于地势和人口稀少的原因,西路军拉开一字长蛇阵,一个团与另一个团之间也隔着一天路程。西路军打了胜仗,似乎不把马家军放在眼里。副总指挥王树声、军长孙玉清带军机关和一个团住古浪城里,命令25、27师分别在古浪城两边的制高点和大道上驻军。刚刚过了一夜,工事还没修好,马家军的三个骑兵旅、两个步兵旅、四个民团以绝对优势的兵力冲杀过来。先用山炮猛轰,再用骑兵向中间地带穿插,把红军阵地隔离开来。9军战士虽然奋勇作战,打退了敌人几次进攻,但终因火力差距太大,南山失守,城外部队被压缩到古浪城中。后援部队上不去,在南山顶上的一个团几乎全军覆没。

古浪城地势低洼,城墙被地震破坏,残破不堪,到处是缺口,很不利于防守。马家军的骑兵和民团凶恶剽悍,狂喊着向城里冲杀。9军指挥一度发生混乱,致使敌人冲进城内。9军机关后勤人员多数没有枪,被马家军杀害不少。红军与敌人展开巷战,付出很大代价才将敌军赶出城外。9军为了扩大战果,跟着敌军后面追出城去。没想到敌军骑兵突然抄到后面,断了红军退路。结果,这支冲出城的红军被马家军包围,几乎全部战死。9军出击部队失利,敌人又反扑回来。城内的红军指战员抱定与敌人拼到底的决心,利用城墙、房屋、掩体等一切有利地形,与敌人血战。正在危难关头,27师增援部队冲垮敌人封锁,从东北方接应过来。马家军乱了阵脚,退出城外。这时天已黄昏,马家军不惯夜战。厮杀了一天的古浪城才寂静下来。古浪之战使9军遭受严重损失,伤亡2000余人,占全军三分之一。干部损伤很多,军长孙玉清负伤,军参谋长、25师师长、27师政委等都战死了。9军经此一战,元气大伤。西路军后来的战斗,主要依靠30军了。

夜晚,9军首长商量后,决定撤出战斗。重新整理好部队,掩埋牺牲同志,伤员能跟着走的都带上,实在不能行动的重伤员,集中在

古浪9军烈士墓

几间房屋里，每人发三块大洋。政治部主任曾日三留下一封信给马家军指挥官，希望他们从人道主义出发，不要杀害我军伤员。9军连夜突围，向西行军到永昌，与30军和西路军总部靠拢。马家军进入空荡荡的古浪城后，所做的第一件事就是把留下的红军伤员全部杀光，没有一个刀下幸免者。

徐、陈听到9军的败讯，十分震惊。听了9军负责人汇报，他们认为9军失败的主要原因是麻痹轻敌，死打硬拼，指挥不当，没有及早组织突围。为此，陈昌浩将孙玉清军长撤职，派原31军参谋长、来自红一方面军的李聚奎去接替9军工作。

李聚奎来到9军后，进行认真的调查研究，总结了古浪之战的教训。他认为9军指挥员在战术上确实存在问题。主要是"呆板的正面战斗，很少采用迂回包围的动作，总是敌人包围自己。每次战斗均限于正面的火力战和拼命战，结果虽将敌击溃，得不到缴获，甚至自己受敌人包围陷于危险状态，到最后用拼命战挽救战局。"[1]

失败的教训常常比胜利的经验更能使人清醒。古浪一战的失利，已经暴露出西路军的弱点和河西走廊地区种种不利因素。在徐向前、陈昌浩多年作战经历中，还从未遇见过像青海马家军这样凶狠顽强的敌人。陈昌浩后来总结西路军失败的教训时承认：

> 马步芳、马步青曾得少数民族之回军，然割据青省、甘北多年，借地势之优越，剥削之奇迹与顽强野蛮之回民之团结，怀历史上汉族统治者杀戮之痛，……其对我共产党与红军视为深仇大敌，特别是我们侵入其地盘无异推翻其统治，其必然团聚一切民族的、政权的、军事的及社会的各种反共力量以对我，实为意中之事。
>
> 回民的少数民族，甘北为其生命源泉。敌在地利、社会诸条件均对我不利。当时我们正力倡"和平统一"、"救亡抗日"，已经宣布不得已之自卫战。对回族则力言不侵犯其利益，联回以抗日。然而我们甘北之行，都使回军感觉我们是向他侵犯，是想取甘北而灭逐回军。二马这一狭隘政治观点，并不理会我们向他的解释、联合与统一战线，即决心以主力与我激战。
>
> （甘北）地形、天候、经济、房屋之特殊情况，刚刚便利于马军之行动。因为骑兵之迅速运动，骑、步、炮兵之协同攻防，胜则猛打猛进，败则一举而逃。其轻装、其作战力、其运动之速、其地利之熟，其人物、资源之不竭，其弹药粮草之有备，战术上长于运动战，长于奇袭，长于封锁，长于攻堡，亦利于防守。[2]

---

[1] 李聚奎：《西路军血的教训》，见《第二次国内革命战争时期军事文献》。
[2]《陈昌浩关于西路军失败的报告》，1937年9月30日。《中国工农红军第四方面军战史资料选编——长征时期》，解放军出版社1992年版，第984页。

当陈昌浩认识到这一切时，为时已晚，西路军已经失败了。徐向前在古浪失利后，就察觉出红军不利的征兆。他们向中央请示行动方针，11月18日中央来电称："我们已告远方，但恐准备不及，运输也来不及。如使东面地区为毛炳文过早占去，红军回旋地狭小不利。我们意见：在现地区留住一时期，加紧军事训练，恢复体力，检查政治工作。……使尔后和远方同志见面时焕然一新。"19日中央指示徐、陈："你们任务应在永昌、甘州、肃州、凉州、民勤地区创立巩固根据地。……同时以一部夺取甘州、肃州至安西一带地区。"[1]

同日，林育英、周恩来和朱、张四人联名电告徐、陈，要他们在凉州、民勤一带建立根据地，并告诉他们："远方对于经哈密接济你方已原则上同意，物质经济均可接济。正设法解决交通运输和技术手段。大约明年开春后，可望大批解决。现正急谋小部接济，大的于我占领安西后，即可实现。"但是又强调"你方须在甘州以东建立根据地，决不可将主力置于甘州以西，更不能有到新疆去的表示。唯远方路途，也须调查清楚。"[2]

遵照中央指示，徐、陈派人侦察西进路线，并于21日给中央发去一封长电，汇报了前往新疆和安西的几条路线，并打算派一个叫袁立夫的干部去新疆联络。但是中央又不同意西路军直接与新疆的苏联领事馆联系，说盛世才虽与远方关系极好，但我们并不摸底。没有护照，盛世才一律不准入境。前些日子派邓发去新疆，还等了几个月才放行。中央表示：如果西路军派人去新疆，只能以商人身份秘密进入，再找苏联领事馆云云。

从上述电报中不难看出，所谓"远方接济"不过是我方的一厢情愿。当时苏联真正援助的是新疆军阀盛世才，向他那里又送武器又派军事顾问。盛世才是苏共党员而不是中共党员，甚至对红军抱着敌对态度。他与苏联的关系，是互相利用的关系。苏联对新疆这块亚洲腹

---

[1]《中国工农红军第四方面军战史资料选编——长征时期》，解放军出版社1992年版，第888页。
[2] 同上书，第892页。

地是极其重视的，这与沙俄时期的立场有渊源关系。盛世才依靠苏联的武器，可以和蒋介石分庭抗礼，稳坐他的土皇帝。如果西路军进入新疆，盛世才绝不会欢迎。苏联考虑到与盛的关系和自身利益，也不会给红军提供支援。所以，"打通国际"这条路从一开始就是注定走不通的。

看到中央要西路军停止西进，就地建立根据地的指示，陈昌浩显得很乐观。徐向前的看法和陈正好相反。他对陈昌浩说："现在可得好好估计估计形势哩！9军被搞了这一家伙，马家军整天进攻我们，毛炳文部又要西进，形势和过去大不相同，弄得不好，我们还得吃亏。"陈昌浩却说："现在是形势大好，马家军被我们基本击溃，有什么可顾虑的？"徐向前听了这话，火冒三丈地说："什么叫基本击溃？基本击溃敌人有个标志，就是我们转入进攻，敌人转入防御。现在恰恰相反，敌人在进攻，我们在防御；敌人是优势，我们是劣势；敌人有后方，有补给，我们没有。你这个结论，根本站不住脚。"

在研究如何执行中央指示和西路军下一步行动的过程中，徐向前、陈昌浩发生了激烈的争吵。陈昌浩强调形势大好，能在这里建立根据地。徐向前强调形势困难，在这里被动挨打，早晚要吃大亏。具有讽刺意味的是：这两位西路军最高指挥员是在一间破烂的民房里开的会，门窗漏着刺骨的寒风，烤火也是前面暖，背后凉，哪里有一点"形势大好"的影子？最后陈昌浩又拿出了"王牌"，他是政治委员，西路军军政委员会主席，有最后决定之权。就这样，陈昌浩压服了徐向前，本来可以挽救的危机加深了。

作为一个军事指挥员，徐向前对中央的意图很不理解。实际情况是明摆着的："山丹、永昌、凉州一线，地处河西走廊的蜂腰部。北临大沙漠，南靠祁连山，中间是条狭长的'弄堂'。人烟稀少，村庄零落；大路两旁尽是荒凉的戈壁滩，极利于敌人的骑兵运动。当地没有党的工作基础，居民回汉杂处，对党和红军的主张多不了解。加之马家军和民团多系本乡本土的人员组成，红军是异乡客，短时间内很难打破民族隔阂与宗教观念，同当地群众融成一片。这带又是马步青的中心地盘，临近西宁，是二马必然拼死与我争夺的战略要地。不论从地形、给养、民情、敌情条件来说，都不容我们持久立足，与敌周旋。"[1]

11月23日，张闻天、毛泽东再次致电徐、陈：

甲、远方来电正讨论帮助你们，但坚决反对退入新疆。

乙、你们作战方法应改变一下，集中最大兵力包围敌之较弱一部而消灭之，另以一部钳制敌之余部，如此才能从敌取得补充，方能予敌以重创，根本消灭其战斗力，方能使敌知所警戒，应该力避如过去一样的消耗战，提倡集中兵力包围消灭其一部的消灭战，如此方能解决问题。

丙、因河东胜利，毛炳文有东调消息。

丁、着重在凉州、永昌之间各个消灭马部，西面仅以5军占领之。

洛甫、泽东[2]

西路军的许多指挥员也都意识到了不利处境，对待在这里不走十分不满。一天，30军政委李先念来到总指挥部，对陈昌浩说："这里东不东、西不西，等着挨打怎么行？要东去，我打先锋；要西去，我也打先锋！"陈昌浩斥责他说："你懂什么？多嘴！"李先念憋气走了。徐向前反复考虑，在11月24日起草一份电报，向中央反映实际情况：

---

[1] 徐向前：《历史的回顾》第14章，解放军出版社1985年版，第525页。
[2] 《中国工农红军第四方面军战史资料选编——长征时期》，解放军出版社1992年版，第899页。

林、朱、张、周并转洛、毛：

（甲）马敌现伤亡已约五千以上，但能抽大批民团壮丁迅速补充，人马子弹均有。凉州即能抽壮丁三万，因此仍能继续与我拼战。

（乙）马敌战术以骑兵四出活动，以成团密集队形猛攻堡寨，前仆后继。黄昏后畏我夜战出击，即退守堡寨。反复攻某点不得手时，即又集兵猛攻另一点。敌大部以乘马，进退均速。我方胜利难缴获，败即无生还。

（丙）这带地理位置形开阔，区域狭小，无树木房屋，尽有堡垒不便迂回抄击。

（丁）每守一堡寨须一营以上兵力，枪弹少难阻敌攻。激战终日，部队即可耗尽子弹炸药。矛刀、刺刀极少，又难补充，弹尽致陷，损失更多。我今查9军现有千八百支步枪，每枪弹两排不足，现全军人数4600。5军人四千不足，枪弹更少。30军人数近六千，步枪二千余，每枪弹有二三排。人、弹有耗无补，无日不战。敌骑到处骚扰，扩红、弄粮、筹资、交通均受限制。我们拟壮大骑兵，但马不易筹，我们现在只有五百人马之骑兵。

（戊）9军任掩护阻敌，此次古浪激战，敌几面破城而入，人人血战，终将敌击退。30军连续作战，5军更弱。始终不能以优势兵力击敌。现9军在永昌因受大的损失待休整。30军主力在四十里铺，子弹、炸弹耗尽，都用大刀拼杀。指直在永昌，大部任城墙守备，敌马彪部三个团两天来仍在城郊活动。

（己）骑师、296团、39团已到甘东二十里铺。守城敌一旅约两团、民团二三千，敌有备，不便硬攻。5军主力明日集山丹。到肃州敌一营。

（庚）我们现无能集优势兵力，弹药太少，难在甘东地区灭敌，如何？速示。

向、浩

24日23时[1]

徐向前的这封电报，讲的完全是实际情况，一点没有隐瞒。看了这封电报不难得出结论：在天时、地利、人和条件均不利于西路军的情况下，取胜几乎是没有希望的。但是，毛泽东25日的答复说："毛炳文东撤利于你们的发展，主力应准备东进一步，策应河东。……远方接济，三个月内不要依靠。目前全靠自己团结奋斗，打开局面。"毛泽东还在电报中具体讲述了集中兵力打歼灭战的要领和方法。[2]

集中兵力打歼灭战的道理谁都明白，可马家军是骑兵，红军是两条腿，还没等你张开口袋，人家早机动转移了。再说西路军弹药缺乏，饥寒交迫，实在无力吃掉敌人。在这个村庄稀少的狭长地带，怎么集中兵力？连房子都不够住的。中央的意图，徐向前晚年看了中央1936年11月8日的《作战新计划》才明白，他在回忆录中写道："看了前述中央11月8日的新计划就不难明白，当时令西路军在永、凉地区建立根据地的主要企图，是为了造成河东红军将与西路军在河西会合的假象，调动蒋介石的兵力扼控黄河，以便河东主力红军东出或南出，进行大规模的战略转移。我们不知道新计划的内容，所以对中央要西路军蹲在永、凉地区，不进不退，很不理解。"[3]然而陈昌浩却从一个极端走向另一个极端，去年他在草地是坚决拥护张国焘的，自岷州会议与张国焘闹翻，他就决心与错误路线划清界线。没有对中央指示提出不同意见。于是，从11月下旬到12月上旬，西路军在河西走廊地

---

[1] 徐向前：《历史的回顾》第14章，解放军出版社1985年版，第528页。
[2] 《毛泽东军事文集》第1卷，军事科学出版社1993年版，第679页。
[3] 徐向前：《历史的回顾》第14章，解放军出版社1985年版，第527页。

区进行了一系列的消耗战。程世才回忆：

> 上级决心不再走，建立永昌、山丹为中心的根据地。各种工作布置未成，敌人二马主力都集中到这一带与我军决战，同时胡宗南补充旅已到凉州一带作二马的预备队。我军在永昌、山丹据守一个多月不动，且天天打仗消耗自己的力量。综计这一个多月打的显著大仗如下：
>
> 一是凉州城西四十里铺之战。88师全部与89师一个团与马步芳两旅以上兵力激战一昼夜。开始敌用数门炮掩护猛攻，我守；打到最后，我军出击，将进犯之敌全部击退，给敌人严重打击，敌死伤在2400名以上。我出击时与敌人拼刺刀，完全是白刃战。我军用刀砍死敌人700多名，我265团一个连被敌人全搞掉了。本来敌人企图消灭我们一部，因我军战斗力强过敌人，粉碎了敌人的企图，最后把敌人打退了。
>
> 二是永昌东南八坝战斗。敌有两旅兵力，我还是88师主力与敌激战两天一夜。此次战斗打得很激烈，首先敌用数门大炮将我守之房舍围子打倒，然后用密集队形的步兵向我猛冲，一直冲到我最后守地。我用大量步兵反攻，打得敌人落花流水，终于把敌人打退了。敌死伤极大，计被我用刀砍死在我房舍围子附近的敌尸即达800多名，我亦有很多的伤亡。
>
> 三是永昌城西水磨关之战，因我们据守这一带不动，敌人为要打击我们，迂回到我们西面来进攻我军。此次战斗88师两个团与敌人一旅以上兵力激战一天一夜，以后我援军赶到，同时守备部队出击，又给敌人重大打击。敌死伤在600名以上，暂时向西退去。我方亦伤亡二三百人。本来这一仗不应该敌人攻我们的，因为9军在水泉子的袭击战没有打，使敌人安全通过我们的

伏击地带，插到我们后面地区，反而敌人还袭击我军了。所以88师两个团在水磨关之战是仓促的应战。

四是敌人进攻我永昌城之战。我们兵力摆在永昌、山丹一带，成一线式的分散配置。敌找我弱点，集中力量猛攻永昌城，企图压迫我退出永昌城。我守城部队88师主力，敌人以两个旅以上兵力猛攻两三天未成，我每次均将进攻敌人打退。在战术上，敌先用数门大炮猛轰，用猛烈火力掩护步兵前进。一次不成再次进攻，接二连三地向我猛扑。我们首先以一部分兵力抵抗来犯之敌人，大量发扬火力，先给敌重大杀伤，待敌人接近到一定距离时，举行反击，将敌人打退。在这次恶战中，敌伤亡在2000名以上，我方伤数百人。正当永昌战斗正酣之时，敌以一部兵力数次袭击山丹。我5军于敌来袭时，每次均给敌重大杀伤。遂巩固山丹，配合了永昌战斗。

西路军在极其困难的条件下，如此英勇地苦战，但结果是什么呢？程世才悲愤地写道："我们在打了无数次较激烈的战斗，未能打退敌人进攻。结果既不算成，同时目的也未达到，想建立根据地的希望又不成，打来打去还是无出路。"[1]

经过这段时间的消耗，西路军由过河时的21000余人减至15000余人，战斗力大不如前。马家军伤亡也在6000人以上，双方损失基本相等。但是马家军的优势条件远胜过西路军。西路军这样苦苦支撑，吸引了黄河两岸十万敌军，减轻了陕北红军的压力，为河东红军的战略行动，起到了一定的策应和配合作用。

---

[1] 程世才：《关于西路军的材料》，军事科学院图书馆藏。

第20章
西安事变
——意外的转折

封锁下的陕北苏区面临巨大困难——蒋介石拒绝与红军谈判——张学良对红军的帮助——蒋介石到西安督促围剿——张学良、杨虎城发动西安事变——周恩来到达西安——中央提出和平解决的主张——共产国际的指示——蒋介石同意联合抗日——西安事变和平解决——张学良被扣留——国共合作抗战的新局

1936年11月下旬，西路军占领永昌、山丹后，暂时停止向西进军，就地休整。马家军在对西路军进行疯狂进攻后，似乎也疲劳了。只要西路军不出城，他们也就停止了进攻。河西走廊的炮火硝烟随风飘散，出现了半个多月的寂静时期。

陕北红军的情况却是越来越危急。他们处在国民党大军围困的压力之下，真有喘不过气来的感觉。国民党中央军、东北军、西北军、地方军阀的各路军队，胡宗南、关麟征、毛炳文、王均、何柱国、王以哲、董英斌、孙震、万耀煌、杨虎城、马鸿逵、马鸿宾、马步芳、高桂滋、高双成、李仙洲等指挥的260个团，把陕北根据地重重包围。蒋介石看准了红军经过长征之后，疲劳衰弱，一直没有得到充分的恢复。他要抓住时机，将红军一举消灭。

在毛泽东的革命生涯中，又一次面临着巨大的危险。贫穷落后的陕北缺衣少食，张国焘到保安后，发现这里比他原来想象的还要困难。"保安是我所见到的县城里最荒凉的一个。它的规模不及长江下游的一个集镇，而且经过历年的天灾人祸，房屋多已倒塌，我们来后立即发生住房不敷分配的现象；我和朱德都分得了山边的一个窑洞，与毛泽东、张闻天、秦邦宪、王稼祥、林伯渠等结邻而居。这些窑洞的前面，原有一条由商店住房组成的街道，但那时房屋已是荡然无存，在废墟之上已种满了各形各色的菜蔬。……这里人烟稀少，街上通常都是红军战士多于老百姓。据说这里的粮食，只要一年丰收，就够吃三年。

可是这样的好年,却是难逢难遇。"[1]

一、二、四方面军会合是件好事,但随之而来的生活困难着实让中央发愁。吃穿用的严重匮乏使红军各部队无法维持最低的生活需要。1936年11月14日,前方总指挥彭德怀电告毛泽东、张闻天:"山城堡胜利,又时将入深冬,敌有暂时转向守势可能。我应乘机全力整理部队,请你们最大努力准备两月经费,共需卅万元。能否做到,请给予确当答复。"

30万元对中央来说简直是天文数字,根本办不到。由于经费缺口太大,四方面军的4军和31军到陕北有一个月了,眼见天气越来越冷,大多数战士还穿着长征时的破烂衣服。11月28日,红31军军长萧克、政委周纯全向彭德怀汇报:"我军给养除后方直属队外,生粮二天,干粮三天,是就地筹粮。棉衣除前日造外,领了1110套,缺2084套(后方军直属队除外)。草鞋每人平均一双,帽子五分之一,鞋子四分之一,大衣七分之一。"11月30日,红4军首长陈再道、王宏坤向彭德怀汇报:"我们有个别逃亡掉队在一方面军。我们部队无经济,柴菜困难,可否发给一部经济(费)?"

四方面军伸手向彭德怀要东西,彭德怀也变不出棉衣棉鞋来。四方面军养不活这么多人,只好在精简整编上想办法。当时驻庆阳的红31军医院的女战士,就曾经被强制遣散。刘学芝,这个在通南巴地区加入红军的女战士,跟随部队走过了雪山草地,一直在31军医院洗衣班工作。当部队走到云阳县的石寨时,医院所有的女战士都被一位新来的政委叫去谈话。这位政委通知她们:部队要北上抗日,要整编。根据部队的需要,女同志都不能留在部队了,要回家或到后方去搞生产。女战士们一听,有的火冒三丈,有的又哭又闹。说就是雇长工也不能这样啊,说不要就不要了!还有的说,爬雪山过草地都要女的,现在就不要了?第二天军里

---

[1] 张国焘:《我的回忆》第20篇第1章,东方出版社1991年版,第3册324页。

叫她们去集合，各单位的一百多女战士在那里闹成一片，谁劝都不行。31军参谋长大怒，喊道："这些女同志这么调皮不听指挥，把她们都捆起来！"可是没人下得了手。军政治部主任看局面不好收拾，便开始给每个人发一封组织介绍信和两块大洋的遣散费。女战士们哭的哭，闹的闹，骂的骂，场面真是混乱不堪。处理完她们后，部队就开拔了。但是这些女战士死活在后面跟着。部队住在哪里，她们就住到哪里。到了三原县，部队不再走了。眼看这些女战士确实可怜，总部才叫后方勤务部长杨至成去收容她们，让她们回到了红军队伍中来。[1]

会师后不久，中央派林育英等前往四方面军，一方面是迎接联络，另一个使命是配合彭德怀对4军、31军进行考察。林育英到四方面军后，先与张国焘作了详细的交谈，介绍国际和国内形势。然后与彭德怀、任弼时一起深入部队调查了解情况，并不断向中央汇报。11月11日，彭、任、林致电张、毛、博、周：

> 现将我们对四方面军的观察与意见简单报告如下：
>
> 在指战员中有基本的转变，对中央及军委的信仰很高。国焘亦有初步的很大转变，特别是在了解了中央对他现在的诚恳、目前中央的作风、干部政策以后，他现在除拥护中央及军委的口号外，并能在群众的会议上提出自我批评，承认某些错误。使我们有可能在上下干部中，在自我批评的基础上进行工作，把一切问题提到原则上去。[2]

11月13日，林育英考察31军后，再次致电中央：

---

[1] 刘学芝：《遣散前后》，载《星火燎原丛书》第5集，解放军出版社1986年版，第303页。
[2] 中央档案馆藏，133卷第13号。

卅一军全体指战员在直接受中央军委及前敌总部指挥部领导下，在政治军事学习、群众纪律各方面均有极大进步。他们正在为完成党中央、军委的任务而奋斗。[1]

虽然毛泽东与张国焘之间的分歧并未得到真正的解决，但外来的威胁要大于中共党内的分歧。国民党军队的围困和红军内部的困难，使毛泽东极为忧虑。只有制止国民党军队的进攻，为红军求得喘息机会，改善恶劣的生存条件，才能扭转被动局面。毛泽东不放弃任何可能的和解机会。在10月、11月间，毛泽东天天和周恩来等领导人商量与国民党进行谈判的问题，并亲自起草了一份《国共两党抗日救国协定草案》，准备让周恩来带去与南京方面谈判。其主要内容有："中国国民党方面承认经过国民政府军事委员会下令停止进攻红军与侵犯苏区，取消经济封锁，并承认经过单独协商，一方面调动进攻红军之部队离开现在区域开赴抗日战线，一方面划定红军必需的与适宜的根据地，供给必需的军械、军服、军费、粮食与一切军用品，供给兵员的补充，以使红军安心对日抗战。"在此基础上，"中国国民党承认，红军军事委员会及总司令部有选派代表参加全国的军事委员会与总司令部之必要，并保证该代表等顺利进行其工作；中国共产党承认，中国国民党人员在此种机关中占主要领导的地位"。[2] 它表明了中共中央的态度：只要蒋介石允许红军的存在，中共愿意接受国民政府的领导，同国民党军队联合抗战。

11月7日，毛泽东向在上海进行地下工作的潘汉年（代号"小开"）下达指示，到南京对国民党上层做统一战线的游说工作。电报是从西安党的秘密联络站刘鼎那里转达的：

---

[1] 中央档案馆藏，294卷第14号。
[2] 《毛泽东军事文集》第1卷，军事科学出版社1993年版，第640页。

刘鼎转卢伟良并电小开：

（一）小开以正式代表资格速赴南京与陈果夫谈判。

（二）小开的电台款 4000 元先从孙夫人（即宋庆龄——作者注）借用，报务员一人即送沪。

毛　七日廿时

遵照毛泽东和周恩来的指示，潘汉年立即到南京与国民党 CC 系的陈立夫、陈果夫兄弟进行秘密接触，表达了中共中央愿意在抗日民族统一战线的基础上与国民党合作，只要蒋介石停止对红军的进攻，红军愿意接受改编，与国民党军队一起开赴抗日前线。陈立夫向蒋介石转达了中共的建议。但是蒋介石根本不容共产党的存在，一定要把红军置于死地。他提出了苛刻的条件，让陈立夫转达。11 月 14 日，刘鼎电告中央：

小开来电说：

一、已晤陈立夫。彼出蒋意，要我方接受收编。可留三个师，（师）长以上一律遣送出洋。军事将（领）按才使用，其他人员酌量分配各种适当工作。

……

六、蒋企图把红军全部赶到外蒙，给苏联来解决这个矛盾。

刘　十四日

这样苛刻的条件是中共中央无法接受的。潘汉年连续来了几封电报，询问中央指示，还说陈氏兄弟希望与周恩来进行高层会晤。11 月 22 日，毛泽东、张闻天给了潘汉年一个明确的答复：

小开：

甲、南京两电、上海两电均收到，目前此事无从谈起，恩来事忙，暂难出去。

乙、我只能在保存红军全部组织力量，划定抗日防线的基础上与之谈判。

东、天[1]

天无绝人之路，正当蒋介石调兵遣将包围陕北，准备彻底消灭红军的时候，张学良、杨虎城领导的东北军、西北军广大官兵，却不愿为蒋介石打内战。1936年4月间，张学良亲自到洛川与周恩来秘密会见，赞成共产党统一战线联合抗日的主张。此后，共产党的地下工作者陆续进入西安，开通了共产党与东北军、西北军的地下交通线。张学良听说红军缺衣少食，慷慨解囊相助。当时红军没有棉衣过冬，张学良命令他在西安、咸阳的被服厂为红军赶制棉衣送去。他还通过前方的王以哲军长，几次向红军输送大笔银元，为穷困的红军解了燃眉之急。

尽管张学良、杨虎城一再拖延，避免与红军作战。蒋介石却毫不放松，一再督促催命，让张、杨配合胡宗南进军围剿红军。这一时期，王以哲军长与彭德怀保持密切联系，通风报信。在蒋介石严厉命令下，东北军也不得不装出进军的样子，但事先都向红军通报。1936年11月11日，王以哲通知彭德怀：

一、总部原令敝部于删日前进至灵武附近地区，且有迟误即从军法论罪之话。但弟深知兄方困难，故一再托辞延宕。但为不使他人猜疑计，又不得不稍行前进。粮食关系，弟部定于塞日石路进至漓旺堡。

---

[1] 中央档案馆编：《中国共产党关于西安事变档案史料选编》，中国档案出版社1997年版，第167页。

二、相知在心，弟当尽可能范围极力延宕，并进止情形必随时见告。[1]

于是彭德怀通知徐海东部有计划地转移，避免与东北军发生冲突。王以哲的帮助使红军及时掌握了国民党军的动态，避免了许多可能出现的损失。在保护红军方面，张学良、王以哲是功不可没的。

中共中央向国民党当局求和无望，又面临四面包围的巨大压力，坐以待毙总不是办法。毛泽东决定实施《作战新计划》，放弃陕北苏区，向山西或陕南转移。这是一件事关全局和红军命运的大事，等于进行第二次长征。所以毛泽东特别慎重，征询彭德怀和其他军队领导人的意见。11月30日，彭德怀致电毛、周、朱、张，提出下一步行动方针：

一、向西政治上不利。经过高山草地、回民区域，给养不易解决，衣服鞋袜不能克服寒冷。

二、向南政治上好，以出河北抗日为目标，虽师出有名，亦可扩红筹款。但有使张、杨为难。且可吸引蒋向陕甘增兵，胡敌不听我们调动，而乘隙进攻盐池、定边，联成宁夏、陕北封锁，进占保安，动摇基本苏区。

三、向东以援绥抗日，准备在神府东渡，政治更好，更可保全苏区。[2]

毛泽东的意见与彭德怀不同，他还是希望向陕南转移。为了避免红军与东北军、西北军的冲突，毛泽东向张学良通报了红军的秘密计划。谁知张学良力排众议，要红军就地坚持，不要进行战略转移。毛泽东急忙把这个新情况用密电通知彭德怀、任弼时：

---

[1] 中央档案馆藏，116卷第20号。
[2] 中央档案馆藏，128卷第30号。

第20章 西安事变——意外的转折

彭任：

（甲）李毅（张学良化名——作者注）承认尽力使全线停止，但又谓无法长停，似蒋尚不愿取长期守势。我军仍须一面整理，一面准备作战，再打一仗则大局定了。

（乙）一二月后绥远、西北、全国有起较大变化可能。李毅建议我军熬过一二个月。

（丙）十二月确定在现地区以随时准备打胡姿势，加紧休息整理。最小限度经费可以解决，衣服可以做齐。

毛周朱张[1]

张学良所谓的"较大变化"究竟是什么含义，毛泽东猜想不出。当时中共中央任何人都不会想到，张学良会在12天后发动震惊中外的"西安事变"。

蒋介石、张学良

[1] 中央档案馆藏，65卷第1号。

12月4日,蒋介石飞抵西安督战。在此之前,张学良曾去洛阳当面劝说蒋介石停止剿共,调东北军开赴前线抗日,被蒋介石一口拒绝。蒋介石对东北军、西北军不肯配合胡宗南进攻红军极为不满,又风闻张、杨部下与红军暗中往来,所以亲自来西安坐镇指挥。他一到西安,就召集东北军和西北军的将领训话说:"我们眼前的敌人是共产党,日本人离我们很远,我们打仗要先近后远;如果远近不分,或者是先远后近,那便是先后倒置,一定失败,便不是革命。无论如何,我们此时必须讨伐共产党。如果反对这个命令,中央不能不给予处置。东北军和十七路军现在只有两条路可走:一条就是到陕北剿匪,中央军作你们的援军;一条是调往闽、皖地方,听中央调遣,你们不要自误。"[1]

12月8日,张学良、杨虎城抱着最后一线希望,轮流向蒋介石进谏。张学良说到伤心处,痛哭流涕,但蒋介石毫不动心,大声呵斥张学良:"你们就是拿手枪把我打死,我也不能改变剿共的政策!"杨虎城对蒋介石说:看国内形势,人心是趋于抗日的,对红军的事,可以商量办,宜用政治方法解决,不宜再对红军用兵。蒋介石与杨虎城的关系比较疏远,不像与张学良可以有话直说。他对杨虎城虽然态度和蔼,但口气却十分强硬。蒋说:"我有把握消灭共产党,我决心用兵。红军现在已经成为到处流窜的乌合之众,他们必须听从政府的命令,交出武器,遣散红军。如果共产党还要顽抗,我们将以数十倍的兵力对付这些残余之众。消灭他们有绝对把握。现在我们东、西、南三面合围,北面我已令马少云(鸿逵)派骑兵截击,一举可以把红军打到长城以北沙漠一带,在那里红军无法生存,只有瓦解投降一条路。这次用兵,要不了多长时间,即可全部解决。"他还对杨说:"要知道,我们和共产党是不两立的。消灭了共产党,我会抗日的。"[2]

蒋介石与共产党打了十年,深知共产党和红军的厉害。他认为现

---

[1] 晏道刚:《我在西安事变中的经历》,见《西安事变亲历记》,中国文史出版社1986年版,第201页。
[2] 王菊人:《记西安事变前后的几件事》,见《西安事变亲历记》,中国文史出版社1986年版,第140页。

在红军势单力薄，是围剿的最好时机。错过这次机会，以后就难以预料了。只要共产党存在一天，他的江山就坐不稳当。所以他"攘外必先安内"的政策绝不是张、杨二人能改变的。张、杨被蒋介石逼进了死胡同：打内战，人心不附，他们就是千古罪人；不打内战，蒋介石绝对饶不过他们。在反复权衡之后，张学良、杨虎城定下决心，实行"兵谏"。为了保密，张、杨事前没有通知共产党在西安的联络人员。

1936年12月12日凌晨，蒋介石驻地临潼华清池响起枪声，张学良的卫队发起了进攻。由于情报机关事先一点消息也没有，蒋介石的卫队仓促抵抗，很快就被东北军解决了。在骊山上，东北军活捉了蒋介石，送往张学良的官邸。"西安事变"发生了。

捉住蒋介石后，张学良当天上午即发报直接通知中共中央。在保安的毛泽东等领导人收到张学良的电报，简直难以形容他们的惊喜。这时，中共驻西安的地下工作者刘鼎也发来了急电。需要说明的是：张学良在12日凌晨行动开始时，就通知了刘鼎。刘鼎正要发报，谁知突然停电了。刘鼎心急火燎，跑到街上去买电池。深更半夜没有一家商店开门。待刘鼎买回电池，蒋介石已经被捉住了。刘鼎赶紧发报，中央收到是12日下午14时30分。

西安事变事出仓促，中外震动。中共中央领导人事先没有一点思想准备，政治局委员又散在各处。王明、陈云在莫斯科，刘少奇在平津白区，彭德怀、王稼祥、任弼时在前线。在保安的只有毛泽东、张闻天、周恩来、朱德、张国焘。据张国焘回忆，当他们12日中午被紧急召到毛泽东的窑洞里阅读西安来电后，都万分激动。大家立即行动起来商量对策，张闻天等起草给共产国际的请示报告，毛泽东和周恩来迅速给张学良发出回电，通知他中共中央准备派周恩来去西安。

13日，中共中央政治局在保安张闻天住处召开会议，研究西安事变后中共的策略和红军行动。毛泽东、张闻天、周恩来、朱德、张国

西安事变新闻

焘、博古、凯丰出席会议。据看过会议记录档案的人说,由于中央当时"处在陕北穷乡僻壤的保安县,消息不灵。……由于对西安的情况所知甚少,而国内外各方面颇有点出人意外的谴责张、杨的电讯报道又如雪片飞来,中央在当时的处境是难于公开表态的"。所以,"在事变猝然发生后要求谁能立刻做出一套全面正确的决策来,那是根本不可能的事"。文章中透露出会议的一些内容可以看出,中央领导人在发言中,"提出要以西安为中心来领导全国,控制南京;还提出过要求罢免蒋介石,交人民公审。这些问题的议论从记录档案上看占了会议的主要时间"。[1]

据张国焘的回忆,当时中央领导人个个兴高采烈,多数主张公审蒋介石。这在一定程度反映了共产党人的真实感情。如果一开始就有人主张放蒋介石回去,那倒是真奇怪了。

毛泽东首先发言说:这次事变是革命的,是抗日反卖国贼的。它

---

[1] 张培森等:《张闻天与西安事变》,载《中共党史风云录》,人民出版社1990年版,第180页。

的行动、它的纲领都有积极的意义,我们对这次事变,应明白表示拥护。同时,也要估计到蒋介石的部下,如刘峙等可能进攻潼关,威胁西安,胡宗南也是可能向南移动。在兰州、汉中这些战略要点,我们应即部署。我们应以西安为中心,以西北为抗日前线,来影响和领导全国,形成抗日战线的中心。他主张:中共中央暂不发表宣言,但在实际行动上应积极去做。[1]

张国焘在发言中建议在西安建立政权,以西安为抗日中心,取代南京政府。他还认为,内乱是不可免的,只是大小的问题。周恩来和张闻天比较谨慎。周恩来提出在军事上应准备迎击南京方面对西安的夹攻,但在政治上不采取与南京政府对立,应该努力争取国民党内部的抗日派。张闻天与周恩来的意见基本一致,主张联合国民党正统派,形成全国范围内的抗日统一战线。在与会者发言后,毛泽东作结论说:现在处在一个历史事变新的阶段,前面摆着很多道路,也有许多困难。为了争取群众,我们对西安事变不轻易发言。我们不是正面反蒋,而是具体指出蒋介石的个人错误,不把反蒋抗日并列。

14日,毛泽东等将西安事变的消息分别通知了在前方的彭德怀、任弼时和远在永昌的徐向前、陈昌浩。并以中央书记处名义起草了给刘少奇的指示。这些指示精神与16日发表在《红色中华报》上红军将领致国民党和国民政府的通电是一致的,都是要建立以西安为中心的抗日政府,召开人民代表会议公审蒋介石。

西安事变的发生,使国民党中央军内部一片混乱。13日,胡宗南的部队乘夜晚撤退了。张学良将主力集中到西安,将洛川、庆阳都放弃了。大兵压境的局面,一夜间烟消云散。红军各部都积极行动起来,大步向前迈进,兵不血刃地占领了庆阳、西峰一带。在河西走廊,围攻永昌的马家军也撤退了。

与其相反,以何应钦为首的南京政府作出强烈反应,要与张学

---

[1]《毛泽东年谱》,人民出版社1993年版,上册第621页。

良、杨虎城兵戎相见。驻守潼关的西北军42师师长冯伟哉和驻洛阳的东北军炮8旅旅长黄永安叛变,致使潼关门户大开。国民党军樊崧甫部迅速抢占潼关,其部下董钊师在华县击溃了东北军,开进到赤水。国民党中央军大举西进,关中西安一带已无险可守,军事上处于被动。

各地军阀也反应不一。山西阎锡山只表示不侵犯张、杨,背弃了他出兵支援的许诺。山东韩复榘、华北宋哲元都按兵不动,观风察色。只有广西李宗仁和四川刘湘表示响应,却是远水不解近渴。张学良把希望完全寄托在中共中央和苏联的支持上。14日,张学良致电毛、周说:"潼关因无兵,已先被樊(崧甫)军占领,其先头到华阴,但是尚无战事。……现延安、甘泉防务,请红军以一部接防。……恩来到延安时,即派飞机前来。"

中共中央的反应是积极的。收到电报后,周恩来立即带上18名工作人员,骑马赶往东北军控制下的延安,几经周折,才登上张学良派来的飞机,于17日到达西安。但是,没有共产国际的指示,中共中

周恩来

央是不好擅自决定大政方针的。中共中央领导人在13日会议结束后，即向"远方"发出万万火急电报，汇报了西安事变的情况及中共准备采取的措施，请国际批准。

然而，共产国际方面却迟迟不予答复。其实，在获悉西安事变的消息后，苏联政府的态度就十分明确。14日苏联《真理报》发表了题为《中国事变》的社论，指责张学良"以抗日运动从事投机，实际上则助日本使中国分裂，使中国更加骚乱，成为外国侵略之牺牲品"。苏联官方舆论认为，西安事变是张学良与日本人共同策划的阴谋，目的是要破坏抗日的统一战线。15日，国民党政府驻苏大使蒋廷黻会见苏联外交人民委员李维诺夫时指出：苏联报刊的文章把张学良与日本和汪精卫集团混为一谈显然是不符合事实的。李维诺夫向蒋大使信誓旦旦地表示：苏联一贯赞成中国统一，对中国将领的内讧从未表示过同情。16日，苏联外交人民委员会致电其驻南京的代表斯皮尔瓦涅克，要他向南京政府说明：苏联与西安事变没有任何关系，苏联政府不能对中国红军的行动负任何责任。[1]

处在封闭状态下的西安与陕北，没能及时收到这些消息。15日毛泽东以中共中央和红军将领名义发出通电，要求南京政府接受张、杨主张，停止内战，罢免蒋介石，交付国人审判。坚持原来的反蒋抗日的立场。16日，共产国际向中共中央发出了由总书记季米特洛夫签署的电报。但是由于密码差错，完全译不出。中共中央领导人焦急万分，于18日电告国际，要求重发。

17日晚上，周恩来一行到达西安。几天来张学良、杨虎城被国内外舆论和南京方面的军事压力搞得骑虎难下。周恩来的到来使他们非常高兴。周恩来详细了解了情况，与张学良商量如何处置蒋介石的问题。张学良说：据他个人看，争取蒋抗日，目前最有可能。只要蒋答应停止内战，一致抗日，应该放蒋，并拥护他做全国抗日的领袖。周

---

[1] 黄修荣：《共产国际与中国革命关系史》第5章第3节，中共中央党校出版社1989年版，第247页。

恩来同意张的意见，希望西安事变能争取到一个好的前途。杀掉蒋介石，不仅不能停止内战，还会给日本帝国主义造成进一步灭亡中国的便利条件。周恩来与张学良取得了一致的意见后，12月17日周即向毛泽东发报，通报西安形势和与张、杨会谈情况。明确提出了不杀蒋的建议："为缓和蒋系进兵，使我集中分化南京内部，推广全国（抗日）运动，在策略上答应保蒋安全是可以的。但声明如南京进兵挑起内战，则蒋安全无望。"[1]

共产国际的指示迟迟不来，毛泽东也有所察觉。张学良一再催问，中共中央也无法表态。张学良从新疆盛世才那里了解了苏联的态度。张学良发出的通电，盛世才明确表示不能支持西安事变，还发出了拥护蒋介石的声明。周恩来在西安听说了苏联《真理报》社论的内容，在19日向毛泽东汇报。周恩来还告诉毛泽东，南京方面宋子文、宋美龄、孔祥熙等主和，"蒋态度开始表示强硬，现亦转取调和，企图求得恢复自由"。[2]

中共中央接到周恩来的电报后，于19日召开了西安事变发生后的第二次政治局会议。毛泽东在发言中指出：西安事变后，南京一切注意力集中在捉蒋问题上，把张、杨一切抗日主张都置而不问，更动员所有部队讨伐张、杨。这是事变发生后所引起的黑暗的一面。这次事变促进抗日与亲日的分化，使抗日战线更为扩大，这是事变发生后所引起的光明的一面。现在光明面被黑暗面遮盖住。我们应坚定地站在抗日的立场上，对于光明面予以发扬，对于黑暗面给予打击。西安事变有两个前途，胜利或失败。我们应争取和帮助西安方面，把阵线整理好，打击讨伐派，反对内战，要求和平，夺取胜利。我们应与东北军、西北军接近，对他们的态度，不仅不与南京混同，而且与阎锡山也不同，我们对张、杨是同情的。应当根据这样的立场发表通电。

毛泽东的报告，把会议的调子转到了是争取和平解决西安事变还

---

[1] 金冲及主编：《周恩来传》（1898—1949）第19章，中央文献出版社1998年版，第406页。
[2] 同上书，第408页。

是准备打内战的讨论上，但谁也不能肯定哪个可能性更大些。最后张闻天发言，比较明确地倾向于和平解决。他说："我们的方针应确定争取成为全国性的抗日，坚持停止内战，一致抗日的方针。……我们应把抗日为中心，对于要求把蒋交人民公审的口号是不妥的。"他主张："我们应尽量争取时间，进行和平调解。"毛泽东赞同张闻天的意见，在做结论时指出：现在的营垒是两方面，一方是日本帝国主义与亲日派，另一方是共产党与抗日派，中间还有动摇与中立的一派。我们应争取这些中间派，要争取南京，更要争取西安，只有内战结束才能抗日。有六种力量可能使内战结束：一是红军，二是东北军，三是西安的友军，四是人民，五是南京的内部分化，六是国际援助。应把六种反内战的力量团结起来，使内战结束，变国内战争为抗日战争。[1]

会后，中共中央向红军各部队和白区地下党发出了《中央关于西安事变及我们的任务的指示》。在分析西安事变的性质时说："因为这一发动扣留了南京最高军事负责人蒋介石及其主要将领，以致把南京置于西安的敌对地位，而造成了对于中华民族极端危险的新的大规模内战的可能。因此，这一发动又妨碍了全国反日力量的团结。"中央指示预测了西安事变的两个结果："一、造成了日本侵略的胜利条件。二、结束内战，一致抗日。"为了力争实现第二个结果，中央定下三点方针："一、坚持停止一切内战、一致抗日的发起者与领导者的立场，反对新的内战，主张南京与西安之间在团结抗日的基础上和平的解决。二、联合南京左派，争取中派，反对亲日派。三、同情西安的政纲，给张、杨以积极的实际的援助。"[2]

12月19日的政治局会议及其指示，表明中共中央对于西安事变的立场发生了根本性的变化。从开始的坚决支持张、杨，审蒋，成立西安中心政权转为争取和平解决，以求得南京的团结抗日。这当然是一个明智的抉择，既维持与张、杨的关系，又可以与蒋介石对话。19

---

[1]《毛泽东年谱》，人民出版社1993年版，上册第625页。
[2] 中共中央党史研究室著：《中国共产党历史》上卷，人民出版社1991年版，第439页。

日会议结束后，毛泽东便分别致电周恩来和潘汉年。给周的电报中表示："欢迎宋子文来西安。""张、杨必要坚持，便有前途，一点不须气馁。"给潘的电报说："请向南京接洽和平解决西安事变之可能性及其最低限度条件，避免亡国惨祸。"20日，毛泽东又指示周恩来："如宋子文态度同情陕变，兄可设法见他。一面提出我党调和陕变、中止内战、共同抗日之主张，站在完全第三者的立场说话。痛陈时局危急，内战就是死路之意旨。征求他即召集和平会议，解决国是。"[1]

12月20日，姗姗来迟的国际指示终于到了。电报称："一、张学良的行动，无论其动机如何，客观上只能有损于中国抗日民族统一战线力量的团结，并鼓励日本的侵略。二、既然事变已经发生，中共应考虑到以上情况，并坚决在以下基础上和平解决事变：1. 通过改组政府，吸收抗日运动的若干代表及拥护中国完整、独立的人士参加；2. 保证人民的民主权利；3. 停止围剿红军的政策，并在反对日本侵略的斗争中与红军合作；4. 同那些同情中国人民抵抗日本帝国主义进攻中国的国家合作。"[2]

促使斯大林作出这个选择的原因，直到1937年12月王明回国后，才向中央领导人说明。张国焘回忆："他（王明）说西安事变后，美、英各国驻莫斯科大使，曾询问苏联外交部苏联政府对此事的态度。苏外交部答以这是日本的阴谋，苏联既未预闻，也不赞成。接着斯大林便亲自草拟这个给中共的电报，并向王明解释，其大意是张学良分量不够，怎能做全国抗日领袖？中共也一时没有领导抗日的能力。蒋介石虽是一个可憎的敌人，但他是中国唯一有希望的抗日领袖，在抗日中他也许可以成为我们的合作者。"[3]

斯大林考虑问题首先是从苏联的国家利益出发。他要依靠蒋介石来维持中国的稳定和抵御日本。如果中国内乱，日本就会直接危及苏联。

---

[1] 中央档案馆编：《中国共产党关于西安事变档案史料选编》，中国档案出版社1997年版，第241页。
[2] 黄修荣：《共产国际与中国革命关系史》第5章第3节，中共中央党校出版社1989年版，第250页。
[3] 张国焘：《我的回忆》第20篇第1章，东方出版社1991年版，第3册333页。

所以，斯大林不会按照"无产阶级国际主义"的原则来支持中共。但毛泽东一直是抱着打和谈的两手准备。15日他给彭德怀、任弼时的指示是"敌已奉行大规模内战，我们对战争是后发，不是先发。然在敌主力向西安进时，我军应奉行大的战略，迂回并击破敌头脑之南京政府。此方针应无疑义。行动务求隐蔽，一切人不得下达"。19日他给周恩来的电报还说："坚决消灭进攻之敌，为执行此总方针之重要手段。""红军决向西安集中，配合张、杨首先消灭东来之敌。"[1]现在国际指示要和平解决，并倾向于支持蒋介石。这与毛泽东的两手准备显然是不一致的。

但是，毛泽东仍然把国际来电通报给西安的周恩来，特别指出不要提及联合苏联的口号。周恩来向张学良转达后，张学良倒并不觉得意外。因为他恨的是侵略东北家乡的日本人。他采取断然措施扣留蒋介石，是为了逼蒋抗日，而不是为了挑起内战。但是南京的何应钦等人却向张、杨大加讨伐，恨不能在混战中把蒋介石炸死，好取而代之。张学良的确有些骑虎难下，现在既然共产党也同意和平解决，张、杨、周三人的意见就一致了。

几天来，蒋介石的思想也发生了变化。他由原来的死硬态度渐渐冷静下来，意识到如果在西安僵持下去，南京方面就会出问题，他的地位有可能被人篡夺。所以蒋也急于找一个台阶下，不能不有所让步。正在这时，宋美龄、宋子文来到西安斡旋解决西安事变。使和平解决的形势出现了转机。24日，宋美龄、宋子文与张、杨、周举行会谈。宋美龄开门见山地说："我等皆为黄帝裔胄，断不应自相残杀，凡内政问题，皆应在政治上求解决，不应擅用武力。"接着，她与宋子文就张、杨和共产党方面提出的要求作了明确的承诺和答复。据周恩来给中央的电报中说，这些条件包括：改组南京政府，肃清亲日派；撤兵及调胡宗南等中央军离西北；释放爱国领袖；停止剿共，保留苏维埃和红军，抗战发动后，红军改番号，统一指挥，联合行动；共产党可

---

[1] 中央档案馆编：《中国共产党关于西安事变档案史料选编》，中国档案出版社1997年版，第230页。

以公开等等。下午,蒋介石会见张学良,认可宋美龄承诺的条件,周恩来再次电告中央书记处:

> 今日蒋答复张:
> ……
> 子、下令东路军退出潼关以东,中央军决离开西北。
> 丑、委托孔、宋为行政院正、副院长,责孔宋与张商组府名单。蒋决令何应钦出洋,朱绍良及中央人员离开陕甘。
> 寅、蒋允回京后释爱国七领袖。
> 卯、联红容共。蒋主张为对外,现在红军、苏区仍不变,经过张暗中接济红军,俟抗战起,再联合行动,改番号。
> 辰、蒋意开国民大会。
> 巳、他主张联俄联英美。[1]

当天晚上,周恩来在宋氏兄妹陪同下去见蒋介石。周的拜访使蒋介石十分尴尬。剿共十年,不但没把共产党和红军剿掉,共产党反而上门来了。蒋介石当政十年来,败在他手下的军阀无数,今天轮到他自己丢脸了。当周恩来走进蒋的卧室,蒋介石故意装病躺在床上,强撑起身子请周坐下。周对蒋说:"蒋先生,我们有十年没见面了,你显得比从前苍老些。"蒋叹口气说:"恩来,你是我的部下,你应该听我的话。"周说:"只要蒋先生能够改变攘外必先安内的政策,停止内战,一致抗日,不但我个人可以听蒋先生的话,就连我们红军也可以听蒋先生指挥。"宋美龄在旁边对周恩来西安斡旋表示感谢,并表示以后不剿共了。接着,蒋介石向周恩来当面重申了他的许诺:一、停止剿共,联红抗日,统一中国,受他指挥。二、由宋氏兄妹和张学良全权代表他解决与红军的关系问题。三、蒋回南京后,周恩来可以直接去谈判。

---

[1] 中央档案馆编:《中国共产党关于西安事变档案史料选编》,中国档案出版社1997年版,第269页。

得到蒋介石的这些保证,周恩来就告辞了。[1]

就这样,西安事变在各方面的共同努力下,得到了和平解决。12月25日,张学良陪同蒋介石夫妇乘飞机离开西安去南京。登机前蒋介石对张、杨说:"今日以前发生内战,你们负责;今日以后发生内战,我负责。今后我不再剿共,我有错我承认,你们有错亦应承认。"

在这惊心动魄的半个月中,受益最大的是中国共产党和红军。蒋介石精心布置大军围剿,满怀信心地要把红军和共产党一举消灭。当时毛泽东也做好了最坏的打算,陕北站不住就再来一次长征,或到鄂豫皖,或到宁夏,甚至作了到苏联的打算。但是张学良、杨虎城以一个中国人的良心,不愿意打内战,突然发动了西安事变,彻底打乱了蒋介石的如意算盘,使国内形势发生了根本性的转折。蒋介石被迫停止了围剿红军,并且承认了共产党和红军的合法地位。这对毛泽东和红军来说,真是"山重水复疑无路,柳暗花明又一村"。在西安事变过程中,红军在配合张、杨抵抗国民党中央军的进攻时,迅速南下,占领了泾水以北的大片地区。张学良援助红军的5万银元也按期送到,红军的贫困局面得到改善。12月27日,毛泽东在中央政治局会议上作关于西安事变问题的报告时指出:"我们过去估计西安事变带有革命性是对的,如果它没有革命性便不会有这样好的结果。西安事变给国民党以大的刺激,成为它转变的关键,逼着它结束十年的错误政策,结束十年内战,而内战的结束也就是抗战的开始。西安事变促进了国共合作,是划时代的转变,是新阶段的开始。"[2]1937年1月10日,毛泽东带领中央机关高兴地离开保安,13日迁入延安城,开始过上了定居的生活。

但是,张学良、杨虎城的命运却急转直下。蒋介石回到南京,背信弃义地将张学良扣留。演了一出先由军事法庭审讯判刑,再由蒋介石特赦的闹剧,然后将张学良"严加看管"。此时,张学良抱着"我不下地狱,谁下地狱"的态度,坦然承担对他的一切指控。他既不推卸

---

[1] 金冲及主编:《周恩来传》(1898—1949) 第19章,中央文献出版社1998年版,第415页。
[2] 《毛泽东年谱》,人民出版社1993年版,上册第632页。

责任给杨虎城及其部下，还说明发动西安事变与共产党毫无关系，完全是为了抗日，为了民族和国家的前途。蒋介石恨死张学良，不完全是因为他在西安的丢丑，而是张学良使他的"剿共"计划功亏一篑，这样的机会再也不会来了。多年之后，蒋介石想起西安事变，还是难消心头之恨。所以，他让张学良做了半个世纪的囚徒，直到蒋介石离开人世，也没有恢复张学良的自由。

张学良被扣的消息传到西安，引起巨大的震动。东北军的青年军官主张与蒋介石拼个你死我活，救出少帅。东北军以王以哲、何柱国等高级将领则主张和平解决。双方争执不下，杨虎城也犹豫不决。周恩来仍坚持和平解决。坚持东北军、西北军和红军"三位一体"抵抗南京方面的压力。但头脑发热的少壮派不听劝告，反而转过头来怨恨王以哲等主和派。1937年2月2日，孙铭九等刺杀王以哲。张学良被拘禁和王以哲被杀，使东北军群龙无首。杨虎城也控制不了西安的局面，底下的将领各奔前程，"三位一体"终于瓦解了。周恩来纵有天大的本事，也难以挽回。1937年2月8日，顾祝同率中央军和平进入西安。不久，杨虎城被迫出国，东北军、西北军被拆散调防。只有共产党和红军在陕北站住了脚。虽然毛泽东担心蒋介石翻脸不认人，做了最坏的准备，但蒋介石终究没有再组织围剿陕北苏区，而是与周恩来开始了红军改编的谈判。

西安事变的结局如此，真是当初任何人都没有预料到的。这期间国、共与张、杨之间的关系错综复杂，至今还有一些秘密无法解开。时隔六十多年后，当记者采访唯一健在的当事人张学良时，他还是不肯开口。究竟是往事不堪回首，还是以基督徒的胸怀宽恕一切？张学良明确表示的只有一点：如果不是日本帝国主义侵略中国，就不会有西安事变，他也不会如此坎坷一生。但是对于中国共产党和红军来说，如果没有西安事变，没有张学良，中国革命的历史可能就会是另一个样子。

第21章
兵败祁连山

西路军在河西走廊陷入困境——西进与东返之争——中央希望西路军在河西占有根据地——张国焘要西路军服从中央决定——青海二马围攻西路军——甘浚堡突围——高台战斗董振堂牺牲——血战倪家营子——徐、陈激烈争论——中央组织援西军——西路军失败——石窝会议——西路军分散突围

西安事变，使陕北中央和红军的处境峰回路转。但是对西路军来说，却是雪上加霜。

古浪之战失利后，西路军继续西进，到了永昌和山丹。在永昌与马家军打了一个月的消耗战，西路军的处境日见恶化。在天时、地利、人和都处于劣势的情况下，红军虽然取得了一些胜利，杀伤了很多敌人，但马家军有后方，人员、武器、弹药可以源源不断地补充。而红军没有根据地，兵员伤一个少一个，弹药也越来越少。红军想在战斗中从马家军身上缴获子弹，但敌人也很狡猾，冲锋时带的子弹很少，打完了再回去补充。永昌城的攻防战中，红军伤亡相当大，城中的各个庙宇、空房中都住满了伤员。河西地区没有革命活动的基础，多数百姓都在红军到来之前跑光了。建立根据地的工作开展不起来，冬天必需的皮衣、棉衣没有着落。河西走廊地区此时已是冰天雪地，狂风怒吼。早晨气温是零下16摄氏度，午间才零下2摄氏度。从鄂豫皖和通南巴来的红军还没经历过西北的严寒，荒凉的河西走廊一片光秃秃的肃杀景象，只有沙漠、戈壁滩的大石头，极少树木，柴火都很难找到。红军中不少人都是衣衫褴褛，蓬头垢面，忍受着寒冷和饥饿的煎熬。

这里的环境很不适宜红军作战。红军战士李新国回忆说："当红9军到达永昌时，30军已向山丹前进，只留下88师，红5军也已进到山丹。此时，西路军的部署形成了一条长蛇阵，从永昌到山丹绵延达一百多公里。这是一个狭长地带，正是河西走廊的蜂腰部，南北宽仅

四十多公里；南靠险峻的祁连山，北邻龙首山，翻过龙首山就是长城外一望无际的沙漠地带。地形对我步兵活动很不利。"[1] 而马家军骑兵则是来去如风，随时可以找红军的薄弱部位打。他们骑马，红军步行，肉搏吃亏，追击又赶不上。与当年在苏区时，真是无法相比。

还有更令人头疼的事：在古浪之战中，"敌骑因为冲进古浪县内的街道上，大肆蹂躏，损失最惨重的是西路军总指挥部各直属机构，参谋谍报人员死伤甚多，侦察电台和其他通讯器材散失殆尽，这简直是使西路军丧失了不可或缺的听觉视觉以及一部分的神经系统"。[2] 到永昌时，各军只有一部电台与总部联络，电台的缺乏给西路军后来的作战造成了灾难性的后果。

西路军在永昌的消耗战，使徐、陈感到如此下去不是办法。1936年12月6日，陈昌浩、李卓然等给中央的电报请示"在此争取时间过冬与适时策应主力。如主力不来，我们再移主力向甘州逼近，总要争取在甘（州）、永（昌）、凉（州）线过冬"。这封电报没有徐向前的签名，说明西路军领导内部意见不统一。

"西安事变"的消息传到永昌，西路军将士一片欢呼，士气空前高涨。而马家军则傻了眼，不知如何是好。红军向马家军阵地喊话："你们的主子蒋介石被我们捉住了，不要打了，我们停止内战，团结抗日！"马家军只是朝红军打冷枪，但却不再向红军进攻了。

怎样利用西安事变的有利时机摆脱被动，求得新的发展，西路军领导展开了热烈讨论。12月18日，军委主席团发来指示：

徐陈：

甲、你们的任务应基本的放在打通远方上面，限明年一月夺取甘、肃二州。

乙、试与诸马谈判下列问题，永昌以西之马军准其安全

---

[1] 李新国：《浴血奋战的西征路》，载《艰苦的历程》下册，人民出版社1984年版，第255页。
[2] 张国焘：《我的回忆》第19篇第3章，东方出版社1991年版，第3册318页。

东退,永昌以东之马军不向永昌以西进攻,红军不向永昌以东进攻。

丙、除开远方暂时没有任何力量可以直接援助你们。

军委主席团 [1]

西安事变后的形势变化很快,正当西路军领导讨论西进问题时,12月22日中央又来电报让西路军东返。因为此时南京政府调集大兵进逼西安,张、杨欲与红军联合抗击,为了保障西面兰州方向的安全,牵制胡宗南部,打算调西路军策应。但是在西路军领导会议上,徐向前等多数人反对向东,坚持西进打通国际路线。徐向前等认为:"东进和西进比较,前者的困难更大些。因为马家军的主力集中在东面,西路军东进,势必与敌决战。从山丹、永昌至兰州近千里路程,沿途多堡,缺少补给,夜间气温达零下20度以下。西路军彩病号又多,约2000名,不便就地安置,带上则更增大行军作战的困难。据此,东进取胜的把握不大。且放弃河西走廊这一抗日后方根据地,不论从策应西安会战上、打通苏联上、造成西北抗日局面上,都是不利的。"[2]陈昌浩则主张无条件执行中央指示,向河东去。争来争去,还是西进意见占了上风。陈昌浩综合两种意见,向中央汇报:

毛朱张:

一、迅速取得远方接济,成为目前红军、张杨及整个抗日阵线的迫切与极大要求。西路军经过很大代价基本上已无问题。

……

三、由永昌到凉州只一条大路,凉以下可采古浪两条路。沿途多堡,天寒零下二十度,白天有零下十余度。敌骑有数千,行动速。而我军必采夜行军,病员已二千。如我单独向兰州进,伤

---

[1]《中国工农红军第四方面军战史资料选编——长征时期》,解放军出版社1992年版,第911页。
[2] 徐向前:《历史的回顾》第14章,解放军出版社1985年版,第535页。

亡掉队必大。如绕道,则因为天气寒冷雪山路远更不可能。

四、即令我们在二十天内到兰,至多只能达到巩固兰州作用,策应主力行动其作用不大,且需很大代价。而基地放弃,再打通远方,时机又过,若二马退,我进迫兰州更不合算。

五、我们建议西路军仍首先坚决按期执行打通远方任务,不过为牵制二马,可以设法在兰、丹线上多活动一时。……如果必须我们东开,则必可东移。

徐陈李李曾
1936 年 12 月 23 日 12 时 [1]

中央收到电报后,24 日复电徐、陈说:"在整个战略方针上看来,西路军以东进为有利,只要二十天至三十天内到达静宁、隆德地区,便可与于学忠、王以哲之八个师配合作战,至少可以钳制胡、毛、曾、关,而利于我主力在东边放手打仗。张学良极盼望你们来,答应在兰州补充子弹、被服。"同日,毛泽东还致电在西安的周恩来,向他通报了西路军的要求后,要周"向张(学良)商量派四个团突然袭占永登、古浪策应徐、陈,并为准备棉大衣一万五千件,鞋袜各一万八千双,子弹带一万五千条,补充子弹十五万发。是否可行?盼复"。[2] 可是于学忠在兰州自顾不暇,哪有力量去支援西路军?毛泽东的要求根本无法兑现。

徐、陈为何不愿东返呢?徐向前在回忆录中陈述了一部分理由。但是多年之后陈昌浩谈及此事时,又说出了一些内心的想法:"中央来电指示我们,让我们考虑是西进好还是东进好。那时我们考虑东面有马家的部队和蒋介石的部队,敌人力量大。西面只有马家的部队,因此答复中央与其东进还不如继续西进,实际上那时还是害怕蒋介石的部队。仍一股劲往西走,还是非打通国际路线不可。结果既无补充,

---

[1]《中国工农红军第四方面军战史资料选编——长征时期》,解放军出版社 1992 年版,第 915 页。
[2] 同上书,第 917 页。

又无群众基础,希望越来越小了。"[1]

既然中央下了东进命令,徐、陈便开始集合部队准备返回。这时,西安事变和平解决,12月27日,军委又来了一封极为乐观的电报:"西安事变和平解决,前途甚佳。西路军仍执行西进任务占领甘、肃二州,一部占领安西。开始西进的时机及如何作战,由你们依据情况决定。"徐向前说:"由此可见,中央那时并不愿放弃打通苏联的计划。一时想叫西路军东返,只不过是在河东形势吃紧关口的一项应急考虑罢了。形势缓和下来,自然又令西路军继续完成打通国际路线的任务。"

西路军过河后,中央并没有让西路军大步奔向新疆,而是要西路军就地建立根据地。多年之后,徐向前才明白其中奥妙:"西安事变和平解决,国共谈判开始进行。合理解决红军驻地,是谈判的实质性问题之一。从战略上着眼,当时红军亟须得一人口稠密、物质丰富,靠近苏联、利于回旋的战略基地,以便养精蓄锐,扩大力量,担负起伟大的抗日斗争任务。中央一致认为,这个基地,以黄河以西的兰州、凉州、甘州、肃州及宁夏地区,最为理想。西路军控制河西走廊,进据甘西,不言而喻,正是我党名正言顺地向蒋介石讨价还价,索取河西地带的资本。"[2]

当时徐、陈远在千里之外,消息闭塞,不知道共产国际对西安事变的态度和对蒋介石的支持。但是中央心里明白,与其让西路军西进,还不如就地坚持,与河东红军互为声援。万一陕北待不下去,河西走廊不失为一条后路。这就是毛泽东在11月13日中央政治局会议上说的"脚踏两边船"的方针:"红军行动方向主要是向东,预计明春过黄河。四方面军一部分已向西,能否调回来是个问题。现在我们的行动,都是脚踏两边船。最好是,向西的还是向西,向东的还是向东。如果

---

[1] 陈昌浩:1961年5月10日的谈话。
[2] 徐向前:《历史的回顾》第14章,解放军出版社1985年版,第535页。

向西不能达到目的，当然可以转向东。"[1]

12月底，西路军以5军开路，9军和指挥部机关居中，30军殿后，向高台、临泽开进。为了避开马家军骑兵，红军每天都是夜行军，冒着零下20摄氏度的严寒，忍受着极大的痛苦默默地前进。1937年1月1日，红5军军长董振堂、政治部主任杨克明率领两个团和总部特务团四个连及两连骑兵共三千余人，一举攻克高台县城。守城的一千多民团投降，被红军收编。徐、陈见这一带粮食较多，打算休整一个时期再走。陈昌浩听说高台以西的路程十分荒凉难走，心有疑虑，于1月4日向中央军委请示："高台以东人粮极富，以西则甚荒凉，据点少且远，正值天寒，如主力进则齐进，道路、粮、房、敌骑均不许可；打则齐打，亦只有坐待消耗。"他建议军委"如何以外力帮助我或以外交武力阻扼二马；或令31军、4军过河配合，则我损失必少，任务更易完成。或则我们即均在高台战敌，远方物资用外力送下，亦属必要。"但他表示："西路军抱最大决心克服空前困难，不怕牺牲，照前电完成任务。"[2]

1月5日，毛泽东以军委名义电令西路军："即在高台、临泽地区集结，暂勿西进。全军集结于两三点，大力训练，伺机消灭敌人。"但没有提及4军、31军西进配合之事。

徐、陈又打电报给中央，还是希望4军、31军能过来帮助西路军。但是中央军委1月7日发去一封电报，拒绝了西路军领导的请求。

徐陈：

军委并没有变更你们的基本任务，也没有要你们久停不进，仅要你们暂勿西进，暂在原地休整。这是根据你们4日来电所达的情况而指定的。二马根本反对西安事变，希望同二马成立统一战线是不可靠的。远方的物质只允送到西安，送至肃州是不可能

---

[1]《毛泽东年谱》，人民出版社1993年版，上册第609页。
[2]《中国工农红军第四方面军战史资料选编——长征时期》，解放军出版社1992年版，第920页。

的。4军、31军已集中长安附近,也不可能策应你们。因此目前你们只能依靠自己,团结奋斗,不要依赖任何外力。详究另告。

主席团 [1]

第二天,徐、陈又收到了张国焘本人发来的电报:

(甲)你们在甘北这一时期英勇卓绝的奋斗,和用自我批评精神检查过去工作中的错误来源,求得进步,都是值得敬佩的。

(乙)蒋回南京后,亲日派扣张再向西安进攻。目前整个战略中心是巩固张杨部队和红军的联合,在西安附近击退亲日派所领导的进攻,稳定抗日派,争取中间的动摇派别,求得停止内战一致抗日的实现。这种方针是正确的,并已得到中外舆论的同情。

(丙)目前西路军是处在独立作战的地位,要达到甘北根据地和接通新疆的任务,必须击退二马的进攻,消灭其一部,在临泽、高台、甘州地区站住脚跟,如此远方接济才能倒手和更有意义,对于西北整个局面的配合才更有力。

(丁)军委对西路军的指示是一贯的正确的,对西路军是充分注意到的。可能经常供给情报,因为二局电台声音过小的原故。如果还有因过去认为中央路线不正确,而残留着对领导的怀疑,是不应有的。应当在部队中,特别在干部中,提高党中央和军委的威信。

(戊)相信和细密准备独立击退二马,是西路军必须担负的。提高士气,坚强信心,争取群众,提高战术,来克服任何困难。

国焘启 [2]

---

[1]《中国工农红军第四方面军战史资料选编——长征时期》,解放军出版社1992年版,第923页。
[2] 同上书,第926页。

自西路军渡过黄河后，张国焘很少以个人名义给徐、陈下指示。他到保安以后，林育英曾与他长谈，要他服从中央的正确领导。张国焘意识到了他另立"中央"的错误的严重性，向林育英作了检讨。此后，对西路军的一系列指示都是以军委主席团的名义下达的。在西路军领导与中央意见分歧的时候，张国焘突然以个人名义来电，而且提到了过去的政治问题，其分量之重徐、陈是掂得出的。

西路军占领高台、临泽，就地休整。使马步青、马步芳大为惶恐不安。西安事变发生后，他们封锁消息，紧张地注视时局的变化。他们是拥护蒋介石，敌视共产党和红军的。12月15日，他们向南京发出效忠的电报，说："惊悉西安发生事变，张、杨劫持委座。消息传来，全青震惊。除严饬所部一面加紧剿灭河西赤匪，一面防制兰州叛军之扩大。……青海虽处四面匪敌之艰苦环境，芳等只知为国尽忠，为委座效力外，他无所顾。"这说明他们以保住自己的地盘为首要目标，绝不会与红军讲和，结为统一战线。在永昌时红军电台曾截获马步青给马步芳的电报，大意是：如果红军不停留地走，可以不打；若停下来不走，就打！[1] 现在红军停下来不走了，无疑对二马是严重威胁。二马不惜倾其老本，集结五个骑兵旅、两个步兵旅和炮兵团、民团共两万余人，在马家军前敌总指挥马元海率领下，恶狠狠地尾随红军蜂拥而来，要把红军一口吞掉。

1937年1月初，获悉红5军占领高台，徐、陈率西路军指挥部各机关与9军一起离开山丹，向西进军。在甘州（今张掖市）西南的甘浚堡突然遭受马家军的围攻。在突围中队伍被冲散，吃了大亏。据5军保卫局长欧阳毅后来给中央的报告中说："这一突围，确实是莫大的损失，确实是莫大的耻辱，在精神上给了西路军以莫大的颓丧。敌人的士气则更提高了。……这次突围的主要教训是地形、路线、方向未侦察清楚，向导没有准备好，干部没有掌握着部队，有些部队没有切

---

[1] 宋侃夫：《祁连山的电波》，载《艰苦的历程》下册，人民出版社1984年版，第246页。

实遵照出发时间。"[1] 李聚奎也说："甘浚堡突围被敌人袭击，主要的是干部的恐慌、动摇、指挥不一。如前卫尚未出动（延误了时间），而总直属队自行向前面插去。结果使战斗部队与非战斗部队混在一起，枪声一响，就一塌糊涂地乱跑。明知在敌人左右只隔300米远的中间通过，一定是要发觉的，不事先派出得力的掩护部队占领阵地，和先头及侧翼派出精干的搜索部队，严密搜索驱逐敌人的埋伏部队，使我主力安全通过。"[2]

徐、陈1937年1月9日致军委的电报中汇报说："后卫从甘浚堡突围出，密本已全到，主要干部无一损失，只事务人员及挂彩病员损失一部，在二百左右。八台机件已全到，二局之收音机两部损失，十台收报机被毁，三局所存电池、汽油及机件大部损失。今后器材难久持，即小规模之二局工作亦难恢复，务望军委供给我方材料。"这说明甘浚堡的失利，西路军指挥机关的通讯联络系统大受损失。在后来的高台之战中，通讯不灵成了断送红5军的致命原因。

中央以为西路军损失不大，于1937年1月16日指示西路军："同意西路军在现地休整一时期，集中全力乘机向东打敌，争取尔后以一部西进条件下，并大大向东扩展甘北根据地。"[3]

西路军已经到了危急关头，中央为什么还要西路军分兵向东？原来蒋介石回到南京，就将张学良扣留。国民党大军虎视眈眈，西安和陕北形势再度紧张。1月21日毛泽东、张闻天在给西安的周恩来、博古的电报中，阐述了中央下一步的计划：

"丙、无论和战，红军主力仍应按前定计划出陕南，处在川陕之间。除二方面军留渭北外，其余应准备在数日内向南出动。请即调查山阳、柞水、镇安、旬阳、安康、柴水、汉阴、石泉等城驻军情形，并要求杨（虎城）同意让出各该县。

---

[1] 欧阳毅：《关于西路军问题》，1937年9月手稿。
[2] 李聚奎：《西路军血的教训》，见《第二次国内革命战争时期军事文献》。
[3] 《中国工农红军第四方面军战史资料选编——长征时期》，解放军出版社1992年版，第928页。

"丁、西路军东进，徐、陈电士气尚旺，十天可达古浪。如该军不再遭挫折，尔后当位于文武成康地区。如此我主力在陕南甘南，便可破坏南京把联军困于渭水以北之计划。"[1]

中央此时又作了放弃陕北根据地的打算，还想让西路军东进配合行动。蒋介石回到南京，使青海二马兴高采烈。他们向蒋介石表示效忠，同时集中所有兵力，准备死力堵截西路军，决心把红军消灭在河西走廊。

1937年1月12日起，马家军以部分兵力牵制红9军、30军，而以大部分兵力绕道西进，围困红5军驻守的高台县城。当时在城内的是军长董振堂、政治部主任杨克明及红5军的44、45团、骑兵团和特务连共3000余人。5军政委黄超带着5军仅有的一部通信电台驻守在临泽县城。马家军包围高台后，城内就与西路军指挥部失掉联络。马家军首先进攻城外的两个外围碉堡，守堡红军与敌人进行殊死战斗，打退敌军一次次冲锋。最后终因子弹耗尽，人员伤亡过多，外围碉堡失守。高台城像个大土围子，城墙是土筑的，高不到两丈，上边很窄，不易隐蔽。在外围失守后，董军长命令将城内一切能装土的箱子、柜子都装满泥土，加高城墙。同时派人与临泽联系，准备突围。这时，突然接到政委黄超从临泽送来的一封信，大意是："董军长，奉总部命令，高台是打通国际路线的军事重点。如果失守，就要你军长的头。"第二天上午在城内天主教堂召开最后一次营以上干部会议，董振堂心情沉重地宣读了来信，要求大家坚决守住高台，与高台共存亡。[2]

1月20日，马家军开始攻城。董振堂面对孤军奋战的危难局面，毫不动摇，挥舞大刀在城墙上指挥红军战士与马家军殊死搏斗。敌人架着梯子往上爬，红军用刺刀、砖瓦齐向敌人打去。将敌人一次次打下城去。激烈的战斗一直持续了几个小时。不料守卫西城的原高台民团突然倒戈，打开城门，敌军蜂拥而入。形势顿时恶化，红军组织反

---

[1] 中央档案馆编：《中国共产党关于西安事变档案史料选编》，中国档案出版社1997年版，第343页。
[2] 吕仁礼：《回忆高台战斗》，军事科学院图书馆藏资料。

高台烈士墓

击,但缺少弹药,全靠肉搏。敌人越来越多,与红军展开巷战。董军长退到城东北角坚持,他身穿一件破毛衣,用手枪击毙数名敌人,终于寡不敌众,腿上负伤,壮烈牺牲。与董军长一起战死的还有军政治部主任杨克明、13师师长叶崇本等。3000多红军战士除少数人被俘,绝大多数都战死在高台城中。马家军在清理战场时找到董、杨的遗体,残忍地砍下他们的头颅,泡在酒里送往西宁马步芳处。

高台战斗过程中,西路军总指挥部一点消息也不知道。直到1月23日红军电台破译了马家军的电报,徐向前才知道高台危急。他火速派出唯一的骑兵师星夜前往增援。但是途中遭到优势兵力的马家骑兵包围。红军骑兵师刚组建不久,马匹多数不是战马,战斗力不强。血战一场后,红军骑兵师大部伤亡,师长董俊彦、政委秦道贤都英勇牺牲了。[1]

---

[1] 《中国工农红军第四方面军战史》,解放军出版社1989年版,第390页。

董振堂

高台失败的消息传来,西路军将士都极为震惊和悲痛。红30军军长程世才总结失败教训有三点:"(一)在战术指导上不应该为一城的得失而死战。(二)高台守军无电台联络,打了两天我们还不知道,未能早想办法援助之。(三)被争取过来的几百民团,未经过改造,放心用人家,结果与敌人造成内应外合而失事了。"[1]

获悉高台失败和骑兵师被消灭的消息后,徐向前立即命令驻守临泽县城(抚彝城)的黄超率5军余部向西洞堡集中。当时城中有5军的两个团、西路军总供给部。马家军主力马元海旅疯狂进攻临泽城。红军撤退时辎重大部分都丢掉了,非战斗人员被马家军截去好几百。最令人痛心的损失是总供给部的几名制造炸弹的技术工人全被马家军杀害,断掉了西路军自己生产弹药的来源。幸亏9军政委陈海松带一个团前来接应断后,沉着冷静地指挥作战,才使5军免遭全军覆没的命运。

高台之战后,马家军更加紧了对西路军的包围堵截。在这种不利形势下,西路军领导人决定放弃西进计划,带领部队东返。1月23日

---

[1] 程世才:《关于西路军的材料》。

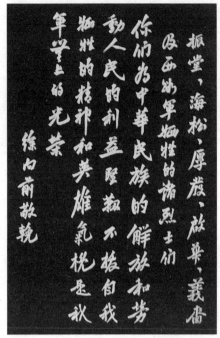

高台烈士墓徐向前题词

西路军致军委的电报汇报了高台失败的消息和目前敌情，并陈述下一步打算说："现兵力分散，骑兵行速，我快行不易，部队需稍整。决在基本东进行前争取在现地和路上乘机击敌，以利东进。现指直仍三四千人，妇女小孩占千人，新病号增加，行动笨重，当求轻便。现在全军发扬士气，团结杀敌，克服任何困难，学习血的教训，虽受部分挫折，但所有指战员均极团结，照军委给予的任务斗争到底。"[1]

发出电报后，西路军指挥部带领30军全军和9军一个团到达西洞堡。王树声带领9军余部到达龙首堡，准备休整一下再行东进。1月25日中央军来电指示西路军"你们行动方针，以便利击敌保存实力为目的，行动方向由你们自决。……在骑兵追堵下，欲因急行避战，达到东进目的，危险较大。应集结全军，切忌分散，用坚决战

---

[1]《中国工农红军第四方面军战史资料选编——长征时期》，解放军出版社1992年版，第934页。

斗来完成东进任务。"但是中央指示又说:"我们虽从各方面用力设法援助西路军,但唯一的仍须依靠你们用自力在战胜二马条件下完成你们的东进任务。……深入的政治动员,坚决不靠外力,和人人具有誓死必胜的决心,在困难环境中,严肃红军纪律,争取群众赞助,是重要的保障。"[1]

1月28日,西路军全部集结到倪家营子,全军还剩一万多人,战斗员不及一半。马元海立即报告马步芳:"红军大部离开甘新公路进入甘州南的倪家营子。占堡寨四十三处,星罗棋布于周围十里之地,总人数约有一万三千余人,确系红军主力。"他带领马家军主力五个旅和大量民团,将倪家营子包围。

倪家营子是由几十个土围子组成的聚落。南北长16里,东西宽3里。大小四五十个土围子稀稀落落地分布在荒凉的田野上。一个土围子里住几户人家。有钱人家的土围子有高大的围墙,厚三五尺,筑有垛口和瞭望楼,很像城墙。一般人家的土围子叫庄子,只有矮矮的围墙。围墙外是老百姓的耕地和戈壁滩,村庄之间隔着一二里地的路程,有些树木和沟渠。西路军到这里,总算是相对集中一些了。

从1月31日起,马家军向倪家营子发起一次又一次攻击。他们也懂得消灭红军的有生力量,所以专找红30军阵地打。红30军也毫不示弱,在李先念政委和程世才军长指挥下,与马家军展开了惊心动魄的厮杀和血战。程世才回忆:"敌人每次进攻先用数门大炮将我村庄土围墙打成缺口,然后以轻武器掩护大量的步兵向我阵地猛扑,而每次打到一定的距离时,我方举行反攻,将来犯之敌局部击退到原来的防地去。在多次战斗中,双方交锋时,步枪作用不大,常常是双方拼手榴弹,到最后双方用大刀砍来砍去,战场上血流成河。同时每次到村围子外五十米远时,我始与敌进行肉搏战。敌人拼到我围子内,我又将敌人从围子内杀出去,把敌人赶回原阵地,双方形成对峙战。战

---

[1]《中国工农红军第四方面军战史资料选编——长征时期》,解放军出版社1992年版,第938页。

斗的规律是以白天为多，从天亮打到天黑，下午我反攻击退敌人，战斗便告结束。有时候我军夜间派部队去扰乱敌人，使他惊慌不安，疲劳他。"[1]

徐向前回忆说："因为子弹缺乏，步机枪几乎失去作用。我到前沿阵地去看过，战士们的步枪都架在一边，手里握着大刀、长矛、木棍，单等敌人上来，进行拼杀。在这里，没有男同志和女同志，轻伤员和重伤员，战斗人员和勤杂人员的区别，屯自为战，人自为战，举刃向敌，争为先登。围墙被炮火轰塌，血肉就是屏障，前面的同志倒下去，后面的同志堵上来。轻伤员不下火线，重伤员倒在地上，仍紧握手榴弹，准备与敌人同归于尽。在这里，生存就是战斗，战斗就是生存。"[2]

倪家营子血战，持续了一个多星期。马家军打得疲劳不堪，伤亡近万人。西路军也付出了沉重的代价，基本上已是弹尽粮绝，伤员越来越多，连最起码的医疗条件都没有。西路军指挥员都意识到，他们已经到了最后时刻，再打下去，敌人有源源不断的补充，红军则任何补充和援助都没有，力量对比越来越悬殊，必须想办法摆脱被动局面，寻求新的出路。但是中央当时正与蒋介石谈判，希望西路军能就地坚持，维持在河西走廊的局面，要西路军就地休整，补充训练。到2月6日，徐、陈感到不能再被动等待了，向中央发去一封电报。在汇报了西路军现存实力后说：

（二）此地村落尽是堡寨，分兵即不能灭敌，集结则粮易被敌困，攻则伤亡甚大，所以补充训练事实上不易做到。

（三）近来各方情况此间甚不明，究竟整个战略企图如何，西路军基本任务怎样？据历次来电变更很大，致西路军遭受一些不可避免的损失，并影响到今后的行动。

---

[1] 程世才：《关于西路军的材料》。
[2] 徐向前：《历史的回顾》第14章，解放军出版社1985年版，第543页。

（四）来电所谓不依靠外力是否包含远方及统一战线？究竟前电所称远方货物到达时间是否属实？抗日联军方面目前对二马有无可能争取？

（五）西路军现有力量，可以在此争取必要时间，准备以全力接通远方。

西路军军政委员会主席团

2月13日，西路军又电告中央要求派4军、31军前来增援，认为"4军、31军此时不能归还建制，夹击二马，则西路军无法完成西进任务。决心在高、抚地区击敌，俟天气稍暖即转大通、西宁一带活动"。[1]

2月17日，中央以中央书记处和军委主席团双重名义，给西路军领导人一封措辞严厉的电报：

徐陈及军政（会）各同志：

（一）同意你们春暖以前在抚邻地区寻机击敌的意见，争取在春暖以后向肃州、安西行动。

……

（三）作战行动时刻注意集中兵力包围消灭的办法，切忌准备不充分，分散兵力与仅仅击溃敌人的打法。总之你们应在一切可能中寻求取得决定胜利的道路，而坚决抛弃过去作战上的主观弱点。

（四）你们的政治纪律，究竟有无确定的基本上的转变没有呢？从兰州方面来的人员与新闻记者都详报你们部队与群众关系不好，究竟实情如何呢？

（五）你们对过去所犯的政治错误，究竟有何种程度的认识，

---

[1]《中国工农红军第四方面军战史资料选编——长征时期》，解放军出版社1992年版，第943页。

何种程度的自我批评与何种程度的转变呢？我们认为你们今后的胜利是与过去政治错误的正确认识与彻底转变是有关系的。你们认为是否如此呢？

（六）你们春暖后向大通行动的提议战略目的何在呢？是把向大通当作调动敌人回守青海，以便自己尔后仍然回到甘州、肃州区域，并向安西呢？还是想占领青海呢？

（七）上面提出的问题，请你明确答复我们。

中央书记处　军委主席团 [1]

中央这封严厉的电报，使西路军领导人感到极大的压力。徐向前说："南下期间，我们确犯了错误，欠了账。把西路军的行动方向与过去的政治错误联在一起，谁还能动弹？！陈昌浩压力尤大，他曾是国焘路线的积极支持者，现时又身负西路军军政委员会主席的重任。一抓过去的辫子，他更是哑巴吃黄连，有苦说不出来，只好唯命是从。" [2]

但是，严峻的现实摆在眼前，就地死守肯定是没有出路的。为此，西路军军政委员会召集会议研究行动计划。徐向前力主东返，得到大家一致拥护。陈昌浩显得心事重重，迟疑不决。在少数服从多数的情况下，2月21日，西路军从倪家营子突围而出，向西洞堡、龙首堡一带转移。程世才回忆当时情况说："在这样情况下，西路军军政委员会召开会议，讨论行动问题。是走不走呢？不走是不成的，只有走才是办法。走又向哪里走呢？当时确定向东进，再过黄河，与中央红军会合去。问题确定后，开始向东出动了。我军行动多在夜间，沿途没有打什么仗。两天后到达西洞堡一带，敌人又赶到与我军接触。敌先向我88师防地进攻，我军坚决抵抗，阻止了敌人的进攻。到第二天敌又转向我88师的右翼猛攻，激战一天，到下午我军反攻大出击，将

---

[1]《中国工农红军第四方面军战史资料选编——长征时期》，解放军出版社1992年版，第945页。

[2] 徐向前：《历史的回顾》第14章，解放军出版社1985年版，第544页。

敌一团全部消灭，缴获一部。这是西路军过河来第二次得东西多的一次。本来这是小胜利，可是当时领导者的狂热性又起来了，把这次小胜利看成大胜利，说敌人力量削弱了，以为这次胜利是决定胜负了。上级又否认东进的计划，依然转向西去，回到倪家营子一带。这个方针确定后，算是断送了西路军的命运了。"[1]

程世才说的是陈昌浩。他见30军打了胜仗，得到一些枪支弹药的补充，便提出重返倪家营子，继续建立甘北根据地。徐向前大吃一惊，说："昌浩同志，你还有什么力量回去建立根据地嘛！我们好不容易突围出来，回去不是自寻灭亡吗？"但是陈昌浩坚持要回去。因为中央连续来电要他们就地坚守。2月24日中央来电说："望告全体指战员，坚持党和红军的光荣旗帜，奋斗到最后一个人，最后一滴血，绝境中求胜利。全党和全体红军誓为你们的后盾。"2月26日中央答复西路军求援电报说："甲、固守五十天。乙、我们正用各种有效方法援助你们。"[2] 所以陈昌浩认为他是执行中央路线的，而徐向前则是"右倾机会主义"。在军政委员会上大唱高调，这种气氛压得大家不能说话。直到西路军失败后，陈昌浩在1937年10月15日给中央的第二次报告书中还说："西路军领导干部中在到永昌时期及甘州地区，还有个别反对中央路线，而坚持自己过去错误路线的表示。我当时虽然当面反对这样同志，企图在军政委员会中开展斗争，结果仍是顾虑威信未得实现。我几次拟就电稿到中央承认过去路线上的错误，终未能发出，只在最后临时有此电述，而不能毅然决然公开的、坚持不顾一切地为中央正确路线而斗争。"[3] 徐向前在回忆录中坦率地说："这段话指的就是我们之间的两次争论。陈昌浩不懂得，一个独当一面的高级干部，执行上级指示必须从实际出发，同当时当地的实际情况相结合，尤其是在远离中央、形势危急的情况下！不管客观实际如何，照葫芦画瓢，

---

[1] 程世才：《关于西路军的材料》。
[2] 《中国工农红军第四方面军战史资料选编——长征时期》，解放军出版社1992年版，第950页。
[3] 同上书，第993页。

机械地、盲目地执行上级指示,非坏事不可。"[1]

然而陈昌浩是军政委员会主席,有最后决定之权。当西路军重返倪家营子时,发现村寨已被马家军洗劫一空,只剩下一片焦土和断壁残垣,连住的地方都没有。留在村里的红军伤员都被马家军残杀了。有的被冻死在荒野里,有的被砸碎了脑壳。马家军没想到红军还会回来,立刻又围了上来。每次冲锋都集中两个旅以上的兵力和民团,在炮火配合下向红军猛扑。红30军、9军战士挥舞大刀,一天打退敌人三四次进攻。敌人攻得筋疲力尽,又不善夜战,只得与红军对峙。

程世才回忆:"这时我军困难到极点,无饭吃、无水喝,周围打得快成废墟,也无房舍可住了。敌人兵力多,可调换使用,得到休息。我方则是那几个人与敌死打,最感疲劳。战士们作战时也想睡觉,打得伙夫、马夫都上了战场,我军中有个妇女团(三百多人)同样的到战场上去做工事,砍树做木栅。此外还帮助送饭运粮食送水给战士吃。"而战斗则残酷到了顶点。"双方都是用大刀砍来砍去,交锋时完全用大刀、手榴弹及刺刀硬拼,步枪只起掩护作用。在战场上杀声如雷,机枪炮声震裂耳鼓,真是震撼天地,闻之丧胆。"[2]

西路军在倪家营子的消耗战,用尽了自身最后的一点力量。眼看大势已去,回天无力,陈昌浩才不断向中央告急,报告真实情况。中央领导人非常着急,想方设法援救西路军。2月15日,毛泽东致电周恩来:"西路军问题请作两步交涉。第一步电令二马停战让防,或派人示意令其自让,同时派飞机送款、弹去;第二步派兵增援。"18日毛再次电周:"请多方设法找人去青海,西路军问题解决甚关重要。"21日,毛又致电周:"目前重点在再弄到五十万元款。(一)西路军甚急,目前已到不能不出兵援助之,募得款方可成行。"周恩来多次找国民党驻西安的主官顾祝同交涉,顾祝同只答应可以派飞机向西路军空投物资。但是这不过是说说而已,马步芳替蒋介石出力打红军,国民党乐

---

[1] 徐向前:《历史的回顾》第14章,解放军出版社1985年版,第546页。
[2] 程世才:《关于西路军的材料》。

得坐享其成。再说，马步芳之所以与红军死拼，就是为了保住他青海的地盘。谁劝说他也不会罢手。所以，周恩来的交涉没有什么效果。

2月22日，中共中央决定组织部队增援西路军。毛泽东以军委主席团名义致电前方的彭德怀、任弼时、刘伯承、左权及在西安的周恩来：

彭任刘左并告周：

甲、中央与军委决定增援西路军的理由如下：

一、西路军已全失自信心，处在极危险地位。一切指示都无效力，只有增援一举可以稳定军心，撑持时日。以待问题之解决。

二、西路军如根本失败，影响极坏。

乙、但增援之实行及程度，必须服从下列原则：

一、不影响和平大局。因此，增援部队开始行动时，周即告顾祝同，请其谅解。如不影响和平则实行增援，否则中道停止，而将增援部队位于西峰、镇原、固原地区。

二、不使增援军又陷于困难地位，因此在取得南京谅解而我军西进时，只能控制黄河一段，调动二马。接出西路军共返东岸。不可更向西进，因为现在已经明白西面是不能生存的。

丙、上述决定，请向军师两级主要干部解释清楚。

丁、政治上解决与收买二马与军事增援同时进行，如收效，即停止增援，此项请周注意。

主席团[1]

根据中央指示，2月27日成立了援西军。以4、31、28、32军及一个骑兵团组成。刘伯承为司令员、张浩为政委。出发抢占靖远渡口，

---

[1]《中国工农红军第四方面军战史资料选编——长征时期》，解放军出版社1992年版，第958页。

每天造一只船，准备渡过黄河。但西路军已经到了最危险的时刻，靖远离甘州 1900 里，抛开其他因素不说，光行军就要走三十多天。到永登 1100 里，不停顿地行军也要走二十天。造船、渡河、作战还要时间。所以，中央虽然组织了援西军，但已经来不及增援西路军了。

西路军在倪家营子日夜血战，消耗到精疲力竭。徐、陈还在盼望援军到来，3月4日，徐向前、陈昌浩和政治部主任李卓然致电中央和红军各部队首长：

党中央军委并致彭任林刘萧郭王陈炳辉：

（一）西路军弹药将尽，最近战斗主要靠白刃格斗，但刀矛又少，体力亦不强，不及敌兵强悍。敌四周封锁，日夜被迫与敌血战，每次伤亡多则数百，少则数十。卫生材料早已用完，彩病号安插后均被敌屠杀。现敌洞悉我军弹药无法接济，彩病号无处安插及粮、水之困难，正加紧封锁并企图乘虚短期歼灭我军。马敌已派兵配合民团实行封锁要道，转移困难。近有个别军连干部逃亡。

（二）在上述紧要情形下援军早到一天，则我无上英勇红色之战士少受一天之损失。万一援军来迟，前途危险堪虑。

（三）我们坚信胜利前途，并号召全军斗争到底。现虽日食一餐，前天无水，而绝不灰心，准备战到最后一滴血。同时恳望援军星夜奔来，或以更迅速更有效办法灭马敌，保全西路军之精神，取得甘北，奠定大计，策之上也。事急，时盼望速复。

徐陈李

中共中央当日复电西路军，指出："中央现在决定派队向你们增援，利用各种其他方法帮助你们团结干部，激励士气。"同时指出：

"西路军目前所以陷于危险境地,一方面固然由于地形、给养与客观的困难的条件,但主要的原因,是由于西路军的领导者没有依靠自己力量战胜一切困难,消灭敌人,完成自己的任务。自信心因而扫地,希望寄托在外力的援助上。同时对群众的关系上,特别是回民的关系与战略战术上的错误,也是其中的重要原因。"[1]

最着急的是张国焘。3月4日他又一次以个人名义致电西路军,但不是教徐、陈如何摆脱困境,而是要他们改正路线错误,接受中央的批评。电文如下:

西路军军政委员会诸同志:

(甲)希望你们能够依照中央三月二日指示,发展自我批评,从克服错误中求得胜利。

(乙)你们上次来电中说到你们所受到的损失,应由军委负责,那是错误的。

(丙)说和平不可靠,红军主力应当西移,这是对于统一战线的成就,有了不正确之估计。

(丁)要求4军、31军归还建制的观点,也是错误的。

(戊)希望你们坚决拥护中央,在中央领导之下团结的像一个人一样。克服困难,战胜敌人。不要从自己手里失去了党和红军的光荣呀!

张国焘[2]

3月5日,西路军领导人决定放弃倪家营子,乘着夜色的掩护向祁连山转移。马家军骑兵跟在后面穷追不舍。3月8日,西路军进至临泽南接近祁连山的东流沟、南流沟和西流沟。这是三条低洼的古流水沟形成的一片狭长地带。每条流沟里都稀稀落落分布着一些房屋。

---

[1]《中国工农红军第四方面军战史资料选编——长征时期》,解放军出版社1992年版,第960页。
[2] 同上书,第961页。

周围是戈壁滩和沙漠。西路军此时尚有 8000 人，30 军和 9 军把住流沟两头，总部机关住在中间。听到中央派出援军的消息，疲乏不堪的红军战士心中又有了一线希望。徐、陈决定在这里固守待援。第二天天刚亮，马家军的骑兵就卷着滚滚烟尘追来了。西路军被分割在三条流沟里，整天被敌人的人海战术轮番进攻。尤其是红 30 军被敌人分割在几个围子里，相隔不远但却不能往来联络。红军一天要顶住敌人三四次进攻。还是用大刀拼杀。88 师师长熊厚发在察看敌情时被流弹打断左臂，仍然提着马刀指挥作战。在三条流沟的四天战斗中，红军每天都要伤亡几百人。红 30 军也打成了空架子，与 9 军一样都只剩下不足千人。粮食也吃光了，3 月 11 日夜里，总部命令 9 军的两个团（近千人）里应外合，接应 30 军余部杀出重围，与总部会合后向祁连山口的梨园口退去。

梨园口是入山的口子，三面环山，中间有些民房。徐向前命令 9 军政委陈海松带两个团约千人把守山口，掩护总部和剩余人员向山里转移。9 军在山口旁的小山顶上集中防御，还没修好工事，敌人骑兵又追到了。祁连山的山头不像四川的大山那样陡峭和易守难攻，而是一片缓坡，骑兵一个冲锋就到了山顶。为了守住山口，9 军与马家军展开了最后的战斗。在陈海松政委带领下，红军战士光着膀子，挥舞大刀，与敌人骑兵拼杀。因力量悬殊，不到半天，9 军仅存的这些人全部战死。军政委陈海松、25 师政委杨朝礼等都壮烈牺牲了。敌人又向 30 军猛攻，为了掩护总部和伤员转移，30 军战士又与敌军骑兵殊死战斗。这一天红 30 军主力 264 团全部拼光，263 团也大部阵亡。[1]

3 月 12 日夜里，徐、陈向中央告急。

军委：

（一）西流沟激战四日五夜，敌集团强攻，我火力弱，死战

---

[1] 《中国工农红军第四方面军战史》，解放军出版社 1989 年版，第 395 页。

梨园口

堡内外。又因无弹少粮,昨日我伤亡七百名。早移梨园堡,寨房小,又多近山,敌三个骑旅及步兵两三个团随至猛攻。

(二)9军子弹每人只有几发,损两个多团,海松牺牲,玉清、厚发等带彩。行百里到番地康龙寺。敌骑在白天扑灭我264团全部共三四百人,现全军不足五团,在野外老林中食骡马续死战。

(三)现百分之七十系彩病员,无日夜不战,弹药几尽,疲乏过大,挖堡寨不易,现全军决死斗待援,希望速配合反攻。

徐陈　12日1时

中央当天答复徐、陈:"你们现已处于特殊情况之下,已不是一般方法所能解决问题,必须立即采取特殊方法达到保存一部力量的目的。因此,我们向你们提出下列两种方法,请你们考虑决定一种:(一)率现存三团人员向蒙古边境冲去。(二)率现存的三团人员打游击战争。以上方法不论采取哪一种,均需将伤病员安置民间,均须采取自主自动姿势,均须轻装,均须采取变化不测的战术。"[1] 中央这个指示,是允许西路军化整为零,不再与马家军硬拼了。

西路军从南流沟撤出后,尚余不到3000人,跟随徐、陈的只有30军和机关的千余人。部队原来计划向红安寺进发,梨园口一打起来,总部又改变向康龙寺转移。结果妇女团在前面出发去红安寺,脱离了总部和部队,半路上被马家军打散。团长王泉媛、政委吴富莲均被马家军俘虏。西路军余部到了康龙寺,马家军又追上来。在康龙寺南山恶战一场。红30军著名的"夜老虎团"265团和267团又遭受重大损失,西路军总供给部部长郑义斋带上全军的经费寻找总部,不幸遭敌包围,壮烈牺牲。

3月13日康龙寺之战后,西路军终于失败了。徐、陈收拾残余部队,连夜向山里行军。3月14日天亮到达石窝一带。这里是一片青石山沟,石缝里长着稀疏的灌木和野草。在较大的一座山上有一片光石崖,崖下有个大坑,坑中有一块巨石,大家给这个荒凉地方取名叫石窝。红军到了山上,马家军又随后赶来了。李先念、程世才带领30军剩下的几百人边打边撤,掩护总部和其他同志上山。马家军看天色黄昏,不敢夜战,便在山下扎营。

在石窝子,西路军高级干部聚到一起,大家都伤心落泪。但是敌人仍然紧追不舍,明天再打就会全军覆没。必须要拿个主意,否则只有等死。天黑之前,陈昌浩召集军政委员会会议,提出分散活动问题。大家一致同意,这样目标小,总有能活着回去的。但是具体怎样办?程世才回忆:"陈昌浩是这样说的:1. 现在是战不过敌人,只有分散活动,保存点力量,待援西军过黄河后再去会合。2. 军队只剩这么多人,昌浩、向前离开部队回陕北去。陈提出来后,向前同志反对离开

---

[1]《中国工农红军第四方面军战史资料选编——长征时期》,解放军出版社1992年版,第966页。

部队，还要与部队一起走，死也死在一起。当时各干部同意（徐陈）离开部队，减少目标。不过干部同意不是主要的，决定权在昌浩，最后昌浩决定他两个离开部队了。3. 任务分配：30军剩下千把人，为左支队；由世才、先念、（李）天焕带走左翼打游击。9军剩下三百多步兵和一百多骑兵为右翼支队，由王树声、朱良才带走右翼大山上打游击。总部直属队剩下大部分干部与30军一路去打游击。这时候真是惨痛到极点，大家都在流泪。会开完后，各自回去组织部队准备天黑行动。"[1]

徐向前听了陈昌浩宣布的决定，心里十分痛苦，也很矛盾。他回忆说："散会后，我还想动员陈昌浩，不要回陕北。我拉着他的手，恳切地说：昌浩同志，我们的部队垮了，孤家寡人回陕北去干什么，我们留下来，至少能起到稳定军心的作用，我看还是不要走吧！陈昌浩很激动地说：不行，我们回去要和中央斗争去！他要斗争什么呢？无非是西路军失败的责任问题。我那时的确不想走，但没有坚持意见。事实上李先念他们并不想让我走。我迁就了陈昌浩的意见，犯了终身抱憾的错误，疚愧良深。"[2]

西路军失败了，部队散了。幸存的红军有的合成大股，有的零星活动，各奔前程。等待他们的是一条充满艰难险阻和生死未卜的道路。

---

[1] 程世才：《关于西路军的材料》。
[2] 徐向前：《历史的回顾》第14章，解放军出版社1985年版，第550页。

第22章
历尽磨难与艰辛

徐向前历尽艰辛返回延安——陈昌浩走了弯路——孙玉清不屈就义——"补充团"的非人折磨——红军女战士的悲惨遭遇——中央积极营救——西路军余部向新疆前进——陈云在星星峡迎接西路军

1937年3月16日夜晚,徐向前和陈昌浩在一个警卫排护送下,悄然离开西路军,向着陕北方向走去。为了躲避马家军骑兵,他们昼伏夜行。走出祁连山时,徐向前命令警卫参谋陈明义、肖永银带警卫排就地打游击,大家分散行动。陈、肖等人只好服从命令,徐、陈只留一个保卫干部同行,化装前进。到了西洞堡,他们停下休息,叫保卫干部去找水喝。天快亮了找水的人也没回来。徐向前估计他出了问题,便拉上陈昌浩赶紧走。第二天他们到了大马营投宿,找到一位在当地行医的湖北人家。陈昌浩遇见老乡,十分高兴。这个老乡招待他们吃了一顿饱饭,第二天早上徐向前催陈昌浩上路,陈说太累,休息几天再走。徐向前想:你有老乡掩护,住几天没关系。我的口音不对,在这里有危险。于是征得陈的同意,徐向前一个人先走了。

为了避开马家军的搜捕,徐向前在路上尽量不与任何人接触。晓行夜宿,匆匆赶路。他身穿破烂的羊皮袄,又黑又瘦,好像戈壁滩上的羊倌。饿了找老百姓家讨口饭吃。在永昌至凉州的路上,他遇见了特务营的曹营长,跟他一道走。过了黄河,走出了马家军的地盘,徐向前的心才略微轻松一些。到了打拉池,徐向前拿一个金戒指换了棉袍和衣服,与曹营长翻过六盘山到了平凉城,他们打听到红军离这里很近,立刻就朝北山方向赶去。在一个叫小屯的地方,徐向前见到了正在执行任务的4军参谋长耿飚,悲喜交集的心情,用语言是难以表达的。第二天,徐向前被护送到镇原的援西军总部,见到了刘伯承。这是4月30日。经过一个半月颠沛流离的日子,徐向前终于回到了家。几天后,毛泽东、张闻天、朱德致电慰问:"向前同志,庆祝你脱险归来,并相信你一定能够在中央领导下再接再厉地为革命奋斗到底,盼病体痊愈后即来中央。"[1]

徐向前的回归,算是西路军中比较顺利的。根据徐向前的汇报,毛泽东指示叶剑英派人到凉州寻找陈昌浩,但没有找到。原来他在湖北老乡家病了一场,养好病之后,也许是败军之将无颜见江东父老,他没有回延安,而是长途跋涉回了鄂豫皖老区,想在那边重整旗鼓,再拉起一支红军队伍来。但当地的形势也不好,陈昌浩才回了延安。他到延安时已是1937年的10月,正值延安批判张国焘路线的高潮。陈昌浩受到中央的严格审查,后来又被送到苏联学习,这位曾在红军中担任高级领导的人物,从此退出了历史舞台。

徐、陈走后,剩下的1000多西路军干部战士只好自行安排。根据石窝会议决定,西路军副总指挥王树声和参谋长李聚奎、9军军长孙玉清带9军残部400余人走一路。西路军工作委员会负责人李卓然、李特、黄超、曾传六等和总部机关干部随红30军政委李先念、军长程世才以及30军剩下的1300人走一路。

王树声带着9军剩下的骑兵一起走,由于连日疲劳过度,骑在马上的人都睡着了。等到醒来,部队都跑散了。只剩下王树声和杜义德等20人翻山越岭钻山沟,走到第三天,原以为摆脱了敌人,没想到敌人顺着马蹄印又追上来。王树声命令几个同志掩护,阻击敌人。结果王树声一行脱险了,而掩护的几个人再也没回来。

王树声他们向西走了几天,又见到了9军军长孙玉清。分开行动那天,孙玉清、李聚奎带着一架电台和几个工作人员向敌人后方插,想用电波吸引敌人主力,好让大部队突围。他们进入山里躲起来,想等马家军退走再出来。在向东南行军时,电台人员掉了队,遇见马家军搜山,队长刘俊英,机务员刘玉庭、黄良诚、曾庆良都

---

[1] 徐向前:《历史的回顾》第14章。解放军出版社1985年版,第551—554页。

王树声

被俘。孙玉清等也没能走出去,还在山里转来转去。遇见王树声等,他们一起沿着山沟行进,算算在山里转了十几天,搜山的马家军也该走了。他们决定宿营休息。谁知突然又遇见了一小股敌人,在混战中,和孙玉清等伤员又走散了。王树声觉得在山里转没有出路。决定出山向北走,摆脱敌人。在出山的路上他们遇见了一个汉族牧羊人,这是一个同情红军的老百姓。他给王树声等找了一个隐蔽的山洞住下,还讲了山口的情况和安全的路线。在这个好人帮助下,王树声等终于走出了祁连山。

1937年的端午那天,他们走到了平原地区。这时,跟随王树声、杜义德的只剩8个人。王树声说:我们已经度过了最艰难的时期,现在可以放开步子往回走了。经历了三个多月的流浪生活,他们仍然坚持向东走。因为不认路,王树声一直走到了腾格里沙漠边上,又遭遇敌人。在撤退中与身边几个同志跑散了,只剩下王树声孤身一人。他又饿又渴,昏倒在沙漠里。幸亏当地一个做小生意的老人发现了他,

祁连山孙玉清被俘处设立的纪念碑

给他水和干粮，把他从死亡边缘挽救过来，又带他到同心城渡口送他过了黄河。当王树声孤身一人回到延安时，已经是1937年8月了。[1]

孙玉清因为带着伤，走不动，与王树声失散后不久，即被搜山的马家军俘获。他被押送到酒泉的马家军298旅驻地，旅长马步康问："你当什么官？"孙答："没有当官。"于是马步康就把他与一群被俘的红军战士关在一起。但不幸的是，孙玉清不久被敌人查出了身份。马步康听说红军的军长落到他手里，大喜过望。遵照马步芳的指示，将孙玉清押往西宁。

5月中旬，孙玉清被押解到西宁。马步芳在省政府会见了他。据当年在场的国民党《青海日报》社记者陈秉渊回忆，马步芳设宴企图诱降孙玉清。他问孙："你是孙军长？年纪轻，有多大？"

孙答："二十八岁。"

---

[1] 李新国：《浴血奋战的西征路》。载《艰苦的历程》下册，人民出版社1984年版，第262—264页。

马问:"你为什么参加红军?哪时当军长?"

孙答:"我是十九岁那年在湖南参加,自小劳动,家很穷。参加红军后在湖南、云南一带作战,逐级提升上来的。"

问:"你怎么为我们俘虏过来了?"

答:"弹尽援绝,身陷绝境。"

问:"有了子弹,你还要干?"

答:"是的,红军上战场离不开枪,干是红军的军纪。"

这时,在座的师长马忠义插话:"倪家营子我们损失惨重,三流沟、梨园堡的战斗,伤亡都很大。就是活捉他时,也伤亡了两个多排。"

孙玉清悲愤地说:"我军强渡黄河,进行西征,不幸就走上了一条绝路。粮弹都缺,补给中断,没有后方,地理又生疏。战略上错误,战术上就起不到大的作用。被俘是很不幸,愧对已牺牲的战友们。"

马步芳问:"你是军长,我也是军长。今天你被俘,还有什么话可说?"

孙答:"我干的是正义的革命事业,既被俘,有话说不尽,自有后继人。"他拒绝与马步芳等同桌共饮,马步芳只好叫人把他带走。向蒋介石请示处理办法。蒋介石回电:"按危害民国罪,处以极刑。"不久,孙玉清就被秘密杀害了。[1]

西路军两万多将士,被马家军俘虏的约有六千多人。他们有在历次战斗中负伤后掉队和被就地安置的,有在祁连山中分散活动时被搜山的敌人捉住的。还有在返回陕北途中在甘州、凉州一带被马家军截获的。一旦被俘,等待他们的是非人的折磨和无尽的苦难。据新中国成立后一份调查材料说:这些被俘的西路军战士押解到西宁后,分别关在西宁周围的军马处、东校场、乐家湾等几个地方。马步芳对这些红军一是屠杀,二是强迫做苦工,三是"感化",让这些红军为他所用。

---

[1] 平卓:《长征中的张国焘》,湖北人民出版社1986年版,第176页。

马步芳将 25 岁以下的 3000 多名红军战士编入自己的部队，称为"补充团"。共四个营，2600 多人。主要任务是从事重体力劳动，为马步芳修桥开路，伐木盖房，开矿开荒从事生产。他们先后开通了民和至西宁的公路，修建了湟水大桥。修筑了张掖机场，在循化、化隆开垦了大片荒田。还有的被分到马步芳的义源工厂，为马家军生产军需用品。还有的被分到煤矿挖煤。

"补充团"军官都由马家军担任，是一帮折磨人的恶魔。他们对红军战士进行强迫劳动和各种摧残。在修公路时，每天劳动长达十几小时，动作稍慢，军官就是一顿毒打。雨天不能施工，还要去搬石头，不准休息。在修张掖至西宁的公路时，要越过海拔 3700 米的山梁。严寒的气候冻伤了许多红军，但军官不肯为他们治病和改善一点生活条件，而是毫无人性地砍掉红军冻伤的脚趾头。这些红军在青海做苦工受的折磨，是常人难以想象的，不知有多少人在苦难中含恨死去。就连马步芳自己也不否认这些事实，他对部下训话时说："大家在任何战斗中，如不为团体拼命到底，一旦被人所俘，将来难免不受今天补充团这样的待遇。"1938 年，国民党当局向青海征兵，马步芳将"补充团"2400 人代替本地人送到兰州。编入第八战区。这些红军战士才脱离了马步芳的魔爪。到西安后，胡宗南听说这些壮丁是红军西路军人员，害怕不想要。八路军驻西安办事处闻讯即进行交涉，终于使这些受尽苦难的同志们回到了陕北革命根据地。[1]

能得到"感化"待遇的是很少一部分人。他们有的是有一技之长的专门人材。原 9 军通讯人员黄良诚、刘玉庭、曾庆良等被俘后，敌师长马彪对他们说："你们干事的人（指技术人员）到哪里不一样？你们不要怕，不为难你们，即使捉到徐向前也不为难他，中央有命令。"他们被押到西宁后，就被编入马步芳的电台工作，还有点行动自由。曾庆良在西宁还找到了失散的妻子，两人终于设法团聚了。马步芳原

---

[1] 青海民族学院党史教研室：《红军西路军失败后部分指战员在青海遇难和党进行营救工作情况的调查》。

想"感化"这些人为他服务,但这些红军干部都不屈服,经常用电台收听陕北的消息。后来国民党有命令,要把所有红军干部转送南京。他们也坚决要求离开青海。马步芳的电台主任不解地说:"共产党不知道用什么方法教育人,照理说曾庆良等千辛万苦,九死一生,已经脱离了艰难环境,生活方面也算有了一些改善,但他们临走时毫无留恋的表情。"后来,他们被转到兰州拱星墩国民党第八战区监狱,在那里见到了方强、徐太先等红军领导干部,与组织接上了关系,在监狱中开展斗争。当时正是国共合作,国民党当局对这些红军不敢怎么样。在中共代表张文彬和党组织营救下,他们在被押送到平凉时,终于脱身逃回援西军总部,受到刘伯承司令员的热烈欢迎。[1]

西路军女战士的遭遇是一幕催人泪下的惨剧。在红军各部队中,西路军的女战士最多,组成了一个妇女团。还有在政治部从事宣传工作的新剧团、后勤部医院的女同志,过黄河时约有1300人。妇女团团长王泉媛、政委吴富莲,都是从一方面军调来的干部。在河西走廊的激战中,妇女团与其他部队一样作战。临泽突围时牺牲了200多人,倪家营子近一个月的血战,妇女团伤亡多达600余人,几乎拼光了。康龙寺之战,妇女团与总部失去联系,被马家军打散了。上级让她们分散打游击,王泉媛带着剩下的红军在山里转来转去,躲避马家军搜索。当她们筋疲力尽地在树林中熟睡时,被敌人全部俘虏了。当王泉媛等被押送到凉州,发现政委吴富莲也在狱中,合计共有100多女战士。

在关押期间,女红军不断受到马家军的强奸和凌辱。吴富莲本来就有病,不久就在监狱中病死了。马步青觉得把这些女兵老关着总是麻烦事,他手下军官和亲信好多还没老婆,就想法把女红军分配给部下为妻妾。女兵们拼命挣扎反抗,马步青对女红军说:"现在国共合作了,你们就在这里安家,享享福吧。"谁知女红军闹得更凶。王泉媛愤

---

[1] 冯亚光:《西路军生死档案》第6章,兰州大学出版社1992年版。

怒斥责马步青的无耻行为，马步青说："我不会把你们嫁给当兵的。你们是什么官，就把你们嫁给什么官，门当户对嘛。"他把王泉媛配给工兵团团长马进昌。王被架到马家，死不顺从，坚决反抗，被马进昌用柳条抽得遍体鳞伤，血迹斑斑。马进昌虽然娶了红军女团长，但听说王泉媛枪法很好，心里终究不踏实。有一天他从铺盖下发现一把刀，是王泉媛藏的。马进昌吓出一身冷汗，把王又毒打一顿。后来王泉媛逃跑了，马进昌也没再去找她。[1]

陈昌浩夫人、西路军政治部组织部长张琴秋是在甘州附近被俘的。当时她产后身体虚弱，走不动路。在山里转了几天，不幸被民团抓住，送往西宁。当时她没有暴露身份，化名苟秀英。说是红军中烧饭的。马家军看她是一个有病的老女人，也没当回事，让她到新剧团烧饭。新剧团的成员大多是西路军新剧团的人，西路军新剧团的音乐股长杨万才能训练军乐队，颇受马步芳优待。他借口要个做饭的，把

张琴秋

---

[1] 陈歆耕：《虽九死兮犹未悔——红军女团长王泉媛的人生片断》，1993年7月9日《文汇报》。

张琴秋掩护在自己家里。但是没有不透风的墙,张琴秋后来被国民党省党部的人查出来,1937年8月14日送到南京"感化院"监禁。

当时日军大举进攻,南京形势吃紧。中共中央驻南京的谈判代表周恩来强烈要求蒋介石释放关押的共产党员和爱国人士。并前往"感化院"探监。周恩来意外地发现了张琴秋等人,激动地说:"可找到你们了,从西宁找到西安,又从西安找到南京!"经过几天的交涉,国民党同意放人,张琴秋等三人于8月18日走出了监狱的大门,踏上了回延安的路程。

在西路军流散人员陆续返回陕北后,中央也积极对西路军人员进行营救和帮助。周恩来在西安多方寻求关系,希望二马与红军停战。他听说有500多红军被围困在张掖黄番寺内,就托人找到一位与青海省主席马麟相识的回民老人马德涵,去凉州向马步青转达口信,希望马家不要伤害红军。马德涵见到马步青,听说黄番寺的红军已被解除武装,送往青海。1937年4月下旬,周恩来在西安马德涵家中会见刚从阿拉伯朝圣回来的青海省主席马麟,请他制止对红军的残害。在当时国共合作的大局面下,马家不敢一意孤行,对西路军俘虏的迫害也有所收敛。

在国民党统治区域内,中共中央利用统一战线的背景,开展了有实效的寻找和营救工作。当时西路军流散人员在河西走廊被国民党军队和地方民团俘虏的,以及二马从凉州和西宁转来的西路军人员,都被关在兰州国民党第八战区拱星墩监狱。总数有1300人。其中有西路军师、团一级干部方强、徐太先、卜胜光、徐立清等以及从西宁转来的红军电台工作者刘玉庭、黄良诚、曾庆良等。他们在监狱内成立了地下党支部,领导大家开展反迫害斗争。1937年5月中旬,周恩来派张文彬以中共代表身份前往兰州,了解拱星墩监狱中西路军人员情况,进行营救。张文彬去后,向狱中同志转达了党中央对他们的问候和关怀。大家激动万分，泪流满面，高呼口号，高唱红军歌曲，表达坚持斗争的决心。党支部把狱中情况的报告交给张文彬，请他送给党中央。

周恩来闻讯，立即找兰州国民党方面负责人贺耀祖交涉，要他尽快将关押的红军转往西安。6月，当这些红军被转送到甘肃平凉地区国民党43师防区时，大家知道这里与援西军驻地已经很近了，方强等党支部领导人决定，乘机逃脱，跑回陕北去。于是大家在路上故意磨蹭找事，百来人的队伍零零散散，拉了几里地长。国民党兵也看不过来，一会掉队一个，一会不见一个。大家悄悄互相转告：往东到四十里铺就是游击区。夜里，方强等带领大家开始胜利大逃亡，绝大多数人都顺利到达镇原援西军驻地。当刘伯承司令员、张浩政委来亲切看望大家时，这些历尽千辛万苦的坚强战士们都放声大哭。

张掖福音医院旧址

营救了兰州的西路军被俘人员后，周恩来委派谢觉哉、朱良才在兰州设立了八路军办事处，专门负责收容和查访西路军流散人员。在张掖马家军韩起功旅，也关押着一批西路军人员。其中有红军新剧团的女战士王定国、孙桂英、徐世淑等，还有西路军政治部宣传部长刘瑞龙等干部。一天，国民党张掖县长马鹤年来到韩起功部的剧团，见到王定国等人。说："红军打高台时，我是高台县长。你们董军长、杨主任待我很好，把我放回来。现在我要优待你们。"女红军们谁也不敢相信他，马鹤年解释说他是大革命时期的党员，后来失去联系脱党，但对红军是同情的。根据王定国提供的消息，马鹤年到监狱看望了刘瑞龙等人。他还受中共委托寻找陈昌浩的下落，并将情况都报告了八路军兰州办事处，朱德总司令向国民党当局指名道姓地要刘瑞龙等人。国民党瞒不住，只好通知马步芳放人。一位同情革命的进步医生高金城也来到张掖，借看病机会收容流散红军。王定国等几个女红军被他要到医院当护士，脱离了韩起功的控制。西路军在张掖的地下党支部就在高金城的医院里活动。在高金城掩护下，许多西路军战士和伤员都从这里转往兰州，回归革命队伍。而高金城本人则被韩起功派去的杀手暗害了。1951年，中华人民共和国内务部在张掖为高金城先生修建纪念塔，追认高为革命烈士。谢觉哉同志给高金城夫人的信中说："金城先生往年负八路军兰州办事处使命去甘州做收容工作，由于热情奔放，严肃认真，负伤战士赖以获得安全。但他因此为匪帮所捕而光荣牺牲了。他对人民事业的忠诚是值得尊敬的！"凡是在红军危难时期为他们做过好事的人，历史是不会忘记他们的。

西路军失败后的一年内，陆续通过各种途径回到陕北根据地的约有6000余人。流落在青海和河西走廊，活到新中国成立后的约有1000多人。西路军过河时的21000人，至少有一多半长眠在祁连山下的荒原上，这是红四方面军历史上遭受的最大损失。但是，西路军到底没有全军覆没，李先念、李卓然等同志为领导的西路军工作委员会，把西路军剩余的420人带到了新疆。

石窝会议后，西路军工作委员会成员李卓然、李先念、李特、黄超、程世才、曾日三、曾传六、李天焕带着总部机关和30军剩下的1000余人也开始行动。程世才回忆："上级与我们脱离时，只简单告诉我们的任务是自找出路打游击。但在惨败后既无饭吃又无向导，做起来很困难。而且任务也不明确，究竟打到哪里，将来怎么办？另一方面敌情仍很严重，敌人离我们很近，如果不迅速行动脱离敌人，就有被敌人最后消灭的可能。我们决定首先第一步摆脱敌人，便马上从石窝南下，钻进大山。经过极端艰苦的两三天行军，到白大坂后，就将敌人远远地甩在后面了。"[1]

部队天天要行军，伤病员走不动。88师师长熊厚发左臂被打断后，因为缺少药品，伤势恶化。胳膊肿得老粗，伤口化脓，动一动就痛得钻心。他对李先念、程世才说："我要是再走，就得死在路上，个人死了没什么，给部队增加多少累赘。首长，部队要赶快前进，把我放在这里吧。"身负重伤的"夜老虎"团长邹丰明和政委黄英祥也要求留下。李先念等一听，眼泪就禁不住往下流。他们都是朝夕相处的战友，打了多少硬仗，今天却到了生死离别的地步。大家在一起抱头痛哭。但是熊厚发坚持要求留下，他要把生存的希望留给战友。他对李先念说："我留在这里，你们去打游击。只要给我写一封介绍信，将来回到延安，我还是共产党员。"李先念只好给他留下一些药和吃的，派一个排留下保卫他。把他们安排在一个石崖底下，挥泪告别。果然如同大家预料，不久，马家军搜山时发现了熊师长。一排战士都牺牲了，熊师长不幸落入敌手。马步芳下令将熊师长押到西宁，残忍地把他杀害了。熊厚发牺牲时，年仅24岁。

---

[1] 程世才：《关于西路军的材料》。

3月23日，西路军工委召开干部会议，讨论下一步行动计划。当天，西路军工委用仅有的一架电台给援西军和中央发出电报："据悉树声、张荣所率之队均已被马敌击散，详情不明。先念、世才所部为游击纵队，现已脱离敌人，深入祁连山中。多宿雪，无粮食，仅觅一部牛羊肉充饥，势被困。但我们决不灰心，执行中央指示，在自动独立与依靠自力的路线上克服任何困难，求得最后胜利。……我们今已到青海之巡堡以北约三日行程处，明晨决继续设法越过祁连山西面，相机到敦煌。因为沿途少数番人先跑，找不到向导，只能用指北针前进。请常给我们指示及情报。最好能由援西军出一部威胁与吸引马敌而便我西进。"[1]

尽管人数越来越少，但大家还是坚持向西走。行军是极其艰苦的。程世才回忆：为了减轻负担，工委只留下一部电台，每个连配备两挺机枪和若干步枪，将多余的电台和枪支都毁掉了。部队"循着高耸入云的祁连山迤逦前进，两边都是白雪茫茫的雪山。我们就在中间崎岖小路上行进。沟内的风很大，虽然那时已是春天，气候仍很寒冷。沿途人烟稀少，只有一些稀疏的蒙古包。行军找不到向导，靠指北针走。吃饭找不到炊具粮食，就用牛羊屎烧牛羊肉。刺刀做菜刀，洗脸盆做锅，探条穿牛羊肉。既无盐吃，有时又无水吃。夜晚在山沟内露营，用枪托作枕头。大家冻的睡不着，有的竟至冻死。战士常不洗脸，浑身生满虱子，有的脸上死过七层皮。还有的伤病员无药可上。加之大家脑子里时刻顾虑敌人追击上来，那时困苦真是达于极点。战士中有悲观情绪，我们就抓紧政治工作，加强部队团结。不断向战士做解释工作。行军时干部都不骑马，让伤病员骑。又找骆驼骑，有的一个骆驼骑五个人。"就这样，他们以超人的坚强意志和忍耐力克服了严寒、饥饿和疲劳，在1937年4月5日走出了祁连山，到达酒泉南山中。[2]

---

[1] 《中国工农红军第四方面军战史资料选编——长征时期》，解放军出版社1992年版，第970页。
[2] 程世才：《关于西路军的材料》。

在走出祁连山之前，宋侃夫等利用唯一的一部电台，终于和援西军总部负责人刘伯承、张浩联系上了，并要他们转告中央，西路军部队准备向敦煌进发："估计现有力量，如无外援，绝难在敦煌立足，以因人员饿疲至极，武器弹药已太少，以及地形与敌骑的限性，实无与较强敌人作战的可能。我们慎重考虑前途，只有在敦煌少休息，迅速到新疆，赴远方学习。请转中央，速向国际和新疆交涉。"毛泽东、朱德请刘伯承回电转告西路军工委："远方对西路军进入新疆赴远方求学问题已经决定了。为此，西路军必须到达星星峡，他们在该地迎候你们。你们不应在敦煌久停，而应尽可能地只休息两三天，最迅速地取得粮食和骆驼，向星星峡进。"

中央的电报在部队中引起一片欢呼。大家争相转告，四十多天的困苦和迷惑，现在终于有了希望，有了前进的目标。大家的士气重新高涨起来。经过11天艰苦行军，他们于4月16日到达甘肃安西东南的石堡城。这时，全支队尚存850人。西路军工委致电刘伯承、张浩转中央军委："为争取先机，我起遂改向安西前进。到安西后稍作调整，即向星星峡进。请设法与新疆交涉并电请远方派人到星星峡接我们，最好由汽车带粮到该地。"[1]

出祁连山进入了平原，考虑到部队太疲劳，需要休息一下。西路军参谋长李特主张打开安西城。工委同意了他的提议，部队向安西城进发。在距安西140里的蘑菇台，一位善良的万佛峡道士郭元亨支援红军粮、油、盐和牛、马、骡子。真是雪中送炭，解决了红军的急需。4月24日，西路军到了安西城边。红军向安西城发起攻击后，遭到了敌人强大火力的反抗。经验告诉他们，城里的敌人比原来想象的要多得多。西路军领导放弃了攻打安西的计划，迅速向西北撤退。

走到红柳园子，敌人又赶上来了。西路军首长命令30军余部在沙丘上组织抵抗，掩护首长突围。西路军工委成员在警卫人员保护下，

---

[1]《中国工农红军第四方面军战史资料选编——长征时期》，解放军出版社1992年版，第973页。

一行80多人骑着马进了大沙漠。担任掩护的原9军政治部主任曾日三与几个战士坚持战斗，把敌人都引过来。当他们被敌人四面包围，曾日三不愿被敌人俘虏，举起手枪自尽了。可叹这位从江西苏区出来的红军老战士，在历尽千辛万苦，只差一步就迈到生存的门口时，就这样牺牲了。令人何等痛心！[1]

红柳园子战斗后，西路军剩下的人更少了。队伍打散了，大家零零星星地在荒凉的戈壁滩上转来转去，互相寻找着。沿路的电线杆子成了他们的向导，向西走，到星星峡去。他们顶着沙漠的狂风，在漆黑的夜里艰难地行进着。走了一天一夜，到第二天下午，刘青南、饶子健带着一些战士到达星星峡。山口上有两个哨兵，问他们是哪一部分的。当他们回答是红军，一位盛世才部队的军官走上来，对他们表示欢迎。

饶子健回忆说："此时此刻，我们像是长久在外的孩子回到了家。大家互相对视了一下，人人的衣服破烂不堪，露出皮肉和斑斑血迹。走近一点，看见虱子一团团地蠕动。新疆友军端上水给我们洗脸，每人洗过，盆里的水浑的像酱油一样。"比饶子健他们先走的西路军首长们此时尚未到达。新疆友军派出侦察兵前去寻找，在离星星峡30多里的戈壁滩中找到了他们。原来他们这支队伍走进戈壁滩后就遇上了大风沙，迷失了方向，只能依靠指北针。在新疆友军的引导下，李先念一行在星星峡与先期到达的西路军战士会合了。清点人数，一共还剩420人。他们是两万多西路军最后的幸存者。在西路军失败后，经过四十多天的苦难行程，他们终于打着西路军的红旗到达新疆。

当时的盛世才尚与苏联和共产国际结为同盟，所以对西路军战士的态度比较友好。星星峡驻军热情招待这些远来的红军，一日三餐，顿顿是肉和白米饭，饥饿已久的战士每顿都吃好几碗，疲劳至极的身

---

[1] 中共乌鲁木齐市委党史征集资料小组编辑：《关于"新兵营"历史资料》。

星星峡

体逐渐恢复了体力。

　　在西路军到达新疆之前,中共中央代表陈云(化名史平)、滕代远(化名李光)已先期到了新疆,在迪化(今乌鲁木齐)做盛世才的统一战线工作,保持中共中央与共产国际的联系。听说西路军队伍到了星星峡,盛世才派出了一个汽车队给他们送去了冬装、食品、生活用具。陈云、滕代远也同车前往。1937年5月1日,陈云、滕代远一行和车队到达星星峡,受到西路军四百多指战员的列队欢迎。陈云发给大家每人一套夹衣、一套单衣、一双碗筷,还把哈密瓜分给大家。见到中央代表,大家就像流浪的孩子见到了家乡的亲人,禁不住热泪直流。陈云给大家讲话,代表中央向大家表示亲切的关怀,宣讲了当前的国内形势和抗日民族统一战线的发展。他说:"革命有胜有败,不要光看到失败,更要看到未来的胜利前景。不要看我们现在只有四百多人,只要我们还保存着革命的有生力量,我们就将扩大到四千、四万甚至四百万人。中国革命的最后胜利必将属于我们!"陈云同志热情洋溢的讲话,使西路军战士们深受鼓舞。

口号声、欢呼声响彻峡谷。5月4日,他们在陈云同志带领下,离开星星峡乘汽车向迪化进发。自从参加革命,这些红军战士还是第一次坐着汽车行军,高兴极了。汽车在路上开了四天,7日到了迪化。红军战士们被安排在一个工厂里进行休整,在新疆开始了新的生活。[1]

---

[1] 饶子健:《历尽艰险到新疆》,载《艰苦的历程》下册,人民出版社1984年版,第353页。

第23章
批判张国焘

张国焘的初步检讨——凯丰发表批判长文——罗瑞卿考察四方面军部队——中央政治局扩大会议批判张国焘——关于张国焘错误的决议——斗争扩大化——延安红大"暴动"事件——毛泽东为许世友等人平反——陈昌浩检讨西路军失败的原因——徐向前的反思——八路军奔赴抗日前线

自一、二、四方面军会师后,中共中央便开始了批判张国焘的准备。最初的工作是秘密进行的。当红军总部人员随朱德、张国焘到达保安后,毛泽东会见了一些干部,了解情况。王维舟同志回忆:在保安,他与刘伯承同志一起去见毛主席,他向毛泽东当面报告了张国焘的叛党,反对中央,挑拨一、四方面军的团结和对他们的歧视、打击的事实。毛泽东对王维舟说:目前因红四方面军在甘北尚未完全过河与中央会合,同时红四方面军干部还未完全认识到革命由于张国焘的错误路线,遭受了不应有的损失。对这个问题要深入检查,希望你准备。同时还嘱咐他要暂时保密。[1]

张国焘来到中央后,虽然还保留着红军总政委的职务,但除了出席中央政治局会议,一些具体事情都不管了。他已经不能像当初在红四方面军中那样说一不二,称王称霸。这期间林育英以共产国际代表身份与张国焘谈了几次话,指出他的错误,希望他对中央有个交代。他自己也意识到错误的严重性,于是张国焘在1937年2月6日写了《从现在来看过去》一文,对自己的错误进行了初步检讨,承认了五点:

第一,没有充分估计到五次"围剿"中的客观情况,五次"围剿"中敌人采用战略战术的特点,和中国革命不平衡发展的特点,这样就过分估计了五次"围剿"中的主观错误。

---

[1] 冰昆编著:《王维舟传》,中国展望出版社1984年版,第217页。

第二，在中央红军突围成为必要后，敌人追击的严重性，远过于红四方面军西征时敌人所给予的压迫，对于这点，估计也是不足的。这就抹杀了中央红军万里长征的英勇奋斗和布尔什维克的坚强。一个数量很大的红军的万里长征，减员是不可避免的情况，终于达到红四方面军会合的战略目的和大批干部的保存，正是表现着艰苦卓绝的奋斗精神，在这一点上不应当超出党中央决议上的批评。

第三，因为有了上述两个观点，同时对五次"围剿"所受的损失也估计过分，就发生当时对中央所提出战略方针的怀疑。虽然一致同意北上方针，但将中央北上之方针了解成为这不过是长期大规模的运动战和游击战争的实际，提出了在比较更西北地区来创造根据地的另一战略的意见。

第四，同样对于中央苏区对党、苏维埃和红军各方建设工作所获得的成绩估计不够，并对中央同志根据中央苏区经验所给予四方面军的错误和缺点的批评表示不接受和误解。

第五，在左路军北上受到阻碍的条件下，以为北上既然会成为大规模运动战，倒不如乘虚南下。因此，成为北上和南下的对立，红军分开行动，发展到对中央路线不正确的了解和组织上的对立。

张国焘用晦涩的文字很不情愿地承认错误。当初他骂中央是"逃跑"，现在换成了"大规模运动战"。他另立"中央"，开除毛、周、张、博的党籍，仅仅说成是"组织上的对立"。如此的轻描淡写，文过饰非。涉及要害问题，张国焘仍然不肯认错。

对南下北上之争，他说："假若南下没有发生党和红军组织上的对立，那么南下和北上不过是军事策略上的争论。如果认为南下是失败的，那是不应当的。"

对分裂的责任，他承认："那时党中央直接领导一、三军团北上，的确是贯彻北上方针的正确行动。指斥为逃跑路线，就是绝对错误。就是红军分开行动也不应由北上主张者负责，而应由南下主持者负责。"

对另立"中央"，他承认："最严重的错误是组织上的对立。否认四中全会以来的中央而自称'中央'。这是政治上错误的结果和组织原则上错误的表现，布尔什维克的中国共产党所不应有的。"

总而言之，张国焘对自己的评价是："从一、四方面军会合时起到12月决议时止，这一段时间中我自己的确犯了反党反中央的错误。虽然12月决议开始了转变，没有再继续这一错误，向着和党一致的路上转变，但这一过去有过的错误，是应当严重指出的。"[1]

张国焘的第一次检讨，中央是不满意的。1937年2月27日，凯丰在延安发表了洋洋数万言的长篇文章——《党中央与国焘路线分歧在哪里》。文章分为13部分，涉及对政治形势的估计，南下北上问题，一、四方面军团结问题，党的建设，肃反，民族统一战线等方面。我们限于篇幅，无法引用凯丰的全文。其中大部分内容是中央在川西北时就与张国焘争论过的，我们在前面也叙述过。但是在这篇文章中凯丰透露了一些以前没有提及的内容，反映了中央对张国焘问题的基本态度。

关于一、四方面军草地分裂的问题，凯丰写道："当中央发觉国焘私自给徐、陈南下密电时，曾详述南下的不利，并劝其仍率队北上。但国焘当时毫无转机，中央不得不再电国焘。……国焘同志对中央的电报，完全不采纳。于是中央给徐、陈指令，并给国焘指令，命令总政委立即率左路军向阿西、巴西、班佑开进。"他还写道："北上战略是中央政治局决定的，不经过中央政治局，没有任何人有权力改

---

[1] 盛仁学编：《张国焘研究资料》，四川人民出版社1982年版，第607页。

变这种方针的。国焘身为政委应当坚决执行党中央的命令，可是国焘却能用私人的意志去改变这一战略方针，这还有什么政治委员的资格？……以这样一个糊涂的政治委员怎样还能去加强党在红军的绝对领导，因为国焘自己对党与红军的关系都是这样糊涂，所以他下面的干部不能不叫出'武力解决中央'的话来。在国焘给徐、陈的密令，要彻底对中央开展斗争。"

张国焘错误的性质，经凯丰这样一说，被提升到前所未有的高度。国焘给徐、陈的南下电报，陈昌浩都给中央看过，所以中央才与张国焘争论了好几天。但是还从未听说四方面军哪个人说要"武力解决中央"。凯丰这篇文章是批判张国焘过程中最早提及"密电"和"武力解决中央"问题的，从而给张国焘的错误上纲到"路线斗争"。

对张国焘的军阀主义，凯丰更是大加讨伐。他写道："国焘的军阀主义表现在下列问题上：第一，红军中的肉刑制度发展到顶点。因为没有阶级的、自觉的纪律，不得不依靠打骂枪杀以维持命令的执行。随意可以打人，随意可以枪毙人，这在过去四方面军中到处可以看到的。第二，对居民的纪律不是建立在与居民的亲密联系上。因为红军是工农的、人民的军队，他们不是高踞在人民之上的。第三，愚民政策。不教育红军干部以马克思列宁主义，反而只要他们服从、盲从。第四，培植传令兵系统。这多少是从冯玉祥军队中学来的。"

在这篇长文章的结尾，凯丰给张国焘下的结论是："国焘同志所代表的这种政治路线，是苏维埃运动中所产生的形式，右倾机会主义、军阀主义的路线。他的客观根源则由于中国的军阀制度和农民狭隘落后意识，流氓破坏意识的反映。他的主观原因则是由于国焘同志有过去错误的根源。在四中全会时，国焘曾反对这种错误，但他没有彻底肃清他的错误。在与中央隔离，在没有中央的领导之下又发展起来。

而成为在苏维埃运动中的右倾机会主义退却逃跑路线和军阀、土匪主义的路线。"[1]

凯丰的文章旁征博引,使用了大量红四方面军的内部文件。从卓木碉会议记录,到张国焘在红四方面军干部会议上的多次讲话,在《干部必读》上发表的文章,以及红四方面军内部的电报、指示等等。说明中央已经比较完整地掌握了张国焘与中央分裂期间的言论和活动情况。这篇文章是全面批判张国焘路线的序曲,高潮还在后面。但是凯丰的文章中把四方面军贬得一无是处,把这个人数众多、有光辉战绩的红军队伍丑化成"土匪""军阀"的队伍,是极"左"的,带有强烈宗派主义倾向的。这也为批判张国焘路线中的扩大化倾向开了先例。

张国焘虽然离开了部队,但他在红四方面军中的影响不可低估。此时,西路军还在河西走廊血战,陕北的 4 军和 31 军都是红四方面军的老部队,在红四方面军中批判张国焘是否能获得预期的效果,是否会因此而引起部队的混乱和失控,毛泽东感到没有把握。他需

罗瑞卿

---

[1] 盛仁学编:《张国焘研究资料》,四川人民出版社 1982 年版,第 43、71 页。

要掌握第一手资料，切实了解红四方面军部队的思想情况。1937年2—3月间，他派红军大学教育长罗瑞卿以考察部队的名义，到二、四方面军走了一圈。

罗瑞卿认真地执行了毛的使命。名义上是考察二、四方面军，但重点在四方面军。从2月下旬起，罗瑞卿白天察看部队的训练、生活和政务思想情况，晚上听取各部队首长的汇报，还找一些主要负责人单独谈话。紧张地走了一个月，3月22日，他在庆阳步校给毛泽东、张闻天和林彪（红军大学校长）写了一个长篇报告。

关于四方面军的基本情况，罗瑞卿指出：会师后"在干部中，在领导干部中，在一般党员中，在战士中，并没有了解党的路线的正确与过去四方面军领导上、路线上的错误。"罗瑞卿强调：张国焘在四方面军的影响还是很深的。具体的例子是，当与大家谈到"南下北上"的问题时，大多数人认为"南下北上"都是对的。

罗瑞卿承认：四方面军部队的成分是极好的。来自鄂豫皖和通南巴的占全军百分之八十。连以上绝大多数是鄂豫皖的老红军。战士体力强，天资聪明活泼。若有好的教育，可以出大批的干部。但是政治水平很低，有的人对揭发过去的错误不满，因为他们对（张国焘）个人的迷信超过了对党的认识很远。政治工作虽然建立了一些制度与组织形式，然而工作的具体内容还很差，有的甚至没有。

罗瑞卿的报告最后说："有些干部目前不负责任，甚至烦闷。我想大约也有以下几个原因：1. 过去的积极，一般强制的成分多，而自觉的成分少；2. 旧的强迫管理的方式去掉了，还没有新的方式代替；3. 对于过去的艰苦发生恐惧与厌倦；4. 过去只认识个人，一切寄托之于个人身上，现在还没有以党的观念代替对个人的迷信。"[1]

罗瑞卿的报告反映出四方面军中存在的不少问题。关键是张国焘

---

[1] 见《第二次国内革命战争时期军事文献》。

的影响依然存在，四方面军中的许多干部还没有认识到张国焘错误的严重性，与张国焘划清界线，真正站到中央的立场上来。因此，必须对张国焘进行彻底的批判。在这个问题上还有许多工作要做。不仅是张国焘个人，各级的干部也都有自我检查的必要。

此时，四方面军中的许多干部也感觉到沉重的压力。从上级派人来考察部队，4军和31军领导人的变动，以及中央转发张国焘的检查和凯丰的文章，都是一场党内重大斗争即将开始的前兆。西路军的坏消息不断传来，当3月中旬，援西军政委张浩宣布西路军失败的消息，4军和31军的干部战士都痛哭起来。有的人终日情绪低沉，打不起精神，不知会有什么样的命运降临到自己头上。

张国焘对西路军的失败极为痛心，他感到："如果说一方面军在二万五千里长征时只剩了一副骨头架子，那么西路军连脊梁骨也被敌人打断了。"[1]

西路军的失败在陕北引起强烈反应。自1935年中央苏区第五次反"围剿"失败以来，西路军的失败是红军遭受的最严重的损失。中央当然要追究责任。在陈昌浩电告中央西路军失败的十余天之后，1937年3月，中共中央在延安召开了政治局扩大会议。23日到26日的议题是国民党三中全会后中共的任务，从27日到31日则是以批判张国焘路线为中心议题。

出席会议的有：

中共中央政治局委员毛泽东、张闻天、朱德、博古、张国焘。候补委员凯丰。

红一方面军负责干部彭德怀、林彪、萧劲光、罗荣桓、林伯渠、陈赓、董必武、刘亚楼、蔡树藩、莫文骅。

红二方面军负责人贺龙、任弼时。

红四方面军干部周纯全、何畏、傅钟、倪志亮、王维舟、何长

---

[1] 张国焘：《我的回忆》第20篇第2章。东方出版社1991年版，第3册351页。

工、邵式平、廖承志、朱光、罗世文、谢富治。

原红四方面军川陕省委干部郭潜、李中权、罗华民。

原陕北红军负责人高岗、郭洪涛、戴季英。

四位红军女干部：康克清（朱德夫人）、刘群仙（博古夫人）、金维映（李维汉夫人）和李坚贞。

列席会议的还有：吴亮平、冯文彬、刘长胜、杜理卿、徐特立、周兴、王林、王观澜、齐华、胡耀邦、曾希圣、刘胜连、张振坤、谭家述、谭玉林、杨秀山、余黛生等。

有几位重要人物没有出席会议。周恩来当时在杭州与国民党谈判；刘少奇在天津领导中共北方局的工作；邓发去了苏联。林育英在会议召开前不久，被派往外地搞职工运动。张国焘几次找张闻天，要求让林育英出席会议。因为林育英是中共中央与张国焘之间的调解人，也是最重要的知情人。如果没有他在场，张国焘与中央之间的许多问题就说不清楚，但是张闻天拒绝了张国焘的要求。

3月27日会议开始后，首先由张国焘作检查。他承认自己在一、四方面军会合后是犯了路线错误、退却逃跑错误、反党反中央错误，承认自己对民族革命运动、中央红军的胜利和人民群众的力量估计不足，对敌人的力量估计过高，因而悲观失望，主张退却。对北上问题，承认自己对中央的方针发生怀疑，承认后来由于朱德拥护中央，广大干部拥护中央，促使他有了转变。但是北上以后，又改为西进，仍是对民族革命运动估计不足。他表示要与自己的错误作坚决斗争，还没有认识的问题，也要很好地检查一下。[1]

朱德总司令发言批判张国焘的错误，并叙述了他在南下时期同张国焘进行的斗争。他说：张国焘从鄂豫皖时期开始，就完全成为个人指挥党。他不相信党，不相信阶级，只需要个人的党，不需要布尔什维克的党。因为党和红军都是有组织原则的，而国焘不要这些原则。

---

[1] 平卓：《长征中的张国焘》第18章，湖北人民出版社1986年版，第205页。

在会合时，他对中央极不尊重，自以为是列宁主义。这是他反党反中央的来源之一。自从宣布中央逃跑后，他更蔑视中央。后来召集会议反对中央，我说："我是总司令，我便不好参加。"国焘骂中央，当然我也是在被骂之列。从阿坝会议到松岗（卓木碉）会议，反党反中央的罪恶他做了不少。在松岗会议我指出："不要与中央对立。"当二方面军会合时，他们要向二方面军去宣传中央的"错误"。我说："不要宣传。无论如何，弼时是宣传不到的。"他不信，而且发火，说我向他进攻。

批判了张国焘的错误，朱德最后说："国焘同志是老党员，但是他的思想是机械唯物论，只看形式不看内容。我希望国焘同志承认错误，应该以列宁主义为中心，以党放在前面，不要忘记了党。只有相信党才能领导革命，脱离了党的立场是没有出路的。"[1]

朱总司令的话有理有节，对张国焘过去的所作所为，朱德是见证人。他所揭露的完全是事实，张国焘抵赖不了，但是朱德以宽厚的胸怀，向张国焘伸出挽救之手，耐心帮助他认识错误，以改正错误。比起南下时张国焘对朱德的侮辱迫害，更显示了朱总司令的高尚品德。张国焘对朱德是口服心服，即使在几十年后写回忆录时也没有否认这一点。

任弼时同志在发言中批判了张国焘在二、四方面军会合后的分裂行为。他指出：张国焘在二、四方面军会合前就召集会议作布置，只准大家说一方面军坏，不准说四方面军的缺点。二、四方面军会合后，张国焘就派人送来攻击党中央领导同志的文字材料，还派了一个"委员会"到二方面军做反中央的宣传。后来张国焘还下令要把六军团交给他指挥，并准备调换二、六军团的领导。还坚持要召集二方面军的干部会来求取一致。二方面军领导对张国焘进行了抵制，向张国焘指出他不承认中央领导的错误。任弼时说：张国焘是不想和一方面军会

---

[1]《朱德年谱》，人民出版社1986年版，第163页。

合的，到哈达铺后，张国焘提出由齐哈玛过黄河。经二方面军领导反对，他才放弃了原来的企图。但是张国焘还是想用主力出夏、洮，基本企图是过黄河以西，拒绝与一方面军的会合，又遭到大家反对。任弼时回顾历史说："八七"会议前后，张国焘不同意党领导农民进行土地斗争；南昌起义时，他想停止起义；"六大"时张国焘是"右"的代表；对于抗日统一战线，张国焘认为是幻想，一点可能也没有。任弼时认为，张国焘长期以来看不到革命的形势，看不到阶级力量的变动。由于他在党内的很深的派别成见，到了一、四方面军会合后，便发展到了最高峰。他坚持南下，使四方面军力量消耗很大。瓦窑堡会议后，他实际上并没有什么转变。[1]

几天会议中，发言十分热烈。彭德怀、林彪、贺龙等批判了张国焘分裂党和红军的罪行，康克清揭露了阿坝会议期间张国焘反对中央的罪恶和对朱德、刘伯承等同志的迫害。原四方面军的傅钟、王维舟、罗世文等同志揭发了张国焘在四方面军中实行军阀统治，打击迫害革命同志的罪行。何畏等则检讨了自己追随张国焘所犯的错误。

毛泽东在3月30日的会议上作了长篇发言。他指出：张国焘路线毫无疑义是全部错误的。我们欢迎他的转变，这是中央的干部政策。张国焘的哲学，一言以蔽之是混乱，其中主要的东西是机械论和经验论。他只承认看得到的东西，因此他的思想是反理论、反原则的。他老是将自己描绘成实际家，恰恰证实他是真正的经验论。那次我们接到捉了蒋介石的消息以后，他举出几十条理由要求杀蒋介石。张国焘要改正自己的错误，首先要放弃自己的经验论。他只看到局部而看不到全体，只知道有今天而不知有明天。由于进行科学的分析，所以我们能预见运动的法则，在军事上即是有战略的头脑，这正是张国焘所缺乏的。张国焘的机械论，只看见形式，看不见内容。他把日本和蒋介石看作有无穷力量的魔鬼，害着恐日病和恐蒋病，说什么十倍于现

---

[1]《任弼时年谱》，人民出版社1993年版，第331页。

在的力量也不能战胜日本，在革命战争中只想起后梯队的作用。他看不见日本和蒋介石都存在着种种矛盾。他不承认事物内部的矛盾，不知道红军中、共产党内都有矛盾，只有加强党内斗争、思想教育和党内民主来解决这些矛盾。

谈起长征中的斗争，毛泽东说：张国焘在鄂豫皖的初期，还不能说是机会主义路线。自从打了刘湘以后，便完全形成了机会主义路线。他到川西北以后，弄出一个联邦政府，还要造出一个政治局。会合后中央要迅速北上，他按兵不动，中央尽力迁就他，安他一个红军总政委。但是一到毛儿盖，就反了，要用枪杆子审查中央的路线，干涉中央的成分和路线，这是完全不对的，根本失去了组织原则。红军是不能干涉党中央的路线的，张国焘在分裂红军问题上做出了最大的污点和罪恶。左路军和右路军的时候，叶剑英把秘密的命令偷来给我们看，我们便不得不单独北上了。因为这电报上说："南下，彻底开展党内斗争。"当时如果稍微不慎重，那么会打起来的。

毛泽东最后的话使在座的同志都为之震惊。这件事情毛泽东在俄界会议上没说过，除了凯丰的文章之外，毛泽东是首次在中央政治局会议上说这件事情。除张国焘外，其他当事人没有在场。叶剑英在西安，徐向前、陈昌浩还在路上流浪。在以后的日子里，凡是提及长征中的"密电"问题，最原始的出处就是毛泽东在这次会议上的讲话。

毛泽东继续说：反党的"中央"成立之后，中央还是采取忍耐的态度。那时张国焘的电报却凶得很，"禁止你们再用中央名义"的话头都来了。我们却慎重得很，当时中央通过的关于反对张国焘错误的决议，只发给中央委员。

毛泽东最后说：张国焘入党以来，还曾有若干阶段是在党的路线下工作的，但是他的机会主义史的问题是必须要指出来的。我们应该用诚恳的态度要求张国焘转变，抛弃他的错误，今后应从头干起。[1]

---

[1]《毛泽东年谱》，人民出版社1993年版，上册第665页。

最后一天的会议由张闻天作总结性的发言。他历数了张国焘路线的错误及张国焘本人在历史上的机会主义表现，基本上是重复了毛泽东的讲话和综合了各位同志的发言。他强调了对张国焘路线作斗争应注意的几个问题：1. 无情揭发张国焘路线，来教育全党同志。否则党内不能统一。2. 要把反张国焘路线的斗争同四方面军的干部分开。这些同志以为国焘就是党，受了国焘的欺骗。我们要帮助他们来反对国焘路线，帮助他们进步。3. 对犯错误的同志不应采取报复主义，主要用说服教育的方法使之转变。4. 对犯错误的人（指张国焘），不要轻易相信，要看实际的表现。5. 要消灭张国焘主义，应加强党内教育，扩大民主，发展自我批评，从原则上解决问题。

对大家要求开除张国焘党籍、撤销其党内职务问题，张闻天建议暂时不做组织结论，给张国焘一个改过的机会。他的话得到大家一致赞成。

这时，主持会议的博古要张国焘表示态度。张国焘沮丧地站起来说："各位的发言，特别是几位中央政治局同志的发言，使我更得到教育。我了解我犯了严重的错误，恶果很大。"说着，他痛哭流涕起来："我现在宣布我的错误的破产。以前种种昨日死，以后种种今天生。"但在座的人却发出一阵不信任的冷笑。

接着，张国焘答复了会议中提出的一些具体问题，如肃反、反对中央、阿坝会议、杀害胡底等同志，张国焘都承认是自己的罪恶。但是有几个问题他拒不承认。一个是曾中生之死，他说不是他下的命令。另一个是"用武力解决中央"，张国焘否认有此事。他说："我要说明的是，发展到陷害总司令和武力解决革命同志，如果这样做便是反革命了。"

张国焘最后说："我的错误的确是反党反中央。我的错误是很严重的，我同意给我作组织上的结论。但我有一点不同意的，就是不把我当党员看待，当反革命看待。我认为我与托派和陈独秀是有区别的，我是坚决站在共产国际方面的，所以我有权利请求还把我当党员看待。"

批判张国焘路线的中央政治局扩大会议结束时，通过了《中央政治局关于张国焘同志错误的决议》，对张国焘路线的错误进行了系统的总结和批判。主要内容是：

一、张国焘在四方面军的领导工作中，犯了许多重大的政治的原则的错误。"从退出川陕苏区到成立第二'中央'为止，是右倾机会主义的退却路线与军阀主义的登峰造极的时期。这是反党反中央的路线。"

二、"他用全力在红军中创造个人的系统。他把军权看作高于党权。他的军队是中央所不能调动的。他甚至走到以军队来威逼中央，依靠军队的力量，要求改组中央。最后，他不顾一切中央的命令，自动南下，实行分裂红军，成立第二'中央'，造成中国党与中国苏维埃运动中空前的分裂行为。"

三、南下行动"不但在反党反中央、分裂红军上看来，是根本错误的，而且南下行动本身也是完全失败的"。"由于南下的行动，使红军远离抗日前进阵地，削弱了红军在全国的影响与推动抗日民族统一战线迅速建立的力量，也使中国革命受到损失。"

四、张国焘虽然取消了第二"中央"，率领红四方面军北上。但他"始终对于北上与中央会合是迟疑的，对于中央的路线的正确性是不了解的。西路军向甘北前进与西路军严重失败的主要原因，是由于没有克服张国焘路线"。

五、"张国焘路线是农民的狭隘性、流氓无产阶级的破坏性及中国封建军阀的意识形态在无产阶级政党内的反映。""这教训又一次指出，没有无产阶级先锋队马克思列宁主义的领导，不论是民族革命或土地革命，必然不能得到彻底胜利的。"

六、中央"对于四方面军的干部在中央直接领导之下获得的极大进步与对张国焘路线的正确认识，表示极大欣慰。过去红四方面军所犯的错误，应该由张国焘同志负最主要的责任。一切把反对张国焘主义的斗争故意解释为反对四方面军全体干部的斗争，把四方面军的干部同中央对立的企图与阴谋，应该受到严重的打击。"[1]

政治局扩大会议后，张国焘经过几个月闭门思过，在1937年6月又写了一份检查：《关于我的错误》，承认"中央政治局关于我的错误的决议，我不但完全同意，而且对于我自己是最大的教育。我应当根据这个决议来彻底改正自己的错误，与自己的错误作坚决的斗争"。"我自己宣布我的错误路线已完全破产，每个同志与我的错误作毫不留情的斗争，是党的布尔什维克化最重要的一个保证。"[2]

其实，张国焘心里是不服气的，只是委曲求全。他的一些部下来发泄不满，张国焘安慰他们说："在毛儿盖的时候，我有充分理由批评当时的中共中央政治路线。可是现在形势不同，毛泽东等首先接通了与共产国际的关系，在执行抗日民族统一战线的政策上，又与张学良、杨虎城联盟，经过西安事变，可望与国民党和解。这些成就，改变了反对毛泽东的意向。何况西路军又遭受如此惨痛的失败，我正引咎自责，无意与他人辩论是非。因此我希望一般同志，专心学习，检讨过去工作的错误，再不可有反中央的表示。"[3]

中央政治局扩大会议结束后，彭德怀、任弼时等奉中央指示，到二、四方面军部队中传达会议精神，开展反张国焘路线斗争。但是，在四方面军中批判张国焘路线，遇到很大的阻力。张国焘与中央之间究竟是怎么回事，许多情况连军师级干部都不清楚，别说基层官兵了。特别是上级批判张国焘的军阀主义、土匪主义，许多人想不通。同样

---

[1] 盛仁学编：《张国焘研究资料》，四川人民出版社1982年版，第7—11页。
[2] 同上书，第611页。
[3] 张国焘：《我的回忆》第20篇第2章，东方出版社1991年版，第3册356页。

是红军，怎么跟着张国焘就成了"土匪"了？三个月的批判斗争表现出扩大化的倾向，引起了四方面军干部的思想动荡。据1937年7月12日4军政治部给前总的《四、五、六三个月4军政治工作状况的报告》中反映，当时4军逃亡现象比较严重，共跑了131人，其中不少是干部。许多干部惶恐不安，上级调干部去学习，就怀疑自己"有问题"，"恐怕是犯了错误"。有的借口"不识字""学不进"，拒绝离开部队去学校。[1] 31军的情况也差不多，军政委郭述申在5月1日给中央的电报中反映："4月份部队逃亡现象非常严重，共计86名。主要原因由于政治教育与管理领导方式的缺乏所造成。"

反张国焘路线的斗争逐步扩大，在二方面军中也搞起"反军阀主义"的斗争。当时二方面军部队驻云阳，"上级突然指示，在红二方面军中开展一场反军阀主义、游击主义的斗争。反军阀主义的主要矛头是针对贺龙的。由于贺龙在红二方面军中享有崇高威望，这场不得人心的斗争草草结束，不了了之"。[2] 贺龙后来提及此事，仍余怒未息。他说："云阳镇反军阀主义，附带反游击主义。反军阀主义是反我的。我和小关（向应）讲：反是反不走的，下命令我才走。"[3]

斗争扩大化终于导致悲剧的发生。1937年4月3日，延安红军大学发生了一起"暴动"事件。原四方面军的一批高级干部许世友、王建安、洪学智等十几人因"拖枪逃跑"和"谋害毛主席"的罪名被逮捕。

这件事的起因，许世友上将在新中国成立后曾有较详细的回忆。他说："到延安以后，就有人说张国焘如何长如何短，我也不作声，只要你不说到我头上我就不管。以后西路军失败，我非常痛心，半个月没好好休息。加上反张国焘路线，听了不少胡言乱语，有的说我是托

---

[1]《中国工农红军第四方面军战史资料选编——长征时期》，解放军出版社1992年版，第1138页。

[2]《贺龙传》第9章，当代中国出版社1993年版，第211页。

[3] 贺龙，1961年6月5日的谈话，载《中国工农红军第二方面军战史资料选编》（四），解放军出版社1996年版，第281页。

洛茨基,有的说我是土匪。下面干部看不起四方面军同志,我非常生气,病得吐了血,到医院休养。我想:从前反陈独秀、李立三时,我们这些干部只知道他们错了,至于到底怎样错,什么叫方针路线错了,我们是不知道的。我也没有参加过这么大的斗争会,这样的斗争会实在害怕。当时我想赶快打仗,我到前方与敌人拼死,也不愿开这个斗争会。加上下边又谣传要枪决周纯全、何畏、张国焘,我也是张国焘的军级干部之一,也不能没有我的事。我自己也觉得在这里枪决太冤枉了,我南征北战带了这些彩,没有功还有罪吗?那时认为党中央在争权夺利,要把我们搞掉。我这个认识是大错了,所以基本上就动摇了。我的态度是非常不满,在病中苦闷到极点。

"我在病休中,斗争会一天比一天开得厉害。这时四方面军的营团师军级干部都来看我,没有一个不哭的。一连这样三天,尤其是军师级干部的哭,对我影响很大。过去都是老同事,现在都感觉没有出路。我想了几天,想出办法来了。他们来看我时,我对他们说:我们回四川去。那里有刘子才,他们有一千多人,又是我的老部下。在这里某某说我们是反革命,要枪决;我们回四川去,叫他们看看我们到底是不是革命的。愿去的就走,不愿去的也不要告诉中央。

"到第二天,有二十多个团级干部、两个营级干部、六个师级干部、五个军级干部都愿意走。当时我们决定不带张国焘、何畏、周纯全,因为他们都要骑马。我们决定步行七天七夜,通过陕北到汉中、巴山,会合刘子才的部队再说。一切计划是我作的,路线也是我划的。"[1]

但是,许世友等人的出走计划走漏了风声,被红大的人渲染成"暴动"和"谋害毛主席",报告给校长林彪。经上级批准,许世友等人被红大校方和政治保卫局来人拘禁。经过审查,"谋害毛主席"的罪

---

[1] 凯旋:《许世友之谜》,《南方周末》报1995年5月5日。

许世友

名不能成立,定性为"拖枪逃跑"。1937年6月6日,延安最高法院举行公审大会,宣读对许世友等人的判决。从轻判处许世友、洪学智、王建安等六人一年半至六个月不等的有期徒刑。并在6月9日的《新中华报》上发了消息。

在审查过程中,负责这个工作的董必武同志发现许世友等人是冤枉的,向中央做了反映。张国焘回忆:"负责审理四方面军干部的董必武,更在事实上缓和了这个斗争。他和那些被捕者一个个亲自谈话,结果证明何畏、许世友、王建安等反对者并没有组织性的行动,他们的背后也没有人指使和操纵。只是对于抗日军政大学的斗争方式表示不满,因此愤而反抗。董乃将多数同志释放,少数人判短期监禁。被判禁闭的人,都是提前释放。所有被释放者,仍回到军政大学继续学习。"[1]三个月后,9月25日,任八路军第120师359旅旅长的陈伯钧来延安看望老战友,与罗瑞卿、刘亚楼等共进晚餐。"饭后又回抗大,遇四方面军干部王树声、许世友、詹才芳等,简单说了几句话。"[2]说明许世友等此时已恢复了自由。

毛泽东听了董老的汇报,也觉得这件事处理得太过分。中央批判

---

[1] 张国焘:《我的回忆》第20篇第2章,东方出版社1991年版,第3册363页。
[2] 《陈伯钧日记》,上海人民出版社1987年版,第773页。

张国焘，但对四方面军的广大干部战士是应当好好团结的。毛泽东当时没有公开表态，采取冷处理的办法息事宁人。这时徐向前回到延安，毛泽东听了徐关于西路军情况的汇报后，要他去看看许世友等人，做些工作。当时徐向前的处境也很不好，只能说几句宽慰的话。后来许世友、王建安等去了山东根据地，在抗日战争中立下战功。实践证明他们是我党我军的优秀干部。1944年10月25日，毛泽东在延安整风的一次讲话中说：反国焘路线是有些过分的。如1938年在抗大，今天也讲，明天也讲，讲得人家根本不要听了还要讲。……关于抗大"暴动"的事情，说许世友等想杀我，给他们作了反革命暴动的结论。现在这个结论要修正。他们当时是有错误的，但自抗战以来，许世友任胶东军区司令员，王建安任鲁南军区司令员，他们的工作都有成绩，说明他们是好同志。这里得出了一个教训：是斗争过火了引起他们这样干，这是不对的，不能过火斗争。毛泽东的这番话明确否定了抗大"暴动"事件，为四方面军的干部平了反。

抗大事件后，反张国焘路线的斗争有所降温。张国焘自己觉得颜面扫地，没法干下去了。他说："我决心搬出延安城，再也不愿问党内的事。我在延安近郊，游山玩水，并寻觅适当的住所。果然，在延安北面的山上，找着了一所破庙。其中有一个石头的窑洞，可供居住。我督率我的卫士们去修理，不仅使窑洞焕然一新，而且在庙的左侧还开辟了一个小广场。不到两周，我就迁到新居去了。"后来中央给张国焘安排了临时的工作，由抗大教务长成仿吾出面，请张国焘到抗大讲政治经济学。[1]

1937年8月，陈昌浩回到延安。他见到张国焘，满面羞愧，自承应负西路军失败的全部责任，听候党的处罚。在中央书记处责令下，他写了长达7万言的报告。中央以《陈昌浩同志关于西路军失败的报告》为题，于10月5日发给中央有关负责人审查。

---

[1] 张国焘：《我的回忆》第20篇第2章，东方出版社1991年版，第3册372页。

陈昌浩的报告共分9章，在叙述了西路军自渡河以后的征战过程和一系列决策经过后，总结了经验教训。他认为西路军失败的客观原因有四点：一、马步芳、马步青为保持其领地而和红军死战；二、民族矛盾致使统一战线工作无法进行；三、二马在骑兵与数量上占有优势；四、我军在武器、地形、气候与战术上的诸多不利因素。在主观原因上，他承认自己在政治上不能克服国焘路线的影响，自己是"国焘路线之第一个负责执行者"。在战略战术上连续失误，加上政治思想工作薄弱，导致西路军的失败。但是他声明："西路军指战员为着党中央与军委所赋予的任务而坚决斗争，粉身碎首饥冻疲困，在最困难与从未遇过的困难条件及残酷万分的血战中，一般说来没有灰心，没有投降困难。而为求战胜敌人完成任务，而斗争到最后一滴血。干部极大死亡，战士宁死不辱，而表现极英勇的斗争。"他说："虽然西路军对中央与军委指示执行的不充分，但西路军自成立之日起是站在党中央正确路线之上来努力的。我以为西路军虽然根本失败，我个人虽犯了很大错误，特别是不能克服国焘路线的错误，但我还是坚信西路军一般政治路线是执行中央的正确路线，绝不是继续与执行反中央的国焘路线的。"[1]

中央不能接受陈昌浩的报告。因为毛泽东已经给西路军下了结论。在1936年12月发表的《中国革命战争的战略问题》一文中，毛泽东写道："为敌人吓倒的极端的例子，是退却主义的'张国焘路线'。红军第四方面军的西路军在黄河以西的失败，是这个路线的最后的破产。"[2]

在中央的严厉批评之下，陈昌浩又写了第二个报告。这次他来个全盘自我否定，上纲上线地把自己与张国焘路线联系起来。他写道："中央正确路线与国焘错误路线是绝对相反的，而不可调和的。前者是领导革命到胜利之路，后者是领导革命于失败之路。

---

[1]《中国工农红军第四方面军战史资料选编——长征时期》，解放军出版社1992年版，第1003页。
[2]《毛泽东选集》第1卷，人民出版社1991年版，第198页。

革命历史证明得很清楚：如果政治路线正确，环境虽劣，自力虽小，可以导革命于胜利；虽一时受到挫折，而终结必归于胜利。如果政治路线错误，环境虽好，自力虽大，可以导革命于失败；虽一时幸而胜利，而终结必归于失败。五次'围剿'中央红军虽受挫折，而二万五千里长征胜利，抗日民族革命战争实现，这是中央路线一贯正确之铁证。四方面军虽有川陕苏区之胜利，而川陕苏区之自动放弃，南下基于挫败，番区之无出路及西路军之严重失败，这是国焘路线完全错误之标志。西路军既然没有克服国焘路线，就不是执行中央路线。"[1]

陈昌浩以虔诚的认罪态度，将所有的帽子都扣在自己头上。他的盲目检讨起了反作用，中央认为他言不由衷，很不老实。徐向前也反对陈昌浩这种唯上是从的作风，在回忆录中说："西路军第一把手陈昌浩思想上有包袱，患得患失，当断不断。他是军政委员会主席，政治委员，有最后决定权，对西路军的行动，能起'拍板'的作用。但是，这个同志的精神状态，很不理想。原因是他在红四方面军南下期间，一度支持过张国焘的分裂主义，后见共产国际不承认张国焘的那一套，知道自己犯了错误，包袱沉重，不易解脱。他曾向我流露过：南下的事，共产国际肯定对四方面军另有看法。为了四方面军的前途，今后应唯共产国际和党中央的意见是从。陈昌浩同志愿意改正错误，紧跟中央，无可非议，但是，作为一个党的高级干部，绝不允许夹杂某种个人得失或山头主义的情绪在内。党内斗争嘛，谁能一贯正确？犯了错误，该检讨就检讨，该工作就工作，没有必要迫不及待地去表白自己，洗刷自己，从一个极端跳到另一个极端。在西路军期间，陈昌浩自始至终以紧跟中央，'回到'正确路线上来而自居。对于上级的指示，奉为金科玉律，不敢越雷池一步，简直到了一切'唯上'的盲从地步。至于敌我力量对比如

---

[1]《中国工农红军第四方面军战史资料选编——长征时期》，解放军出版社1992年版，第993页。

何，战场实际如何，哪些行不通的指示应向上级反映，哪些事关全军命运、战局胜负的问题需要机断处理，则一概置诸脑后。我们之间的两次争论，便充分证明了这一点。"[1]陈昌浩一错再错，不但没有为西路军挽回名誉，反而断送了自己的政治前途。

1937年10月，中央政治局常委开会讨论西路军失败的教训。陈昌浩在会上作检讨。毛泽东在发言中基本重复了3月批判张国焘的那些话，指出张国焘路线实质上是逃跑主义、军阀主义与反党反中央的路线。因"七七"事变爆发，抗日战争进入了一个新阶段。红军改编为八路军奔赴山西抗日前线，批判张国焘路线告一段落。张国焘担任陕甘宁边区政府副主席，陈昌浩则继续反省。1939年8月周恩来去苏联治疗右臂，陈昌浩随行离开延安，去苏联接受共产国际的审查。

---

[1] 徐向前：《历史的回顾》第14章，解放军出版社1985年版，第562页。

第24章
张国焘出走

张国焘家人团聚——陈云组织西路军干部学习军事技术——邓发在新疆主持批判张国焘路线——李特、黄超之死——张国焘出走——周恩来等对张国焘进行最后挽救——张国焘叛变——中央宣布开除张国焘党籍

"七七"事变后,中国开始全面抗战。国共合作新局面的形成,使国内的阶级矛盾降到次要地位。1937年8月,根据国共双方谈判的协议,决定红军改编为八路军,分三个师奔赴抗日前线。后方组成陕甘宁边区政府,林伯渠为主席,张国焘为副主席。因林老去西安搞统战工作,张国焘又作了代主席。批判张国焘路线的斗争,暂时告一段落。

张国焘在边区政府主管一些后方工作,如征收公粮、抚恤军烈属、残废军人和管理边区财政事务。张国焘情绪低落,很少管事,日子过得很无聊。虽然他还是中共中央政治局委员,但很多会他也不去。应该指出的是,他的生活条件还是相当不错的。边区政府所在地是延安最好的房子——当年传教士修建的。张国焘住的房间有地板、弹簧床,而当时延安街道只有一些破旧的小房子。绝大多数人上自毛泽东,下至老百姓都住窑洞、睡土炕。张国焘的隔壁住着秘书长伍修权,张国焘总疑心伍修权是中央派来监视他的。后来伍修权在回忆录中也不否认这一点,他说:"这是当时的中央组织部长李富春同志分配我去的,其中也确有这么个含义,看张国焘是否搞鬼。……当时我还是尽力之所及放手工作,对张国焘也保持一定的警惕。他对我也一样,彼此互怀戒备,心照不宣。"[1]

在政治上,张国焘是一个失败者,但在个人生活上却得到了补偿。1937年9月,与他分离七年的夫人杨子烈得知张国焘的消息后,千里迢迢从上海赶到延安,与张国焘团聚。杨子烈是中共早期的党员。

---

[1] 伍修权:《回忆与怀念》,中共中央党校出版社1991年版,第146页。

张国焘去鄂豫皖后,他们就失去了联系。上海中央迁往江西苏区后,杨子烈没有生活来源,靠劳动自食其力,学会了产科护理。几年来,她一直躲避国民党的搜捕,历尽千辛万苦。但她一直在等着张国焘,没有改嫁他人。她的到来无疑对张国焘是极大的安慰,也使张国焘过上了一段安定的家庭生活。不久,他们9岁的儿子也从家乡来到延安,一家人得以团聚。[1]

在延安,张国焘一家共享天伦之乐。毛泽东忙着指挥八路军抗日斗争。张国焘以为暴风骤雨已经过去,在公开场合,他们相互之间还比较客气。张国焘在党内还坐在前几位上。1936年7月25日,毛泽东在会见来访的美国作家埃德加·斯诺时,谈到长征胜利的原因,特别指出:"党之所以不可战胜,再一条原因在于有人才,有一批革命的干部。他们才能非凡,智勇双全。朱德、王明、洛甫、周恩来、博古、王稼祥、彭德怀、罗迈、邓发、项英、徐海东、陈云、林彪、张国焘、徐向前、陈昌浩、贺龙、萧克同志,还有许许多多为革命献出了生命的优秀同志,通过所有这些同志的通力合作,创造了红军和苏维埃运动。这些同志以及正在成长的一代新人,将领导我们走向最终胜利。"斯诺解释说:"由于这些提名似乎同长征的主要提法唱的是反调,以前我没有使用它们。但今天看来,这些话语也许具有某些历史价值。务须提请读者注意毛排列这些人名的次序,也务须提请注意这样的事实,即其中包括那些毛不久之前刚刚与之作过斗争,并将再次与之斗争的人,更不用说那些被删掉的人名了。"[2]

斯诺所指这里被毛泽东赞扬而后打倒的人,包括张国焘。这也表明,毛泽东当时对张国焘的处理是慎重的,还没有把他归入敌人之列。

1937年底,批判张国焘路线的斗争又在遥远的新疆开展起来。这是在中央代表邓发的主持下,在原西路军驻新疆人员中进行的。

1937年5月,西路军工委李先念、李卓然等率领西路军幸存的干

---
[1] 杨子烈:《往事如烟》,香港自联出版社1970年版,第339页。
[2] 斯诺:《红色中华散记》,与毛泽东谈话补遗,江苏人民出版社1992年版,第262页。

陈云

部战士400余人到达新疆后,受到中央代表陈云、滕代远等热烈的欢迎和妥善的照顾。他们到了迪化(乌鲁木齐),进行休整。陈云同志非常关心西路军同志,让他们吃得饱、穿得暖,还为他们检查身体,治疗疾病。为了在新疆安心住下去,陈云与新疆督办盛世才商量,将西路军人员编为"盛督办新兵营"。盛世才与苏联关系密切,并得到苏联的大量援助,此时对红军的态度还是不错的。有了编制和称号后,陈云把大家组织起来,进行学习。他亲自给大家讲课,讲马克思列宁主义的基本原理和政治时事。这些经历多年战斗的红四方面军同志,大多文化水平较低。陈云的课使他们感到很新奇,很多道理还是头一次听说。如什么是无产阶级,什么是资产阶级,有人只会说:"无产阶级是穷人,资产阶级是有钱人。"陈云同志运用马列主义政治经济学理论,给大家解释阶级学说。至于什么叫左倾,什么叫右倾,路线是什么,就更搞不清楚了。当讲到两条路线斗争时,很多人误解为敌人在这边是一条路线,我们在另一边打仗就是两条路线。陈云感到,张国焘的愚民政策真是害人，只有把这些同志教育好，才能提高他们对错误路线的认识。陈云对政治学习抓得很紧，但他掌握着一个界线：不谈张国焘路线，也不指责四方面军和西路军犯了错误。因此，他与西路军同志的关系相当融洽，大家对陈云都很尊敬。

在学习政治理论的同时，陈云还组织大家学文化。原来在四方面军中，有文化被看成是危险的事。张国焘对知识分子一贯是怀疑和不信任的，对有不同意见的往往是残酷打击，甚至安上"改组派""第三党"的罪名杀掉。因此，在广大指战员中形成这么一种观念："没文化比有文化好"，"没文化一样打胜仗"。陈云耐心教育大家，学文化是学习一切知识的基础，只有学好文化，才能掌握军事技术。大家思想通了，学习很卖力。他们自选教员，自编教材。官教兵，兵教官。李先念政委尽自己的能力，为战士解答疑难问题。后来延安来了几位干部，有几位从苏联回国的干部，也来给大家上文化课。为了将来上抗日前线，他们还学了一些战场上实用的日语，如"优待俘虏""缴枪不杀"。学文化在"新兵营"中形成了一股热潮。

1937年秋天，陈云同志向大家宣读党中央电报指示："严守纪律，安心学习。"根据陈云与盛世才协商的结果，红军战士分成几部分，学习军事技术。据1939年的统计，学汽车的67人，学装甲车的50人，炮兵87人，无线电24人，空军42人，兽医10人。还有派往苏联学情报工作的20多人。他们在苏联顾问的指导下，克服种种困难，掌握了一门军事技术。回到延安以后，他们多数被派往东北，在解放战争时期成为中国人民解放军中第一批炮兵、坦克兵、航空兵的创建人。中国人民解放军中有了特种部队，真是如虎添翼。这些成就还要归功于西路军同志在新疆刻苦学习的结果。[1]

遗憾的是，陈云和西路军的同志相处了不到半年就分开了。1937年11月14日，一架来自苏联的飞机到达迪化。上面坐着从苏联回国

---

[1] 王崇国：《在新兵营的日子里》，载《艰苦的历程》下册，人民出版社1984年版，第372页。

的王明、康生。王明接见了西路军同志,简单讲了统一战线,国共合作联合抗日的话,便叫陈云和他们一起上飞机回延安。大家与陈云依依惜别。

过了不久,中共中央代表、中央政治局候补委员邓发来到迪化,接替陈云的工作。邓发来新疆的一项主要任务,就是在西路军人员中开展批判张国焘路线的斗争。他向大家传达了中央政治局扩大会议的决议和主要精神,在大家心里造成了很大震动。虽然他们知道张国焘在延安已经受到批判,但没想到会如此严重。张国焘毕竟是他们多年的领导,他的影响不是一下就能消除的。西路军工委的负责人遵照中央的决议,进行了学习讨论。张国焘平日的错误行为和作风,他们是了解的。11月27日西路军工委通过了一个决议,对张国焘路线作了第一次批判。

《决议》指出:两年来一切政治事变的发展,完全证明了党中央路线的正确。同时证明了国焘同志对中国革命形势的估计是机会主义的。当时中国革命形势是"处在两个高潮之间",因此他要红军退守到偏僻地区,等待革命形势到来。由于他这种机会主义的估计完全违反了党中央的路线,结果竟走到公开不执行党的决议和指示,领导一部分红军南下退到西康躲避起来。

由于国焘同志政治上的错误,一直走到组织上分裂党的行为。以致成立第二"中央"。这种行为是完全违反了党的组织原则的,这是中国共产党历史上所从来没有过的事情。在国焘同志的机会主义的错误路线领导下面,曾经采取了许多非布尔什维克的党内斗争方式。特别是公开贴标语反对党中央领导同志,造谣诬蔑中央负责同志,滥用职权撤销军委主席朱德同志的职务,甚至用肃反的办法代替党内思想斗争,来对待拥护中央路线的同志,如王透、胡底的被捕。

《决议》认为:国焘的南下退却路线及成立第二"中央"的违反

党组织原则的错误，是非常严重的。昌浩同志亦是当时的主要负责者之一。这种错误的结果，是直接削弱了当时红军的力量。西路军的失败是与国焘同志的错误有密切联系的，如西路军对党中央军委关于集中兵力及争取敌军工作之指示没有坚决执行，这也是造成西路军失败原因之一。我们全体一致认为：党中央对于开展反对国焘同志这种退却路线与错误的斗争的领导与决定是完全正确的。大家坚决一致地拥护党中央的这个决定，并要求继续开展与深入这个斗争。

但是邓发对这个《决议》很不满意。因为在一些重大问题上，西路军工委的同志们都保持沉默，或者根本不承认。如中央说张国焘发密电企图危害中央的问题，没有人说一句。张国焘土匪主义的问题，也只说是工作方式不对。对西路军问题，没有人说是张国焘叫四方面军渡河的。这说明，在新疆的同志只是部分地接受了中央的意见。南下和退却路线问题，他们是从实践得来的结论，他们也反对过张国焘。但是他们没有把张国焘当做敌人，认为他是犯了错误的同志，对他抱着一种批评帮助的态度。经过请示之后，12月初，邓发宣布中央决定：李先念、李卓然、程世才、李天焕、曾传六、郭天民等西路军指挥员回延安。部队交邓发同志管理。留在迪化的西路军高级干部只剩下西路军参谋长李特和5军政委黄超。

1937年12月底，李先念一行回到延安。几天后，毛泽东接见了他们。毛泽东说：西路军的失败，主要是张国焘不执行党中央的正确路线。西路军是失败了，但这不是说西路军广大的干部和战士没有努力，他们是英勇的、顽强的。毛泽东好好安慰了他们一番，让他们在延安修整、学习，程世才等将西路军的经历写成《关于西路军的材料》，供中央领导人审阅。不久，他们被派往抗日前线，开始了新的战斗。

1938年1月，邓发在迪化组织大家进行第二次批判张国焘错误路

邓发

线的学习,并就张国焘的问题作了长篇报告。这在西路军同志中引起了巨大的震动。当事人回忆说:"刚开始,多数人思想转不过弯子,有的只承认西路军失败是军事上的错误,不承认政治路线错了。邓发同志亲自给排以上干部每星期上两次政治课,解释反张国焘路线问题及党对时局宣言,并向全体同志讲党课,进行思想教育。从而同志们政治觉悟大大提高。虽然有个别人怀疑张国焘错误的严重性,但经解释和学习后,大多数人已有正确认识。"[1]

这次学习的具体过程,已经不清楚了。但是目前还能看到1938年1月20日邓发在党的干部会议上的结论。这是一篇很长的讲话,其中主要问题与延安批判张国焘会议的内容相同,从中还可以看到当时西路军同志的一些认识问题和邓发的评价。

讲话的第一部分,邓发强调了国焘路线是右倾机会主义的退却逃跑、军阀主义和土匪主义。他说:在沙窝会议,中央曾指出加强党在红军中的绝对领导,便有党中央在红军中的威信。批评了四方面军没

---

[1] 中共乌鲁木齐市委党史征集资料小组编:《关于"新兵营"历史资料综合》。

有执行政治委员制度，与群众关系不好，没有建立自觉的政治纪律，政治工作薄弱，军阀残余的发展。同时也指出四方面军指战员的英勇坚决，攻击精神的旺盛等。而张国焘则认为红军是他自己的，批评不得。他对中央的批评，不但不接受，相反地，利用这一批评；在部队中进行煽动。说中央看不起四方面军，"中央说我们都是土包子，要撤换四方面军干部"。他把军权高于党权，培植传令兵系统，用打骂代替自觉纪律，忽视党的工作和政治工作，造成许多脱离群众的行为。

邓发说：张国焘同志以为红四方面军不是中央的队伍，而是张国焘个人的队伍。他可以不执行中央决议案，中央决定北上，张国焘要南下。有同志说北上南下都是对的，这是完全违背中央的意思！然而也怪不得我们，因为国焘欺骗说："南下有大米吃。"但中心问题不在这里，一个党员应该服从党的意志，红军要绝对服从党的领导。而张国焘是把党和政治挂在枪杆子的刺刀上，枪杆子多便可以成立第二"中央"，可以不经中央苏维埃政府而成立"西北联邦政府"。

谈到党的建设问题，邓发说：本来个人信仰与党的信仰是不可分离的，而张国焘将它分离开来。所以国焘可以成立第二"中央"，大家也拥护他当书记。他骂中央而且骂得很凶，在长征中的中央政治局八个人中，他便骂了四个。我们党的领袖、全国人民的领袖、全红军都闻名的毛泽东同志，他也可以加以诬蔑和贴标语反对。这不是共产党员做的事，这是犯罪的行为啊！

报告第二部分，关于中央对张国焘路线的斗争。邓发说：国焘所犯的错误已经自己承认了。他是反党、反中央、反国际路线的错误。但是中央对国焘所犯的错误，目前并没有做出组织的结论。因为中央批判国焘路线不是国焘个人的问题，有些高级干部对中央还存在着深刻的派别成见。服从拥护国焘路线，反对中央。因此中央估计到在争取和教育那些盲目服从和拥护国焘路线，盲目地反对中央的干部，尤其对国焘欺骗蒙蔽下的干部，中央只好加紧解释和教育，都没有作组织结论，使他们彻底认识国焘的错误实质和罪过。

最后，邓发对几个问题作了解释。他说：上次会议决议案，为什么没有彻底揭发国焘路线的实质？原因在于一方面没有得到中央的材料，另一方面也是由于我们估计到开展斗争的环境不很顺利，因为几个领导干部在这里并没有自动揭发国焘路线的实质，因此大家都不敢提出自我批评。上次的决议案固然有许多不彻底的地方，但是也不能过分责备他。国焘领导下的干部，是在一步一步向中央路线前进，国焘自己承认错误也是一步一步地起来承认的。党知道团结同志了解错误有一定的过程，最后是能完全了解的。我对这次会议感觉非常满意，同志们已经有了决心反对张国焘路线，已经团结在党中央路线的周围。

最后，邓发严厉地说："对今天还想造成一、四方面军分裂，抱着坚决拥护国焘路线的分子，应该进行坚决的斗争。肃清国焘主义的残余，要达到党内的绝对一致！"[1]

邓发的报告，有些是按照中央的口径讲的，但也有许多全盘否定四方面军的话。他点了一串四方面军领导干部的名，说中央没有给他们作组织结论，其含义就是中央对四方面军已经很宽容了。关于西路军失败的问题，他只说要局部利益服从全局，把西路军的失败简单归咎于张国焘的逃跑路线。今天回头来看，邓发的这个报告在几个重大问题上的结论是明显不符合历史事实的。但这是当时的特定历史环境下造成的。

邓发的讲话究竟得到多少人拥护，还是有疑问的。邓发自己也承认，第一次批判之所以不能深入，是由于西路军高级干部的思想不通。所以，邓发在中央将西路军工委的主要负责人都调回延安后，才敢放手批判张国焘路线。留下来的同志听了邓发的报告，联想到自己在南下和西路军经受的苦难，就相信了自己是在错误路线领导之下，伤心

---

[1]《邓发同志在党的干部会议上的结论——关于张国焘的错误路线问题》，军事科学院图书馆藏资料。

地痛哭一场。

但是李特和黄超两人不同意邓发对红四方面军和西路军的否定，提出了不同的看法。中央命令李先念等回延安，而不知什么原因将他们二人留下。约在1938年1月，李特和黄超被戴上"托派"的帽子，秘密处决。这件事做得极隐秘，当时在迪化的西路军干部中没有一个人知道，只听说他们两个人到苏联去了。

李特、黄超之死，至今还是一个谜团。到底是谁下的命令，谁执行的，他们的遗骨葬在哪里，到今天也无从知晓。有人说他们是在苏联遇难的，有人不相信他们被杀。两个四方面军的高级干部，居然这样不明不白、无声无息地消失了。

当张国焘从王明的口中获悉李特、黄超被处决的消息，精神受到极大的震动。王明奉共产国际的指示从苏联起程回到延安后，俨然以钦差大臣和中共领袖自居。张国焘挨过王明的整，对他表示冷淡。但

延安中央政治局成员，前排中王明，后排左四张国焘

是王明却不自量，在第一次出席中央政治局会议的时候，他没和任何人商量就拿出一张拟定的中央政治局委员名单，要求增补人员。王明这种专横的行为令毛泽东和张国焘都很反感，但是碍着共产国际的面子，同意了王明的意见。以后，王明又以居高临下的姿态，与中央领导人分别谈话。

当王明与张国焘单独谈话时，问起在草地的那场争论的症结。张国焘说："除批评党中央的政治路线外，可以说是争夺军事领导权。"王明说："这不尽然，另一个主要原因是'托派'在暗中作怪。"他告诉张国焘："李特、黄超就是'托派'。他们在迪化经邓发审问，已招认是'托派'，并已枪决了。"

张国焘听到他信任的部下竟被处决，痛心地说："李特、黄超是托派，那任何人都可被指为'托派'！"王明赶紧解释说："你不是'托派'，不过受'托派'利用。"张国焘再也忍耐不住，厉声指责王明把自己同志当托派来清除，这岂不是帮助敌人吗？王明见张国焘神色愤怒，说："这件事我们改日再谈吧。"便匆匆走了。[1]

从这天起，张国焘心神不定，坐卧不安。如果说前一段中央对他的斗争和批判，他毕竟还能接受。王明的归来却使他产生了死亡的恐怖。他不会忘记，1931年1月中共中央六届四中全会后，何孟雄、林育南等人就是在王明的打击陷害下，被国民党当局逮捕，杀害于龙华。回想自己在鄂豫皖苏区大搞肃反，也曾杀害过多少红军将领。如果中央清算他的这些罪恶，后果也是可想而知的。从这时起，张国焘就打算叛变革命了。

不久，王明离开延安去武汉主持中共长江局工作。张国焘仍然当边区政府的代主席。毛泽东和中央其他领导人忙于指挥八路军的抗战，没人理会张国焘。张国焘表面悠闲自得，暗中却在寻找逃离延安的机会。

---

[1] 张国焘：《我的回忆》第21篇第2章，东方出版社1991年版，第3册426页。

1938年4月4日,是国共双方共同祭拜黄帝陵的日子。张国焘以陕甘宁边区代主席身份前往中部县,在黄帝陵前见到了国民党西安绥靖公署主任蒋鼎文。祭拜完毕,张国焘对护送的人说他到西安有事,请他们先回去,就带了一个警卫员上了国民党方面的汽车扬长而去。到西安后住进国民党的西京招待所,却不与八路军驻西安办事处联系。4月7日国民党方面准备安排张国焘去武汉(当时蒋介石政府驻地),张国焘才打电话给林伯渠,要他到车站来谈话。张国焘对林老发泄一通不满,并说他要到武汉去。林老劝他到八路军办事处好好商量,被张拒绝。林老只好回办事处给中央和长江局发报,报告张国焘的情况。

4月8日早晨,长江局收到中央和西安的电报后,周恩来立即与王明、博古、李克农等负责人商量,一定要抢在国民党之前,把张国焘接到长江局来。周恩来把这个任务交代给李克农,要他带着机要科长童小鹏、副官丘南章、吴志坚一道去汉口火车站等待张国焘。[1]

从西安到汉口的火车每日一班,他们一连等了三天都扑了空。11日19时他们第四次接西安来的火车,到站后有的在站口监视,有的上车去找。丘南章找到最后一节车厢,终于发现了张国焘。李克农上车对张国焘客气地说:王明同志和周副主席派我们来接你。张国焘显得十分恐惧,护送他的两个特务见李克农带了武装副官,也不敢动手。李克农陪张国焘坐上小汽车到长江局办事处去,两个特务一个尾随,一个去报信。张国焘坚持要住在外面,死活不肯去长江局。李克农只好给他找一个小旅馆住下,留下丘南章、吴志坚"照顾"张国焘。

夜里,王明、周恩来、博古、凯丰等长江局负责人在李克农陪同下来到旅馆,和张国焘谈话。张国焘表情紧张,语无伦次,说什么边区如同"鸡肋",食之无味,弃之可惜。王明不同他讨论这些问题,只是批评他不报告中央就出走的错误,希望他回办事处,什么事情都可

---

[1] 姚金果:《张国焘传》下篇第14章,陕西人民出版社2000年版,第564页。

以商量。不管众人怎么说，张国焘就是不肯去。最后周恩来要张打电报给中央承认错误，张国焘只好写了一个电报稿："毛、洛：弟于今晚抵汉，不告而去，歉甚。希望能在汉派些工作。国焘。"交给周带回去发。周恩来说：你既然来到武汉，那就在这里等待中央的指示再说吧。周恩来等回到办事处后，即向中央报告并请示处理办法。

12日中央书记处复电王明、周恩来等同志："为表仁至义尽，我们决定再给张国焘一电，请照转。"电文是："国焘同志：我兄去后，甚以为念。当此民族危机，我党内部尤应团结一致，为全党全民模范，方能团结全国，挽救危亡。我兄爱党爱国，当能明察及此。政府工作重要，尚望早日归来，不胜企盼。弟毛泽东、洛甫、康生、陈云、刘少奇。"

周恩来拿着中央的电报到旅馆给张国焘看过，又耐心地劝张国焘到办事处去住，一切都可商量。张国焘说不出什么，只是坚持不肯去。周恩来给他两天考虑时间，只见他给国民党方面打电话，根本没有悔改之意。于是14日晚周恩来、王明、博古、李克农又去找张国焘，劝说无效，李克农便拿出在上海搞地下工作的本事，半拉半拖把张国焘塞进汽车，拉回长江局办事处来。

张国焘搬到办事处后，总找借口外出。他一再向周恩来提出要见蒋介石，向蒋报告边区政府工作。因为张国焘还没被罢免，周恩来不好拒绝。16日上午陪张国焘去武昌见蒋介石。张国焘见到蒋就说："兄弟在外糊涂多年。"周恩来立即针锋相对地说："你糊涂，我可不糊涂。"蒋介石看到这场面，也不好多说，敷衍了几句就结束了接见。回到办事处，周恩来严厉批评张国焘丧失立场。张国焘态度消极地说："国民党没有办法，共产党也没有办法，中国很少办法的。"又说："我感到消极，请允许我回江西老家去，我家里饭还有得吃。我此后再不问政治了。"当天下午张又找借口外出，周派吴志坚随从。张国焘在街上转到天黑，又提出要过江去。在轮渡码头，当客人走完要关铁栅门时，张突然跳上船，想摆脱吴志坚。吴志坚早有防备，紧跟张国焘上了船。张国焘到了武昌不肯再回去，硬要找个旅馆住下。吴志坚乘张国焘休息，赶紧打电话通知长江局。办事处正四下寻找张国焘，得到消息后立即派人把张国焘拉回汉口。这次张国焘死活不肯再回去，只好把他安排在太平洋饭店住下来。

周恩来等听了吴志坚的汇报，认为张国焘是决心叛党。17日上午，周恩来、王明、博古一同来到饭店，与张国焘作最后的谈话。周对张提出三条，供他选择：1. 改正错误，回党工作；这是我们所希望的。2. 向党请假，暂时休息一个时期。3. 自动声明脱党，党宣布开除他的党籍。张国焘表示第一条不可能，可以从第二第三条考虑。并要求考虑两天再答复。周恩来等走后不久，张国焘就打电话约军统特务头子戴笠来饭店谈话，表示了投靠国民党的意向。军统很快派来两辆车和几个特务，两个上前抱住看守张国焘的丘南章副官，一个拉着张国焘上车。等张国焘走了，才把丘放开。丘南章回到房间，看到张国焘留给周恩来等的字条。上面写着："兄弟已决定采取第三条办法，已移居别处，请不必派人找，至要。"丘南章马上回办事处向周恩来等汇报。长江局当夜开会研究，由周恩来起草了给中央的电报，报告了张国焘叛变经过，建议中央公开宣布开除张国焘的党籍。[1]

4月18日，中共中央作出决定，开除张国焘的党籍。4月22日的《新华日报》公开发表了党中央《关于开除张国焘党籍的决定》。全文如下：

> 张国焘已于四月十七日在武汉自行脱党。查张国焘历年来在党内所犯错误极多，造成许多罪恶。其最著者为一九三五年进行公开的反党反中央斗争，并自立伪中央，以破坏党的统一，破坏

---

[1] 童小鹏：《风雨四十年》第1部，中央文献出版社1994年版，第164页。

革命纪律,给中国革命以很多损失。在中央发布抗日民族统一战线总路线后,他始终表示不满与怀疑。西安事变时,他主张采取内战方针,怀疑中央的和平方针。此次不经中央许可私自离开工作,跑到武汉,对党的抗日民族统一战线总路线表示不信任,对中国革命的光明前途表示绝望,并进行破坏全国抗日团结与全党团结的各种活动。虽经中央采取各种方法促其觉悟,回党工作,但他仍毫无悔改,最后竟以书面声明自行脱党。张国焘这种行为当然不是偶然的,这是张国焘历来机会主义错误的最后发展及必然结果。中共中央为巩固党内铁的纪律起见,特决定开除其党籍,并予以公布。

中共中央决定的公布,对张国焘是一个沉重的打击。张国焘没有想到中央会如此果断地处理他,慌忙给周恩来等写信。在4月24日的信中说:"连日因寓所未就绪,故不曾致函诸兄。昨晚即写好一信,拟今晨派人送来。忽阅报上载有开除弟党籍的决定之公布,深使我痛心。……千祈我们间应维持冷静而光明之政治讨论,万一决定不能改变时,亦希彼此维持最好友谊。"[1]

但是,中共中央已经把张国焘扫地出门,没有人再理会他了。从中央决定公布之日,在各级组织各部队中开展了广泛的宣传和教育。同志们在短暂的震惊之后,对张国焘的叛变行为表示了极大的义愤和不齿。1938年5月5日,延安《新中华报》刊登了陕甘宁边区政府第七号命令,全文如下:

《关于开除张国焘边区政府执行委员及代主席等一切职务事》
本政府执行委员兼代主席张国焘,于本月三日经主席团派往中部谒黄帝陵,即弃职潜逃。在此全国抗战紧急关头,张国焘此

---

[1] 王明、周恩来、博古:《答复子健同志的一封公开信》,盛仁学编:《张国焘研究资料》,四川人民出版社1982年版,第105页。

种行动,实属有违革命利益和革命纪律。特由本政府执行委员会决定,开除其本政府执行委员及其一切职务。嗣后凡张国焘一切言论行动,本政府概不负责。

主席　林伯渠

为了表示对叛徒的鄙夷,这个命令并没有刊登在报纸的头版头条上,而是在第三版下角广告栏中用一小块并不显眼的地方刊登的。张国焘十八年的革命生涯,从中国共产党的创建人开始,最终以"叛徒"的名称画上了句号。

第25章
光明与阴暗

毛泽东总结对张国焘斗争的经验教训——中央指示正确对待原四方面军干部——毛泽东论团结使用干部——张国焘沦为国民党特务——新中国成立前夕张国焘被国民党抛弃——张国焘撰写回忆录——张国焘之死

张国焘与中国共产党分道扬镳了。从他叛变之日起，就身不由己地走上了一条阴暗坎坷的道路，直到人生的终结。而毛泽东领导的革命事业则不断发展，在中国历史上写下了光辉的一页。

张国焘叛逃时，为了严守秘密，竟然瞒过了身边的所有人，包括他的夫人杨子烈。当杨子烈一天天在写日记中打发她对丈夫的思念之情时，中央已经作出了开除张国焘党籍的决定。一天，中央组织部长陈云把杨子烈召到他的办公室，正式通知她说："子烈同志，最近党内发生了一件震惊全党的大事。国焘走了！"

怀孕六个月的杨子烈感到被抛弃了，心如刀绞。陈云告诉她说：张国焘从汉口给她来了一封信，问她去不去。杨子烈有顾虑，说回去考虑一下。但是当她向陈昌浩等人求助时，他们都躲避不见。杨子烈从首长夫人一下变成了叛徒老婆，感到自己也待不下去了。

第二天杨子烈找到毛泽东，说："他为什么要走，我不明白。我想去汉口找他，问个明白，把他找回来。"毛泽东高兴地说："好呀，你若能把国焘找回来，那你就是大功臣。"对张国焘的家属，中央是仁至义尽的。几天后，原来准备送往苏联学习的张国焘长子海威被专程送回，与杨子烈团聚。

当杨子烈准备妥当，去要求毛泽东批准放行时，毛泽东对杨子烈说："你是好的，一切都因为国焘不好。你去了汉口以后生养孩子的一切费用，党都可以负责。你无论任何时候都可以回到党里来。"就这样，杨子烈带着儿子和妹妹杨子玉，坐在颠颠簸簸的卡车上，离开了居住不到一年的延安。[1]

张国焘被开除出党后，党中央又开始大张旗鼓地批判张国焘路线。与以前不同的是，批判重点从清算张国焘的罪恶转变为总结经验教训，教育党员和革命队伍中的全体同志。1938年5月，毛泽东在接见抗大和陕北公学的学员时，几次提到张国焘的问题。他列举张国焘所犯的左、右倾机会主义和分裂党的错误后说：张国焘一贯是两面派，他叛党是被资产阶级引诱。全党可引为教训，我们每个同志都应当坚定革命的旗帜，不怕困难，坚决奋斗。[2]

1938年10月，在延安举行的中共中央六届六中全会上，毛泽东作了《中国共产党在民族战争中的地位》的报告，系统总结了党中央与张国焘路线斗争的历史经验和教训。关于干部政策，毛泽东说："共产党的干部政策，应是以能否坚决地执行党的路线，服从党的纪律，和群众有密切的联系，有独立的工作能力，积极肯干，不谋私利为标准，这就是'任人唯贤'的路线。过去张国焘的干部政策与此相反，实行'任人唯亲'，拉拢私党，组织小派别，结果叛党而去，这是一个大教训。鉴于张国焘和类似张国焘的历史教训，在干部政策问题上坚持正派的公道的作风，借以巩固党的统一团结，这是中央和各级领导者的重要的责任。"

关于党的纪律。毛泽东说："鉴于张国焘严重地破坏纪律的行为，必须重申党的纪律：（一）个人服从组织；（二）少数服从多数；（三）下级服从上级；（四）全党服从中央。谁破坏了这些纪律，谁就破坏了党的统一。……必须对党员进行有关党的纪律的教育，既使一般党员能遵守纪律，又使一般党员能监督党的领袖人物也一起遵守纪律，避免再发生张国焘事件。"

毛泽东指出：对张国焘的斗争，是一次具有历史意义的党内斗争。"只有克服了它（张国焘路线），才使得本质很好而且作了长期英

---

[1] 杨子烈：《往事如烟》，香港自联出版社1970年版，第345页。
[2] 《毛泽东年谱》，人民出版社1993年版，中册第67页。

勇斗争的红军第四方面军的广大的干部和党员,从张国焘的机会主义统制之下获得解放,转到中央的正确路线方面来。""我们的党已经从两条战线斗争中巩固和壮大起来了。"[1]

张国焘的叛变教育了全党,尤其是红四方面军的干部战士。尽管张国焘在党的历史上有很老的资格和很高的地位,特别是在红四方面军中有很大的影响。但是他的叛变使过去跟随他的人看清了他的真面目,受到了大家的谴责和唾弃。当时跟他一起出走的警卫员,在张国焘投向国民党后,也与他划清界线,回到延安。所以张国焘的叛逃非但没有损害党的组织,反而成为纯洁党组织和教育全党的好事。如果张国焘留在党内,与他的斗争可能还会持续很长时间。所以毛泽东说:"我们有经验一条,就是张国焘跑了并不坏。"朱德总司令对美国作家史沫特莱说:"我们的党也出现过叛徒。中国革命就好比一列长途列车,有的人在小站就下车了,也有人上车,而大多数留在火车上,直到列车抵达目的地。张国焘所采取的是右倾机会主义的方针,为我们的军队招致严重的损失。但是我们党的正确领导,部队的政治意识和忠诚,终于纠正了他的政策,加强了我们的军队和党。张国焘可以断送更多的人的生命,但绝不能扭转历史的进程。"[2]

如何团结和使用原红四方面军的干部,却是一个相当难解决的问题。红军改编为八路军后,原红四方面军的部队(4军和31军)纳入129师编制,随刘伯承、邓小平同志去了太行山。徐向前副师长、倪志亮参谋长和一部分干部随军出征,还有相当一批原红四方面军干部留在边区不好分配工作。这里有几种情况:一种是与张国焘关系密切,不能使用的,如原9军军长何畏,后来叛变投靠张国焘去了。一种是部队打光了,不好按原有级别安排。西路军的军、师长们都属于这样的情况,有的原来是营、团级干部,回到陕北又从战士重新干起。李先念原来是30军政委,回到

---

[1] 《毛泽东选集》第2卷,人民出版社1991年版,第531、532页。
[2] 史沫特莱:《伟大的道路》,生活·读书·新知三联书店1979年版,第398页。

从新疆返回延安的西路军

陕北后只给安排了一个很低的营级职务。毛泽东听说后,认为这样对待李先念是不公平的。他把李先念找来谈话,热情鼓励他,并交代给他任务:要他以中共豫鄂边省委军事部长的名义,回鄂豫皖老区去再把队伍搞起来。李先念深受感动,带上几十人再次踏上征程,开始了新的战斗。[1]

许世友、王建安、洪学智等无辜判刑的同志被释放后,暂时安排在抗日军政大学学习。洪学智当了抗大第三大队一支队的支队长,许世友当了抗大的校务部副部长。可这是个什么"官"呢?实际上是个光杆管理科长。他的战友邓岳(新中国成立后任南京军区副司令)回忆说:"毛主席放出他(许世友)以后,让他在红军大学当管理科副科长,手下没有一个人。胡子拉碴,没有衣服,没有被子。住的那间小破房,连我现在的车库都不如。我当时给了他一床被子,又把我的一套衣服送给他了。有时弄点酒,弄点肉,他就来吃一顿。喝酒用碗,一吃肉就是一大盆。"[2]

---

[1]《李先念传》第10章,中央文献出版社1999年版,第317页。
[2] 凯旋:《许世友之谜》,1995年5月19日《南方周末》报。

最受委屈的还是西路军干部。原红30军参谋长黄鹄显被马家军俘虏后，想办法逃出来，回到了陕北。但是有人说他有"叛变"嫌疑，说他曾带着马家军找西路军埋藏的枪支。就凭着这些传言，黄鹄显被关进清凉山看守所"审查"。关了一个时期，没有证据，才被释放。以后到八路军总部当作战科长。在东北解放战争中，黄鹄显勇猛善战，很受林彪重视，打算破格提拔他当师长。在打电报向毛泽东请示时，林彪还特别提到黄曾受过"审查"的事，在毛回电同意后，林彪才放心大胆地使用黄鹄显。

西路军妇女团团长王泉媛被俘后，强迫嫁给马家军一个团长。王泉媛死不屈服，终于找机会逃脱了马家军的魔爪。当她找到兰州八路军办事处时，已经是1939年3月了。她要求归队，却遭到拒绝。办事处的人告诉她说：根据上级规定：西路军失散人员"一年之内回来的收留，二年之内回来的审查，三年之内回来的不收留"。说完，给了她五块银元当路费，把她送出办事处大门。王泉媛九死一生跑回来，组织竟然不要她了，她伤心得泪如雨下，只说："这里不收留我，我不怨你们，只求你们向党组织转达一句话，我王泉媛永远是党的人！"[1]

王泉媛

---

[1] 陈歆耕：《虽九死兮犹未悔——红军女团长王泉媛的人生片断》，1993年7月9日《文汇报》。

第 25 章 光明与阴暗

红四方面军干部因张国焘的影响，受到不公正的对待，精神上的压力和痛苦是相当大的。但是除了极少数几个人叛变以外，绝大多数同志是忠于革命事业的。尽管他们的职务降得很低，不受重用，不能到前方带兵打仗。但是他们没有怨言，叫干什么就干什么。毛泽东感到：能否正确对待四方面军干部，是关系到党的团结的大事。这个问题必须公开提出来，并且一定要处理好。在1942年7月的中央政治局会议上，毛泽东提议专门讨论对待原红四方面军干部的态度问题。毛泽东指出：过去四方面军干部除何畏以外，都是好的。经过六年证明这些干部是好的。原四方面军有的干部犯了错误，要按错误的性质加以处理，不要把什么都说成是张国焘路线。政治局一致同意毛泽东的意见，会后作出了《中央关于对待原四方面军干部态度问题之指示》。全文如下：

（一）原四方面军干部绝大多数都是工农出身，由下层工作渐次提拔上来的，他们在国内战争中表示了对革命对党的坚定与忠诚，在克服国焘路线之后，又一致拥护党中央；在民族战争中也表示了他们的英勇与忠诚，只有极少数几个干部投降了敌人，但这是不足为奇的，原一、二方面军干部中，亦有极少数分子投敌。

（二）原四方面军干部，在国焘路线统治期间，是服从与执行了国焘路线。但必须区别国焘路线的单纯追随者与积极帮手之间的分别，只有几个人，对国焘路线的发展是起了积极帮手的作用，压倒的大多数，由于文化政治水平关系，由于国焘的愚民政策和压迫威胁政策，由于军队的集中原则等等原因，因而服从和执行了国焘路线。抗战五年来的实践，考验了原四方面军干部，在本质上是诚实的、坚决的，证明了1937年反对国焘路线时，中央所作的结论是完全正确的。这里所指起积极帮手作用的几个人中，并不包括徐向前、李先念等同志在内，他们在国焘路线时期，从未起过此种作用。就是对国焘路线起过积极帮手作用的几个同志，中央的政策亦是争取教育，使他们觉悟转变，而不是抛弃他们，这一政策亦已经收到了效果。

（三）对原四方面军的干部的信任与工作分配，应当和其他干部一视同仁，不能因为他们过去执行过国焘路线而有歧视，应当根据这些干部的德（对党的忠实）才（工作能力）资（资望）分配他们以适当的工作，凡原有工作不适当者，应设法改变之。尤其重要的，是帮助他们提高文化的、政治的、军事的水平。

（四）对原四方面军干部，如果在现在的工作中有成绩，则应当表扬。如果犯有错误（任何干部都有犯错误的可能）则应当就其错误的性质与程度，加以指出并帮助纠正。见错误不指出，或夸大错误都是不对的。应当是相互间的坦白、诚恳的关系，任何隔离冷淡歧视的态度，都是不应当存在的。还有一点要注意的，是当原四方面军干部犯有错误时，决不可轻易加上"国焘路线的继续"，"国焘路线的残余"等等大帽子，因为这不合事实，对干部的团结极端有害的，这实际上是帮助敌人来挑拨我们内部的关系。

（五）原四方面军干部，应当继续相信中央和军委干部政策的正确，放胆做事，不要畏首畏尾。凡对工作有意见时，应坦白的直率的随时向当地党政军领导者提出。尤其重要的，是加紧自己文化、政治、军事的学习，提高自己的党的认识及工作能力等。

（六）十年内战五年抗战，已经证明我们的军队干部及其他干部，除个别分子外，不管他们来历如何，是团结的，是一致的。现当抗战日益困难，日寇及国内反动分子正想利用一切方法来挑拨我党干部的内部关系，我们更应团结一致，消除一切因过去历史关系、来历关系、地域关系而产生的任何微小的隔离。

（七）各地接到此指示后，应在各级干部会议上报告并讨论之。

中共中央
1942 年 7 月 2 日 [1]

《指示》下达之后，毛泽东不断向部队了解落实的情况。前方的同志回来开会和汇报工作，毛泽东常常问起这方面的问题。他意识到消除山头和宗派主义绝非一朝一夕能够解决的，也不是中央下个指示就能完全消灭的。最重要的是从思想上认识到宗派主义的危害，教育全党全军的干部战士。这样才能有真正的团结，我们的党和军队才能有强大的战斗力。在延安整风中，在以后的日子里，毛泽东为搞好党内团结，倾注了大量心血，作了很多重要指示。

1944 年 4 月 12 日，毛泽东在中共西北局高干会议上作关于学习问题与时局问题的报告。在谈到整顿思想、惩前毖后、治病救人的方针时说：在我党二十多年的历史上，曾有过反对陈独秀右倾机会主义和李立三"左倾"机会主义路线的斗争。如果说还有第三次，那就是反张国焘路线的斗争。我们清算分析他们的错误对不对呢？是对的，完全应该的。但是有没有缺点呢？有缺点。这就是没有着重把同志们的思想搞清楚，而是着重于算少数人的账。似乎认为只要把那个人打倒了，天下就太平了。人是打倒了，天下太平了没有？没有。为什么把错误的东西打倒了天下还没有太平呢？就是因为没有搞通思想，没有看到前车之鉴。

---

[1] 中央档案馆编：《中共中央文件选集》第 13 卷，中共中央党校出版社 1992 年版，第 405 页。

毛泽东说：1942年整风文件上提出"惩前毖后，治病救人"的方针，这个方针适合于对每个同志。凡是无产阶级内部、革命阵线内部的问题，无论是谁，无论是大小的问题，都应该按照正确的原则在思想上搞清楚。使我们的步骤趋于一致，团结起来，巩固起来，共同去对付敌人。如果在革命的政党和群众的内部不采取这样的方针，而是霸道的方针、打击的方针、宗派主义的方针，那就是我们党历史上那种错误的方针。即利用机会挤掉人家，以这一个小团体代替那一个小团体，以这一个系统代替那一个系统。这样多的宗派小集团的政党，是不会兴旺的。这样的阶级也是不会兴旺的。

谈到党内斗争，毛泽东说：我们党的历史上曾经犯过错误，在党内斗争中不从爱护同志的观点出发，不是为了团结、为了"惩前毖后，治病救人"来进行争论。就是一味进行斗争，这是很大的错误。有的人不是帮助犯错误的同志从错误中解放出来，而是借他犯错误，把他打下去。说到这里，毛泽东给大家讲了一个历史故事：周武王出兵讨伐商纣王的时候，孤竹君的两个公子——伯夷、叔齐在半路上拦住西周的军队，对周武王说：商纣王虽然是暴君，但你作为臣子，用兵去杀国君，这不是"以暴易暴"吗？毛泽东借古喻今，告诉大家：如果拿错误路线对错误路线，把一部分打下去，以这一部分代替另一部分，这就是伯夷、叔齐说的"以暴易暴"。这样搞就是大鱼吃小鱼，就会给党内造成一种不健康的空气。我们党内就不好过日子，无论是党员、干部都不大好过日子，天天怕人家排挤。

毛泽东讲了这些道理，最后联系到反张国焘路线的斗争。他说：要在我们党内造成这样的空气，就是互相信赖。原则问题一定要争，但是要从弄清思想出发，从团结的愿望出发，从"治病救人"的观点出发。反张国焘的斗争搞得比较好，但是还不够，其中还有毛病。如果把那次反张国焘路线拿到现在，就会进行得更慎重一些。张国焘这个人是不可救药的，我们也企图挽救他，一直到他走的那一天还是政治局委员。但是反张国焘路线，在群众中、在抗大、在军队中的某些方式，就没有整风以后的现在这样好，还有一些粗暴。那一次我们团结了绝大多数人，除了张国焘、何畏、朱德崇这样三两个人之外。许多同志在工作上表现是好的，这一次我们要彻底把问题弄清楚，要有分寸，要有分析。这个分析中，一分是一分，一寸是一寸。这样我们才能团结全党，造成党内相互信赖的关系，这样我们就胜利了。

10月25日，毛泽东在延安中央大礼堂对即将去前线的干部作报告。在座有不少同志是原四方面军的干部。毛泽东讲了时局与任务的问题后，又谈到一、四方面军干部的团结问题。他说：我们得到的材料，四方面军干部轻视一方面军的没有，就是一方面军的干部看不起四方面军。对他们轻视，甚至个别地方还挤开。凡是发生这种缺点的地方，责任应是一方面军的。这种关系必须改善，国焘路线已经没有了，中央认为四方面军的干部绝大多数是好的，在过去革命斗争中有伟大的功绩。毛泽东提高了声调，郑重地说：我代表党中央向你们宣布，如果抹杀这一点，就是不对的。要去掉轻视的看法，要真正尊重。

如何解决这些问题呢？毛泽东指出：要历史地评价同志，态度要好，在使用上要看德（品德）、才（才能）、资（资历）三方面。如果这些问题不解决，关系是搞不好的。记得抗战开始时，385旅中的一、四方面军干部，有的团结好，有的团结不好。派了一个指导员去工作，一去就反国焘路线。把违反群众利益的问题也当国焘路线。有次他给战士们出个题目："毛泽东学问好，还是张国焘学问好？"结果战士们说张国焘学问好。毛泽东讲到这里，风趣地说：战士们讲得有道理，不然我为什么派那么一个糊涂指导员去工作呢？我是没有学问的。这个小故事引起大家的笑声。毛泽东言归正传说：以后华北回来的同志谈到关系没有解决，为此中央作了一、四方面军关系的决定。这个决定起了很大的作用，但尚未完全解决问题。今天要严正地采取具体步骤，就是以上所说的那三条。

毛泽东以自我批评的口气谈起1937年反国焘路线斗争中的一些失误。他说：1937年反国焘路线是有些过分的，在抗大今天也讲，明天也讲，讲的人家根本不想听了还要讲。关于抗大暴动的事情，说许世友等人想杀我，给他们作了反革命暴动的结论。现在这个结论要修正。他们当时是有错误的，但自抗战以来，许世友任胶东军区司令员，王建安任鲁南军区司令员，他们的工作都有成绩，说明他们是好同志。这里得出一个教训：是过火斗争引起他们这样干，这是不对的。不能搞过火斗争。

毛泽东热情洋溢的讲话，诚恳的态度，深深感动着在座的每个四方面军干部。他们从心里感到中央是信任他们的，是理解他们的。过去受的委屈和背的包袱也都随风而去了。还是毛泽东能团结人，跟着毛泽东干革命就能胜利。这些四方面军干部轻装上阵，在抗日战争和解放战争中英勇战斗，涌现出一大批骁勇善战的猛将。建国后成为中国人民解放军的高级将领和优秀指挥员。

张国焘的回忆录，只写到他叛变为止。以后四十年的漫长生涯却只字不提。如果真像他回忆录中所说的那样，摆脱中共是弃暗投明，那他何以不说说他的光明生活呢？历史事实证明，张国焘投靠国民党后，不仅没有得到任何好处，反而受尽屈辱，直至最后被一脚踢开，去过流亡海外的穷困生活。

张国焘在投靠国民党的初期，确实是踌躇满志，想干出一番"成绩"，向蒋介石表现他的才干。当他获悉被开除出党的消息后，马上发表了《张国焘敬告国人书并与中共同人商榷抗战建国诸问题》的长篇声明。公然诬蔑"中共的政治路线,向来是环绕着一个错误的轴心而转动"。声明"三民主义为中国今日之必须,中国国民党为主持抗战建国大计之领导中心,蒋先生为全国唯一之最高领袖"。[1]彻底露出了他的叛徒嘴脸。蒋介石起初对张国焘也寄予厚望,很快就接见了他,授予他国民政府军事委员会中将委员的头衔。陈立夫等国民党政要也纷纷拜访,向他请教反共策略。为了保证张国焘一家的安全,武汉警察局局长蔡孟坚在武昌给张国焘安排了秘密住所,并派专人保卫。国民党以为张国焘这样的大人物来降,大概很快就可以搞垮共产党。

然而张国焘行动起来之后,却四处碰壁,一事无成。他听说陈独秀暂居武汉,便托蔡孟坚找到陈,并几次上门拜访。他们两人有师生关系,又是"五四"和建党的同事,自然很有话说。陈独秀还记得张国焘在上海叫卖《新青年》杂志的情景。谈话间,张国焘表示要重建一个"共产党",想请陈独秀出山。陈独秀沉默不答,心里却非常明白。他虽然对当年开除他出党表示不服,对王明诬陷他为"托派"表示愤怒,但这毕竟是党内的争端。而蒋介石杀了他的两个儿子,这样的血海深仇陈独秀是不会忘记的。所以,他不会受张国焘的摆布,来为国民党效劳。陈独秀请包惠僧转达口信给张国焘:他没有能耐来组织新党。[2]

张国焘投靠了国民党,蒋介石当然要发挥这个叛徒的作用。张国焘原指望在国民政府中捞个大官,没想到蒋介石把他交给戴笠,要他去军统"帮忙"。戴笠得到张国焘,大喜过望。凡是吃喝应酬都带着张国焘去充门面。请客之前戴笠还要特地告诉客人:"明天你来吃饭时,陪客是共产党里面坐过第三把交椅的风云人物。"就这样,张国焘从叛徒又堕落了一步,成为军统的"特种政治问题研究室"主任,当了特务。

戴笠的酒席是不能白吃的。张国焘做了军统的人,就得为特务组织卖力。他向戴笠提出要办训练班,教国民党特务如何打进共产党内

---

[1] 盛仁学编:《张国焘研究资料》,四川人民出版社1982年版,第615页。
[2] 姚金果:《张国焘传》下篇第16章,陕西人民出版社2000年版,第601页。

部搞策反和破坏。戴笠满口答应，要钱给钱，要人给人。第一期开办时，有各地挑选来的一百多人。张国焘给他们讲共产党的情况，给他们分析研究如何打入共产党内部，骗取信任。然而真正运用起来，却完全不是那么回事。张国焘派几个特务拿着他的亲笔信去边区策反，这些家伙都是有去无回。张国焘白忙了半天，让戴笠赔钱又赔人，特务们对张国焘讲的那套空理论也都很不耐烦。在无可奈何之下，短命的训练班办了两期就停掉了。后来胡宗南向戴笠建议：利用张国焘在红军中的关系，在八路军中搞些策反。张国焘写了多封亲笔信，派人送进山西的八路军根据地，也都没有下文。张国焘开头向戴笠夸口，保证很快就在延安建立国民党的情报站。结果试了几次，根本没有可能。为了向蒋介石交代，戴笠只好在国统区与陕甘宁边区交界的洛川县建立了一个电台。

　　国民党特务是很实惠的，他们需要叛徒就是想得到确切的情报。张国焘在军统，不断有特务来找他了解情况，让他提供共产党地下组织的具体线索。这使张国焘非常尴尬，他是想当领袖和大官的人，当这种"眼线"未免太掉价。说实话，中共地下组织的具体情况，他也不可能知道。他尽其所知回答特务的提问，仍然不能满足对方，逼得他只好躲到同乡蔡孟坚家，竟说是来"避难"。[1]

　　如果说张国焘一点作用没起，也冤枉他。几年中还是有几个人投靠了他。一个是何畏，他看到张国焘逃跑了，想想自己是张国焘的亲信，怕将来没好下场。于是向中央请假去西安治病。何畏身上有伤是实，中央批准并给了路费。何畏到了西安就叛变投敌，没想到国民党不相信他，把他关起来审问了半年，张国焘知道后求戴笠帮忙，何畏才来到重庆见张国焘。二人相见后，何畏"大哭大悔"，说是失去了大批部队归向的机会。其实国民党才不傻，张国焘都带不出部队来，何畏又能有多大本事？过了两年，原红33军参谋长朱德崇，在冀鲁豫军

---

[1] 蔡孟坚：《悼念反共强人张国焘》，台湾《传记文学》第36卷1期。

区当个团级干部,因搞腐化被人发现,怕挨处分,就叛变投了张国焘。戴笠听了张国焘汇报马上问:这位团长的队伍开到了什么地方?张说:是团长先出来的,联系好了再去带部队。戴笠立刻没了情绪,知道张国焘又在吹牛。[1]

为了讨好军统,张国焘竟然去做出卖人格的事情。1942年军统在重庆逮捕一名中共地下党员,张国焘亲自前去劝降。他自我介绍的时候,那位党员为之一惊。当张国焘说像自己这样地位高的老党员都不再当共产党,而愿意投向国民党的话时,那位党员很坚决地说:"我不能这样做,死又有什么可怕的!"张国焘无话可说,只好厚着脸皮说:我是为了你好,你再考虑考虑,便灰溜溜离开了。后来这位党员坚贞不屈,壮烈牺牲了。[2]

张国焘在军统待了几年,光吹牛不见实效。戴笠也看透了这块"宝贝",据他的经验,张国焘在共产党内已经批倒批臭,谁也不会再跟他走了。当然他也不否认这与共产党组织严密、防范有力,有很大关系。于是张国焘渐渐受到冷落,日子一天比一天难过。蒋介石对共产党的叛徒是很鄙视的,他曾对戴笠说过:对共产党叛变过来的人,只能利用,不能亲近。因为他们能叛变共产党,有朝一日也会叛变我们。戴笠又把蒋介石的话传达给部下。所以,军统特务们也看不起张国焘,时不时给他穿小鞋、找岔子,原来给他的优厚待遇也渐渐消失了。有一次军统进了几部新的小汽车,沈醉等特务头子都在那里试车玩。突然有人报告张国焘要用车,沈醉有车不派,故意让给他派一辆三轮破车。旁人都知道他在整张国焘,哄笑一阵。等张国焘被雨水淋得透湿,坐着三轮过来,看到这么多新车不给他用,不由得大发脾气。沈醉根本不买账,拍着桌子对他喝道:"张主席,请你收起这一套吧,这里不是延安!要识相一点。"张国焘羞得满脸通红,眼泪都快掉下来了。后来戴笠知道,大骂沈醉不懂事。

---

[1] 成仿吾:《记叛徒张国焘》,北京出版社1985年版,第149页。
[2] 沈醉:《军统内幕》,文史资料出版社1984年版,第468页。

说张国焘虽然没起多少作用，但不能说他没卖力。而且张国焘毕竟是有影响的人物，如果外边知道我们对他不好，会使一些想来投奔的人感到寒心。虽然沈醉向张国焘赔礼道歉，张国焘却已经寒了心。他沉痛地对"托派"郑学稼说："我是身家不清白的人！"[1]

当时朱家骅在重庆任国民党的组织部长，他与张国焘是北大校友，凭着这层关系，朱家骅安排张国焘在"政治设计委员会"中当了主任委员。这也是一个虚职。张国焘去办了几天公，对国民党机关中那套作风很不适应，对朋友说他在那里"无计可设，无公可办，每日去坐一、二小时，颇感无聊"。后来经朱家骅建议，蒋介石委任张国焘为国民参政会参政员。这是国民党搞的"民主"把戏，而周恩来等共产党人则把参政会当作与各民主党派搞统一战线的活动场所。张国焘当上委员，觉得地位高了，很有面子。但出席会议时，周恩来、董必武等共产党人根本不理他，其他民主党派的负责人也不和他接触。张国焘蹲在角落里，非常孤立。到1945年抗战结束，张国焘的参政员也被免掉了。

抗战胜利后，戴笠因飞机失事丧命。郑介民接管军统，进行内部变动和裁员。张国焘在军统混不下去，以同乡关系去找当时任国民党中央设计局局长的熊式辉。熊式辉又把张推荐给行政院善后救济总署署长蒋廷黻，委任张国焘出任善后救济总署江西分署的署长。军统的人听说，都羡慕张国焘得了个肥缺。但是张国焘既无在国民党内当主官的经验，手下也没有可靠的人。他的一切工作都要在国民党江西省政府的配合下才能进行。也是张国焘命中注定，当时的江西省主席王陵基正是他的冤家对头。王陵基原是四川军阀，当年在通南巴地区被红四方面军打得狼狈不堪，大败而逃。刘湘不仅撤了王陵基的职，还把他拘禁数月。王陵基现在与张国焘共事，处处刁难张国焘，对张常加非礼，有意排挤。一次张国焘到省府出席会议，讨论维修公路问题。王陵基规定搞"义务征工"，每个壮丁出劳役三天。张国焘认为出劳

---

[1] 郑学稼：《悼张国焘先生》，台湾《传记文学》第36卷1期。

役不合适，应该付给酬金。王陵基嘲讽地说："义务征工"是当年蒋委员长在江西剿共时定下的规矩，多年都是这么办的。张先生是从延安投奔来的，不知道这些事也就不足为怪啦。跟这些军阀没理可讲，仅仅两三个月，张国焘就干不下去了。这一连串打击使张国焘情绪低落，每天在家中找几个朋友打麻将混日子。

张国焘辞职后，移居上海。1948年他筹了一笔钱，与几个反共文人魏道明、郑学稼等办了一个《创进》周刊，继续进行反共的理论宣传。这年年底，随着辽沈战役的结束和平津、淮海两大战役的深入展开，国民党兵败如山倒，全面崩溃已成定局。军统头子毛人凤秘密安排后事。他指示手下特务：凡是共产党的叛徒，都要留在大陆，一个也不许到台湾去。在上海，毛人凤请张国焘吃饭，对张国焘说：经我们研究，共产党来了绝不会杀你。你留下来，我们在共产党内便多了一位共事多年的老朋友，这比去台湾的作用要大。毛人凤特别强调：这不仅是他个人的意见，而且是"老头子"的决定。张国焘沉思良久，声音低沉地说：你们的考虑是对的，他们来了，绝不会置我于死地，但是批和斗肯定少不了。我年岁大了，听几个老同事的批评，我还可以接受，要是落在那些年轻人手里，我实在受不了。说完，张国焘告辞而去。沈醉在一旁感到毛人凤太冷酷，问毛人凤："为什么要让他落入共产党之手？"毛人凤反问："过去他没有做出过什么，让他去台湾还能做出什么呢？"[1] 不仅张国焘被抛弃，其他如何畏、徐梦秋等也都落个同样下场。在南京解放前夕，何畏绝望投江自杀。徐梦秋新中国成立后被我公安机关捕获，受到应有的惩罚。张国焘后来听说何畏的死讯，伤心地流下眼泪。

张国焘没有服从毛人凤的命令，于1948年底逃往台湾，在台北租了一栋房子栖身。国民党当局对他不管不问，不久他的房子也被国民党"东南军政长官公署"的人强占。张国焘在台湾无法待下去，便于1949

---

[1] 沈醉：《人鬼之间》，群众出版社1993年版，第288页。

年初移居香港。他与顾孟余等人以"第三势力"的名义创办《中国之声》杂志,当时人心惶惶,百物腾贵,谁还顾得上理会张国焘的那些东西。杂志不久又告夭折。张国焘资产不多,在香港难以维持生活。朝鲜战争期间香港金价上涨,张国焘以全部家产5000美元投入市场做黄金生意,不料行情暴跌,张国焘没赚到一分钱,反而贴进老本,真是一贫如洗。幸亏大儿子张海威在学校教书,收入勉强能维持生活。

张国焘贫困潦倒,对国民党深感失望。也许此时他对自己的行为进行了反思,眼看大陆在中国共产党领导下蒸蒸日上,形势一片光明。而蒋介石在台湾靠美国扶植,苟延残喘。他又萌发了回国内定居的念头。1953年张国焘托人带信给中共中央,表示想回来。刘少奇代表中共中央转告带信人:张国焘要回来也可以,但必须公开承认错误,并向中央交代他在叛变投敌期间的一切行为。张国焘不接受这些条件,回国的事就搁置起来。[1] 他又向中央请求让他的二儿子张楚湘回来上学。在周恩来总理安排下,楚湘在广州中山医学院学习五年,毕业后回港行医,有了稳定收入。张国焘多少感到了党的政策的宽大,逐渐与国民党疏远。

50年代,台湾和海外研究中国现代史和中共党史的人多次来找张国焘,有些是出于反共目的搞情报的。张国焘表现谨慎,拒绝与自称左派或右派的人士接触。1961年,他接受美国堪萨斯大学的邀请,开始撰写《我的回忆》。历时四年,写完了这部长达百万字的回忆录。由于时代的间隔和查不到当年的文电原件,张国焘的回忆录中不可避免地存在许多史实错误。但是他毕竟写了一部在中国共产党内十八年的完整经历。用他自己的话说:"在中国舞台上,我以往是个演员,现在仅是个观众。总希望能少看到些悲剧才好。"由于他的立场没有改变,对中央批判他的错误路线仍是耿耿于怀,死不认账。尤其是对毛泽东的描述,更是发泄他内心的仇恨。但是这本书中也确实叙述了党的初

---

[1] 姚金果:《张国焘传》下篇第18章,陕西人民出版社2000年版,第634页。

大,投靠在那里留学的两个儿子。1977年张国焘身患中风,半身不遂。杨子烈在香港生活时因跌坏盆骨,也行动不便。儿子媳妇都有职业,不能照顾他们。于是张国焘申请住进多伦多市的免费老人病院,杨子烈住进养老院自理生活。儿女有空轮流前来探望。这个老人病院老人多而医生护士少,除了供给一日三餐和隔日洗澡,平时老人招呼多不理会。1979年12月初,当地大雪不止,天气严寒。而病院内暖气时常中断,终日躺在病床上的张国焘,有时转身被子掉落地上,自己无法拾起,叫人也无人来助,只能咬紧牙关忍受寒冷。12月3日5时起,他突然大呕大吐两小时,就此昏迷不省人事。待医生来诊断,已经气绝身亡。当杨子烈及子女闻讯赶来,张国焘已停尸太平间。一家人痛哭愤恨,杨子烈在电话中对蔡孟坚说:"我们作共产党二十年,反共四十年,一生未享到半点幸福,天道真不平呀!"[1]

张国焘墓地

---

[1] 蔡孟坚:《悼念反共强人张国焘》,台湾《传记文学》第36卷1期。

张国焘全家

期和与共产国际关系等方面的往事，有一定的研究参考价值。特别是对鄂豫皖苏区和红四方面军战斗经历的叙述，还可见他的怀旧之情。这部回忆录1965年在香港《明报》杂志连载，又出版了单行本，引起海外关注。张国焘在撰写期间，每月由堪萨斯大学付给2000港币生活费，出书后又得到一笔稿费。夫人杨子烈也写了回忆录《往事如烟》，二人的稿费和版税收入，为他们提供了生活保证。

  1966年，"文化大革命"在中国大地轰轰烈烈开展起来。这场运动也波及香港。张国焘眼看刘少奇、彭真等一大批中共中央高级领导人被打倒批斗，红卫兵"破四旧"和抄家之风愈演愈烈。想起他过去与毛泽东的恩怨，张国焘自觉在劫难逃。当时香港街头也出现了"红卫兵"的造反行动，张国焘惶恐不安，几次请求香港警方"提供保护"。但是张国焘在港英当局眼里不过是平民百姓，不可能为他昼夜站岗。张国焘感觉难保安全，便于1968年移民加拿

尾声　揭开历史的面纱

我们总是试图用一种固定的模式来解释历史，但是历史却总是千变万化，给人以出乎意料的结局。

1945年6月，在延安举行了中国共产党第七次全国代表大会。这次称之为党内团结的大会，在进行最重要的议程——选举中央委员会时，出现了一个意外情况。在讨论中央提出的候选人名单时，大多数代表对邓发和凯丰这两位上届的政治局委员表示异议。在预备投票没有通过的情况下，毛泽东上台讲话，做代表的工作，又把他们二人列入中央委员会候选人名单中。在正式投票时，他们两个人仍然没有超过半数，因此未能当选中央委员。1946年4月8日，邓发与博古、叶挺、王若飞从重庆返回延安途中因飞机失事遇难，被葬在延安。凯丰则调到东北局工作，1955年因病在北京去世。

张国焘虽然早已退出了历史舞台，但毛泽东对当年草地的斗争一直念念不忘。他多次谈到与张国焘的路线斗争，认为那是决定中国革命前途和命运的一个关键时刻。1959年庐山会议期间，毛泽东在谈到与张国焘的分裂时说："那时靠（叶）剑英，不忘记这一条。

否则，中央当俘虏。"[1]

虽然历史已经过去多年，但是在"文革"风暴中，"张国焘路线"的问题又被重新提起，使一些原四方面军的干部在劫难逃。陈昌浩在苏联度过了十几年的寂寞岁月，1952年回到北京。他从一个征战沙场的红军将领转变成埋头书案的学者，主编了一部《俄华词典》。在任中央马恩列斯著作编译局副局长的十几年中，为翻译马列经典著作兢兢业业地工作。在"文化大革命"开始后，他受到红卫兵造反派的残酷批斗。1967年7月30日，陈昌浩吞下过量安眠药，含冤去世。

张琴秋1937年底被营救回延安后，一直默默地为党工作。新中国成立后她担任纺织工业部副部长，"文化大革命"中在"清理阶级队伍"时，张琴秋在西路军失败后的经历又被造反派上纲上线，被打成"叛徒"。张琴秋不能忍受这种侮辱，1968年4月22日以自杀作了最后的抗议。

十一届三中全会后，党中央开始了历史冤案的平反昭雪工作。大量"文化大革命"造成的冤案和历史上的错误被纠正过来，不仅刘少奇、彭德怀的冤案获得平反，陈昌浩、张琴秋以及许多蒙受冤屈和苦难的老同志也都得到了公正的评价。

一些早期的历史问题也被重新审查和落实政策。当年李特离家参加革命后，他的母亲一直不知道儿子的下落。1949年中国人民解放军南下到了安徽霍邱县，李特的老母亲跑了八里地，坐在大路边上看着一队队解放军战士从眼前经过，想从中找到自己的儿子。一连坐了几天，队伍过完了，才失望地转身回家。直到李特死后半个世纪，在一些红四方面军老同志反映下，组织部门重审之后，承认李特、黄超是被错杀的革命同志。在1997年出版的《中国军事百科全书》中，他们以"中国工农红军高级指挥员"的身份列入书中，并在词条最后说明："1938年初被诬陷杀害于迪化。"

---

[1] 李锐：《庐山会议实录》，河南人民出版社1995年版，第173页。

张国焘虽然盖棺论定，但西路军的问题始终成为一个敏感的历史话题，争论不休。李先念同志查阅了当年的历史档案，于1983年2月25日给中央写了长篇报告《关于西路军历史上几个问题的说明》，阐述了自己的看法。他写道："西路军虽然失败了，但广大指战员在党中央和中央军委的领导下，为了完成中央交给的任务，在极其困难的条件下，进行了顽强战斗，成千上万的同志为革命献出了宝贵的生命。过去中央只批判张国焘和批评陈昌浩同志，不仅没有追究其他同志的责任，而且还充分肯定西路军广大指战员的英勇奋战精神，这是很正确的。但是，有些文章、著作、讲话和文件，对西路军的历史评述不当，如张国焘擅自命令组成西路军和西渡黄河，西路军是在张国焘错误路线驱使下向新疆方向前进的，西路军是张国焘路线的牺牲品，等等。这些说法，可能是由于没有占有大量史料等原因造成的，是可以理解的。我自己四十多年来对有些情况也确实不清楚。现在，许多情况比较清楚了，就应该按照历史事实改过来。这样做，更有利于团结。"[1]

在拨乱反正的历史背景下，才有可能客观地研究党史中的重大问题，得出科学的结论。1991年，中共中央重新出版《毛泽东选集》。在《中国革命战争的战略问题》中有关西路军的那段话下，作了一个新注释："1936年7月，红四方面军和红二方面军会合后，由于中共中央的积极争取，并经过朱德、刘伯承等以及四方面军广大指战员的斗争，张国焘被迫同意与二方面军共同北上，于同年10月到的甘肃会宁。10月下旬，四方面军一部奉中央军委指示西渡黄河，执行宁夏战役计划。11月上旬根据中共中央和中央军委的决定，过河部队称西路军。他们在极端困难的条件下孤军奋战四个月，歼敌二万余人，终因敌众我寡，于1937年3月失败。"这条与毛泽东原文不同的注释，是字斟句酌，反复研究才形成的，并经中共中央审定，实际上为西路军

---

[1]《中国工农红军第四方面军战史资料选编——长征时期》，解放军出版社1992年版，第1003页。

恢复了名誉。[1]

  1982年8月14日，徐向前元帅在与中央党史研究室的同志谈话时郑重地说：1935年9月"接张国焘要我们南下的电报后，我们最大的错误就是同意南下。至于张国焘是否发过要用'武力解决中央'的电报，我负责地对你们说，我是没有看到过的。毛主席在延安讲过张国焘的危害，至于怎样危害，我们也不好问，我们也说危害。我们执行过张国焘路线，我们也不便怎么说。"这个谈话直到徐帅去世后的1993年，才在《炎黄春秋》杂志上发表，引起了众多学者专家的关注，也激起了一些人的强烈反应。[2]随着思想的解放和研究的深入，一些历史上的"黑匣子"正在逐渐被打开，让后人去揭开历史的谜底。

  在结束这本书的时候，我想：作为一个史学工作者，他所追求的目标是记录和再现真实的历史。但我们毕竟不是当年的亲身经历者，在写书的时候，常常会反问自己：写出来的东西是否真实？是否客观？是否经得起历史的考验？也许还有很多史实我们并不了解，或是由于什么原因，当事人还保留着一些秘密。

  历史不是一个任人打扮的小姑娘，它是一位蒙着面纱的少女。

  想要揭开面纱，看清它的真实面容，也许很难，要经历几代人的努力。

1993年第一稿

1995年6月第二稿

2000年3月第三稿

2004年1月定稿于北京西山

2014年2月修订

---

[1]《毛泽东选集》第1卷，人民出版社1991年版，第241页。
[2]《徐向前元帅生前的肺腑之言》，《炎黄春秋》1993年第1期。

参考引用书目

一 文献、日记、档案

中央档案馆编：《中共中央文件选集》第10册，中共中央党校出版社1991年版

中央档案馆编：《中共中央文件选集》第13册，中共中央党校出版社1992年版

《中国工农红军第四方面军战史资料选编——长征时期》，解放军出版社1992年版

《中国工农红军第二方面军战史资料选编》（四），解放军出版社1996年版

中央档案馆编：《中国共产党关于西安事变档案史料选编》，中国档案出版社1997年版

《陈伯钧日记》，上海人民出版社1987年版

《童小鹏军中日记》，解放军出版社1986年版

萧锋：《长征日记》，上海人民出版社1979年版

中国革命博物馆编：《红军长征日记》，档案出版社1986年版

李锐：《庐山会议实录》，河南人民出版社1995年版

二　文集

《毛泽东选集》第 1 卷，人民出版社 1991 年版

《毛泽东军事文集》第 1 卷，军事科学出版社、中央文献出版社 1993 年版

《毛泽东书信选集》，人民出版社 1984 年版

《周恩来选集》，人民出版社 1980 年版

《朱德选集》，人民出版社 1983 年版

《张闻天选集》，人民出版社 1985 年版

《彭德怀军事文选》，中央文献出版社 1988 年版

《刘伯承军事文集》，战士出版社 1982 年版

三　报纸、刊物

《中共党史资料》

《近代史研究》

《人物》

《炎黄春秋》

《中华儿女》

《文汇报》

《南方周末》

四　回忆录、口述历史

《彭德怀自述》，人民出版社 1981 年版

徐向前：《历史的回顾》，解放军出版社 1985 年版

《聂荣臻回忆录》，解放军出版社 1984 年版

《黄克诚自述》，人民出版社 1994 年版

《王平回忆录》，解放军出版社 1992 年版

《杨成武回忆录》，解放军出版社 1987 年版

《程子华回忆录》，解放军出版社 1987 年版

伍修权：《回忆与怀念》，中共中央党校出版社 1991 年版

《在历史的激流中——刘英回忆录》，中共党史出版社 1992 年版

童小鹏：《风雨四十年》，中央文献出版社 1994 年版

张国焘：《我的回忆》，东方出版社 1991 年版

奥托·布劳恩：《中国纪事》，现代史料编刊社 1980 年版

薄复礼：《一个被扣留的传教士自述》，昆仑出版社 1989 年版

《龚楚将军回忆录——我与红军》，香港明报月刊社 1978 年版

杨子烈：《往事如烟》，香港自联出版社 1970 年版

沈醉：《军统内幕》，文史资料出版社 1984 年版

沈醉：《人鬼之间》，群众出版社 1993 年版

五 综合资料

《红军长征记》，中共中央宣传部编《党史资料》，1954 年第 1—3 期

《回顾长征》，人民出版社 1985 年版

《星火燎原丛书》，解放军出版社 1986 年版

《艰苦的历程》，人民出版社 1984 年版

《回忆朱德》，中央文献出版社 1992 年版

《徐海东纪念文集》，军事科学出版社 2000 年版

盛仁学编：《张国焘问题研究资料》，四川人民出版社 1982 年版

《围追堵截红军长征亲历记》，中国文史出版社 1990 年版

《西安事变亲历记》，中国文史出版社 1986 年版

六 传记、年谱

中共中央文献研究室编：《毛泽东年谱》，人民出版社1993年版

中共中央文献研究室编：《朱德年谱》，人民出版社1986年版

中共中央文献研究室编：《周恩来年谱》，人民出版社、中央文献出版社1989年版

中共中央文献研究室编：《任弼时年谱》，人民出版社1993年版

李烈主编：《贺龙年谱》，人民出版社1996年版

《毛泽东传》，中央文献出版社1996年版

《周恩来传》，中央文献出版社1998年版

《朱德传》，人民出版社1993年版

《任弼时传》，人民出版社1994年版

《彭德怀传》，当代中国出版社1993年版

《刘伯承传》，当代中国出版社1992年版

《贺龙传》，当代中国出版社1993年版

《徐向前传》，当代中国出版社1991年版

《叶剑英传》，当代中国出版社1995年版

《李先念传》，中央文献出版社1999年版

程中原：《张闻天传》，当代中国出版社1993年版

毛毛：《我的父亲邓小平》，中央文献出版社1993年版

姚金果：《张国焘传》，陕西人民出版社2000年版

冰昆编著：《王维舟传》，中国展望出版社1984年版

王成斌主编：《民国高级将领列传》，解放军出版社1989年版

七 专著

中共中央党史研究室：《中国共产党历史》上卷，人民出版社1991年版

中国人民解放军军事科学院军事历史研究部编著：《中国人民解放军战史》，军事科学出版社1987年版

中共中央党史研究室第一研究部编著：《红军长征史》，辽宁人民出版社1996年版

《中国工农红军第四方面军战史》，解放军出版社1989年版

中共四川省党史工作委员会编：《红军长征在四川》，四川社会科学院出版社1986年版

中央档案馆编：《中共党史风云录》，人民出版社1990年版

黄修荣：《共产国际与中国革命关系史》，中共中央党校出版社1989年版

平卓：《长征中的张国焘》，湖北人民出版社1986年版

成仿吾：《记叛徒张国焘》，北京出版社1985年版

冯亚光：《西路军生死档案》，兰州大学出版社1992年版

斯诺：《漫长的革命》，上海人民出版社1975年版

斯诺：《红星照耀中国》，河北人民出版社1992年版

斯诺：《红色中华散记》，江苏人民出版社1992年版

哈里森·索尔兹伯里：《长征——前所未闻的故事》，解放军出版社1986年版

夏洛特·索尔兹伯里：《长征日记——中国史诗》，国际文化出版公司1987年版

史沫特莱：《伟大的道路》，生活·读书·新知三联书店1979年版

八　工具书

《中国军事百科全书》，军事科学出版社1995年版

星火燎原编辑部编：《中国人民解放军将帅名录》，解放军出版社1987年版

军事科学院图书馆编著:《中国人民解放军组织沿革和各级领导成员名录》,军事科学出版社 1990 年版

新版后记

1988年，我从复旦大学历史地理研究所读完了博士。一个偶然的机会，我穿上了军装，来到北京西山的中国人民解放军军事科学院工作。

十年"文革"结束后，我幸运地考上大学。作为一个"老三届"初中生，我非常珍惜这个机会。更为幸运的是，我在山东大学和复旦大学求学期间，遇见两位名师：山东大学历史系魏晋南北朝隋唐史专家王仲荦教授和复旦大学历史地理学专家谭其骧教授。在跟随两位导师的日子里，我不仅学到了专业知识，更重要的是学会了如何做人，如何做学问。这对我以后的成长、研究和写作，起到了重要的指引作用。

到了军事科学院后，我从事的是军事百科全书的编纂工作。这使我面临新的抉择。受条件的限制，如果我继续做中国古代史和历史地理研究，显然难以跟上同行的节奏。新的工作又引起我极大的兴趣。军事科学院以收藏中国共产党和解放军的历史档案见长，而且有一批长期从事军事工作，熟悉军事历史的老前辈。当时我刚开始接触业务，就赶上《中国大百科全书·军事卷》的定稿。在《军事卷》的编纂过程中，许多研究工作是开创性的，需要解决许多重大政治、政策和学术性问题。许多词条的定性、结论和重大史实，都要由高层来决定。而这些事情，都是我以前闻所未闻的。印象深刻的是：关于长征中毛泽东与张国焘分裂的问题，究竟有没有那个导致一、四方面军分家的"密电"？西路军是"张国焘路线"还是中央的指令？我的同事将大量历史档案资料梳理排列，并写出报告，提出建议，请中央定夺。这使我看到，原来中共党史中还有这么多的问题没有解决，还有那么多的细节需要探索。这引起了我的浓厚兴趣，我开始大量阅读历史档案和资料，并被深深地吸引进去。

这就面临一个重新定向的问题。我已经学了十年中国古代史，人也年近四十。难道改行重新搞中国现代史研究吗？不久，谭其骧先生来北京开会，住在北京大学。我去拜见先生，向他汇报了我的工作，并谈了一些我对中共党史和现代史问题的感受。不料先生听了之后，站起来激动地说："你要把这些都写下来，都写下来！"先生的表态给我巨大的鼓舞，我可以改行，可以从事一个新领域的研究。

遵照先生的嘱托，我首先对红军长征进行研究。而且在方向和方法上，我有自己的想法。过去的著作着重于歌颂和宣传，重理论而轻细节。我的方法是用古代史的方法去研究现代史，重细节，重考证。我觉得中国现代史真是一片处女地，有那么多的问题值得研究。而我又具备了别人不具备的研究条件，这是一件多幸运的事情。于是我安下心来，白天处理工作的事务，下班后静静地在办公室从事业余的研究。到1993年，我写出了《北上》的第一稿。

王仲荦教授曾经教导我：良工不示人以璞，不要急于求成，40岁以后再发表文章。我还真是这样做的。师兄们都已经出书，当上教授，我还没有发表一篇像样的东西，更不要说专著。感谢朋友胡宝国，他是文稿的第一个读者。他认真地读了通宵，认为这部书稿很有价值。

这使我增强了自信。虽然进入这个领域很晚，但我也能做出不同于前人的成果来。

但是书的出版有些曲折，我对书稿做了几次修改。感谢我的山大同学江淳，她当时在广西人民出版社当家，对这本书投入了很大努力，使本书在2004年终于正式出版。

十年之后，又到了纪念红军长征80周年的时候，北京三联书店有意重新出版。三联书店与我合作多年，已经出过三本书。孙晓林、吴彬、舒炜、曾诚这些编辑都是我的益友。在与他（她）们合作的过程中，我深深体会到：一本好书是作者和编辑共同创造的。在策划和编辑的过程中，他们常常给我提出很好的建议，使一本书的内容更加充实，新颖，吸引读者。许多是作者想不到的，"小叩辄发大鸣"。我相信，《北上》修订后在三联重新出版，一定会有更多的读者喜欢，本书也一定会发挥更大的影响。

回想十几年来，我都是在写书，很少写论文。这是为什么？我认为：作为一个史学工作者，最重要的任务就是修史。而历史首先是一个个具体的故事。司马迁的《史记》为我们创建了典范。他写的故事和人物都是那么活生生的，在平凡中给人震撼。我们的前辈也创造了轰轰烈烈的事业，也是英雄辈出的时代，为什么我们就写不出来呢？真实再现先辈创业的艰苦奋斗，真实反映那个辉煌的时代，"意在斯乎，意在斯乎？小子何敢让焉！"

写真实的历史，要具备"史德、史识、史才"三个条件。史德就是秉笔直书，不是为了应景，而是要有长久的生命力。那么多的历史资料，你选哪些呢？怎样从纷繁复杂的史料中总结出一个符合实际，又能令人信服的结论呢？这些都需要付出艰苦的努力。我在写书的过程中有一个深刻的感受：写历史，要从当时的环境和时代出发，而不是看着现在的结论回头去论证结论的合理。当年长征的时候，十万红军滞留在荒凉的川西北地区，往哪里去，出路在哪里？谁都没有先见之明，都是在摸索。正确的道路和方向，是在很多的曲折和教训中摸索出来的。而这些曲折和教训，不仅不会给党史抹黑，而且使人印象更为深刻，反思更多的问题。所以无论是谁，都不是圣人，而是凡人。从这个思路出发，有许多事情就可以解释清楚了。在那种艰难困苦的环境下，能活下来就是何等了不起的事情。我们今天重走长征路，跋山涉水考察过来，才能发自内心地对当年的红军产生崇高的敬意。

深入第一手史料和经过实地考察后，你才发现有那么多精彩的细节可以再现。过去没写过的，你写出来；过去没说全的，你写完整；过去说错的，你纠正过来。这不就是史家最重要的任务吗？个人的能力和视野总是有限的，我力求做好，写出原创性的著作。学无止境，我的目标是还原当年的历史。越是接近当年的原始状态，就越真实，就越有价值。这是我研究和写作的动力，我会一直坚持下去，把我的研究成果与广大读者分享。

刘　统

2016 年 7 月于上海交通大学

红军长征途中,在北上和南下的战略抉择上,党中央与张国焘展开了一场激烈的斗争。毛泽东称之为他"一生中最黑暗的时刻"。

本书权威、客观地解读了这段隐晦的历史,生动讲述了许多震撼人心的细节。1935年6月懋功会师后,红一、四方面军在荒凉的松潘草地分道扬镳,党中央和红军一部走出草地,开赴抗日前线;张国焘则另立中央,他率领的部队接连遭遇了南下失利、三过草地、西路军失败等重大挫折,党和中国革命的事业也多次面临生死存亡的考验。

毛泽东对当年与张国焘的斗争一直念念不忘,当时的冲突主要集中于红军的战略抉择:张国焘下令南下,毛泽东力主"北上"。后来的历史进程雄辩地证明了,只有"北上"才是正确的和富有远见的决断。

刘统 一九五一年生,先后毕业于山东大学、复旦大学,历史学博士。曾任中国人民解放军军事科学院研究员,现为上海交通大学历史系教授。主要著作有:《东北解放战争纪实》《华东解放战争纪实》《中原解放战争纪实》《唐代羁縻府州研究》《中国的1948年:两种命运的决战》《跨海之战:金门·海南·一江山》;编著有:《亲历长征:来自红军长征者的原始记录》《早年毛泽东:传记、史料与回忆》。

ISBN 978-7-108-05795-2

定价:59.00元